脂砚斋批评本红楼梦 上

〔清〕曹雪芹 著
〔清〕脂砚斋 批评

岳麓書社·长沙

自 序

老聃曰：天地不仁，以万物为刍狗，圣人不仁，以百姓为刍狗。此所谓不仁者，仁也。仁者，刍而为狗，可担祭祀，则尊崇之；狗而为刍，散落为草，则弃掷之。以刍为刍，将狗作狗，一任天性而由之自决，正道家任自然之意也。仁者，爱之欲其成也；义者，矫之助其改也。故有仁义，则无任性；任天性，则无雕凿刻削。不成不毁，即不仁不义。任自然者，任其自由也；任其自由者，掉头不顾也。

然刍既可为狗而尊，何为不激励之使之上达？狗亦可为刍而贱，何为不禁戒之使之不下流？《易》曰："自强不息。"孔子曰：百工成事，君子致道。阮籍叹曰："生命几何时，慷慨各努力。"万物固有其命，然亦有自家意志。激发自家意志而立德立功立言，成圣成贤成事，上达而不下流，亦是万物之自由自成者也！故孔子叹曰："爱之，能勿劳乎？忠焉，能勿诲乎？"有爱，则有刻削也。

此儒道之别也。儒者，冀人有成也；道家，任人无为也。

冀人有成则不能无切磋琢磨。冀人有成者，仁也，切磋琢磨者，义也。孔子温良恭俭让，仁者爱人，有教无类，但不免拒见孺悲、痛訾宰予而开除冉求，盖仁爱之中，有杀手在焉！诲人不倦而不愤不启不悱不发，欲人之自觉也；举一不以三反则不复，欲人之自达也；中人以下不语上，欲人之自明也。不自觉不自达不自明，则亦弃之而已矣。岂有圣人而自家绝尘而去，弃人于尘埃者？则弃之正所以教之，绝之正所以系之，不弃不绝则不足以使其知耻后勇也。盖孔子知人欲超拔，只有自救一途，圣人探绳入坑，坑中人终须自家攀爬也。

孟子个性峻急，杀气弥天。五霸三王之罪人；今之诸侯，五霸之罪人。一纸判决，斩尽杀绝，几无孑遗。但察其杀伐之心，乃出于慈悲之怀也。故彼曰人有四心，谓己不能者，自贼者也；谓其君不能者，贼其君者也。当诸侯嗜杀而为刀俎，百姓委身而成鱼肉，有国有家者自贼而为民寇仇，圣贤何能为耶？为温柔敦厚状耶？为正能量鸡汤耶？故孟子忿怒，庄周刻薄，而其出于慈悲者，一也。

出于切磋琢磨，归于成器，琢玉之道也；出于杀戮刻削，归于慈悲，仁义之途也。

《水浒传》者，杀戮之书也。

《诗》云：溥天之下，莫非王土。率土之滨，莫非王臣。则疆土至于水滨，皆是王道乐土也。金圣叹曰：王土之滨则有水，又在水外则曰浒。如此，则“水浒”之意，乃是王土之尽而大水之涘，王化之外也。王化之外者，江湖辽远，落草者所居也。故《水浒传》者，落草传也。

然庙堂之上，尽是佶贯俅蔡，则王道又何存焉？溥天之下，皆是董超薛霸，王土又何在焉？《诗》又云：古公亶父，来朝走马，率西水浒，至于岐下。则大王亦是落草者也。然大王被逼，流离颠沛，舍疆土而不弃仁义，故孟子曰：“大王居邠，狄人侵之。……去邠，逾梁山，邑于岐山之下居焉。邠人曰：仁人也，不可失也。从之者如归市。”大王居邠，邠为王土；大王居岐，王道在岐。故《水浒传》者，仁义传也。

落草之人，仁义在焉！仁义在水浒，故水浒可传也。

余读《水浒传》七十回本，时时废书而叹：余所读者，《水浒》耶？《孟子》耶？其间故事，杀人耶？救人耶？鲁智深自偈曰：平生不修善果，只爱杀人放火；阮小二高唱曰：老子生长石碣村，禀性生来要杀人。盖此混浊世道，腌臜人众，极端之罪，平庸之恶，不杀不足以救之也！

金圣叹一手捧《孟子》，一手翻《水浒》，篡改前贤，自成一书。慈悲耶怨毒耶？余叹曰：面对此等世界，若无慈悲，不妨怨毒，怨毒即是是非；怨毒之归，终须慈悲，慈悲乃可救拔。有是非方可分善恶，分善恶才可有正义。有慈悲才可有包容，有包容才可有仁爱。孔曰成仁，孟曰取义。孔孟孔孟，联称而不可分割者，无仁不可有义，无义不足成仁也。

《水浒传》所深叹者，不过苍茫人世，何处安身立命也。王进弃了粗重家伙，携老母远赴延安府，一去无有消息。九纹龙渭州街头逢李忠，此师父现状即是彼师父未来也。史进一把火烧了庄园，独自流落，四顾迷茫；鲁达三重拳杀了郑屠，孤身逃走，东西无着。紫石街有淫妇不可暂住，林冲家得贤妻也难长保。于是街头卖药，江上劫财，开店候客，占山为王。然纵使占了梁山，聚众百八，义气相持，抱团取暖，又哪里是个终了之局？

《水浒传》者，出于杀戮，归于慈悲者也。读《水浒传》，不起杀心，无心肝者也；只有杀心而无救溺之心，无慈悲者也。慈悲者何？掩卷之际，一声太息也！

丁酉腊月于浦东偏安斋

目 录

楔子

张天师祈禳瘟疫　洪太尉误走妖魔

洪太尉悞走妖魔

回前总评

在金圣叹批评七十回本《水浒传》之前，有一百回本、一百二十回本、一百一十回本，甚至还有一百一十五回本流传。金圣叹把水浒英雄大聚义之后的章节全部删去，把原先的第一回单独抽出来做了现在我们看到的这个楔子，如此金圣叹所谓七十回，实际上有七十一回。

这一回写的是水浒一百零八人，强盗，魔君，是从哪里来的？是怎么被纵放到人间的？放出这些魔君的是谁？是代表朝廷的洪信。洪信为什么可以放出这些魔君？历代真人重重叠叠的封条，慎之又慎的石碣、石龟、石板，为什么挡不住一个洪信呢？因为洪信是太尉，太尉是有权力的，有了权力便谁都挡不住。所以，这种写法的寓意很简单，那就是：一切魔来自权力，一切恶来自权力，一切乱来自朝廷，来自不受约束无边界的权力。乱自上作，《水浒传》这个特别重要的主题，就暗含在“洪太尉误走妖魔”这一回里。

这一回的精彩，就是要看洪太尉如何颐指气使，而别人对他无可奈何。面对着道士们的阻挡，洪太尉开始对道士们进行威胁：回到朝廷，先奏阻挡宣诏，不令见到天师；后奏假称封锁魔王，煽惑军民百姓。然后追了度牒，刺配远恶军州。随口就是两项罪名，可见善于捏造罪名，有权者此等能力往往奇崛。更甚者，他随时就可以据此定下罪名，实施惩罚，有权者总是坐拥此等方便。

可见天下众多罪名往往都是捏造出来，天下众多罪犯往往也都是诬陷出来。《水浒传》中为何那么多罪犯流落江湖？流落江湖者往往又为何常是好汉？盖好汉往往违拗权力，而权力即为好汉捏造罪名也。柴进欣赏罪犯，张青独悯流徒，为此也。

能否给人捏造罪名，不是能力问题，而是权力问题。因为，捏造一个罪名，关键不是捏造，而是认定并实施惩罚。给别人捏造罪名，这能力可能你也有，但洪太尉能让朝廷认可他的捏造，然后官府就来追了度牒，刺配你去远恶军州。

这洪太尉是何等可恶，但若你是太尉，你必如他一般。当一个社会对权力的肆虐无可奈何之时，这个社会就群魔乱舞而生灵涂炭了。

《水浒传》开篇于一场灾变，一场看起来突如其来袭击全国的瘟疫。但这只是一个幌子，自然的灾变暗寓着社会的灾变，生物界的细菌暗寓着政治界的病菌，这病菌，就是权力。当权力无所不在时，灾害就无所不在；当权力不受约束时，就如同瘟疫之不可禳除。我们知道，对人类危害最大最惨烈的，不是自然灾害，不是大规模瘟疫，而是不受约束的权力。

此诗可与欧阳修《丰乐亭记》参看。皆歌功颂德之作中佼佼者。只是，天下太平将渐不太平，日高而眠也将睡不安生了。

纷纷五代乱离间，一旦云开复见天。
草木百年新雨露，车书万里旧江山。
寻常巷陌陈罗绮，几处楼台奏管弦。
天下太平无事日，莺花无限日高眠。

话说这八句诗，乃是故宋神宗天子朝中一个名儒，姓邵，讳尧夫，道号康节先生所作。一个算命测字预言吉凶的先生。暗示世道将变，乐极生悲，盛极而衰。为叹五代残唐，天下干戈不息。那时朝属梁，暮属晋，正谓是："朱李石刘郭，梁唐晋汉周；都来十五帝，播乱五十秋！"五代十国，天下扰攘。○乱天下者，帝也。后来感得天道循环，向甲马营中生下太祖武德皇帝来。这朝圣人出世，红光满天，异香经宿不散，乃是上界霹雳大仙下降。皇帝出世，总是如此，写得一本正经而好笑。英雄勇猛，智量宽洪，自古帝王都不及这朝天子。一条杆棒等身齐，打四百座军州都姓赵！枪杆子里面出政权。那天子扫清寰宇，荡静中原，国号大宋，建都汴梁。九朝八帝班头，四百年开基帝主。因此上邵尧夫先生赞道："一旦云开复见天！"正如教百姓再见天日之面一般。那时西岳华山，有个陈抟处士，又一个算命先生。是个道高有德之人，能辨风云气色。一日骑驴下山，向那华阴道中正行之间，听得路上客人传说："如今东京柴世宗让位与赵检点登基。"陈桥兵变，黄袍加身。那陈抟先生听得，心中欢喜，以手加额，在驴背上大笑，攧下驴来。行为古怪，装神弄鬼，正是术数先生行径，而作文亦非如此不足以摄人心。人问其故，那先生道："天下从此定矣：正乃上合天心，下合地理，中合人和。"自庚申年间受禅，开基即位，在位一十七年，天下太平，传位与御弟太宗。传得奇怪，有"烛影斧声"的传说。太宗皇帝在位二十二年，传位与真宗皇帝；真宗又传位与仁宗。

这仁宗皇帝乃是上界赤脚大仙，降生之时昼夜啼哭不止。朝廷出给黄榜，召人医治，感动天庭，差遣太白金星下界，化作一老叟，前来揭了黄榜，自言能止太子啼哭。大书一开始，就写四怪：一怪邵康节，二怪陈抟先生，三怪烛影斧声，四怪太白金星下凡，写得人心惶惶。○暗引一百八天罡地煞将降人间。看榜官员引至殿下，朝见真宗。天子圣旨，教进内苑看视太子。那老叟直至宫中，抱着太子，耳边低低说了八个字，太子便不啼哭。那老叟不言姓名，只见化阵清风而去。耳边道八个甚字？道是："文有文曲，武有武曲。"端的是玉帝差遣紫微宫中两座星辰下来辅佐这朝天子。天罡地煞之前，先来文曲武曲。文曲星乃是南衙开封府主龙图阁大学士包拯，武曲星乃是征西夏国大元帅狄青。这两个贤臣，出来辅佐。

这朝皇帝，在位四十二年，改了九个年号。自天圣元年癸亥登基，至天圣九年，那时天下太平，五谷丰登，万民乐业，路不拾遗，户不夜闭，这九年谓之一登；自明道元年至皇祐三年，这九年亦是丰富，谓之二登；自皇祐四年至嘉祐二年，这九年田禾大熟，谓之三登：一连三九二十七年，号为三登之世。说起来不胜今昔之悲。那时，百姓受了些快乐，谁道乐极悲生，嘉祐三年春间，天下瘟疫盛行。自江南直至两京，无一处人民不染此症，天下各州各府，雪片也似申奏将来。风云突变，灾异到来。

且说东京城里城外，军民死亡大半。开封府主包待制亲将惠民和济局方，自出俸资合药，救治万民。那里医治得？清官难救天下事。瘟疫越盛。文武百官商议，都向待漏院中聚会，伺候早朝，奏闻天子。是日嘉祐三年三月三日，三三得九，九为阳极，阳极则衰，天变之兆。五更三点，天子驾坐紫宸殿，受百官朝贺已毕，当有殿头官喝道："有事出班早奏，无事卷帘退朝。"原来只是应个卯而已。天下有事无事，一概不知。只见班部丛中，宰相赵哲、参政文彦博出班奏道："目今京师瘟疫盛行，伤损军民甚多。伏望陛下，释罪宽恩，省刑薄税，正着。祈禳天灾，歪招。○后来正着不见效，歪招反收了效。救济万民。"天子听奏，急敕翰林院随即草诏。一面降赦天下罪囚，应有民间税赋，悉皆赦免，一面命在京宫观寺院，修设好事禳灾。不料其年瘟疫转盛，仁宗天子闻知，龙体不安，复会百官计议。向那班部中，有一大臣越班启奏。天子看时，乃是参知政事范仲淹。拜罢起居，奏道："今天灾盛行，军民涂炭，日夕不能聊生。以臣愚意：要禳此灾，可宣嗣汉天师星夜临朝，就京禁院，修设三千六百分罗天大醮，奏闻上帝，可以禳保民间瘟疫。"调侃范仲淹不小。何必拉此正派人入此邪魔道。仁宗天子准奏，急令翰林学士草诏一道，天子御笔亲书，并降御香一炷，钦差内外提点殿前太尉洪信为天使，前往江西信州龙虎山，宣请嗣汉天师张真人星夜来朝，祈禳瘟疫。就金殿上焚起御香，亲将丹诏付与洪太尉，即便登程前去。歪招偏做得一本正经。

洪信领了圣敕，辞别天子，背了诏书，盛了御香，带了数十人，上了铺马，一行部从离了东京，取路径投信州贵溪县来。此地胜过东京。天师胜过皇帝。不止一日，来到江西信州，大小官员出郭迎接，随即差人，报知龙虎山上清宫住持道众准备接诏。次日，众位官同送太尉到于龙虎山下。只见上清宫许多道众，鸣钟击鼓，香花灯烛，幢幡宝盖，一派仙乐，都下山来迎接丹诏。直至上清宫前下马。当下上至住持真人，下及道童侍从，前迎后引，接至三清殿上，请将诏书居中供养着。也是一本正经。《水浒传》本是一本歪经，却偏从假正经中引出。洪太尉便问监宫真人道："天师今在何处？"住持真人向前禀道："好教太尉得知：这代祖师号曰'虚靖天师'，性好清高，倦于迎送，与上迎来送往大张旗鼓应照。自向龙虎山顶结一茅庵，修真养性，因此不住本宫。"太尉道："目今天子宣诏，如何得见？"真人答道："容禀：诏敕权供在殿上，贫道等亦不敢开读。且请太尉到方丈献茶，再烦计议。"当时将丹诏供养在三清殿上，与众官都到方丈。太尉居中坐下，坐大。执事人等献茶，就进斋供，水陆俱备。斋罢，太尉再问真人道："既然天师在山顶庵中，何不着人请将下来相见，开宣丹诏？"真人禀道："这代祖师虽在山顶，其实道行非常，能驾雾兴云踪迹不定。贫道等时常亦难得见，怎生教人请得下来？”太尉道：“似此如何得见？目今京师瘟疫盛行，今上天子特遣下官赍捧御书丹诏，亲捧龙香，来请天师，要做三千六百分罗天大醮以禳天灾，救济万民，似此怎生奈何？”真人禀道：“天子要救万民，只除是太尉办一点志诚心，真人深知此类人最缺的就是为民办事的“志诚心”，而独多贪鄙心，骄横心，故先警诫之。斋戒沐浴，更换布衣，休带从人，自背诏书，焚烧御香，步行上山，礼拜叩请，天师方许得见。如若心不志诚，空走一遭，亦难得见。”太尉听说，道：“俺从京师食素到此，如何心不志诚？既然恁地，依着你说，明日绝早上山。”当晚各自权歇。

次日五更时分，众道士起来备下香汤，请太尉起来沐浴，换了一身新鲜布衣，脚下穿上麻鞋草履。吃了素斋，布衣。麻鞋。素食。〇可见神灵厌弃锦衣玉食之徒。取过丹诏，用黄罗包袱背在脊梁上，手里提着银手炉，降降地烧着御香。许多道众人等送到后山，指与路径。真人又禀道：“太尉要救万民，休生退悔之心，只顾志诚上去。”真人比太尉还急，还要以万民为念。太尉别了众人，口诵天尊宝号，纵步上山来，独自一个行了一回，盘坡转径，揽葛攀藤，约莫走过了数个山头，三二里多路。看看脚酸腿软，正走不动，口里不说，肚里踌躇。心中想道：“我是朝廷贵官，丑态渐露。骄态渐显。在京师时，重裀而卧，列鼎而食，尚兀自倦怠，原来朝廷贵官就是这三个字：卧，食，倦！〇朝廷贵官多了，瘟疫就多了，强盗就多了。何曾穿草鞋，走这般山路！知他天师在那里，却教下官受这般苦！”

又行不到三五十步，掇着肩气喘。写尽“朝廷贵官”无用，无益。只见山凹里起一阵风，风过处，向那松树背后，奔雷也似吼一声，扑地跳出一只吊睛白额锦毛大虫来。洪太尉吃了一惊，叫声“阿呀！”扑地望后便倒。那大虫望着洪太尉左盘右旋，咆哮了一回，托地望后山坡下跳了去。洪太尉倒在树根底下，唬得三十六个牙齿捉对儿断打，如何想得出这样的句子。那心头一似十五个吊桶七上八落的响，好比喻。浑身却如重风麻木，两腿一似斗败公鸡，口里连声叫苦。大虫去了一盏茶时，方才爬将起来。无用。再收拾地上香炉，还把龙香烧着，再上山来，务要寻见天师。还算尽责之人。

又行过三五十步，口里叹了数口气，怨道："皇帝御限，差俺来这里，教我受这场惊恐！"重裀列鼎之时，并不感恩；劬劳差遣之际，便生怨恨。朝廷大员，多属此类小人。说犹未了，只觉得那里又一阵风，吹得毒气直冲将来。太尉定睛看时，山边竹藤里簌簌地响，抢出一条吊桶大小、雪花也似蛇来。太尉见了，又吃一惊，撇了手炉，叫一声："我今番死也！"往后便倒在盘陀石边。毫无本事，只是受死。〇历来大员，皆是平时自家食肉，乱时他人肉食。但见那条大蛇，径抢到盘陀石边，朝着洪太尉盘做一堆，两只眼迸出金光，张开巨口，吐出舌头，喷那毒气在洪太尉脸上。惊得太尉三魂荡荡，七魄悠悠。那蛇看了洪太尉一回，望山下一溜，却早不见了。太尉方才爬得起来，说道："惭愧！惊杀下官！"看身上时，寒粟子比馉饳儿大小。应与上文作互文看：牙齿还在捉对儿打架，心头还在七上八落地跳响，皮肤上又添寒粟子馉饳儿大。口里骂那道士："叵耐无礼，戏弄下官，教俺受这般惊恐！若山上寻不见天师，下去和他别有话说！"由想到怨到骂。想自己身份，怨皇帝差遣，骂道士戏弄。只差一念：不念天下万民百姓。再拿了银提炉，整顿身上诏敕，并衣服、巾帻，却待再要上山去。

正欲移步，只听得松树背后，隐隐地笛声吹响，渐渐近来。太尉定睛看时，只见一个道童，倒骑着一头黄牛，横吹着一管铁笛，笑吟吟地正过山来。一虎一蛇，惊吓不可言。忽来一道童，阴风毒气，换作隐隐笛声，看他变幻笔墨，看他变幻人物，看他变幻境界。洪太尉见了，便唤那个道童："你从那里来？认得我么？"你是什么东西？道童不睬，只顾吹笛。当然不睬。你是什么东西？太尉连问数声，道童呵呵大笑，拿着铁笛，指着洪太尉，说道："你来此间，莫非要见天师么？"突然一个反问，岂不知你是什么东西，还知道你要干什么。太尉大惊，便道："你是牧童，如何得知？"道童笑道："我早间在草庵中伏侍天师，听得天师说道：'今上天子差个洪太尉赍擎丹诏御香，"差"字后"洪太尉"前，插一"个"字，妙。也就是一个"鸟"字的意思。○自视好大人物，却也只是一"个"。到来山中，宣我往东京做三千六百分罗天大醮，祈禳天下瘟疫。我如今乘鹤驾云去也。'这早晚想是去了，不在庵中。你休上去，山内毒虫猛兽极多，恐伤害了你性命。"太尉再问道："你不要说谎？"道童笑了一声，也不回应，又吹着铁笛转过山坡去了。太尉寻思道："这小的如何尽知此事？想是天师分付他，一定是了。"心中盼着"是"，如此方可以就此下山。欲待再上山去，方才惊唬得苦，争些儿送了性命，不如下山去罢。

太尉拿着提炉，再寻旧路奔下山来。众道士接着，请至方丈坐下。真人便问太尉道："曾见天师么？"太尉说道："我是朝中贵官，朝廷大员，总是小家子口气。如何教俺走得山路，吃了这般辛苦，争些儿送了性命！为头上至半山里，跳出一只吊睛白额大虫，惊得下官魂魄都没了；又行不过一个山嘴，竹藤里抢出一条雪花大蛇来，盘做一堆，拦住去路。若不是俺福分大，如何得性命回京？尽是你这道众，戏弄下官！"不思自己职责，反责他人轻慢。真人覆道："贫道等怎敢轻慢大臣！这是祖师试探太尉之心。本山虽有蛇虎，并不伤人。"朝廷虽无蛇虎，却伤尽天下苍生。太尉又道："我正走不动，方欲再上山坡，只见松树傍边转出一个道童，骑着一头黄牛，吹着管铁笛，正过山来。我便问他：'那里来，识得俺么？'他道：'已都知了。'说天师分付，早晨乘鹤驾云往东京去了。下官因此回来。"真人道："太尉可惜错过！这个牧童正是天师！"太尉道："他既是天师，如何这等猥猥？"多少真正人杰，被人嫌为猥猥而流落江湖。一百八人是也。多少在朝衮衮诸公，却是酒囊饭袋，真正猥猥！洪太尉高太尉是也。真人答道："这代天师非同小可，虽然年幼，其实道行非常。他是额外之人，四方显化，极是灵验。世人皆称为道通祖师。”洪太尉道：“我直如此有眼不识真师，当面错过！”真人道：“太尉且请放心，既然祖师法旨道是去了，比及太尉回京之日，这场醮事，祖师已都完了。”太尉见说，方才放心。真人一面教安排筵宴，管待太尉，请将丹诏收藏于御书匣内，留在上清宫中；天师哪还接什么诏。龙香就三清殿上烧了。当日方丈内大排斋供，设宴饮酌至晚席罢，止宿到晓。

次日早膳已后，真人道众并提点执事人等，请太尉游山，太尉大喜。许多人从跟随着，步行出方丈前面，两个道童引路，行至宫前宫后，看玩许多景致。三清殿上，富贵不可尽言。左廊下，九天殿、紫微殿、北极殿；右廊下，太乙殿、三官殿、驱邪殿。渐渐引出伏魔殿来。诸宫看遍，行到右廊后一所去处。洪太尉看时，另外一所殿宇，一遭都是捣椒红泥墙，正面两扇朱红槅子，门上使着胳膊大锁锁着，交叉上面贴着十数道封皮，封皮上又是重重叠叠使着朱印，檐前一面朱红漆金字牌额，上书四个金字，写道“伏魔之殿”。写得森森然怕人。太尉指着问道：“此殿是甚么去处？”真人答道：“此乃是前代老祖天师锁镇伏魔之殿。”太尉又问道：“如何上面重重叠叠贴着许多封皮？”真人答道：“此是老祖大唐洞玄国师封锁魔王在此。但是经传一代天师，亲手便添一道封皮，使其子子孙孙不得妄开。走了魔君，非常利害。今经八九代祖师，誓不敢开。已怕洪太尉要开，故特为珍重说出。锁用铜汁灌铸，谁知里面的事？小道自来住持本宫三十余年，也只听闻。”洪太尉听了，心中惊怪，想道：“我且试看魔王一看。”有权任性。便对真人说道：“你且开门来，我看魔王甚么模样。”魔王是你看的？○颐指气使惯了。刚愎自用惯了。老子天下第一惯了。真人禀道：“太尉，此殿决不敢开。先祖天师叮咛告戒：今后诸人不许擅开。”太尉笑道：“胡说！你等要妄生怪事，煽惑良民，故意安排这等去处，假称锁镇魔王，显耀你们道术。这也说得有理。天下尽有这等事。我读一鉴之书，何曾见锁魔之法？神鬼之道，处隔幽冥，我不信有魔王在内。快快与我打开，我看魔王如何。”你读一鉴之书，可曾见禳灾之法？真人三回五次禀说：“此殿开不得，恐惹利害，有伤于人。”太尉大怒，指着道众说道：“你等不开与我看，回到朝廷，先奏你们众道士阻当宣诏违别圣旨，不令我见天师的罪犯，后奏你等私设此殿，假称锁镇魔王，煽惑军民百姓。把你都追了度牒，刺配远恶军州受苦！”天下众多罪行，都是这样捏造出来。天下众多罪犯，也是这样诬陷出来。〇怪不得柴进偏赏罪犯，张青独悯流徒。

真人等惧怕太尉权势，惧怕权势，四字乃一部《水浒传》之内核也。只得唤几个火工道人来，先把封皮揭了，将铁锤打开大锁。众人把门推开，一齐都到殿内，黑洞洞不见一物。写得可怕。毛骨悚然。太尉教从人取十数个火把点着，将来打一照时，四边并无一物，只中央一个石碣，约高五六尺，下面石龟趺坐，大半陷在泥里。照那石碣上时，前面都是龙章凤篆，天书符箓，人皆不识。埋伏第七十回，梁山泊一百八英雄排座次。照那背后时，却有四个真字大书，凿着“遇洪而开”。又是一怪。洪太尉看了这四个字，大喜，便对真人说道：“你等阻当我，却怎地数百年前已注定我姓字在此？‘遇洪而开’，分明是教我开，看却何妨？我想这个魔王都只在石碣底下，汝等从人与我多唤几个火工人等，将锄头铁锹来掘开。”真人慌忙禀道：“太尉不可掘动，恐有利害，伤犯于人，不当稳便。”太尉大怒，喝道：“你等道众省得甚么！碣上分明凿着遇我教开，你如何阻当？快与我唤人来开！”

真人又三回五次禀道：“恐有不好。”太尉那里肯听？是来禳灾，还是来启祸？

只得聚集众人先把石碣放倒，一齐并力掘那石龟。半日方才掘得起。又掘下去，只有三四尺深，见一片大青石板，可方丈围。洪太尉叫再掘起来，真人又苦禀道："不可掘动！"太尉那里肯听！众人只得把石板一齐扛起。看时，石板底下却是一个万丈深浅地穴。只见穴内刮剌剌一声响亮，那响非同小可。响亮过处，只见一道黑气从穴里滚将起来，掀塌了半个殿角。那道黑气直冲到半天里，空中散作百十道金光，望四面八方去了。众人吃了一惊，发声喊，撇下锄头铁锹，尽从殿内奔将出来，推倒攧翻无数。惊得洪太尉目睁口呆，罔知所措，面色如土。原来也是这般货色。奔到廊下，只见真人向前叫苦不迭。太尉问道："走了的却是甚么妖魔？"真人道："太尉不知，此殿中，当初是老祖天师洞玄真人传下法符，嘱付道：'此殿内镇锁着三十六员天罡星，七十二座地煞星，共是一百单八个魔君在里面。上立石碣，凿着龙章凤篆姓名，镇住在此。若还放他出世，必恼下方生灵。'如今太尉放他走了，怎生是好！"当时洪太尉听罢，浑身冷汗，捉颤不住。急急收拾行李，引了从人下山回京。真人并道众送官已罢，自回宫内修整殿宇，竖立石碣，不在话下。

再说洪太尉在途中分付从人，教把走妖魔一节休说与外人知道，恐天子知而见责。于路无话，星夜回至京师。进得汴梁城，闻人所说天师在东京禁院做了七昼夜好事，普施符箓，禳救灾病，瘟疫尽消，军民安泰。天师辞朝，乘鹤驾云，且回龙虎山去了。洪太尉次日早朝见了天子，奏说："天师乘鹤驾云先到京师，臣等驿站而来，才得到此。"仁宗准奏，赏赐洪信复还旧职，亦不在话下。

以上只是全书引子，既已叙完，此处合当一笔收煞。不枝不蔓。

后来仁宗天子在位共四十二年晏驾，无有太子，传位濮安懿王允让之子——太宗皇帝嫡孙——立帝号曰英宗。在位四年，传位与太子神宗。神宗在位一十八年，传位与太子哲宗。那时天下太平，四方无事。

且住！若真个太平无事，今日开书演义，又说着些甚么？看官不要心慌，此只是个楔子，下文便有：

王教头私走延安府　九纹龙大闹史家村
史大郎夜走华阴县　鲁提辖拳打镇关西
赵员外重修文殊院　鲁智深大闹五台山
小霸王醉入销金帐　花和尚大闹桃花村
九纹龙剪径赤松林　鲁智深火烧瓦官寺
花和尚倒拔垂杨柳　豹子头误入白虎堂
林教头刺配沧州道　花和尚大闹野猪林
柴进门招天下客　林冲棒打洪教头
林教头风雪山神庙　陆虞候火烧草料场
朱贵水亭施号箭　林冲雪夜上梁山
梁山泊林冲落草　汴京城杨志卖刀
急先锋东郭争功　青面兽北京斗武
赤发鬼醉卧灵官殿　晁天王认义东溪村
吴学究说三阮撞筹　公孙胜应七星聚义
杨志押送金银担　吴用智取生辰纲
花和尚单打二龙山　青面兽双夺宝珠寺
美髯公智稳插翅虎　宋公明私放晁天王

林冲水寨大并火　　晁盖梁山小夺泊
梁山泊义士尊晁盖　　郓城县月夜走刘唐
虔婆醉打唐牛儿　　宋江怒杀阎婆惜
阎婆大闹郓城县　　朱仝义释宋公明
横海郡柴进留宾　　景阳冈武松打虎
王婆贪贿说风情　　郓哥不忿闹茶肆
王婆计啜西门庆　　淫妇药鸩武大郎
偷骨殖何九送丧　　供人头武二设祭
母药叉孟州道卖人肉　　武都头十字坡遇张青
武松威镇安平寨　　施恩义夺快活林
施恩重霸孟州道　　武松醉打蒋门神
施恩三入死囚牢　　武松大闹飞云浦
张都监血溅鸳鸯楼　　武行者夜走蜈蚣岭
武行者醉打孔亮　　锦毛虎义释宋江
宋江夜看小鳌山　　花荣大闹清风寨
镇三山大闹青州道　　霹雳火夜走瓦砾场
石将军村店寄书　　小李广梁山射雁
梁山泊吴用举戴宗　　揭阳岭宋江逢李俊
没遮拦追赶及时雨　　船火儿大闹浔阳江
及时雨会神行太保　　黑旋风斗浪里白条
浔阳楼宋江吟反诗　　梁山泊戴宗传假信
梁山泊好汉劫法场　　白龙庙英雄小聚义
宋江智取无为军　　张顺活捉黄文炳
还道村受三卷天书　　宋公明遇九天玄女

假李逵剪径劫单人	黑旋风沂岭杀四虎
锦豹子小径逢戴宗	病关索长街遇石秀
杨雄醉骂潘巧云	石秀智杀裴如海
病关索大闹翠屏山	拚命三火烧祝家店
扑天雕双修生死书	宋公明一打祝家店
一丈青单捉王矮虎	宋公明两打祝家店
解珍解宝双越狱	孙立孙新大劫牢
吴学究双掌连环计	宋公明三打祝家店
插翅虎枷打白秀英	美髯公误失小衙内
李逵打死殷天锡	柴进失陷高唐州
戴宗双取公孙胜	李逵独劈罗真人
入云龙斗法破高廉	黑旋风下井救柴进
高太尉大兴三路兵	呼延灼摆布连环马
吴用使时迁偷甲	汤隆赚徐宁上山
徐宁教使钩镰枪	宋江大破连环马
三山聚义打青州	众虎同心归水泊
吴用赚金铃吊挂	宋江闹西岳华山
公孙胜芒砀山降魔	晁天王曾头市中箭
吴用智赚玉麒麟	张顺夜闹金沙渡
放冷箭燕青救主	劫法场石秀跳楼
宋江兵打北京城	关胜议取梁山泊
呼延灼月夜赚关胜	宋公明雪天擒索超
托塔天王梦中显圣	浪里白条水上报冤
时迁火烧翠云楼	吴用智取大名府

宋江赏马步三军　　关胜降水火二将
宋公明夜打曾头市　　卢俊义活捉史文恭
东平府误陷九纹龙　　宋公明义释双枪将
没羽箭飞石打英雄　　宋公明弃粮擒壮士
忠义堂石碣受天文　　梁山泊英雄惊恶梦

一部七十回正书，一百四十句题目，有分教：宛子城中藏虎豹，蓼儿洼内聚蛟龙。毕竟如何缘故，且听初回分解。

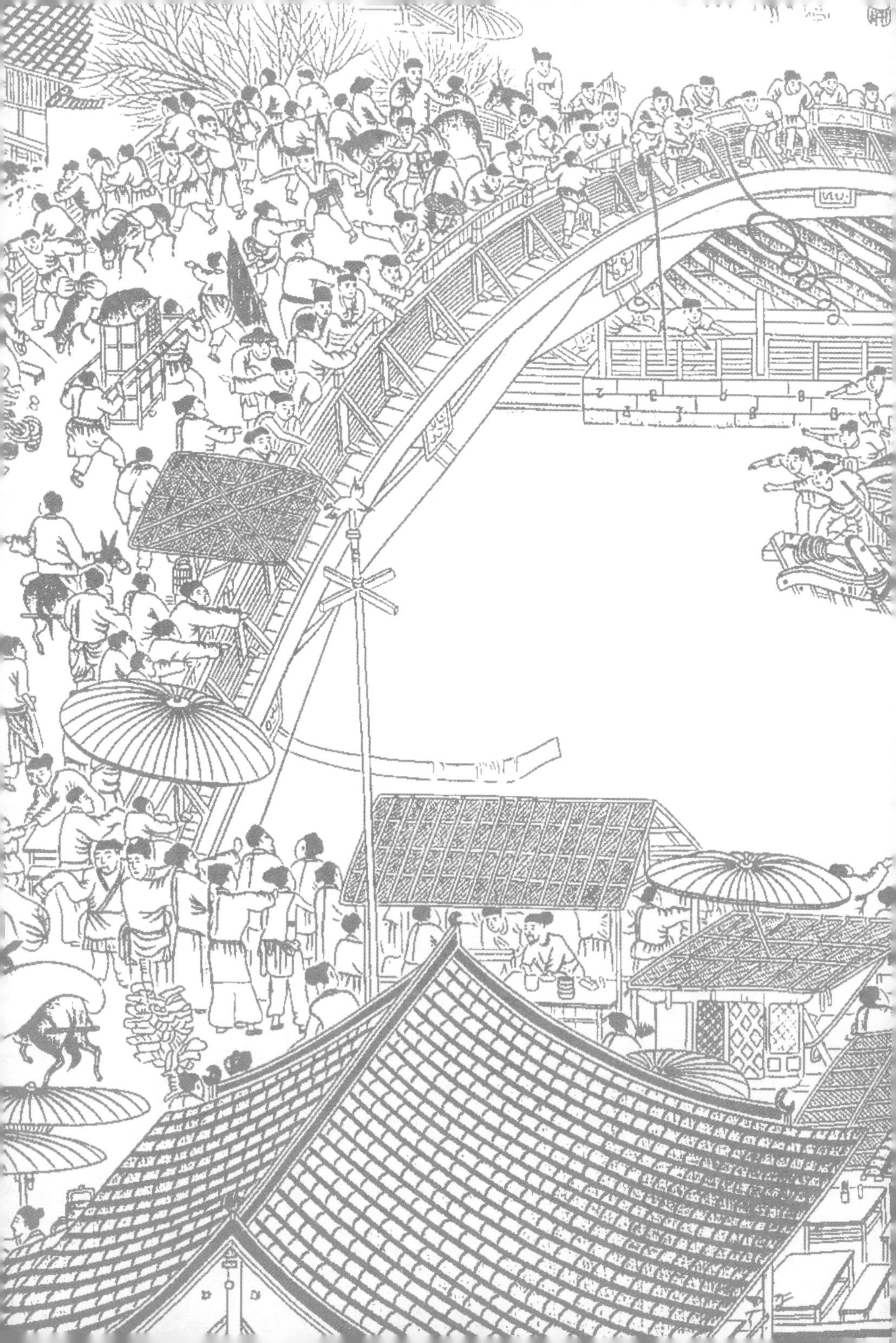

第一回

王教头私走延安府 九纹龙大闹史家村

九紋龍大鬧
史家村

回前总评

《水浒传》开始于“张天师祈禳瘟疫　洪太尉误走妖魔”，但那种怪力乱神的写法不过是一个幌子，正如《红楼梦》从“女娲补天”说起，从大荒山无稽崖炼成的三万六千五百零一块顽石开始，都是“无稽之谈”“荒唐之言”一样，《水浒传》的真正开始，也不是什么张天师、洪太尉，而是东京开封府汴梁的一个浮浪破落户子弟。

写一百零八位好汉，开篇不写好汉，却写一个泼皮破落户；不写英雄藏身的穷乡僻壤，却写繁华东京开封府；不写江湖，却写朝廷。

为什么？

金圣叹说：“一部大书……先写高俅者，盖不写高俅，便写一百八人，则是乱自下生也；不写一百八人，先写高俅者，则是乱自上作也。”

一个泼皮如何飞黄腾达成为太尉？一个太尉又怎么如此泼皮？这一回中，高俅由帮闲生事被赶出东京，到时来运转，直做到殿帅府太尉几段最为精彩，写得风生水起。盖前面所写，都是平常正常之事，是正剧：善有善报，恶有恶报。而此后写得云谲波诡：善无善报，恶有善报了。不再是正剧，而是喜剧和悲剧：对高俅是喜剧，对百姓以及好汉们，是悲剧。

正剧好写，因为符合生活逻辑，是常态。喜剧悲剧不好写，因为不合生活逻辑，是变态。但是，《水浒传》最精彩处，就是写出了生活的变态，并且通过这种变态，折射出人性、人心在专制制度下的变态。

高俅这样的人，应该是人人嫌憎，但是，这样的人，为什么竟然飞黄腾达？

因为，这样的人，第一，有人怕。如董将仕、小苏学士。因为怕，所以给他让路，甚至给他开路。董将仕并不是善恶不分的人物，恰恰相反，他的精明足以让他区分善恶，但他的精明让他更能区分利害。在判断了自身利害之后，他把高俅推荐给了小苏学士。小苏学士也一样，又把他推荐给了小王都太尉。他们或是本分的小生意人，或是朝廷体面的官僚，但他们都在做善恶判断是非判断之后，又接着做了利害判断。他们知道高俅是个瘟神，但他们不是在自己手下解决了这个瘟神，阻断他的上升之路，而是送瘟神——只要送走了瘟神，不再害我，害国害家害他人，都与我无关了。他们从自身利害出发的考虑压倒了是非判断，个人的小算盘压倒了做人的大原则，小占了上风，大不见了，大人也就成了小人。

中国的古代谚语里有害有毒的所谓聪明太多，比如，有一句话叫：“宁得罪君子，不得罪小人”，这是多么孱头自私不负责任的处世格言！大家都照这样去做，岂不造成一个君子吃亏小人得志的世界？信奉这样格言的人，岂不自己首先就已经成了小人？而且还造成了社会的小人化，成为小人社会。

第二，有人爱。小王都太尉王晋卿（王诜）爱；小舅端王（宋徽宗）爱。如果高俅一直在市井中帮闲，帮一些财主暴发户，高俅此生的最高境界也就是做一个豪门清客，或者地主狗腿子，不会有太大的出息。但是，阴差阳使，他碰到了最大的帮主——宋徽宗。

宋徽宗是特别喜欢帮闲之人的皇帝，他重用的人，大都是帮闲出身：蔡京以书法帮闲，当上了太师；蔡攸以演小丑帮闲，当上了节度使、少保；王黼以唱小曲帮闲，当上了太傅；李邦彦善踢足球兼会演曲艺，自号“李浪子”，当上了尚书右丞；朱勔帮着建御花园，指挥运花石纲，当了节度使。

高俅帮闲帮到他那里了，要不发迹也难。

这就是——泼皮进朝廷。

泼皮进了朝廷，好汉便入江湖。

朝廷被泼皮占了，一方面，好汉君子不能和泼皮同流合污，所谓薰莸不同器；另一方面，泼皮为了自身的利益地位，会排挤君子。好汉王进，首先就被高俅排挤出去了。

清代程穆衡《水浒传注略》第二卷：“落草，取弃掷之意。”落草就是落到野草上去了，有明珠暗投的意思。成者为王，败者为寇，寇者落草，所以，落草是失败者的下场，是失败者的去处。水浒好汉中，有几个是一开始就愿意落草的？从史进到鲁达，到林冲，到杨志，到武松……人人都寻找安身立命之所，最终每个人都一败涂地，不得不落草为寇。

安身立命——作为一个有良知的人，作为一个有正义感的人，或者只是一个希望不同流合污、不作恶而活着的人，在一个没有正义的世界，我们如何安身立命？这是一个大问题，也是《水浒传》的主题。

话说故宋哲宗皇帝在时，其时去仁宗天子已远，忽然再提仁宗皇帝，不胜今昔之慨。东京开封府汴梁宣武军便有一个浮浪破落户子弟，一部大书，写一百八英雄，却先从一狗熊开始。姓高，排行第二，自小不成家业，只好刺枪使棒，最是踢得好脚气毬。京师人口顺，不叫“高二”，却都叫他做“高毬”。后来发迹，便将气毬那字去了“毛傍”，添作“立人”，便改作姓高，名俅。高俅，宋代实有其人。只是劣迹并不昭彰，《宋史》亦无传。但正因为如此，才被拉来作奸臣代表。因为这样无详细生平事迹的人物，正可以用来杜撰事实而不受约束。〇若要成人，须要去毛。这人吹弹歌舞，刺枪使棒，相扑顽耍，亦胡乱学诗书词赋，若论仁义礼智、信行忠良，却是不会。今日举国所谓素质教育，正是高俅式教育。而今日子弟知识技艺，又何如高俅哉！只在东京城里城外帮闲。帮闲，好。有闲人，有闲钱，必有帮闲之人。故坏不在帮闲，在有闲人偏有闲钱也。因帮了一个生铁王员外儿子使钱，每日三瓦两舍，风花雪月；被他父亲开封府里告了一纸文状，府尹把高俅断了二十脊杖，迭配出界发放，此闲人尚有一父亲管束，故虽有帮闲，尚不至败家。后来徽宗皇帝天下独大，再无人管束，得此一帮闲，便终至亡国。〇先是败家之徒，后成亡国之人。东京城里人民不许容他在家宿食。东京人民有眼。北宋朝廷无珠。〇一句写尽高俅人神共弃。高俅无计奈何，只得来淮西临淮州，投奔一个开赌坊的闲汉柳大郎，名唤柳世权。好闲汉。好名字。开赌坊，正合高俅口味。他平生专好惜客养闲人，招纳四方干隔涝汉子。干隔涝，干疥疮。喻不干不净之人。高俅投托得柳大郎家，一住三年。后来哲宗天子因拜南郊，感得风调雨顺，放宽恩，大赦天下。又是大赦，赦出高俅这类人。那高俅在临淮州因得了赦宥罪犯，思量要回东京。这柳世权却和东京城里金梁桥下开生药铺的董将仕是亲戚，写了一封书札，收拾些人事盘缠，赍发高俅回东京，投奔董将仕家过活。

当时高俅辞了柳大郎，背上包裹，离了临淮州，迤逦回到东京，径来金梁桥下董生药家，下了这封书。董将仕一见高俅，看了柳世权来书，自肚里寻思道：“这高俅，我家如何安着得他？府尹所断，东京安不得。董将仕所思，家里安不得。若是个志诚老实的人，可以容他在家出入，也教孩儿们学些好。他却是个帮闲的破落户，没信行的人，亦且当初有过犯来。被断配的人，旧性必不肯改。若留住在家中，倒惹得孩儿们不学好了。留在朝里，连皇帝老儿也不学好了。待不收留他，又撇不过柳大郎面皮。”面皮在的地方，原则就没有了。当时只得权且欢天喜地相留在家宿歇，每日酒食管待。住了十数日，董将仕思量出一个路数，将出一套衣服，写了一封书简，对高俅说道：“小人家下萤火之光，照人不亮，恐后误了足下。尽是为自己打算，偏极像是为别人谋划。我转荐足下与小苏学士处，久后也得个出身。足下意内如何？”高俅大喜，谢了董将仕。董将仕使个人将着书简，引领高俅，径到学士府内。门吏转报，小苏学士出来见了高俅，看了来书，知道高俅原是帮闲浮浪的人，心下想道：“我这里如何安着得他？又安不得。不如做个人情，荐他去驸马王晋卿府里，做个亲随。人都唤他做小王都太尉，他便喜欢这样的人。”“这样的人”他便喜欢，他是什么样的人？“这样的人”东京人民不喜欢，开生铁铺的不喜欢，开生药铺的不喜欢，小苏学士也不喜欢。独驸马喜欢。当时回了董将仕书札，留高俅在府里住了一夜。次日写了一封书呈，使个干人，送高俅去那小王都太尉处。这太尉乃是哲宗皇帝妹夫，神宗皇帝的驸马。他喜爱风流人物，正用这样的人。一见小苏学士差人持书送这高俅来，拜见了便喜，一见高俅，董将仕踌躇，苏学士皱眉，而驸马便喜。随即写回书，收留高俅在府内做个亲随。自此，高俅遭际在王都尉府中，出入如同家人一般。原来就是一家之人。○恭喜高俅找到家。

自古道：“日远日疏，日亲日近。”忽一日，小王都太尉庆诞生辰，分付府中安排筵宴，专请小舅端王。小苏学士，小王都太尉，此时又出一小舅端王。作者故意各加一“小”字，以示都非正大光明之君子大人也。○高俅发迹，正赖此小辈。这端王乃是神宗天子第十一子哲宗皇帝御弟，见掌东驾，排号九大王，是个聪明俊俏人物。这浮浪子弟门风帮闲之事，无一般不晓，无一般不会，更无一般不爱。全国帮闲总舵主，总帮闲，大宋帮闲委员会委员长。即如琴棋书画，无所不通；踢毬打弹，品竹调丝，吹弹歌舞，自不必说。高俅到此，当甘拜下风。〇全大宋素质最高之人。当日，王都尉府中准备筵宴，水陆俱备。请端王居中坐定，太尉对席相陪。酒进数杯，食供两套，那端王起身净手，偶来书院里少歇，猛见书案上一对儿羊脂玉碾成的镇纸狮子，极是做得好，细巧玲珑。忽然生出狮子。端王拿起狮子，不落手看了一回，道："好！"王都尉见端王心爱，便说道："再有一个玉龙笔架，也是这个匠人一手做的，又出一个笔架。却不在手头，明日取来，一并相送。"端王大喜道："深谢厚意。想那笔架必是更妙。"王都尉道："明日取出来，送至宫中便见。"狮子，笔架，都是引子，只要引出这送物之人。端王又谢了。两个依旧入席，饮宴至暮，尽醉方散。端王相别回宫去了。

次日，小王都太尉取出玉龙笔架和两个镇纸玉狮子，着一个小金盒子盛了，用黄罗包袱包了，写了一封书呈，却使高俅送去。狮子，笔架，忽然牵出高俅。有图穷匕首见之妙。高俅领了王都尉钧旨，将着两般玉玩器，怀中揣了书呈，径投端王宫中来。把门官吏转报与院公。没多时，院公出来，问："你是那个府里来的人？"高俅施礼罢，答道："小人是王驸马府中，特送玉玩器来进大王。"院公道："殿下在庭心里和小黄门踢气毬，你自过去。"高俅道："相烦引进。"院公引到庭门。高俅看时，见端王头戴软纱唐巾，身穿紫绣龙袍，腰系文武双穗绦，把绣龙袍前襟拽扎起，揣在绦儿边，足穿一双嵌金线飞凤靴，三五个小黄门相伴着蹴气毬。高俅不敢过去冲撞，立在从人背后伺候。也是高俅合当发迹，时运到来，那个气毬腾地起来，端王接个不着，向人丛里直滚到高俅身边。飞来鸿运。那高俅见气毬来，也是一时的胆量，使个"鸳鸯拐"踢还端王。一技惊人。端王见了大喜，便问道："你是甚人？"高俅向前跪下道："小的是王都尉亲随，受东人使令，赍送两般玉玩器来进献大王。有书呈在此拜上。"端王听罢，笑道："姐夫直如此挂心！"高俅取出书呈进上。端王开盒子看了玩器，都递与堂候官收了去。

那端王且不理玉玩器下落，却先问高俅道："你原来会踢气毬，你唤做甚么？"这个活物比两块石头好。高俅叉手跪覆道："小的叫做高俅，胡乱踢得几脚。"端王道："好！你便下场来，踢一回耍。"高俅拜道："小的是何等样人，敢与恩王下脚！"端王道："这是'齐云社'，名为'天下圆'，足球是圆的，什么事都可能发生。但踢何伤？"高俅再拜道："怎敢！"三回五次告辞，端王定要他踢，高俅只得叩头谢罪，解膝下场。才踢几脚，端王喝采，高俅只得把平生本事都使出来奉承端王：那身分、模样，这气毬一似鳔胶粘在身上的！端王大喜，那里肯放高俅回府去，就留在宫中过了一夜。高俅一路来，董将仕、小苏学士推；小王都尉喜；而端王是主动留。○东京人家不容，董将仕不留，小苏学士不要，驸马留了而且喜，端王更是主动要了。○大宋国国家机密：地位越高，道德越低，口味越重。次日排个筵会，专请王都尉宫中赴宴。

却说王都尉当日晚不见高俅回来，正疑思间，只见次日门子报道："九大王差人来传令旨，请太尉到宫中赴宴。"王都尉出来见了干人，看了令旨，随即上马，来到九大王府前，下马入宫来，见了端王。端王大喜，称谢两般玉玩器。入席饮宴间，端王说道："这高俅踢得两脚好气毬，孤欲索此人做亲随如何？"王都尉答道："殿下既用此人，就留在宫中伏侍殿下。"端王欢喜，执杯相谢。二人又闲话一回，至晚席散，王都尉自回驸马府去，不在话下。

且说端王自从索得高俅做伴之后，留在宫中宿食。高俅自此遭际端王，每日跟着寸步不离。恭喜高俅找到组织。○想当初高俅帮生铁王员外的儿子，真是大材小用。高俅在东京市井，真是埋没了。未及两个月，哲宗皇帝晏驾，无有太子，文武百官商议，册立端王为天子，立帝号曰徽宗，便是玉清教主微妙道君皇帝。登基之后，一向无事。仍是一向踢气毬等等。忽一日与高俅道："朕欲要抬举你，但有边功方可升迁。先教枢密院与你入名，只是做随驾迁转的人。"后来没半年之间，直抬举高俅做到殿帅府太尉职事。由帮闲到帮忙。

高俅得做太尉，选拣吉日良辰去殿帅府里到任。所有一应合属公吏、衙将、都军、监军、马步人等尽来参拜，各呈手本，开报花名。高殿帅一一点过，于内只欠一名八十万禁军教头王进，——半月之前，已有病状在官，患病未痊，不曾入衙门管事。高殿帅大怒，一路见其小心，见其谦恭，忽然大怒。原来高毬已成高俅。喝道："胡说！既有手本呈来，却不是那厮抗拒官府，搪塞下官？此人即系推病在家，快与我拿来！"随即差人到王进家来，捉拿王进。

且说这王进却无妻子，只有一个老母，年已六旬之上。牌头与教头王进说道："如今高殿帅新来上任，点你不着，军正司禀说染患在家，见有病患状在官。高殿帅焦躁，那里肯信，定要拿你，只道是教头诈病在家。教头只得去走一遭，若还不去，定连累小人了。"王进听罢，只得捱着病来。不来不好。不来是不敬。进得殿帅府前，参见太尉，拜了四拜，躬身唱个喏，起来立在一边。高俅道："你那厮便是都军教头王升的儿子？"王进禀道："小人便是。"高俅喝道："这厮！你爷是街市上使花棒卖药的，你省得甚么武艺？却要问太尉：你爷是何方人物？前官没眼，参你做个教头，如何敢小觑我，不伏俺点视！你托谁的势要，推病在家安闲快乐？"你托谁的势要在此颐指气使？王进告道："小人怎敢！其实患病未痊。"高太尉骂道："贼配军！你既害病，如何来得？"来了更不好，来了足证果然是不敬。○小人无理，但小人偏能以理杀人。王进又告道："太尉呼唤，安敢不来。"高殿帅大怒，喝令："左右！拿下！加力与我打这厮！"甫一上任，便要立威。众多牙将都是和王进好的，只得与军正司同告道："今日是太尉上任好日头，权免此人这一次。”高太尉喝道：“你这贼配军！且看众将之面，饶恕你今日，明日却和你理会！”一口一声“贼配军”，王进何时流配过？倒是高俅自己流配出界。句句骂王进，实句句骂自己。作者文笔妙不可言。王进谢罪罢，起来抬头看了，认得是高俅。去了毛还认得。出得衙门，叹口气道：“俺的性命今番难保了！俺道是甚么高殿帅，甚么妙。却原来正是东京帮闲的圆社高二！比先时曾学使棒，被我父亲一棒打翻，三四个月将息不起。有此之仇，他今日发迹，得做殿帅府太尉，正待要报仇。使花棒的儿子做不得教头；被花棒打翻的泼皮倒做得殿帅。好大宋，好大宋的升迁法。我不想正属他管！自古道：‘不怕官，只怕管。’俺如何与他争得，怎生奈何是好？”

回到家中，闷闷不已。对娘说知此事，母子二人抱头而哭。娘道：“我儿，三十六着，走为上着，只恐没处走。”没处走，所以要有水浒。〇帮闲之流占了朝廷，英雄之辈只得暂栖水浒。〇这老娘胜过林冲。王进道：“母亲说得是。儿子寻思，也是这般计较。只有延安府老种经略相公镇守边庭，他手下军官多有曾到京师的，爱儿子使枪棒，何不逃去投奔他们？那里是用人去处，足可安身立命。”《水浒传》一书，就写四个大字：安身立命。厚地高天，茫茫大宋，竟无英雄安身立命之处。〇屈指天下，只有老种处可以安身，读之令人鼻酸。〇天下人都不过以一己之才，养一己之口，安一己之身，立一己之命。天高地厚，求一安身立命之处而不可得，正是驱人为盗为仇。当下子母二人商议定了。其母又道：“我儿，和你要私走，只恐门前两个牌军，是殿帅府拨来伏侍你的。他若得知，须走不脱。”王进道：“不妨，母亲放心，儿子自有道理措置他。”以下措置张牌、李牌，正是写王进有识有胆还有略。此等英雄，屈沉下僚已是不公，何况逼得流落江湖！大宋是正急需猛士以守四方的时代，却如此草芥天下英才，不亡何待！当下日晚未昏，王进先叫张牌入来，分付道：“你先吃了些晚饭，我使你一处去干事。”张牌道：“教头使小人那里去？”王进道：“我因前日病患，许下酸枣门外岳庙里香愿，明日早要去烧炷头香。你可今晚先去分付庙祝，教他来日早些开庙门，等我来烧炷头香，就要三牲献刘、李王。你就庙里歇了等我。”张牌答应，先吃了晚饭，叫了安置，望庙中去了。当夜子母二人收拾了行李衣服，细软银两，做一担儿打挟了。又装两个料袋袱驼，拴在马上的。等到五更，天色未明，王进叫起李牌，分付道：“你与我将这些银两，去岳庙里，和张牌买个三牲，煮熟在那里等候。我买些纸烛，随后便来。”李牌将银子望庙中去了。王进自去备了马，牵出后槽，将料袋袱驼搭上，把索子拴缚牢了，牵在后门外，扶娘上了马。特写王进之孝。盖求忠臣于孝子之门。孝子忠臣去了，高俅来了。高俅来了，大宋亡了。家中粗重都弃了，一部《水浒传》，多少人弃家为盗不顾归。锁上前后门，挑了担儿，跟在马后。趁五更天色未明，乘势出了西华门，取路望延安府来。

且说两个牌军买了福物煮熟，在庙等到巳牌，也不见来。李牌心焦，走回到家中寻时，见锁了门。两头无路，寻了半日，并无有人。看看待晚，岳庙里张牌疑忌，一直奔回家来，又和李牌寻了一黄昏。看看黑了，两个见他当夜不归，又不见了他老娘。次日，两个牌军又去他亲戚之家访问，亦无寻处。两日过去，王进已远。两个恐怕连累，只得去殿帅府首告：“王教头弃家在逃，子母不知去向。”高太尉见告，大怒道：“贼配军在逃，看那厮待走那里去！”随即押下文书，行开诸州各府，捉拿逃军王进。二人首告，免其罪责。不在话下。

且说王教头母子二人一路“子母二人”“母子二人”共十九见。写子孝，写母慈，写孝子慈母在大宋不得安生而入于颠沛流离。顺民良民去了，奸民盗民来了。自离了东京，免不得饥餐渴饮，夜住晓行。在路一月有余。忽一日，天色将晚，王进挑着担儿，跟在娘的马后，口里与母亲说道：“天可怜见，惭愧了我子母两个，脱了这天罗地网之厄！此去延安府不远了，高太尉便要差人拿我也拿不着了！”子母二人欢喜，在路上不觉错过了宿头，“走了这一晚，不遇着一处村坊，那里去投宿是好？”正没理会处，只见远远地林子里闪出一道灯光来。王进看了，道：“好了！遮莫去那里陪个小心，借宿一宵，明日早行。”当时转入林子里来看时，却是一所大庄院，一周遭都是土墙，墙外却有二三百株大柳树。

当时王教头来到庄前，敲门多时，只见一个庄客出来。王进放下担儿，与他施礼。庄客道：“来俺庄上有甚事？”王进答道：“实不相瞒，小人母子二人行了些路程，错过了宿店，来到这里。前不巴村，后不巴店，欲投贵庄借宿一宵。明日早行，依例拜纳房金。万望周全方便！”庄客道：“既是如此，且等一等，待我去问庄主太公，肯时，但歇不妨。”王进又道：“大哥方便。”庄客入去多时，出来说道：“庄主太公教你两个入来。”王进请娘下了马，王进挑着担儿，就牵了马，随庄客到里面打麦场上，歇下担儿，把马拴在柳树上。一段写宋代地主庄园如画。子母二人直到草堂上来见太公。

那太公年近六旬之上，须发皆白，头戴遮尘暖帽，身穿直缝宽衫，腰系皂丝绦，足穿熟皮靴。王进见了便拜。太公连忙道：“客人休拜！你们是行路的人，辛苦风霜，且坐一坐。”王进母子二人叙礼罢，都坐定。太公问道：“你们是那里来的，如何昏晚到此？”王进答道：“小人姓张，原是京师人。今来消折了本钱，无可营用，要去延安府投奔亲眷。不想今日路上贪行了程途，错过了宿店。欲投贵庄假宿一宵，来日早行，房金依例拜纳。”太公道：“不妨，如今世上人那个顶着房屋走哩！你母子二人敢未打火？”叫庄客安排饭来。没多时，就厅上放开条桌子。庄客托出一桶盘，四样菜蔬，一盘牛肉，铺放桌上，先烫酒来筛下。太公道：“村落中无甚相待，休得见怪。”王进起身谢道：“小人子母无故相扰，此恩难报。”太公道：“休这般说，且请吃酒。”一面劝了五七杯酒，搬出饭来，二人吃了，收拾碗碟，太公起身，引王进子母到客房里安歇。一路写宋代主人待客如画。王进告道：“小人母亲骑的头口，相烦寄养，草料望乞应付，一并拜酬。”太公道：“这个不妨，我家也有头口骡马，教庄客牵出后槽，一发喂养。”一段夹七夹八王进与太公说话。写主客如画。〇宋代乡间地主如画。风俗人情如画。王进谢了，挑那担儿到客房里来。一庄客点上灯火，一面提汤来洗了脚。太公自回里面去了。

王进子母二人谢了庄客，掩上房门收拾歇息。次日，睡到天晓不见起来。庄主太公来到客房前过，听得王进老母在房中声唤。太公问道：“客官失晓，好起了。”王进听得，慌忙出房来，见太公施礼，说道：“小人起多时了。夜来多多搅扰，甚是不当。”太公问道：“谁人如此声唤？”王进道：“实不相瞒太公说，老母鞍马劳倦，昨夜心疼病发。”太公道：“既然如此，客人休要烦恼，教你老母且在老夫庄上住几日。我有个医心疼的方，叫庄客去县里撮药来，与你老母亲吃。教他放心慢慢地将息。”人情温煦如见。如此迁延时日，方可引出史进。王进谢了。话休絮繁。

自此，王进子母二人在太公庄上服药，住了五七日，觉道母亲病患痊了，王进收拾要行。当日因来后槽看马，前文一路交代牵马喂马，原来马之用处正在引出王进来后槽遇史进。只见空地上一个后生脱膊着，刺着一身青龙，银盘也似一个面皮，约有十八九岁，拿条棒在那里使。这条棒引出王进功夫，引出王进史进师徒缘分。王进看了半晌，不觉失口道：因这失口，才有下文。“这棒也使得好了，只是有破绽，赢不得真好汉。”那后生听得大怒，喝道：“你是甚么人，敢来笑话我的本事！俺经了七八个有名的师父，我不信倒不如你！你敢和我扠一扠么？”年少气盛。说犹未了，太公到来，喝那后生：“不得无礼！”那后生道：“叵耐这厮笑话我的棒法！”太公道：“客人莫不会使枪棒？”眼光老辣。王进道：“颇晓得些。敢问长上，这后生是宅上何人？”太公道：“是老汉的儿子。”王进道：“既然是宅内小官人，若爱学时，小人点拨他端正如何？”太公道：“恁地时十分好。”便教那后生来拜师父，那后生那里肯拜？初生牛犊不服虎。心中越怒道：“阿爹，休听这厮胡说！若吃他赢得我这条棒时，我便拜他为师！”王进道：“小官人若是不当村时，较量一棒耍子。”那后生就空地当中，把一条棒使得风车儿似转，十分可笑。各色技艺学问，凡使得风车儿似转的，必是假货色。向王进道：“你来！你来！怕你不算好汉！”写年轻气盛如画。王进只是笑，不肯动手。太公道：“客官既是肯教小顽时，使一棒何妨？”王进笑道：“恐冲撞了令郎时，须不好看。”太公道：“这个不妨。若是打折了手脚，也是他自作自受。”一段写三人：史太公老者气象，一团和气；王教头高手气象，三分谦恭；史大郎年轻气盛，十分自负。王进道：“恕无礼！”“恕无礼”三字一出，英雄本色顿显。去枪架上拿了一条棒在手里，来到空地上，使个旗鼓。

那后生看了一看，拿条棒滚将入来，径奔王进。王进托地拖了棒便走，那后生轮着棒又赶入来。王进回身，把棒望空地里劈将下来，那后生见棒劈来，用棒来隔。王进却不打下来，将棒一掣，却望后生怀里直搠将来。只一缴，那后生的棒丢在一边，扑地望后倒了。一段写得史进咄咄逼人，负气而好笑。在史进，他还以为是比武，在王进，不过是上示范课。王进连忙撇了棒，向前扶住，道：“休怪，休怪！”那后生爬将起来，便去傍边掇条凳子，纳王进坐，便拜道：“我枉自经了许多师家，原来不值半分！师父，没奈何！只得请教！”“没奈何”三字一出，少年豪宕如见。〇孺子可笑，孺子可爱，孺子可教。王进道：“我母子二人连日在此搅扰宅上，无恩可报，当以效力。”太公大喜，教那后生穿了衣裳，一同来后堂坐下。叫庄客杀一个羊，安排了酒食果品之类，就请王进的母亲一同赴席。四个人坐定，一面把盏，太公起身劝了一杯酒，说道："师父如此高强，必是个教头，眼光老辣可怕。小儿'有眼不识泰山'。"王进笑道："'奸不厮欺，俏不厮瞒。'小人不姓张，俺是东京八十万禁军教头王进的便是。这枪棒终日搏弄。为因新任一个高太尉，原被先父打翻，今做殿帅府太尉，怀挟旧仇，要奈何王进。小人不合属他所管，和他争不得，只得子母二人逃上延安府去，投托老种经略相公处勾当。不想来到这里，得遇长上父子二位如此看待；又蒙救了老母病患，连日管顾，甚是不当。既然令郎肯学时，小人一力奉教。只是令郎学的都是花棒，教花棒的偏有生意。奈何！只好看，上阵无用，小人从新点拨他。"太公见说了，便道："我儿，可知输了！快来再拜师父。"

那后生又拜了王进。太公道："教头在上，老汉祖居在这华阴县界，前面便是少华山。为下文伏笔。《水浒传》文字，常如此：凡下文要写到的大场面，前面必有看似不经意的伏笔。令读者至彼处不觉突兀也。这村便唤做史家村，村中总有三四百家，都姓史。老汉的儿子从小不务农业，只爱刺枪使棒。母亲说他不得，一气死了。必须交代。且与王进奉母作对比。孝子一去无消息，逆子从此进史册。此所以为"史进"也。老汉只得随他性子，不知使了多少钱财，投师父教他。又请高手匠人与他刺了这身花绣肩膊胸膛，总有九条龙。满县人口顺，都叫他做'九纹龙'史进。教头今日既到这里，一发成全了他亦好。老汉自当重重酬谢。"王进大喜道："太公放心！既然如此说时，小人一发教了令郎方去。"自当日为始，吃了酒食，留住王教头母子二人在庄上。史进每日求王教头点拨，十八般武艺，一一从头指教。史太公自去华阴县中承当里正。不在话下。

不觉荏苒光阴，早过半年之上。史进十八般武艺，——矛、锤、弓、弩、铳、鞭、锏、剑、链、挝、斧、钺并戈、戟、牌、棒与枪、杈，一一学得精熟。多得王进尽心指教，点拨得件件都有奥妙。王进见他学得精熟了，自思在此虽好，只是不了。凡不了之事，一定不好。水泊梁山，大碗喝酒，大块吃肉，成套穿衣，岂是不好？只是不了。故需招安。一日想起来，相辞要上延安府去。史进那里肯放，说道："师父只在此间过了，小弟奉养你母子二人以终天年，多少是好。"王进道："贤弟，多蒙你好心，在此十分之好。只恐高太尉追捕到来，负累了你，不当稳便，以此两难。我一心要去延安府，投着在老种经略处勾当。那里是镇守边庭，用人之际，足可安身立命。"又提安身立命。安身立命乃全书之髓，一百八人正因不能安身立命才上梁山；上了梁山，正因不能安身立命才下山招安。招安而后正因不能安身立命而七零八落。〇一部大书，只此四字调动读者眼泪。史进并太公苦留不住，只得安排一个筵席送行，托出一盘——两个缎子，一百两花银谢师。次日，王进收拾了担儿，备了马，子母二人相辞史太公、史进。请娘乘了马，望延安府路途进发。史进叫庄客挑了担儿，亲送十里之程，心中难舍。史进当时拜别了师父，洒泪分手，和庄客自回。王教头依旧自挑了担儿，跟着马，子母二人自取关西路里去了。一去再无消息。想来心中总是落落。自大宋至今千年，王进师父你在哪里？

话中不说王进去投军役，只说史进回到庄上，每日只是打熬气力。亦且壮年，又没老小。半夜三更起来演习武艺，白日里只在庄后射弓走马。不到半载之间，史进父亲太公染病患症，数日不起。史进使人远近请医士看治，不能痊可。呜呼哀哉，太公殁了。太公不死，下文便无法展开。史进一面备棺椁盛殓，请僧修设好事，追斋理七，荐拔太公。又请道士建立斋醮，超度生天，整做了十数坛好事功果道场。选了吉日良时，出丧安葬。满村中三四百史家庄户，都来送丧挂孝，埋殡在村西山上祖坟内了。写史进在村中影响，伏后史进出头，联络众人，结村自保。史进家自此无人管业，史进又不肯务农，只要寻人使家生，较量枪棒。大虫没了笼子。

自史太公死后，又早过了三四个月日。时当六月中旬，炎天正热。那一日，史进无可消遣，捉个交床，坐在打麦场边柳阴树下乘凉。对面松林透过风来，史进喝采道："好凉风！"正乘凉哩，只见一个人探头探脑在那里张望。史进喝道："作怪！谁在那里张俺庄上？"史进跳起身来，转过树背后打一看时，认得是猎户摽兔李吉。出一人物，牵出一串故事。史进喝道："李吉，张我庄内做甚么？莫不是来相脚头！"李吉向前声喏道："大郎，小人要寻庄上矮丘乙郎吃碗酒，因见大郎在此乘凉，不敢过来冲撞。"史进道："我且问你，往常时你只是担些野味来我庄上卖，我又不曾亏了你，如何一向不将来卖与我？敢是欺负我没钱？"李吉答道："小人怎敢？一向没有野味，以此不敢来。"史进道："胡说！偌大一个少华山，恁地广阔，不信没有个獐儿、兔儿！"李吉道："大郎原来不知：如今山上添了一伙强人，看他引出少华山，引出少华山强人朱武等三人，何等自然，何等曲折，若泉水，在山石间忽明忽暗，曲曲折折，若有若无，蜿蜒而来，一出山口，自然渠成。扎下一个山寨，聚集着五七百个小喽啰，有百十匹好马。为头那个大王唤做'神机军师'朱武，第二个唤做'跳涧虎'陈达，第三个唤做'白花蛇'杨春。一百八人已出四人。这三个为头打家劫舍，华阴县里禁他不得，出三千贯赏钱，召人拿他。谁敢上去惹他？史进敢。因此上，小人们不敢上山打捕野味，那讨来卖！"史进道："我也听得说有强人。须有此句方显史进不闭塞，不懵懂。不想那厮们如此大弄，必然要恼人。李吉，你今后有野味时寻些来。"李吉唱个喏自去了。

史进归到厅前，寻思："这厮们大弄，必要来薅恼村坊。既然如此……"便叫庄客拣两头肥水牛来杀了，庄内自有造下的好酒，先烧了一陌顺溜纸，便叫庄客去请这当村里三四百史家庄户，都到家中草堂上序齿坐下，教庄客一面把盏劝酒。史进真是豪杰，能做大事。〇写得史进大气。史进对众人说道：“我听得少华山上有三个强人，聚集着五七百小喽啰打家劫舍。这厮们既然大弄，必然早晚要来俺村中啰唣。我今特请你众人来商议，倘若那厮们来时，各家准备。我庄上打起梆子，你众人可各执枪棒前来救应。你各家有事，亦是如此。递相救护，共保村坊。如若强人自来，都是我来理会。”舍我其谁。史进有种。众人道：“我等村农只靠大郎做主，梆子响时，谁敢不来！”当晚众人谢酒，各自分散回家，准备器械。自此，史进修整门户墙垣，安排庄院，设立几处梆子，拴束衣甲，整顿刀马，堤防贼寇，不在话下。

且说少华山寨中三个头领坐定商议，为头的神机军师朱武，那人原是定远人氏，能使两口双刀，虽无十分本事，却精通阵法，广有谋略；第二个好汉姓陈，名达，原是邺城人氏，使一条出白点钢枪；第三个好汉姓杨，名春，蒲州解良县人氏，使一口大杆刀。当日朱武却与陈达、杨春说道：“如今我听知华阴县里出三千贯赏钱召人捉我们，诚恐来时要与他厮杀。只是山寨钱粮欠少，如何不去劫掳些来，以供山寨之用？聚积些粮食在山寨里，防备官军来时，好和他打熬。”做强盗也不容易。也要受煎熬。跳涧虎陈达道：“说得是。如今便去华阴县里先问他借粮，看他如何？”白花蛇杨春道：“不要华阴县去，只去蒲城县，万无一失。”陈达道：“蒲城县人户稀少，钱粮不多，不如只打华阴县，那里人民丰富，钱粮广有。”杨春道：“哥哥不知，若去打华阴县时，须从史家村过。那个九纹龙史进是个大虫，不可去撩拨他。他如何肯放我们过去？”史进原也是乡梓之福，不想后来反成乡梓之祸。陈达道：“兄弟好懦弱！一个村坊过去不得，怎地敢抵敌官军？”

杨春道："哥哥不可小觑了他，那人端的了得。"朱武道："我也曾闻他十分英雄，说这人真有本事，兄弟休去罢。"史进名声已然在外。陈达叫将起来，说道："你两个闭了鸟嘴！长别人志气，灭自己威风！他只是一个人，须不三头六臂？我不信！"喝叫小喽啰："快备我的马来！如今便去先打史家庄，后取华阴县！"朱武、杨春再三谏劝，陈达那里肯听，随即披挂上马，点了一百四五十小喽啰，鸣锣擂鼓下山，望史家村去了。

且说史进，正在庄内整制刀马，不是写史进备战。乃写史进日常工作。史进平时，不整制刀马，难道整制犁牛？只见庄客报知此事。史进听得，就庄上敲起梆子来。那庄前庄后，庄东庄西，三四百史家庄户，听得梆子响，都拖枪拽棒，聚起三四百人，一齐都到史家庄上。看了史进，头戴一字巾，身披朱红甲，上穿青锦袄，下着抹绿靴，腰系皮搭膊，前后铁掩心；一张弓，一壶箭，手里拿一把三尖两刃四窍八环刀。庄客牵过那匹火炭赤马，史进上了马，绰了刀。好威风的史家村民兵大队长。前面摆着三四十壮健的庄客，后面列着八九十村蠢的乡夫，各史家庄户都跟在后头，一齐呐喊。史家村民兵亦训练有素，勇气可嘉。直到村北路口。

那少华山陈达引了人马飞奔到山坡下，便将小喽啰摆开。史进看时，见陈达头戴干红凹面巾，身披裹金生铁甲，上穿一领红衲袄，脚穿一对吊墩靴，腰系七尺攒线搭膊，坐骑一匹高头白马，手中横着丈八点钢矛。小喽啰两势下呐喊，二员将就马上相见。陈达在马上看着史进，欠身施礼。史进喝道："汝等杀人放火，打家劫舍，犯着迷天大罪，都是该死的人！你也须有耳朵！难道不闻我九纹龙大名？好大胆，直来太岁头上动土！"陈达在马上答道："俺山寨里欠少些粮食，欲往华阴县借粮，经由贵庄，假一条路，并不敢动一根草。

可放我们过去，回来自当拜谢。”老实话，不是胡说。史进道：“胡说！俺家见当里正，正要来拿你这伙贼。今日倒来经由我村中过，却不拿你倒放你过去？本县知道，须连累于我。”也是实情，不光是逞英雄。陈达道：“‘四海之内，皆兄弟也。’相烦借一条路。”史进道：“甚么闲话！我便肯时，有一个不肯！你问得他肯便去！”故意气人。陈达道：“好汉教我问谁？”史进道：“你问得我手里这口刀肯，便放你去！”陈达大怒道：“赶人不要赶上！休得要逞精神！”

史进也怒，轮手中刀，骤坐下马，来战陈达。陈达也拍马挺枪，来迎史进。两个交马斗了多时，史进卖个破绽，知道卖破绽了，王进的家数。让陈达把枪望心窝里搠来，史进却把腰一闪，陈达和枪撷入怀里来。史进轻舒猿臂，款扭狼腰，只一挟，把陈达轻轻摘离了嵌花鞍，款款揪住了线搭膊，只一丢，丢落地，那匹战马拨风也似去了。史进叫庄客将陈达绑缚了，众人把小喽啰一赶都走了。史进回到庄上，将陈达绑在庭心内柱上，等待一发拿了那两个贼首，一并解官请赏。且把酒来赏了众人，教且权散。众人喝采：“不枉了史大郎如此豪杰！”此句少不得，不然史进一人英雄，却无人喝彩，不见人心，使英雄寂寞。

休说众人欢喜饮酒，却说朱武、杨春两个，正在寨里猜疑捉摸不定，且教小喽啰再去探听消息。只见回去的人，牵着空马，奔到山前，只叫道：“苦也！陈家哥哥不听二位哥哥所说，送了性命！”朱武问其缘故，小喽啰备说交锋一节，“怎当史进英雄”！连对手都夸。〇不特不恨，反有欣赏之意，写出史进魅力难当。朱武道：“我的言语不听，果有此祸！”杨春道：“我们尽数都去与他死并，如何？”朱武道：“亦是不可，他尚自输了，你如何并得他过？我有一条苦计，若救他不得，我和你都休。”杨春问道：“如何苦计？”朱武附耳低言说道：“只除……

恁地。”杨春道：“好计！我和你便去，事不宜迟！”

再说史进正在庄上忿怒未消，打了个开门红，不是沾沾自喜，反是忿怒未消，意犹未已。英雄。只见庄客飞报道：“山寨里朱武、杨春自来了！”史进道：“这厮合休！我教他两个一发解官。快牵马过来！”一面打起梆子，众人早都到来。史进上了马，正待出庄门，只见朱武、杨春步行已到庄前，两个双双跪下，擎着四眼泪。有计也有义，可敬复可笑。史进下马来，喝道：“你两个跪下如何说？”朱武哭道：“小人等三个累被官司逼迫，不得已上山落草。“不得已”三字写尽一百八人，亦是史进同情三人处。当初发愿道：‘不求同日生，只愿同日死。’虽不及关、张、刘备的义气，其心则同。今日小弟陈达不听好言，误犯虎威，已被英雄擒捉在贵庄，无计恳求，今来一径就死。望英雄将我三人一发解官请赏，誓不皱眉。我等就英雄手内请死，并无怨心！”神机军师果有心机。若能救得，当是万幸；若救不得，三个一处死，亦不寂寞。此虽是计，亦是义气，故能感动史进。史进听了寻思道：“他们直恁义气，我若拿他去解官请赏时，反教天下好汉们耻笑我不英雄。自古道：‘大虫不吃伏肉。’”史进便道：“你两个且跟我进来。”朱武、杨春并无惧怯，随了史进，直到后厅前跪下，又教史进绑缚。史进三回五次叫起来，他两个那里肯起来！越不肯起，越不能绑。“惺惺惜惺惺，好汉识好汉。”史进道：“你们既然如此义气深重，我若送了你们，不是好汉！我放陈达还你如何？”朱武道：“休得连累了英雄，不当稳便，宁可把我们去解官请赏。”史进道：“如何使得！你肯吃我酒食么？”先请坐，再请吃。开门揖盗不说，还箪食壶浆以奉盗。大郎眼中无法。朱武道：“一死尚然不惧，何况酒肉乎！”当时史进大喜，解放陈达，就后厅上座置酒设席管待三人。朱武、杨春、陈达拜谢大恩。酒至数杯，少添春色。酒罢，三人谢了史进，回山去了。史进送出庄门，既不念里正职责，又不怕县上责罚。史进所以是英雄也。自回庄上。

却说朱武等三人归到寨中坐下，朱武道：“我们非这条苦计，怎得性命在此？虽然救了一人，却也难得史大郎为义气上放了我们。过几日备些礼物送去，谢他救命之恩。”

话休絮繁。过了十数日，朱武等三人收拾得三十两蒜条金，使两个小喽啰，乘月黑夜送去史家庄上。当夜敲门，庄客报知。史进火急披衣来到庄前，问小喽啰：“有甚话说？”小喽啰道：“三个头领再三拜覆：特使进献些薄礼，酬谢大郎不杀之恩。不要推却，望乞笑留。”取出金子递与史进。初时推却，次后寻思道：“既然好意送来，受之为当。”叫庄客置酒，管待小校吃了半夜酒，把些零碎银两赏了小校回山。又过半月有余，朱武等三人在寨中商议掳掠得好大珠子，又使小喽啰连夜送来庄上。史进受了，不在话下。

又过了半月，史进寻思道：“也难得这三个敬重我，我也备些礼物回奉他。”次日，叫庄客寻个裁缝，自去县里买了三匹红锦裁成三领锦袄子，县上里正上县城来为强盗做锦袄子。妙。又拣肥羊煮了三个，将大盒子盛了，委两个庄客去送。史进庄上有个为头的庄客王四，此人颇能答应官府，口舌利便，满庄人都叫他做“赛伯当”。误事者多是此等伶牙俐齿之人。史进教他同一个得力庄客，挑了盒担直送到山下。小喽啰问了备细，引到山寨里见了朱武等。三个头领大喜，受了锦袄子并肥羊酒礼，把十两银子赏了庄客。每人吃了十数碗酒。遥伏下文醉酒弄丢书信。下山同归庄内，见了史进，说道：“山上头领多多上覆。”史进自此常常与朱武等三人往来。不时间，只是王四去山寨里送物事，不止一日。寨里头领也频频地使人送金银来与史进。

荏苒光阴，时遇八月中秋到来。史进要和三人说话，除却三人，无人说话。写英雄相惜，也写英雄乡间寂寞。让人忽然觉悟：史进这样的英雄，定不会这么老死乡间。约至十五夜，来庄上赏月取酒，先使庄客王四赍一封请书，直去少华山上，请朱武、陈达、杨春来庄上赴席。王四驰书径到山寨里，见了三位头领，下了来书。朱武看了大喜，三个应允，随即写封回书，赏了王四五两银子，吃了十来碗酒因前文已写王四吃酒，此处写到吃酒便不突然。从后文知前文之妙。王四下得山来，正撞着时常送物事来的小喽啰，一把抱住，那里肯放？又拖去山路边村酒店里吃了十数碗酒。前文吃十数碗酒不醉。此回吃十数碗酒岂能醉？必再吃方醉，方误事。朱武等人既有书信托付，岂能让他吃醉？故令小喽啰拖去吃醉。王四相别了回庄，一面走着，被山风一吹，酒却涌上来，踉踉跄跄，一步一攧。走不得十里之路，见座林子，奔到里面，望着那绿茸茸莎草地上，扑地倒了。

原来摽兔李吉正在那山坡下张兔儿，认得是史家庄上王四，赶入林子里来扶他，那里扶得动！只见王四搭膊里突出银子来，李吉寻思道："这厮醉了……那里讨得许多！何不拿他些？"也是天罡星合当聚会，自是生出机会来。李吉解那搭膊，望地下只一抖，那封回书和银子都抖出来。李吉拿起，颇识几字，将书拆开看时，见上面写着少华山朱武、陈达、杨春，中间多有兼文带武的言语却不识得，只认得三个名字。李吉道："我做猎户，几时能够发迹，算命道我今年有大财，却在这里！算命人的话不能听啊。华阴县里见出三千贯赏钱，捕捉他三个贼人。叵耐史进那厮，前日我去他庄上寻矮丘乙郎，他道我来相脚头躧盘，你原来倒和贼人来往！"银子并书都拿去了，望华阴县里来出首。此节写李吉心理变化：一开始是好意去扶，接着是见财起意，见信而后又误信算命，终于出首告发。节节相生，环环相扣，虽曲曲折折，却自然天成。好文章即是通人情。

却说庄客王四一觉直睡到二更，方醒觉来，看见月光微微照在身上，吃了一惊，跳将起来，却见四边都是松树。活画出醉人初醒光景。便去腰里摸时，搭膊和书都不见了！四下里寻时，只见空搭膊在莎草地上。王四只管叫苦，寻思道："银子不打紧，这封回书却怎生好？正不知被甚人拿去了？"眉头一纵，计上心来，自道："若回去庄上，说脱了回书，大郎必然焦躁，定是赶我出去。不如只说不曾有回书，那里查照？"误事的都是自作聪明人。计较定了，飞也似取路归来庄上，却好五更天气。

史进见王四回来，问道："你缘何方才归来？"王四道："托主人福荫，寨中三个头领都不肯放，留住王四吃了半夜酒，因此回来迟了。"撒的好谎。史进又问："曾有回书么？"王四道："三个头领要写回书，却是小人道：'三位头领既然准来赴席，何必回书。小人又有杯酒，路上恐有些失支脱节，不是耍处。'"真有见识，可惜只是马后炮。若早有见于此，哪有杀身之祸。史进听了大喜，说道："不枉了诸人叫做'赛伯当'，真个了得！"王四应道："小人怎敢差迟，路上不曾住脚，一直奔回庄上。"一见夸奖，愈发聪明。谎撒到这地步，连自己都信了。史进道："既然如此，教人去县里买些果品案酒伺候。"

不觉中秋节至，是日晴明得好。史进当日分付家中庄客，宰了一腔大羊，杀了百十个鸡鹅，准备下酒食筵宴。看看天色晚来，少华山上朱武、陈达、杨春三个头领，分付小喽啰看守寨栅，只带三五个做伴，将了朴刀，各跨口腰刀，不骑鞍马，步行下山，须是这样，等会大打出手，杀散官兵，不是少华山强盗，乃是史家村庄客，才显史进庄上民兵的厉害。径来到史家庄上。史进接着，各叙礼罢，请入后园。庄内已安排下筵宴，史进请三位头领上坐，史进对席相陪，便叫庄客把前后庄门拴了。一面饮酒，庄内庄客轮流把盏，一边割羊劝酒。

酒至数杯，却早东边推起那轮明月。史进和三个头领叙说旧话新言，只听得墙外一声喊起，火把乱明。史进大惊，跳起身来道：

“三位贤友且坐，待我去看。”喝叫庄客：“不要开门！”掇条梯子上墙打一看时，只见是华阴县县尉在马上，引着两个都头，带着三四百土兵，围住庄院。史进和三个头领只管叫苦。外面火把光中照见钢叉、朴刀、五股叉、留客住，摆得似麻林一般。两个都头口里叫道：“不要走了强贼！”急。

不是这伙人来捉史进并三个头领，怎地教史进先杀了一两个人，结识了十数个好汉！直教：芦花深处屯兵士，荷叶阴中治战船。毕竟史进与三个头领怎地脱身，且听下回分解。

第二回

史大郎夜走华阴县　鲁提辖拳打镇关西

魯提轄拳打
鎮關西

回前总评

本回是鲁达在《水浒传》中第一次出场。第一次出场的人，还有一个李忠。

李忠和史进和鲁达，三个人，三种不同的人格境界：李忠是庸人；史进是好汉；鲁达是佛，是阿罗汉。鲁达干了两件事，救人和杀人。

金圣叹说鲁达是上上人物。他的出场，《水浒传》作者是借了史进的眼睛来看。说史进只见一个大汉，大踏步地进入茶坊里来。鲁达走路的一个基本特征就是大踏步。鲁达来，是大踏步来；鲁达去，是大踏步去。然后是相貌，“生得面圆耳大，鼻直口方，腮边一部貉腮胡须，身长八尺，腰阔十围”。鲁达的外貌和他内心之间这种对应关系，金圣叹已经看出，他说《水浒传》把鲁达写得“心地厚实，体格宽大”。

这是史进眼里的鲁达。鲁达呢，一见史进，就说出了史进的大名，就欣赏史进的为人，就亲热拉着史进去喝酒，认可为兄弟。史进真是有福之人，十七八岁初出江湖，就感受到江湖的温暖——其实，哪里是江湖的温暖？是鲁达的温暖！

《水浒传》里面，金圣叹说武松是第一人。金圣叹有金圣叹的道理。但我说鲁达是第一人，为什么？就是他能给这个人间带来温暖。他身上有一团杀气，那是对坏人的；同时他身上也有一团热气，那是对天下所有善良的人、弱小的人、受欺凌的人的，是对好人的，对朋友的。在史进这里，鲁达一出场，我们就看到了这一点。

李忠的出场，则很不体面，在街上摆个摊子，耍一通花拳绣腿，卖一些狗皮膏药，讨一点打赏碎银，这就是他的营生。这当然无可厚非。但不潇洒，而且还显得猥琐，一个好汉，哪能长期这样生活呢。

事实上，一种生活态度，往往决定了一种生活状态；一种生活状态，也就塑造出一种性格。整天锱铢必较，分毫必争，一丝难舍，足以坏掉一个人的境界，坏掉一个人的气质。像李忠这样整天操心、盘算自己衣饭的人，怎么可能有境界呢？怎么可能是英雄，是好汉呢？不冲破衣饭的牢笼，就定是个衣饭的囚徒。衣饭的囚徒，不过是行走的饭桶。

史进如果整天盘算自己的衣饭，他怎么会为了救少华山的朱武等人，一把火烧了自家庄园，流落江湖？

史进是好汉，李忠不是。

所以当随后鲁达倾其所有拿出自己五两银子要救金翠莲父女，并向史进、李忠“借”钱时，史进“取”出的是十两，李忠“摸”出的是二两。一件小事，不同的人，被分别出来。史进十两，李忠二两，这就是境界的斤两。鲁达收下了史进的银子，就是认同了史进；鲁达丢还了李忠的银子，就是不认同李忠。鲁达后来一辈子都不把李忠当朋友，更不把李忠当兄弟。为什么？两个人差距太大，个性的差距太大，境界的差距更大。

金圣叹在鲁达丢还李忠二两银子的句子下批了四个“胜”字：胜骂，胜打，胜杀，胜剐。再加四个字：真好鲁达。真——鲁达是舒张的，他看不惯缩手缩脚不爽利的人；鲁达是慷慨的，他看不惯悭吝小气的人；好——鲁达甚至也是善解人意的人：李忠挣钱不容易啊，要卖多少狗皮膏药，才能积攒二两多银子啊，算了，还给他吧。就丢给他了。

如果说心地厚实，体格宽大的鲁达，从里到外都体现一个"大"字，李忠就是从言语到行为，从思想到气质，典型的一个"小"字。

潘家酒楼一段，非常精彩地写出了三种不同的境界：李忠是庸人的境界；史进是好汉的境界；鲁达是佛的境界。三种人三种境界，不同的等级做对比做烘托，这是一种文学的技巧。从此以后，这一回的主角也不再是史进了，更不可能是李忠，而是鲁达。

鲁达有句名言：救人须救彻，杀人须见血。鲁达一辈子不就干了两件事吗？救人和杀人；鲁达一辈子不就两种情感吗？爱和恨。

救人要救彻，他能在店门口凳子上耐心地一坐四个小时；杀人要见血，他一刻也不能等，站起，一点不犹豫，一点不转弯，直接到状元桥去了。

后面作者写鲁达三拳打死镇关西，鼻子、眼睛、太阳穴，一拳比一拳血腥，一拳比一拳写得细致。为什么？

首先，这是合理的想象。是站在镇关西一边，体会他的感觉，鼻根是味觉，眼睛是视觉，太阳穴管听觉。为何要写得这么细？因为作者要欣赏，因为作者要把这快意恩仇延长了，展开了，慢慢消受！我们被压迫得太久，忍耐得太久，需要一个延长了的复仇过程，供人充分发泄。我们需要恶人的鲜血，给我们快感，需要恶人的痛，来强化我们的快！

实际上，《水浒传》的创作，从社会心理上讲，就是社会被长期压抑后的一种文学发泄，是人民苦闷的象征，是一个民族集体心理变态的体现。一个专制、独裁、黑暗的社会，人人都受到欺压，又得不到申诉的地方，长此以往，人人内心里都积压了太多太多的仇，太多太多的恨，太多太多的负面心理能量，需要有一个发泄的出口，《水浒传》就是全民族心理发泄的出口，所以鲁达的三拳，作者写得快活，我们也看得快活。在不正义的社会里，我们太需要正义了；在邪恶的世道里，我们太需要鲁达的拳头了。

李贽在评到鲁智深三拳打死镇关西时，也激动得不能自已，连下了这样一连串的评语：

“仁人、智人、勇人、圣人、神人、菩萨、罗汉、佛！”

李贽太激动了。仁人、智人、勇人、圣人是儒家的理想人格；神人，是道家的理想人格；菩萨、罗汉、佛，是佛家的理想人格。儒释道三家的最高理想人格，被李贽一把拿来全部直接送给了鲁达，鲁达一下子得到了三顶高帽子。

话说当时史进道：“却怎生是好？”朱武等三个头领跪下道：“哥哥，你是干净的人，休为我等连累了。大郎可把索来，绑缚我三个出去请赏，免得负累了你不好看。”史进问“怎生是好？”朱武答“绑我请赏”，史进问是无心，朱武答是有意。史进已让三人为一家人，三人仍当史进是两家说话，此三人不及史进处。〇史进问怎生是好时，是“我们怎生是好”，四人一体。朱武答“你可绑我们”时，是你我不同。史进道：“如何使得！恁地时，是我赚你们来捉你请赏，枉惹天下人笑。若是死时，我与你们同死，活时同活。你等起来，放心，别作圆便。且等我问个来历情由。”

史进上梯子问道：“你两个何故半夜三更来劫我庄上？”两个

都头道："大郎，你兀自赖哩！见有原告人李吉在这里。"史进喝道："李吉，你如何诬告平人？"李吉应道："我本不知，林子里拾得王四的回书，一时间把在县前看，因此事发。"史进叫王四问道："你说无回书，如何却又有书？"王四道："便是小人一时醉了，忘记了回书。"史进大喝道："畜生！却怎生好！"外面都头人等，惧怕史进了得，不敢奔入庄里来捉人。三个头领把手指道："且答应外面。"史进会意，在梯子上叫道："你两个都头，都不必闹动，权退一步，我自绑缚出来，解官请赏。"那两个都头都怕史进，只得应道："我们都是没事的，没事来干什么。分明怕史进，不敢说硬话。〇史进威名，强盗也知，官府也怕。等你绑出来，同去请赏。"

史进下梯子，来到厅前，先叫王四带进后园，把来一刀杀了。不必。喝教许多庄客，把庄里有的没的细软等物即便收拾，尽教打叠起了。一壁点起三四十个火把，庄里史进和三个头领全身披挂，枪架上各人跨了腰刀，拿了朴刀，拽扎起，把庄后草屋点着。庄客各自打拴了包裹。外面见里面火起，都奔来后面看。史进却就中堂又放起火来，大开庄门，呐声喊，杀将出来。

史进当头，本是县里里正，现却成了强盗当头。朱武、杨春在中，陈达在后，和小喽啰并庄客，一冲一撞，指东杀西。史进却是个大虫，那里拦当得住！后面火光乱起，杀开条路，冲将出来，正迎着两个都头并李吉，史进见了大怒。仇人相见，分外眼明。两个都头见头势不好，转身便走。李吉也却待回身，史进早到，手起一刀，把李吉斩做两段。杀的是。谁让你听算命的来。两个都头正待走时，陈达、杨春赶上，一家一朴刀，结果了两个性命。杀的不是。他二人亦是职责所在，既非私仇，也非不道，此类杀戮，《水浒传》中后来也多，都是滥杀的。〇二者既知怕史进，吓跑即可，何必定要赶上杀之。县尉惊得跑马走回去了。众士兵那里敢向前，各自逃命散了，不知去向。

史进引着一行人，且杀且走，直到少华山上寨内坐下，喘息方定。朱武等忙叫小喽啰一面杀牛宰马，贺喜饮宴，朱武喜得大虫。史进不喜。不在话下。一连过了几日，史进寻思："一时间要救三人，放火烧了庄院，虽是有些细软家财，粗重什物尽皆没了。"心内踌躇，在此不了，王进在史家村，因知不了，故寻老种经略相公。史进在少华山，亦知不了，故寻王进。人活一世，只是求一个"了"字，得"了"则安，不"了"则躁。开言对朱武等说道："我的师父王教头在关西经略府勾当。我先要去寻他，只因父亲死了，不曾去得。今来家私庄院废尽，我如今要去寻他。"朱武三人道："哥哥休去，只在我寨中且过几时，又作商议。若哥哥不愿落草时，待平静了，小弟们与哥哥重整庄院，再作良民。"史进道："虽是你们的好情分，只是我今去意难留。我若寻得师父，也要那里讨个出身，求半世快乐。"《水浒传》一百八人，起初也不过是求一个"出身"，得一出身，即可为国家出力，为自己安身立命，求半世快乐。求一出身而不得，方尽入水泊，为国家祸患。使国家人才变成国家敌人，谁之罪？朱武道："哥哥便在此间做个寨主，却不快活？只恐寨小，不堪歇马。"史进道："我是个清白好汉，如何肯把父母遗体来点污了！你劝我落草，再也休题。"史进说"求半世快乐"，朱武说"做个寨主，却不快活？"在史进眼里，不清白便不快活。可见水泊一百八人中，真快乐者不多，有不清白之类负罪感者不少，这正是后来招安的原因。〇史进天真，不知在不清白之世界，要清白十分之难也。

史进住了几日，定要去，朱武等苦留不住。史进带去的庄客都留在山寨，从此尽为小喽啰。〇此辈点污父母遗体，失了清白，又如何？只自收拾了些散碎银两，打拴一个包裹，余者多的尽数寄留在山寨。必须有此一句交代。史进头带白范阳毡大帽，上撒一撮红缨，帽儿下裹一顶浑青抓角软头巾，项上明黄缕带，身穿一领白纻丝两上领战袍，腰系一条揸五指梅红攒线搭膊，青白间道行缠绞脚，衬着踏山透土多耳麻鞋，跨一口铜钹磐口雁翎刀。背上包裹，提了朴刀，辞别朱武等三人。众多小喽啰都送下山来。朱武等洒泪而别，不光离别，亦有愧疚。自回山寨去了。

只说史进提了朴刀，离了少华山，取路投关西五路，望延安府路上来。免不得饥餐渴饮，夜住晓行，独自行了半月之上，来到渭州。“这里也有一个经略府，莫非师父王教头在这里？”史进便入城来看时，依然有六街三市。只见一个小小茶坊，正在路口。史进便入茶坊里来，拣一副坐位坐了。茶博士问道：“客官吃甚茶？”史进道：“吃个泡茶。”茶博士点个泡茶，放在史进面前。史进问道：“这里经略府在何处？”茶博士道：“只在前面便是。”史进道：“借问经略府内，有个东京来的教头王进么？”茶博士道：“这府里教头极多，有三四个姓王的，不知那个是王进。”

道犹未了，只见一个大汉大踏步竟入进茶坊里来。史进看他时，是个军官模样。头裹芝麻罗万字顶头巾，脑后两个太原府纽丝金环，上穿一领鹦哥绿纻丝战袍，腰系一条文武双股鸦青绦，足穿一双鹰爪皮四缝干黄靴。生得面圆耳大，鼻直口方，腮边一部貉腮胡须，身长八尺，腰阔十围。那人入到茶坊里面坐下。茶博士道：“客官要寻王教头，只问这位提辖，便都认得。”史进忙起身施礼道：“官人请坐，拜茶！”那人见史进长大魁伟，像条好汉，便来与他施礼。像条好汉，便来施礼。不像好汉，一点面子也不给。这就是鲁达。两个坐下。史进道：“小人大胆，敢问官人高姓大名？”那人道：“洒家是经略府提辖，姓鲁，讳个达字。敢问阿哥，你姓甚么？”史进道：“小人是华州华阴县人氏，姓史名进。请问官人，小人有个师父是东京八十万禁军教头，姓王名进，不知在此经略府中有也无？”鲁提辖道：“阿哥，你莫不是史家村甚么九纹龙史大郎？”鲁达已出道，史进才出道。鲁达合当有名声，偏史进不知；史进不当有名声，偏鲁达知道。其妙有二：一、正以此写史进疏离江湖，孤陋寡闻，非写鲁达无名。二、以此安慰史进，初出江湖，便有相知者，写出江湖一丝暖意。史进拜道：

果然史进感激于有人知名。少年喜名，英雄慷慨。“小人便是。”鲁提辖连忙还礼不仅还礼，且是“连忙”，不唯不自大，亦能足够尊人。三十五六岁老江湖，对十八九岁毛头小青年出格礼待，见出鲁达胸襟不凡。说道：“闻名不如见面，见面胜似闻名！你要寻王教头，莫不是在东京恶了高太尉的王进？”史进道：“正是那人。”鲁达道：“俺也闻他名字。那个阿哥不在这里。只是所闻，便叫阿哥。鲁达性情如见。○恶了高太尉，却叫阿哥。江湖自有是非，朝廷偏无眼光。○高太尉排挤的，尽是江湖接纳的。洒家听得说，他在延安府老种经略相公处勾当。俺这渭州，却是小种经略相公镇守。那人不在这里。你既是史大郎时，多闻你的好名字，你且和我上街去吃杯酒。”鲁提辖挽了史进的手，一见钟情，何等亲热。○史进一入江湖，便有挽手的。便出茶坊来。鲁达回头道：“茶钱洒家自还你。”茶博士应道：“提辖但吃不妨，只顾去。”

两个挽了胳膊，出得茶坊来，上街行得三五十步，只见一簇众人围住白地上。史进道：“兄长，我们看一看。”果然是少年，好奇好事。分开人众看时，中间裹一个人，仗着十来条杆棒，地上摊着十数个膏药，一盘子盛着，插把纸标儿在上面，却原来是江湖上使枪棒卖药的。史进看了，却认得他原来是教史进开手的师父，寻王师父不见，却寻见李师父。下文却从此展开，此无巧不成书也。叫做“打虎将”李忠。史进就人丛中叫道：“师父，多时不见！”李忠道：“贤弟如何到这里？”鲁提辖道：“既是史大郎的师父，也和俺去吃三杯。”鲁达接过话头，不让史进叙说，一为此地不宜交代史进如何在这里；二写鲁达托大，予夺在我；三写史进有面子；四写鲁达爱史进；五写鲁达不爱李忠，徒以有史进，方可叨陪末座；六写鲁达给李忠面子。李忠道：“待小子卖了膏药，讨了回钱，一同和提辖去。”给你脸偏不要脸。鲁达道：“谁奈烦等你，去便同去！”“你”字重读，方知其妙。○你以为你是谁？李忠道：“小人的衣饭，无计奈何。提辖先行，小人便寻将来。贤弟，你和提辖先行一步。”说的可怜。不知鲁达偏不可怜这种人。鲁达焦躁，把那看的人一推一交，骂道：“这厮们夹着屁眼撒开，不去的洒家便打！”众人见是鲁提辖，一哄都走了。不是写众人，是写鲁达。李忠见鲁达凶猛，敢怒而不敢言，只得陪笑道："好急性的人。"鲁达凶猛正压得李忠猥琐。当下收拾了行头药囊，寄顿了枪棒。

三个人转湾抹角，来到州桥之下一个潘家有名的酒店。门前挑出望竿，挂着酒旗，漾在空中飘荡。三人来到潘家酒楼上，拣个济楚阁儿里坐下。提辖坐了主位，李忠对席，史进下首坐了。酒保唱了喏，认得是鲁提辖，便道："提辖官人，打多少酒？"鲁达道："先打四角酒来。"一面铺下菜蔬果品按酒，又问道："官人吃甚下饭？"鲁达道："问甚么！但有，只顾卖来，一发算钱还你！这厮，只顾来聒噪！"快人须有此快句，方可衬托。〇正要与史进一叙，这是大事；偏有这厮以此类小事来聒噪。酒保下去，随即烫酒上来。但是下口肉食，只顾将来摆一桌子。三个酒至数杯，正说些闲话，较量些枪法，说得入港，只听得隔壁阁子里有人哽哽咽咽啼哭。读者待他们到了酒楼，正要听他们说什么，却偏不写他们一句语言。而横空插来隔壁啼哭。

鲁达焦躁，便把碟儿盏儿都丢在楼板上。隔壁小女人细哭声可传过来，这边大英雄大嗓门可以喝回去。鲁达气愤，却不责骂制止隔壁的哭声，而是叫酒保来打听——疑是民间疾苦声。酒保听得，慌忙上来看时，见鲁提辖气愤愤地。酒保抄手道："官人要甚东西，分付卖来。"好酒保。鲁达道："洒家要甚么！你也须认得洒家，却恁地教甚么人在间壁吱吱的哭，搅俺弟兄们吃酒。洒家须不曾少了你酒钱！"有人哭了怎见得是酒保教的？鲁达正以无理怪责，逼酒保说出实情。〇人前可省"甚么"，偏有此二字，见出鲁达正关心此"人"是"甚么"人也。酒保道："官人息怒，小人怎敢教人啼哭，打搅官人吃酒。这个哭的，是绰酒座儿唱的父子两人，不知官人们在此吃酒，一时间自苦了啼哭。"鲁提辖道："可是作怪，你与我唤得他来。"不是喝得他去，却是唤得他来。〇鲁达眼前已无史进、李忠，心中只有隔壁父女。酒保去叫。不多时，只见两个到来，前面一个十八九岁的妇人，背后一个五六十岁的老儿，手里拿串拍板，都来到面前。

看那妇人，虽无十分的容貌，也有些动人的颜色，正因有色而致祸。拭着泪眼，向前来深深的道了三个万福。那老儿也都相见了。鲁达问道："你两个是那里人家？为甚啼哭？"关你甚事？那妇人便道："官人不知，容奴告禀：奴家是东京人氏，因同父母来这渭州投奔亲眷，不想搬移南京去了。母亲在客店里染病身故，子父二人流落在此生受。此间有个财主，叫做'镇关西'郑大官人，因见奴家，便使强媒硬保，要奴作妾。谁想写了三千贯文书，虚钱实契，要了奴家身体。未及三个月，他家大娘子好生利害，将奴赶打出来，不容完聚，着落店主人家追要原典身钱三千贯。父亲懦弱，和他争执不得，他又有钱有势。当初不曾得他一文，如今那讨钱来还他？没计奈何，父亲自小教得奴家些小曲儿，来这里酒楼上赶座子，每日但得些钱来，将大半还他，留些少子父们盘缠。这两日酒客稀少，违了他钱限，怕他来讨时受他羞耻，子父们想起这苦楚来，无处告诉，因此啼哭。不想误触犯了官人，望乞恕罪，高抬贵手！"鲁提辖又问道："你姓甚么？关你甚事？在那个客店里歇？关你甚事？○已想着救她。那个镇关西郑大官人？关你甚事？在那里住？"关你甚事？○已想着杀他。老儿答道："老汉姓金，排行第二。孩儿小字翠莲。郑大官人便是此间状元桥下卖肉的郑屠，绰号镇关西。老汉父子两个，只在前面东门里鲁家客店安下。"鲁达听了道："呸！俺只道那个郑大官人，却原来是杀猪的郑屠！好笑。○先可笑，再可恨。这个腌臜泼才，投托着俺小种经略相公门下做个肉铺户，小种专用猪肉。却原来这等欺负人！"回头看着李忠、史进道："你两个且在这里，等洒家去打死了那厮便来！"哪容此等人多一刻活在世上。○卧榻之侧，岂容垃圾。史进、李忠抱住劝道：不抱不足以劝住。鲁达岂是可以劝住的。"哥哥息怒，明日却理会。"两个三回五次劝得他住。

鲁达又道："老儿，你来！洒家与你些盘缠，明日便回东京去如何？”多少年心愿，却突然明日便可了，令人下泪。父子两个告道：“若是能够回乡去时，便是重生父母，再长爷娘。只是店主人家如何肯放？郑大官人须着落他要钱。”鲁提辖道：“这个不妨事，俺自有道理。”已有打算。便去身边摸出五两来银子，放在桌上，看着史进道：“洒家今日不曾多带得些出来，你有银子借些与俺，洒家明日便送还你。”是我鲁达自己的事借的钱，当然自己还。史进道：“直甚么要哥哥还！”也是我史进自己的事出的钱，直甚么要哥哥还。去包裹里取出一锭十两银子，放在桌上。对得起鲁达一早晨的青眼相看。〇鲁达没看错人。鲁达看着李忠道：“看着”妙，此眼光不敢对视不可拒绝也。〇鲁达拿钱时，李忠可以不动。史进拿钱时，李忠就必须动了。何必等人这样看着，怎堪让人这样看着。“你也借些出来与洒家。”李忠去身边摸出二两来银子，此时才摸，已没面子，却只二两，何等难看。〇卖狗皮膏药，来钱不易，也是可怜。但大丈夫岂能作可怜人？一作可怜人，便不是大丈夫。〇摸字妙。鲁提辖看了见少，便道：“也是个不爽利的人！”骂。鲁达只把这十五两银子与了金老，分付道：“你父子两个将去做盘缠，一面收拾行李。俺明日清早来发付你两个起身，看那个店主人敢留你！”金老并女儿拜谢去了。鲁达把这二两银子丢还了李忠。一丢。直让人生不如死。三人再吃了两角酒，下楼来叫道：“主人家，酒钱洒家明日送来还你。”主人家连声应道：“提辖只顾自去，但吃不妨，只怕提辖不来赊。”已欠两处酒钱。极写鲁达在渭州活得滋润，活得体面，受人尊重。

三个人出了潘家酒肆，到街上分手。史进、李忠各自投客店去了。只说鲁提辖，回到经略府前下处，到房里晚饭也不吃，气愤愤地睡了。谁惹了他？〇生气的人多了，民族才有生气。国民好生气，国家才有生气。〇对不平之事心平气和，不是修养高，是道德低；不是上等人，是下等人。主人家又不敢问他。

再说金老得了这一十五两银子，回到店中，安顿了女儿，先去城外远处觅下一辆车儿，回来收拾了行李，还了房宿钱，算清了柴米钱，只等来日天明。当夜无事。次早五更起来，子父两个先打火做饭，吃罢，收拾了。天色微明，只见鲁提辖大踏步走入店里来，“大踏步”是鲁达的标志性动作。〇果然来了。高声叫道：“店小二，那里是金老歇处？”偏偏明白告诉店小二。一见鲁达光明正大，二见鲁达绝对自信。小二道：“金公，鲁提辖在此寻你。”金老开了房门道：“提辖官人，里面请坐！”鲁达道：“坐甚么！你去便去，等甚么！”大礼不辞小让，大行不顾细谨。金老引了女儿，挑了担儿，作谢提辖，便待出门。店小二拦住道：“金公那里去？”鲁达问道：“他少你房钱？”又是鲁达接过话头。小二道：“小人房钱，昨夜都算还了，须欠郑大官人典身钱，着落在小人身上看管他哩。”鲁提辖道：“郑屠的钱，洒家自还他，你放这老儿还乡去！”此句有泪。此句有大慈悲。〇大包大揽。〇你口中郑大官人，我眼中不过一屠夫而已。那店小二那里肯放。鲁达大怒，揸开五指，去那小二脸上只一掌，打得那店小二口中吐血。再复一拳，打落两个当门牙齿。一晚上气愤愤，先小小出口气。小二扒将起来，一道烟跑向店里去躲了。店主人那里敢出来拦他。金老父子两个忙忙离了店中，出城自去寻昨日觅下的车儿去了。

且说鲁达寻思，恐怕店小二赶去拦截他，且向店里掇条凳子坐了两个时辰。读文章至此不感动，非人也。约莫金公去得远了，方才起身，径到状元桥来。一团煞气，陡然升起。

且说郑屠，开着两间门面，两副肉案，悬挂着三五片猪肉。此即镇关西的排场。郑屠正在门前柜身内坐定，看那十来个刀手卖肉。此即镇关西的身份。鲁达走到门前，叫声：“郑屠！”提醒你认得自己。郑屠看时，见是鲁提辖，慌忙出柜身来唱喏，道：“提辖恕罪！”可见鲁达平日英雄。便叫副手掇条凳子来，“提辖请坐！”笑脸向鲁达，谦恭卑屈，见出郑屠趋炎附势；气傲向副手，颐指气使，见出郑屠骄横轻狂。〇一笔写出双面人。鲁达坐下道：“奉着经略相公钧旨，郑屠是相公肉铺户，鲁达便以相公钧旨压之，可谓君子善假于物。〇顺手拣来一件利器，逼住郑屠不能动弹。要十斤精肉，切做臊子，不要见半点肥的在上面。”却是奇怪。但既是相公钧旨，什么奇怪也都平常。郑屠道：“使得！你们快选好的切十斤去。”百回本作“使头”，更妙。盖“使头”乃大官人肉食品公司的职官名也，前不见古人，后不见来者。鲁提辖道："不要那等腌臜厮们动手，你自与我切。"叫一声郑屠，叫你记住自己的姓名；叫你亲自切，叫你别忘了自己的专业。郑屠道："说得是，怕鲁达。小人自切便了。"自去肉案上拣了十斤精肉，细细切做臊子。自去，细细，总写郑屠极力讨好鲁达。那店小二把手帕包了头，正来郑屠家报说金老之事，却见鲁提辖坐在肉案门边，不敢拢来，只得远远的立住，在房檐下望。忽然插入此一段文字，在意料之外，又在情理之中，还能衬出当时气氛的紧张。好笔力！这郑屠整整的自切了半个时辰，用荷叶包了，道："提辖，教人送去？"很乖巧。鲁达道："送甚么！郑屠简直开口不得。且住，再要十斤都是肥的，不要见些精的在上面，也要切做臊子。"瘦肉以后有肥肉，肥肉以后有脆骨；脆骨以后有排骨；排骨以后有大肠……猪浑身是宝，不怕我没得要，只怕你没心切。○玩不死你不是好汉。郑屠道："却才精的，怕府里要裹馄饨，肥的臊子何用？"我亦不知。鲁达睁着眼道："相公钧旨分付洒家，谁敢问他！"你敢问我？！郑屠道："是合用的东西，吓傻了。我是鲁达，必再反问一句："合什么用？"答不出打三十棒，答出也打三十棒。小人切便了。"又选了十斤实标的肥肉，也细细的切做臊子，把荷叶来包了。整弄了一早辰，如此一番折腾，一来为惹得郑屠火出，好打他；二来捱时间，让金老父女走远，好救他。却得饭罢时候。那店小二那里敢过来，连那正要买肉的主顾也不敢拢来。又夹叙一句，忙中偏能偷闲。凡作事，忙中能偷出闲来，才能有情趣，此所谓闲情也。闲中方能生情。郑屠道："着人与提辖拿了，送将府里去？"郑屠今日，语言委婉得体，举止谦恭有礼。○写得郑屠可怜可笑。衬出鲁达可怕可敬。鲁达道："再要十斤寸金软骨，也要细细地剁做臊子，不要见些肉在上面。"从此以往，不必再动脑筋，指着猪身，一件件要来即是。○郑屠也才明白，这样一件件要来，总躲不过。○人有绝对权力时，便无须智力。郑屠笑道："却不是特地来消遣我？"恭喜你，答对了。鲁达听得跳起身来，拿着那两包臊子在手里，睁眼看着郑屠说道："洒家特地要消遣你！"马上便招认。总见鲁达胜券在握。把两包臊子劈面打将去，却似下了一阵的"肉雨"。一早多辛苦，化作倾盆雨。

郑屠大怒，两条忿气从脚底下直冲到顶门，心头那一把无明业火，焰腾腾的按捺不住，生理上的火，上来了。理智上的怕，下去了。从肉案上抢了一把剔骨尖刀，托地跳将下来。既躲不过只好放手一搏。鲁提辖早拔步在当街上。鲁提辖身手快，施耐庵笔力健。众邻舍并十来个火家，那个敢向前来劝。两边过路的人都立住了脚，和那店小二也惊得呆了。又是一段忙里偷闲文字，少不得少不得。少了，于情理不合；有了，为场面生色。郑屠右手拿刀，左手便来要揪鲁达，被这鲁提辖就势按住左手，赶将入去，望小腹上只一脚，腾地踢倒在当街上。大街上忽然有此大快人心事。鲁达再入一步，踏住胸脯，提着那醋钵儿大小拳头，看着这郑屠道："洒家始投老种经略相公，做到关西五路廉访使，那时打死多少贪滥奸佞之徒？也不枉了叫做'镇关西'！你是个卖肉的操刀屠户，还你本色。狗一般的人，还你等级。也叫做'镇关西'！此可厌，但罪不至死。你如何强骗了金翠莲！"此可恨，你死定了。扑的只一拳，正打在鼻子上，打得鲜血迸流，鼻子歪在半边，却便似开了个油酱铺：咸的、酸的、辣的，一发都滚出来。郑屠挣不起来，那把尖刀也丢在一边，不可不叙。不叙是无交代，叙是异样生色。口里只叫："打得好！"硬。鲁达骂道："直娘贼！还敢应口！"硬，再打。提起拳头来，就眼眶际眉梢只一拳，打得眼棱缝裂，乌珠迸出，也似开了个彩帛铺的：红的、黑的、紫的，都绽将出来。两边看的人惧怕鲁提辖，谁敢向前来劝？郑屠当不过，讨饶，软。鲁达喝道："咄！你是个破落户！若是和俺硬到底，洒家倒饶了你！你如今对俺讨饶，洒家偏不饶你！"又只一拳，太阳上正着，软，也打。却是做了一个全堂水陆的道场：磬儿、钹儿、铙儿，一齐响。此段文字，十分痛快；却又"不快"，偏慢写细写，把这一"快"的过程放"慢"，使我们可以慢慢欣赏与发泄。

鲁达看时，只见郑屠挺在地下，口里只有出的气，没了入的气，动掸不得。鲁提辖假意道："你这厮诈死，洒家再打！"明知不是诈死，偏说是诈死。只见面皮渐渐的变了。鲁达寻思道：又能假意，又能寻思，鲁达粗中有细，直中有曲。"俺只指望痛打这厮一顿，不想三拳真个打死了他。洒家须吃官司，又没人送饭，吃官司尚可，没饭吃不可。〇只想到吃饭问题。大智慧人只想简单问题。〇此时才想到吃饭问题。大德之人从不三思而行。不如及早撒开。”拔步便走，回头指着郑屠尸道：“你诈死！洒家和你慢慢理会！”一头骂，一头大踏步去了。大丈夫偶用小聪明，便觉十分可人。街坊邻舍并郑屠的火家，谁敢向前来拦他。必须交代。

鲁提辖回到下处，急急卷了些衣服盘缠，细软银两，但是旧衣粗重都弃了；提了一条齐眉短棒，奔出南门，一道烟走了。大丈夫来去绰绰有余地。〇只此三拳，打得一个郑屠死翘翘。只此三拳，打得数百年读者死心塌地价爱。〇看了此三拳，不爱鲁达者，非人也。

且说郑屠家中众人和那报信的店小二，救了半日不活，呜呼死了。老小邻人径来州衙告状，候得府尹升厅，接了状子，看罢，道：“鲁达系是经略府提辖。”不敢擅自径来捕捉凶身。府尹随即上轿，来到经略府前，下了轿子。把门军士入去报知，经略听得，教请到厅上。与府尹施礼罢。经略问道：“何来？”府尹禀道：“好教相公得知，府中提辖鲁达，无故用拳打死市上郑屠。不曾禀过相公，不敢擅自捉拿凶身。”经略听说，吃了一惊，寻思道：“这鲁达虽好武艺，只是性格粗卤。今番做出人命事，俺如何护得短？须教他推问使得。”经略回府尹道：“鲁达这人，原是我父亲老经略处的军官，为因俺这里无人帮护，拨他来做个提辖。既然犯了人命罪过，你可拿他依法度取问。如若供招明白，拟罪已定，也须教我父亲知道，方可断决。怕日后父亲处边上要这个人时，却不好看。”留有活路。府尹禀道：“下官问了情由，合行申禀老经略相公知道，方敢断遣。”府尹辞了经略相公，出到府前上了轿，回到州衙里，升厅坐下，便唤当日缉捕使臣押下文书，捉拿犯人鲁达。在火急火燎写鲁达仓皇出逃之后，偏有此一大段不急不慢文字，候府尹升厅，禀经略知晓，经略寻思，府尹表态，再到府前上轿，回到州衙，再升厅坐下，方押下文书——鲁达逃生的时间，尽在这耽搁之中。

当时王观察领了公文，将带二十来个做公的人，径到鲁提辖下处。只见房主人道："却才拖了些包裹，提了短棒，出去了。小人只道奉着差使，又不敢问他。"不是写鲁达凶蛮怕人，是写鲁达平日不耐烦琐碎也。王观察听了，教打开他房门看时，只有些旧衣旧裳和些被卧在里面。王观察就带了房主人，东西四下里去跟寻。州南走到州北，捉拿不见。从州衙到鲁达下处，东西四下，从州南到州北，一路耽搁。只为施耐庵要让鲁达逃出生天。王观察又捉了两家邻舍并房主人，同到州衙厅上回话道："鲁提辖惧罪在逃，不知去向，只拿得房主人并邻舍在此。"府尹见说，且教监下。一面教拘集郑屠家邻佑人等，点了仵作行人，仰着本地方官人并坊厢里正，再三简验已了，郑屠家自备棺木盛殓，寄在寺院。一面叠成文案，一壁差人杖限缉捕凶身。原告人保领回家。邻佑杖断有失救应。房主人并下处邻舍，止得个不应。鲁达在逃，行开个广捕急递的文书，各处追捉。出赏钱一千贯，写了鲁达的年甲、贯址、形貌，到处张挂。一干人等疏放听候。郑屠家亲人自去做孝，不在话下。

且说鲁达自离了渭州，东逃西奔，急急忙忙，行过了几处州府。正是："饥不择食，寒不择衣，慌不择路，贫不择妻。"只图个口顺。鲁达心慌抢路，正不知投那里去的是，一迷地行了半月之上，与下文时间有误差，当以后文"四五十日"为准。却走到代州雁门县。入得城来，见这市井闹热，人烟辏集，车马骈驰，一百二十行经商买卖，行货都有，端的整齐。虽然是个县治，胜如州府。

鲁提辖正行之间，却见一簇人围住了十字街口看榜。鲁达看见挨满，也钻在人丛里听时，鲁达却不识字，只听得众人读道："代州雁门县，依奉太原府指挥使司该准渭州文字，捕捉打死郑屠犯人鲁达，即系经略府提辖。如有人停藏在家宿食，与犯人同罪。若有人捕获前来或首告到官，支给赏钱一千贯文……”鲁提辖正听到那里，只听得背后一个人大叫道：“张大哥！你如何在这里？”拦腰抱住，扯离了十字路口。

不是这个人看见了，横拖倒拽将去，有分教：鲁提辖剃除头发，削去髭须，倒换过杀人姓名，薅恼杀诸佛罗汉。直教：禅杖打开危险路，戒刀杀尽不平人。毕竟扯住鲁提辖的是甚人，且听下回分解。

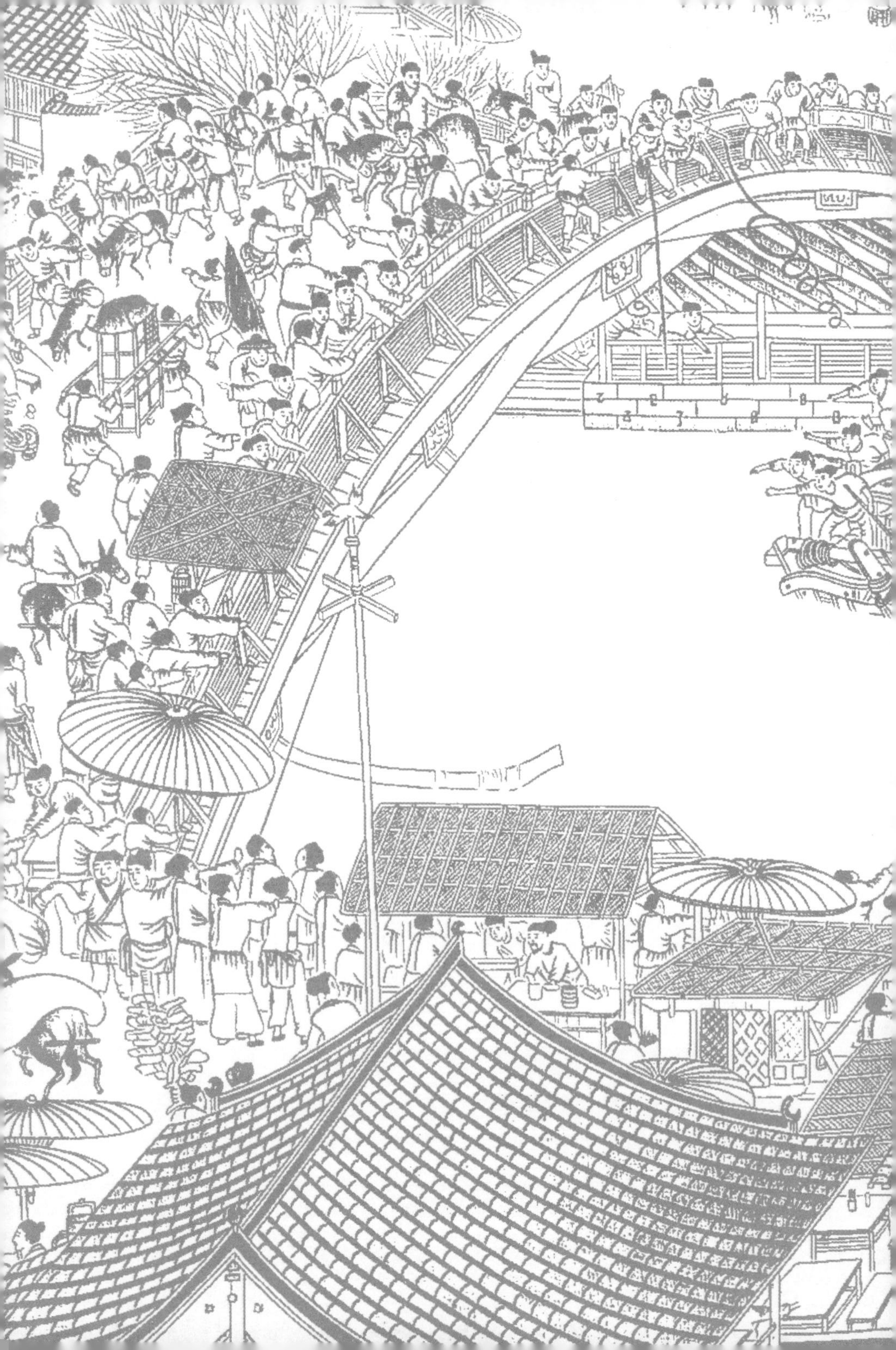

第三回

赵员外重修文殊院
鲁智深大闹五台山

鲁智深大闹五臺山

回前总评

上回写鲁达打死了镇关西，鲁达寻思道："俺只指望痛打这厮一顿，不想三拳真个打死了他。洒家须吃官司，又没人送饭，不如及早撒开。"

这个时候，他突然想到了吃饭问题了。

没饭吃委实是个大问题。但是，他在救人时，没想自己的吃饭问题；在杀人时，也没想自己的吃饭问题。他哪里是能周密考虑一件事的方方面面的人呢？他只是率性而动，说白了，他也就是一个莽撞人。但这个世界，少不得莽撞人。如果都是算得准把得牢的精细人精明人，这世界的好多事就没人做了。正是莽撞人，做了很多人想做又不敢做不愿做的事。

现在，他意识到，他在一个早晨，不是做了两件事，而是做了三件事：第一件，救了两个人；第二件，杀了一个人；第三件，砸了自己的饭碗。

本回写鲁达逃到代州雁门县，碰上被他救下的金翠莲父女，在赵员外家藏匿了一段时间。官府追逼得紧，风声也渐渐传了出去，鲁达不能再呆下去了。赵员外说有一计可以叫鲁达万无一失，足可安身避难，却又提醒鲁达："只怕提辖不肯。"

赵员外吞吞吐吐，令我们心疑这不是什么好主意。但鲁达不在意，说："洒家是个该死的人，但得一处安身便了，做甚么不肯！"屡次说自己是个该死的人，并不觉得自己救人的行为多么高尚，应该获得社会的赞扬与他人的报答，即使因此成了逃犯，也无怨无悔，独力承担，这真是一尘不染的佛的境界。

武松便不然。他不仅自得于打虎，他杀嫂杀西门庆之后更自觉是道德英雄，昂昂然沾沾自喜。而鲁达根本不知何为道德。此上德不德也。

赵员外的主意竟是让鲁达去五台山做和尚。鲁达说："洒家情愿做和尚"，当时就说定了去做和尚。

常常有人会因为走投无路，或一败涂地，无可收拾，万念俱灰而选择去做和尚。所以，我们对鲁达由提辖而做了和尚，总有一种心有戚戚的伤感。但鲁达倒没有这样的想法，不管是做提辖，还是去做和尚，在他看来，都是在做人。变的是外在的身份，不变的是为人的赤子之心。在他看来，做提辖也好，做和尚也好，快活就好。

《水浒传》中写众多英雄失路，失路则一，感觉不同：林冲杨志可怜，武松可叹，宋江可气，而鲁达显得可笑。盖因各人性格不同，在同一失路命运面前，他们的表现不同。鲁达表现的是一切随缘，而又有一丝不服；有一丝不服，却又并不自怜自怨。你看，当他剃发时，净发人先把一周遭都剃了，却待剃髭须，鲁达道："留下这些儿还洒家也好。"众僧忍笑不住。想留一点髭须，是鲁达想为自己留一点过去的影子，留一点过去的念想，这本来够让人怜悯的，但一放到鲁达身上，却弄得满堂僧众满堂笑。

他不仅在张扬自我时，给我们带来快乐；即使在失意之时，他天性中的满不在乎无可无不可的脾性，仍然给我们带来快乐。

智真长老给鲁达赐的法名竟然叫"智深"，都是"智"字辈，如果不是《水浒传》作者糊涂，也不是长老糊涂，把弟子辈当作兄弟行，很可能是长老看出鲁达将来证果非凡，不敢把他当弟子了。

问题是，他能做好和尚吗？他做和尚做得快活吗？

这个轰轰烈烈、风风火火的人，在禅床上“扑倒头便睡”。在禅床上睡觉是鲁智深的错，但让鲁智深做和尚是命运的错。命运开了鲁达一个大玩笑，鲁智深就用在禅床上睡觉回敬命运一个小玩笑，有何不当？事实上，当我们看到有人这样调侃命运时，我们也颇快意呢。金圣叹在这句下面批曰：“闲杀英雄，作者胸中血泪十斗。”是的，鲁智深这一举动，使我们感慨下泪，也使我们会心而笑——下泪在于感慨命运之磨难英雄，微笑在于英雄之调侃命运。

显然鲁智深没有做好和尚。他两次醉酒醉打山门，“把半山亭子，山门下金刚，都打坏了”，最终，智真长老也无法保护他了，只好给他写封信，让他去东京大相国寺投奔智清长老，讨个执事僧做。

如果要重新给这一回起个回目，我会把它叫作“提辖做和尚，鲁达成智深”，如果要一个横批，就叫：随遇而安。“随遇而安”现在被鸡汤文说烂了，说俗了，正好用鲁达来纠正一下：这是一个高峻的境界，不是一个平庸的借口；是一个人面对道德付出的自愿的牺牲，不是一个人面对境遇拿出的创可贴；是人格和智慧的通达，不是人性和精神的蜷缩。“提辖做和尚，鲁达成智深”，在这个变化里，包含着命运对鲁达的磨难，以及鲁达反过来怎样回敬和调侃他的命运。达人有智，鲁达从此称智深。

墨子曾经解释过什么叫侠义行为，他说这种行为是“士损己而益所为”，“为身之所恶，以成人之所急”：损害自己，成全正义之事；做自己不愿意的事，救济他人的急难。这就是侠义之士的侠义行为。鲁达，就是这样的侠义之士。

鲁达此时在小种（chóng）经略相公处做着提辖，提辖是不大不小的官，大概相当于现在的正营级少校。梁山好汉里，孙立也是提辖，他出门办私事，后面还跟着十数个军汉，可见其派头。这个职务虽不说很高，但是比起在街上卖膏药的李忠，以及正在找工作的史进，鲁达已经是一个颇有身份的人了。只要干得好，以他这样的武功和专业水平，在军队中混，再往上走，获得升迁，机会很多。

打死郑屠，让他一下子丢掉了出身，丢掉了职位，彻底改变了他的生活。但鲁达从来没有考虑过自己的生计。他自己的事，由命运定，他只定别人的命运。他关心别人的生活，却不想自己的生活。他为了别人的生活，往往毁了自己的生活。而且，无怨无悔。——这，就是侠！这，才是侠！

话说当下鲁提辖扭过身来看时，拖扯的不是别人，却是渭州酒楼上救了的金老。无巧不成书，为成书只好如此。那老儿直拖鲁达到僻静处，说道：“恩人，你好大胆！见今明明地张挂榜文，出一千贯赏钱捉你，你缘何却去看榜？若不是老汉遇见时，却不被做公的拿了。榜上见写着你年甲、貌相、贯址！”鲁达道：“洒家不瞒你说，因为你上，不作矫情谦虚语，直接说因为你，鲁达爽直声口。就那日回到状元桥下，正迎着郑屠那厮，被洒家三拳打死了，因此上在逃。一到处撞了四五十日，不想来到这里。你缘何不回东京去，也来到这里？”也是读者的疑问。金老道：“恩人在上，自从得恩人救了老汉，寻得一辆车子，本欲要回东京去，又怕这厮赶来，亦无恩人在彼搭救，世上哪有许多鲁提辖。因此不上东京去。原在意料外，却在情理中。〇巧得合情合理，方是真巧。方可成大书。随路望北来，撞见一个京师古邻，来这里做买卖，就带老汉父子两口儿到这里。亏杀了他，就与老汉女儿做媒，结交此间一个大财主赵员外，养做外宅。衣食丰足，皆出于恩人。若郑屠能使翠莲衣食丰足，便是赵员外。若赵员外喜新厌旧，弃掷一旁，亦是一个郑屠。翠莲姑娘的命运，只在做妾。前者是想做妾而不得，后者是做稳了妾。做稳了妾，便是幸福。我女儿常常对他孤老说提辖大恩。那个员外也爱刺枪使棒，常说道，怎地得恩人相会一面也好。想念如何能够得见？如此才能相邀到家。且请恩人到家过几日，却再商议。”

鲁提辖便和金老行不得半里，到门首，只见老儿揭起帘子，叫道：“我儿，大恩人在此。”那女孩儿浓妆艳饰，果然一个幸福的妾，衣食丰足。从里面出来，请鲁达居中坐了，插烛也似拜了六拜，说道：“若非恩人垂救，怎能够有今日！”今日昨日，如何掂量？思之浩叹。〇虽鲁达拳头硬，亦不能改变翠莲命运苦。拜罢，便请鲁提辖道：“恩人，上楼去请坐。”不妥。故有下文捉奸一事。鲁达道：“不须生受，洒家便要去。”金老便道：“恩人既到这里，如何肯放教你便去！”老儿接了杆棒、包裹，请到楼上坐定。老儿分付道：“我儿陪侍恩人坐坐，我去安排饭来。”鲁达道：“不消多事，随分便好。”老儿道：“提辖恩念，杀身难报。量些粗食薄味，何足挂齿！”女子留住鲁达在楼上坐地，金老下来，极不妥。如何不让人猜疑。伏后潘金莲陪武二坐，武大下去张罗。叫了家中新讨的小厮，分付那个丫鬟一面烧着火。有小厮了，有丫环了。老儿和这小厮上街来买了些鲜鱼、嫩鸡、酿鹅、肥鲊、时新果子之类归来。一面开酒，收拾菜蔬，都早摆了，搬上楼来。春台上放下三个盏子，三双箸，铺下菜蔬、果子、嗄饭等物。丫鬟将银酒壶烫上酒来，女父二人轮番把盏。金老倒地便拜，鲁提辖道：“老人家，如何恁地下礼？

折杀俺也！”金老说道：“恩人听禀：前日老汉初到这里，写个红纸牌儿，旦夕一炷香，父女两个兀自拜哩。今日恩人亲身到此，如何不拜！”鲁达道：“却也难得你这片心。”鲁达不谦虚。

三人慢慢地饮酒，饮酒，且慢慢地，宛然一家人。如何不有嫌疑。将及天晚，只听得楼下打将起来。鲁提辖开窗看时，只见楼下三二十人，各执白木棍棒，口里都叫：“拿将下来！”人丛里一个官人骑在马上，口里大喝道：“休叫走了这贼！”鲁达见不是头，拿起凳子，此前杆棒已被金老接过，写得细致。从楼上打将下来。金老连忙摇手叫道：“都不要动手！”那老儿抢下楼去，直至那骑马的官人身边，说了几句言语，那官人笑起来，便喝散了那二三十人，各自去了。悬念迭起，疑窦丛生，是话本看家本领。那官人下马，入到里面。谁啊？老儿请下鲁提辖来，那官人扑翻身便拜，印证金老的话。道：“闻名不如见面，见面胜似闻名。义士提辖受礼。”鲁达便问那金老道：“这官人是谁？素不相识，缘何便拜洒家？”老儿道：“这个便是我儿的官人赵员外，却才只道老汉引甚么郎君子弟，在楼上吃酒，因此引庄客来厮打。老汉说知，方才喝散了。”鲁提辖上楼坐定，金老重整杯盘，再备酒食相待。赵员外让鲁达上首坐地，鲁达道：“洒家怎敢？”员外道：“聊表相敬之礼。小子多闻提辖如此豪杰，今日天赐相见，实为万幸！”鲁达道：“洒家是个粗卤汉子，又犯了该死的罪过，若蒙员外不弃贫贱结为相识，但有用洒家处，便与你去。”司马迁说：士方其危苦之时，易与耳。一俗人赵员外哪能如此羁縻鲁达？只因鲁达在走投无路时。赵员外大喜，动问打死郑屠一事，说些闲话，较量些枪法。吃了半夜酒，各自歇了。

次日天明，赵员外道：“此处恐不稳便，欲请提辖到敝庄住几时。”鲁达问道：“贵庄在何处？”员外道：“离此间十里多路，地名七宝村渐渐引出五台山文殊院来。便是。”鲁达道：“最好。”员外先使人去庄上再牵一匹马来，未及晌午，马已到来，员外便请鲁提辖上马，叫庄客担了行李。鲁达相辞了金老父女二人，和赵员外上了马。两个并马行程，于路说些闲话，投七宝村来。不多时，早到庄前下马。赵员外携住鲁达的手，直至草堂上，分宾而坐，一面叫杀羊置酒相待。晚间收拾客房安歇。次日，又备酒食管待。鲁达道："员外错爱。洒家如何报答！"赵员外便道："四海之内，皆兄弟也。如何言报答之事。"是个员外的腔调。

话休絮烦，鲁达自此之后，在这赵员外庄上住了五七日。忽一日，两个正在书院里闲坐说话，只见金老急急奔来庄上，径到书院里，见了赵员外并鲁提辖，见没人，有此三字，情形便紧张，神情便生动。便对鲁达道："恩人，不是老汉心多，为是恩人前日老汉请在楼上吃酒，员外误听人报，引领庄客来闹了街坊，后却散了，人都有些疑心，从前文借来方便，展开下文，妙笔可以生花。说开去，昨日有三四个做公的来邻舍街坊打听得紧，只怕要来村里缉捕恩人。倘或有些疏失，如之奈何？"鲁达道："恁地时，洒家自去便了。"鲁达只能如此说。若是林冲，必有乞怜之色。赵员外道："若是留提辖在此，诚恐有些山高水低，教提辖怨怅。若不留提辖来，许多面皮都不好看。赵某却有个道理，教提辖万无一失，足可安身避难，只怕提辖不肯。"只怕早就盘算在心。○是个员外的算计。鲁达道："洒家是个该死的人，洒家不是锄暴扶弱的英雄，只是个该死的人。不自居，故能大。但得一处安身便了，做甚么不肯！"赵员外道："若如此最好。离此间三十余里，有座山唤做五台山。山上有一个文殊院，原是文殊菩萨道场。寺里有五七百僧人，为头智真长老，是我弟兄。我祖上曾舍钱在寺里，是本寺的施主檀越。我曾许下剃度一僧在寺里，已买下一道五花度牒在此，只不曾有个心腹之人了这条愿心。如是提辖肯时，一应费用都是赵某备办。

委实肯落发做和尚么？”

鲁达寻思：“如今便要去时，那里投奔人？人间都是你关心的人，却无关心你的人。〇天孤星真是孤单。不如就了这条路罢。”写得鲁达可怜。便道：“既蒙员外做主，洒家情愿做和尚，专靠员外做主。”当时说定了，大不易事却如此易定，鲁达通达。连夜收拾衣服盘缠、段匹礼物。次日早起来，叫庄客挑了，两个取路望五台山来。辰牌已后，早到那山下。赵员外与鲁提辖两乘轿子抬上山来，一面使庄客前去通报。到得寺前，早有寺中都寺、监寺，出来迎接。两个下了轿子，去山门外亭子上伏一亭在此。坐定。寺内智真长老得知，引着首座侍者，出山门外来迎接。赵员外和鲁达向前施礼，真长老打了问讯，说道：“施主远出不易。”赵员外答道：“有些小事，特来上刹相浼。”真长老便道：“且请员外方丈吃茶。”赵员外前行，鲁达跟在背后，当时同到方丈。

长老邀员外向客席而坐，鲁达便去下首坐禅椅上。坐便坐。员外叫鲁达附耳低言：“你来这里出家，如何便对长老坐地？”鲁达道：“洒家不省得。”起身立在员外肩下。起便起。面前首座、维那、侍者、监寺、都寺、知客、书记，依次排立东西两班。庄客把轿子安顿了，一齐搬将盒子入方丈来，摆在面前。长老道：“何故又将礼物来？寺中多有相渎檀越处。”赵员外道：“些小薄礼，何足称谢。”道人、行童收拾去了。

赵员外起身道：“一事启堂头大和尚，赵某旧有一条愿心，许剃一僧在上刹，度牒词簿，都已有了，到今不曾剃得。今有这个表弟，姓鲁，是关内军汉出身。因见尘世艰辛，情愿弃俗出家。万望长老收录，大慈大悲，看赵某薄面，披剃为僧。一应所用，弟子自当准备，万望长老玉成，幸甚！”

长老见说，答道："这个因缘是光辉老僧山门，容易，容易！且请拜茶。"只见行童托出茶来，茶罢，收了盏托，真长老便唤首座、维那，商议剃度这人。分付监寺、都寺，安排斋食。只见首座与众僧自去商议道："这个人不似出家的模样，一双眼却恁凶险！"有眼力，看出非我族类。○从僧人眼中写出鲁达形神。众僧道："知客，你去邀请客人坐地，我们与长老计较。"知客出来，请赵员外、鲁达到客馆里坐地。首座众僧禀长老，说道："却才这个要出家的人，形容丑恶，相貌凶顽，史进眼中，鲁达是面圆耳大，鼻直口方。僧人眼中，鲁达是形容丑恶，相貌凶顽。人是一人，相有两相，所谓东坡、佛印眼中，对方或粪或佛，只在己心是否明澈是也。不可剃度他，恐久后累及山门。"长老道："他是赵员外檀越的兄弟，如何撇得他的面皮。人情练达，不峻不刻，也是佛。你等众人且休疑心，待我看一看。"焚起一炷信香，长老上禅椅盘膝而坐，口诵咒语，入定去了。一炷香过，却好回来，对众僧说道："只顾剃度他，此人上应天星，心地刚直。子曰：刚毅木讷近仁。虽然时下凶顽，命中驳杂，久后却得清净，证果非凡。汝等皆不及他。汝等所缺，只是鲁达那颗童心，真心。鲁达只有最初一念，汝等却三思而行。可记吾言，勿得推阻！"首座道："长老只是护短，我等只得从他。不谏不是，谏他不从便了！"首座也通达，故能坐首座。

长老叫备斋食，请赵员外等方丈会斋。斋罢，监寺打了单帐，赵员外取出银两，教人买办物料。一面在寺里做僧鞋、僧衣、僧帽、袈裟、拜具。穿新衣戴新帽，做新人。极热闹语言，极冰冷心情。一两日，都已完备。长老选了吉日良时，教鸣钟击鼓，就法堂内会集大众。整整齐齐五六百僧人，尽披袈裟，都到法座下合掌作礼，分作两班。赵员外取出银锭、表里、信香，向法座前礼拜了。表白宣疏已罢，行童引鲁达到法座下。维那教鲁达除下巾帻，把头发分做九路绾了，捆揲起来。净发人先把一周遭都剃了，却待剃髭须，鲁达道："留下这些儿还洒家也好。”用可笑笔墨写可怜人生。〇先使人笑，思之令人哭。众僧忍笑不住，真长老在法座上道：“大众听偈！”念道：“寸草不留，六根清净；与汝剃除，免得争竞。”长老念罢偈言，喝一声：“咄！尽皆剃去！”净发人只一刀，尽皆剃了。原来人生诸般不舍缠绵，只欠此一刀。首座呈将度牒上法座前，请长老赐法名，长老拿着空头度牒而说偈曰：“灵光一点，价值千金；佛法广大，赐名智深。”长老智真，弟子智深，不是师徒辈，而作兄弟行，妙。〇长老糊涂？长老智慧。长老赐名已罢，把度牒转将下来。书记僧填写了度牒，付与鲁智深收受。长老又赐法衣袈裟，教智深穿了。监寺引上法座前，长老与他摩顶受记，道：“一要皈依佛性，二要归奉正法，三要归敬师友：此是‘三归’。‘五戒’者：一不要杀生，二不要偷盗，三不要邪淫，四不要贪酒，五不要妄语。”皆未必能。看后便知。智深不晓得戒坛答应“能”“否”二字，却便道：“洒家记得。”鲁达声口。众僧都笑。受记已罢，赵员外请众僧到云堂里坐下，焚香设斋供献。大小职事僧人，各有上贺礼物。请多关照。都事引鲁智深参拜了众师兄、师弟，又引去僧堂背后选佛场坐地。

当夜无事。后必有事。〇师兄无事，我们看什么。次日，赵员外要回，告辞长老，留连不住。早斋已罢，并众僧都送出山门。赵员外合掌道：“长老在上，众师父在此，凡事慈悲！小弟智深乃是愚卤直人，早晚礼数不到，言语冒渎，误犯清规，万望觑赵某薄面，恕免恕免。”长老道：“员外放心，老僧自慢慢地教他念经诵咒，办道参禅。”战场老将，禅场新人。〇老僧做不到。员外道：“日后自得报答。”人丛里唤智深到松树下，如此翘楚，已掩在人丛中。我哭。〇鲁达已成智深。低低分付道：“贤弟，你从今日难比往常。凡事自宜省戒，切不可托大。倘有不然，难以相见。保重保重！早晚衣服，我自使人送来。”智深道：“不索哥哥说，洒家都依了。”人生至此，百无聊赖尚复何言？！不索哥哥说，洒家认了。当时赵员外相辞了长老，再别了众人上轿，引了庄客，拖了一乘空轿，取了盒子，下山回家去了。当下长老自引了众僧回寺。

话说鲁智深回到丛林选佛场中禅床上，扑倒头便睡。百无聊赖。○几日烦闷压抑无聊无趣，不扑倒一睡，何以卸下。上下肩两个禅和子推他起来，说道："使不得！既要出家，如何不学坐禅？"智深道："洒家自睡，干你甚事？"是鲁达声口。不知自己已成智深。禅和子道："善哉！"智深喝道："团鱼洒家也吃，甚么'鳝哉'？"禅和子道："却是苦也！"智深便道："团鱼大腹，又肥甜了，好吃，那得苦也！"话本中逗人笑的插科打诨句。上下肩禅和子都不睬他，由他自睡了。次日，要去对长老说知智深如此无礼，首座劝道："长老说道，他后来证果非凡，我等皆不及他，只是护短。你们且没奈何，休与他一般见识。"禅和子自去了。智深见没人说他，每到晚便放翻身体，横罗十字，倒在禅床上睡。夜间鼻如雷响，要起来净手，大惊小怪，只在佛殿后撒尿撒屎，遍地都是。写尽鲁达无礼。侍者禀长老说："智深好生无礼，全没些个出家人体面。丛林中如何安着得此等之人！"长老喝道："胡说！且看檀越之面，后来必改。"智深做不到。自此无人敢说。

鲁智深在五台山寺中，不觉搅了四五个月。闷杀英雄。闲杀英雄。时遇初冬天气，智深久静思动。突然一笔，便令读者久睡惊醒：终于有好戏看了。当日晴明得好，智深穿了皂布直裰，系了鸦青绦，换了僧鞋，大踏步走出山门来，信步行到半山亭子上，坐在鹅项懒凳上，寻思道："干鸟么！俺往常好酒好肉每日不离口，如今教洒家做了和尚，饿得干瘪了。赵员外这几日又不使人送些东西来与洒家吃，口中淡出鸟来，多少美食家言，都不如师兄这一句。这早晚怎地得些酒来吃也好。"正想酒哩，只见远远地一个汉子挑着一付担桶，唱上山来。正要打瞌睡，有人送枕头。上面盖着桶盖，那汉子手里拿着一个旋子，唱着上来。唱道：

好酒诗。似通不通之中，有无限酒味。〇似通不通，方是村夫所唱。

九里山前作战场，牧童拾得旧刀枪。
顺风吹动乌江水，好似虞姬别霸王。

鲁智深观见那汉子挑担桶上来，坐在亭子上看。这汉子也来亭子上，歇下担桶。智深道：“兀那汉子，你那桶里甚么东西？”明知故问，只是要搭话弄酒喝。那汉子道：“好酒。”不光是酒，还是好酒。汉子要惹大事。智深道：“多少钱一桶？”和尚能买酒喝？师兄你身上有钱？那汉子道：“和尚，你真个也是作要？”智深道：“洒家和你要甚么？”那汉子道：“我这酒，挑上去只卖与寺内火工道人、直厅轿夫、老郎们做生活的吃。本寺长老已有法旨，但卖与和尚们吃了，我们都被长老责罚，追了本钱，赶出屋去。我们见关着本寺的本钱，见住着本寺的屋宇，如何敢卖与你吃？”智深道：“真个不卖？”一句硬，鲁达原形毕露。那汉子道：“杀了我也不卖！”汉子也真是条汉子，够种。智深道：“洒家也不杀你，只要问你买酒吃！”一句软，和尚身份在。那汉子见不是头，挑了担桶便走。急煞师兄，不得不动粗。智深赶下亭子来，双手拿住扁担，只一脚，交裆踢着。那汉子双手掩着，做一堆蹲在地下，半日起不得。半日不起，妙。正好使鲁达有半日时间吃酒。智深把那两桶酒都提在亭子上，地下拾起旋子，被打，故在地下，文笔精细，文心周密，一丝不苟。开了桶盖，只顾舀冷酒吃。无移时，两桶酒吃了一桶。智深道：“汉子，明日来寺里讨钱。”师兄以为是在渭州酒楼么？〇冷酒喝得师兄醉，直把五台作渭州。那汉子方才疼止，又怕寺里长老得知，坏了衣饭，忍气吞声，那里敢讨钱。茫茫世界，芸芸众生，几个不为衣饭忍气吞声？把酒分做两半桶挑了，拿了旋子，飞也似下山去了。

只说鲁智深在亭子上坐了半日，酒却上来。下得亭子松树根边又坐了半歇，酒越涌上来。智深把皂直裰褪膊下来，把两只袖子缠在腰里，露出脊背上花绣来，原来花和尚绰号出自此处。扇着两个膀子上山来。写尽鲁达原形。看看来到山门下，两个门子远远地望见，拿着竹篦，来到山门下，拦住鲁智深，便喝道："你是佛家弟子，如何噇得烂醉了上山来！你须不瞎，也见库局里贴着晓示：'但凡和尚破戒吃酒，决打四十竹篦，赶出寺去。如门子纵容醉的僧人入寺，也吃十下。'你快下山去，饶你几下竹篦！"醉人听来，只是一连串"打"字。〇师兄哪里有耐心听门子上寺规教育课？他只听见打字。

鲁智深一者初做和尚，二来旧性未改，睁起双眼，骂道："直娘贼！你两个要打洒家，俺便和你厮打！"打是师兄专业。四五个月手痒技痒，就盼放手一打。门子见势头不好，一个飞也似入来报监寺，一个虚拖竹篦拦他。智深用手隔过，揸开五指，去那门子脸上只一掌，打得踉踉跄跄。却待挣扎，智深再复一拳，打倒在山门下，只是叫苦。鲁智深道："洒家饶你这厮！"踉踉跄跄攧入寺里来。

监寺听得门子报说，叫起老郎、火工、直厅轿夫三二十人，各执白木棍棒，从西廊下抢出来，却好迎着智深。智深望见，大吼了一声，却似嘴边起个霹雳，大踏步抢入来。众人初时不知他是军官出身，次后见他行得凶了，慌忙都退入藏殿里去，便把亮槅关上。智深抢入阶来，一拳，一脚，打开亮槅，二三十人都赶得没路。夺条棒，从藏殿里打将出来，监寺慌忙报知长老。长老听得，急引了三五个侍者，直来廊下，喝道："智深！不得无礼！"智深虽然酒醉，却认得是长老。撇了棒，向前来打个问讯，指着廊下，对长老道："智深吃了两碗酒，又不曾撩拨他们，他众人又引人来打洒家。"倒是不妄语。妙。长老道："你看我面，快去睡了，明日却说。"没是没非的长老。○看你面，饶了众僧么？○难道众僧错了？鲁智深道："俺不看长老面，洒家直打死你那几个秃驴！"没大没小的徒弟。得脸便上头，徒弟竟然给师父面子。○在座尽是秃驴。○师兄不见自家光头，难道不见长老秃顶？

长老叫侍者扶智深到禅床上，扑地便倒了，齁齁地睡了。众多职事僧人围定长老，告诉道："向日徒弟们曾谏长老来，今日如何？本寺那容得这等野猫乱了清规！"长老道："虽是如今眼下有些啰唣，后来却成得正果。没奈何，妙。且看赵员外檀越之面，容恕他这一番。我自明日叫去埋怨他便了。"众僧冷笑道："好个没分晓的长老！"各自散去歇息。

次日早斋罢，长老使侍者到僧堂里坐禅处唤智深时，尚兀自未起。妙。待他起来，穿了直裰，赤着脚，一道烟走出僧堂来。侍者吃了一惊，我也吃了一惊。师兄何往？赶出外来寻时，却走在佛殿后撒屎。侍者忍笑不住，等他净了手，说道："长老请你说话。"佛殿后可以撒屎？自来没人知道，只师兄知道。智深跟着侍者到方丈，长老道："智深虽是个武夫出身，今来赵员外檀越剃度了你，我与你摩顶受记，教你一不可杀生，二不可偷盗，三不可邪淫，四不可贪酒，五不可妄语。此五戒乃僧家常理。出家人第一不可贪酒，你如何夜来吃得大醉，打了门子，伤坏了藏殿上朱红槅子，又把火工道人都打走了，口出喊声？如何这般所为！"智深跪下道：智深不跪高太尉，不跪贺太守，独跪长老者，智深自有刚骨，长老自有威严。"今番不敢了。"长老道："既然出家，如何先破了酒戒，又乱了清规？我不看你施主赵员外面，定赶你出寺。再后休犯。"智深起来，合掌道："不敢，不敢。"长老留在方丈里，安排早饭与他吃。又用好言语劝他。取一领细布直裰，一双僧鞋，与了智深。不受罚，反有赏。妙。教回僧堂去了。

但凡饮酒不可尽欢。常言“酒能成事，酒能败事”。便是小胆的吃了也胡乱做了大胆，何况性高的人！一番废话，却省不得，因为两事之间，须有一缓冲过渡。

再说这鲁智深自从吃酒醉闹了这一场，一连三四个月不敢出寺门去。忽一日，吓人语。天气暴暖，是二月间时令。离了僧房，信步踱出山门外立地，看着五台山，喝采一回。鲁智深偏能识鉴山水，处处有此等闲情。猛听得山下叮叮当当的响声，顺风吹上山来。智深再回僧堂里，取了些银两揣在怀里，想起上次吃的没钱酒。一步步走下山来。出得那五台福地的牌楼来，看时，原来却是一个市井，约有五七百人家。智深看那市镇上时，也有卖肉的，好。也有卖菜的，也有酒店，好。面店。智深寻思道：“干呆么！俺早知有这个去处，不夺他那桶酒吃，也自下来买些吃。这几日熬得清水流，好语言。且过去看有甚东西买些吃。”听得那响处，却是打铁的在那里打铁。偏不直接写喝酒，文章便有曲折姿致。间壁一家门上写着“父子客店”。

智深走到铁匠铺门前看时，见三个人打铁。智深便问道：“兀那待诏，有好钢铁么？”那打铁的看见鲁智深腮边新剃暴长短须，天气暴暖，胡须暴长，合当有事。戗戗地好渗濑人，先有五分怕他。好形容。那待诏住了手道：“师父请坐，要打甚么生活？”智深道：“洒家要打条禅杖，一口戒刀，不知有上等好铁么？”待诏道：“小人这里正有些好铁，不知师父要打多少重的禅杖、戒刀，但凭分付。”智深道：“洒家只要打一条一百斤重的。”待诏笑道：“重了，师父。小人打怕不打了，只恐师父如何使得动。便是关王刀，也只有八十一斤。”智深焦躁道：“俺便不及关王！他也只是个人！”非常可笑，非常可爱，非常可乐。○颜子曰：舜何人也，予何人也，有为者亦若是。那待诏道：“小人据常说，只可打条四五十斤的，也十分重了。”智深道：“便依你说，比关王刀，也打八十一斤的。”待诏道：“师父，肥了，不好看，又不中使。依着小人，好生打一条六十二斤的水磨禅杖与师父。使不动时，休怪小人。戒刀已说了，不用分付，小人自用十分好铁打造在此。”今日何处去寻这样好的店铺？智深道：“两件家生要几两银子？”待诏道：“不讨价，实要五两银子。”智深道：“俺便依你五两银子。你若打得好时，再有赏你。”主顾也爽快。那待诏接了银两道：“小人便打在此。”智深道：“俺有些碎银子在这里，和你买碗酒吃。”自己酒瘾难耐，还要拉人同饮，妙。待诏道：“师父稳便。小人赶趁些生活，不及相陪。”

智深离了铁匠人家，行不到三二十步，见一个酒望子挑出在房檐上。智深掀起帘子入到里面，坐下，敲着桌子，不知自己是和尚，不知此处不是渭州。○醒时不知身是僧。叫道：“将酒来！”一刻不能等。偏让你吃不成。卖酒的主人家说道：“师父少罪，小人住的房屋也是寺里的，本钱也是寺里的，长老已有法旨，但是小人们卖酒与寺里僧人吃了，便要追了小人们本钱，又赶出屋。因此只得休怪。”智深道：“胡乱卖些与洒家吃，俺须不说是你家便了。”妄语戒随便就犯了。那店主人道：“胡乱不得！师父别处去吃，休怪休怪！”智深只得起身，便道：“洒家别处吃得，却来和你说话。”只得起身者，认怂也；又说一句狠话，使认怂得不狼狈也。出得店门，行了几步，又望见一家酒旗儿直挑出在门前。智深一直走进去，坐下叫道：“主人家，快把酒来卖与俺吃！”愈发不能等。店主人道：“师父，你好不晓事！长老已有法旨，你须也知，却来坏我们衣饭。”智深不肯动身，可怜可笑。三回五次，那里肯卖！智深情知不肯，起身又走，连走了三五家都不肯卖。

智深寻思一计，智深也会用计。“不生个道理，如何能够酒吃？”远远地杏花深处市稍尽头，一家挑出个草帚儿来。智深走到那里看时，却是个傍村小酒店。智深走入店里来，靠窗坐下，便叫道：“主人家，过往僧人买碗酒吃。”又犯妄语戒。庄家看了一看道：疑心。“和尚你那里来？”智深道：“俺是行脚僧人，游方到此经过，要买碗酒吃。”庄家道：“和尚若是五台山寺里的师父，我却不敢卖与你吃。”智深道：“洒家不是，你快将酒卖来。”庄家看见鲁智深这般模样，声音各别，便道：“你要打多少酒？”智深道：“休问多少，大碗只顾筛来。”约莫也吃了十来碗，智深问道：“有甚肉，把一盘来吃。”十来碗酒后方想起吃肉。庄家道：“早来有些牛肉，都卖没了。”智深猛闻得一阵肉香，走出空地上看时，只见墙边沙锅里，煮着一只狗在那里。智深道：“你家见有狗肉，如何不卖与俺吃？”庄家道：“我怕你是出家人，不吃狗肉，因此不来问你。”智深道：“洒家的银子有在这里。”所答非所问。便摸银子递与庄家，道：“你且卖半只与俺。”那庄家连忙取半只熟狗肉，捣些蒜泥，将来放在智深面前。智深大喜，用手扯那狗肉，蘸着蒜泥吃，一连又吃了十来碗酒。大快朵颐。吃得口滑，只顾讨，那里肯住。庄家到都呆了，叫道：“和尚，只恁地罢！”智深睁起眼道：刚才低眼只顾吃，此时睁眼又骂人。“洒家又不白吃你的，管俺怎地！”庄家道：“再要多少？”智深道：“再打一桶来。”庄家只得又舀一桶来，智深无移时，又吃了这桶酒。剩下一脚狗腿，把来揣在怀里，留作下文余波。临出门，又道：“多的银子，明日又来吃。”不知有明日么。吓得庄家目瞪口呆，罔知所措，看他却向那五台山上去了。庄家吓得目瞪口呆，一为此僧的酒量，一为此僧的去向。

智深走到半山亭子上，坐了一回，酒却涌上来。跳起身，口里道：“俺好些时不曾拽拳使脚，觉道身体都困倦了，闲杀英雄。洒家且使几路看！”下得亭子，把两只袖子搭在手里，上下左右使了一回。使得力发，只一膀子搧在亭子柱上，只听得刮剌剌一声响亮，空山回响，空谷佛音。把亭子柱打折了，坍了亭子半边。门子听得半山里响，高处看时，只见鲁智深一步一攧抢上山来。五台山山道上，何曾有过这番景象。〇莎士比亚说：跳舞是和音乐做爱。老鲍说：醉行是和酒神跳舞。两个门子叫道："苦也！这畜生今番又醉得不小可！"便把山门关上，把栓拴了，只在门缝里张时，借门子门缝中眼给读者看智深醉态。见智深抢到山门下，见关了门，把拳头擂鼓也似敲门。两个门子那里敢开？智深敲了一回，扭过身来看了左边的金刚，喝一声道："你这个鸟大汉，不替俺敲门，却拿着拳头吓洒家！俺须不怕你！"是醉中语，亦是大清醒语。〇这类鸟大汉的功能就是吓唬人。他的好处是吓唬人，歹处也是吓唬人。却被醉智深说破。〇怕你的不是老实人，便是君子。不怕你的，不是小人，便是好汉。跳上台基，把栅剌子只一扳，却似撅葱般扳开了。拿起一根折木头，去那金刚腿上便打，簌簌的泥和颜色都脱下来。打出真相。〇木骨泥身而已。〇世间多少花样，只欠一打，便显真形。门子张见道："苦也！"只得报知长老。智深等了一会，调转身来看着右边金刚，既打了左边的，哪里能忘了右边的。众生平等，不可偏爱。喝一声道："你这厮张开大口，也来笑洒家！"左边捏拳，右边张口，左边吓我们，右边笑我们。吓我们的让我们惧怕，笑我们的让我们自卑。我们借智深胆力与神力，打碎他们，解放自己。便跳过右边台基上，把那金刚脚上打了两下。只听得一声震天价响，那尊金刚从台基上倒撞下来，智深提着折木头大笑。金刚不笑了，智深笑了。〇大笑，已妙；提了折木头大笑，妙不可言。

两个门子去报长老，长老道："休要惹他，你们自去。"妙。三十六计，躲为上。只见这首座、监寺、都事并一应职事僧人，都到方丈禀说："这野猫今日醉得不好！门子称他为畜生，首座等称他为野猫，独长老知道他是智深。把半山亭子、山门下金刚，都打坏了！如何是好！"一片狼藉，似不可收拾。长老道："自古天子尚且避醉汉，何况老僧乎？若是打坏了金刚，请他的施主赵员外自来塑新的。倒了亭子，也要他修盖。这个且由他。"众僧道："金刚乃是山门之主，如何把来换过？"长老道："休说坏了金刚，便是打坏了殿上三世佛也没奈何，只得回避他。乍一说，天大的事。但说到极点，却不过如此。〇到底是长老圆通。你们见前日的行凶么？”众僧出得方丈，都道：“好个囫囵竹的长老！门子，你且休开，囫囵竹，不通之谓也。却不知长老这般，才是真通。只在里面听。”智深在外面大叫道：“直娘的秃驴们！不放洒家入寺时，山门外讨把火来烧了这个鸟寺！”我是畜生，你是秃驴。我是野猫，你是鸟寺。大家来五台山，没修成佛，倒都修成了畜生。〇五台山文殊院获得光荣称号：鸟寺。〇既是鸟寺，众和尚当然都是鸟和尚，长老也是鸟长老。〇天下一指也，万物一鸟也。〇有一把火，庙门可开。秦焚书是一把火，楚人一炬，也是一把火。天下多少挡路的，只欠一把火。众僧听得，只得叫门子：“拽了大栓，“拽”字妙，写尽怕。由那畜生入来！若不开时，真个做出来！”不是真能做出的人，没人怕。门子只得捻脚捻手拽了栓，飞也似闪入房里躲了，众僧也各自回避。

只说那鲁智深双手把山门尽力一推，扑地攧将入来，吃了一交。门子拽栓，只为自己怕。不想却正好攧智深一跤。〇颇出意外，却在情理中。扒将起来，把头摸一摸，不知哪里疼，以为头上疼。妙。〇只知摔了一跤，却不知摔坏哪里，先在光头上摸摸，图个方便。〇老鲍问：你确信是摔了脑袋吗？智深答：不确定。但只有这儿容易摸着。直奔僧堂来。吃摔一跤，却不怪人，此公心中毫无芥蒂。到得选佛场中，禅和子正打坐间，看见智深揭起帘子钻将入来，都吃一惊，尽低了头。智深到得禅床边，喉咙里咯咯地响，看着地下便吐，众僧都闻不得那臭，吃了半天酒，半只狗，一钵蒜，都为在此处一齐出味。一个个道：“善哉！”齐掩了口鼻。智深吐了一回，扒上禅床，解下绦，把直裰、带子都咇咇剥剥扯断了，必如此，方是鲁达。脱下那脚狗腿来。意在解衣，不料掉下狗腿。智深道：“好！好！正肚饥哩。”打了一回拳，打折半边亭，打烂两金刚，叫了半天骂，和尚饿了。扯来便吃。

众僧看见，便把袖子遮了脸，上下肩两个禅和子远远地躲开。智深见他躲开，便扯一块狗肉，看着上首的道：“你也到口！”上首的那和尚，把两只袖子死掩了脸，智深道：“你不吃？”把肉望下首的禅和子嘴边塞将去。刚刚打烂两边金刚，马上又捉弄两边禅和子。那和尚躲不迭，却待下禅床，智深把他劈耳朵揪住，将肉便塞。对床四五个禅和子跳过来劝时，智深撇了狗肉，提起拳头，去那光脑袋上咇咇剥剥只顾凿。情景大妙，想起来便要笑。满堂僧众大喊起来，都去柜中取了衣钵要走。此乱唤做“卷堂大散”，首座那里禁约得住。智深一味地打将出来，大半禅客都躲出廊下来。

监寺、都寺不与长老说知，与长老说知，便打不成。叫起一班职事僧人，点起老郎、火工道人、直厅轿夫，约有一二百人，前次二三十人不济事，故此次集合一二百人。都执杖叉棍棒，尽使手巾盘头，临时组成头巾军，对付一个和尚。一齐打入僧堂来。前文已写智深打将出来，故不在僧堂里。众人偏打入去，来势虽汹汹，却连敌人在哪都不知道。有组织却无调度，可笑。智深见了，大吼一声，别无器械，抢入僧堂里。反是智深在后抢入僧堂。佛面前，推翻供桌，撅两条桌脚，从堂里打将出来。智深打入，众人又退出。写得如火如荼。

众多僧行见他来得凶了，都拖了棒退到廊下。智深两条桌脚着地卷将来，众僧早两下合拢来。智深大怒，指东打西，指南打北，只饶了两头的。一副光头，两条桌腿。好看好看。当时智深直打到法堂下，只见长老喝道：“智深不得无礼！众僧也休动手！”两边众人被打伤了数十个，见长老来，各自退去。智深见众人退散，撇了桌脚，叫道：“长老，与洒家做主！”令人下泪。〇一个人打一二百人，壮则壮矣，一二百人打一个人，不胜悲焉。〇五台山五七百僧人中，只长老一人为他做主，可怜。此时酒已七八分醒了。长老道：“智深，你连累杀老僧！前番醉了一次，搅扰了一场，我教你兄赵员外得知，他写书来与众僧陪话。此事前文未交代，此处补出。今番你又如此大醉无礼，乱了清规，打坍了亭子，又打坏了金刚。这个且由他，你搅得众僧卷堂而走，这个罪业非小。我这里五台山文殊菩萨道场，千百年清净香火去处，如何容得你这等秽污！你且随我来方丈里过几日，我安排你一个去处。”智深随长老到方丈去，长老一面叫职事僧人留住众禅客，再回僧堂自去坐禅；打伤了的和尚，自去将息。

长老领智深到方丈歇了一夜。次日，真长老与首座商议，收拾了些银两赍发他，教他别处去，可先说与赵员外知道。就事理言，不得不如此。〇文章须合情理，才可信。长老随即修书一封，使两个直厅道人径到赵员外庄上说知就里，立等回报。赵员外看了来书，好生不然，回书来拜覆长老，说道："坏了的金刚、亭子，赵某随即备价来修。智深任从长老发遣。"

长老得了回书，便叫侍者取领皂布直裰，一双僧鞋，十两白银，长老自始至终爱惜智深。房中唤过智深。长老道："智深，你前番一次大醉，闹了僧堂，便是误犯；今次又大醉，打坏了金刚，坍了亭子，卷堂闹了选佛场，你这罪业非轻，又把众禅客打伤了！我这里出家是个清净去处，你这等做作，甚是不好！看你赵檀越面皮，与你这封书，投一个去处安身。我这里决然安你不得了！我夜来看了，赠汝四句偈言，终身受用。"智深道："师父教弟子那里去安身立命？一言说得我泪下婆娑。〇王进无安身立命处，史进无安身立命处，智深亦无安身立命处，天下之大，英雄无路。愿听俺师四句偈言。"

真长老指着鲁智深，说出这几句言语，去这个去处，有分教：这人笑挥禅杖，战天下英雄好汉；怒掣戒刀，砍世上逆子谗臣。毕竟真长老与智深说出甚言语来，且听下回分解。

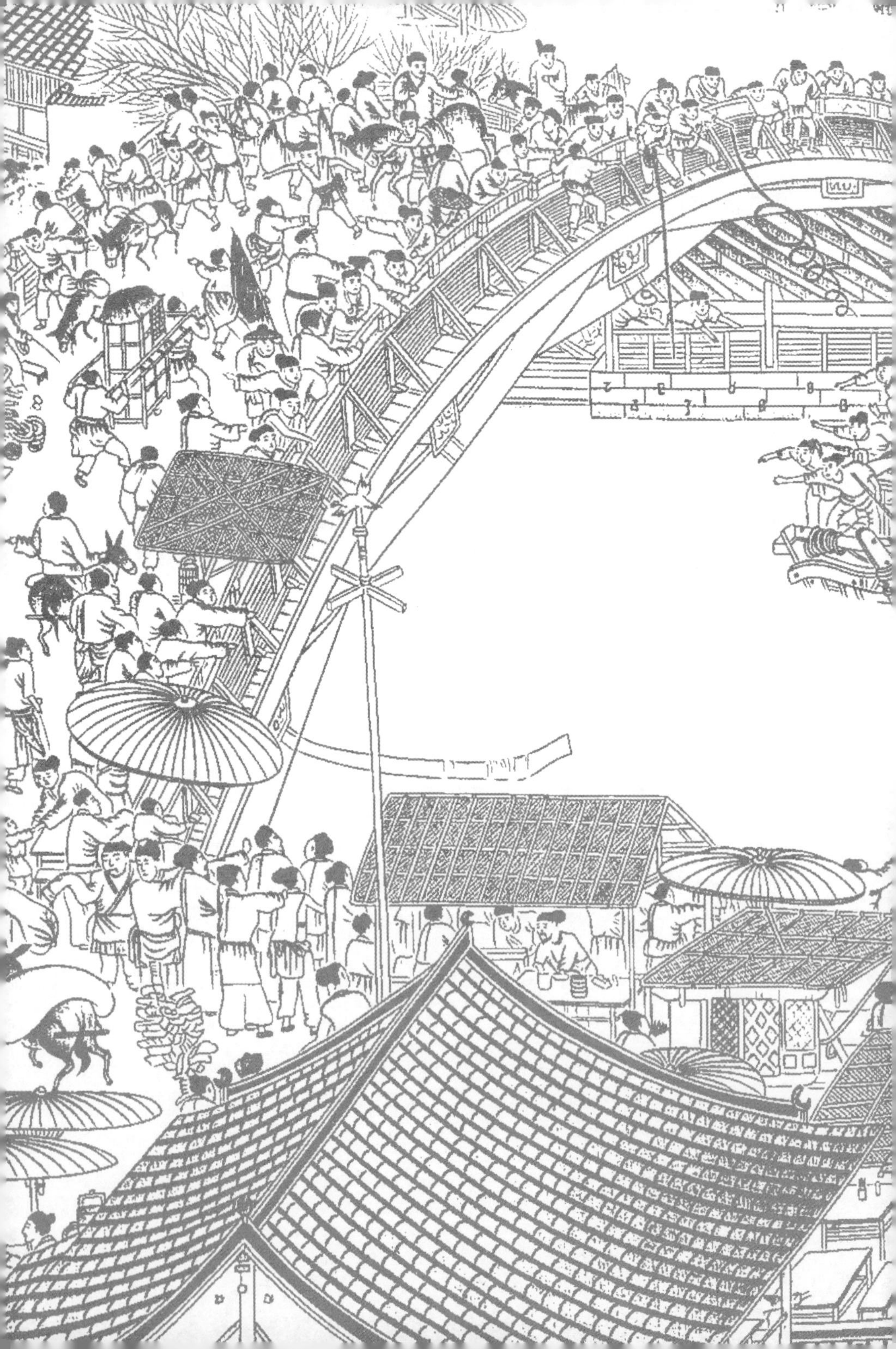

第四回

小霸王醉入销金帐　花和尚大闹桃花村

花和尚大鬧
桃花村

回前总评

鲁智深是个粗人，甚至还不识字，但是鲁智深有情怀，有审美鉴赏力，他离开五台山，一路往东京去。路上竟然贪看山明水秀，还误了投宿，对于大自然的美，他有感觉，他有感受。鲁智深的心胸我们真的很难去测度。

路途之中，他来到了桃花村刘太公庄上。这个只吃荤腥不吃菜蔬，只喝酒不喝水的出家人，让刘太公“呆了半晌”，但让他发呆的还在后面呢。刘太公以为，自家的事，“非是你出家人闲管的事”，但他哪里晓得：此出家人偏是管闲事的人；此出家人偏是管闲事出的家；此出家人眼中偏偏没有闲事。

刚刚在五台山闹得鸡飞狗跳，人仰马翻，乌烟瘴气，自己也灰头土脸，无处容身，不得不打起包裹走人。按说，此时应该偃旗息鼓诚惶诚恐，老老实实小心翼翼夹着尾巴做人，但他又出手了。这一回的回目还可以叫：拳打小霸王再救一对父女，口说大因缘折服两个强盗。如果再来一个横批，那就是：英雄本色。或者：不忘初心。初心是什么？人生在世，正道直行，除暴安良。

金圣叹评鲁智深：“为一女子弄出来，直弄到五台山去做了和尚。及做了和尚，弄下五台山来，又为一女子几乎弄出来。夫女子不女子，鲁达不知也；弄出不弄出，鲁达不知也；和尚不和尚，鲁达不知也；上山与下山，鲁达悉不知也。亦曰遇酒便吃，遇事便做，遇弱便扶，遇硬便打，如是而已矣。又乌知我是和尚，他是女儿，昔日弄出故上山，今日下山又弄出哉？”

言外之意，鲁智深怎么会接连不断地为女人弄出事来呢？他可是不近女色的“鲁男子”啊。事实上，《水浒传》作者让他姓鲁，可能真的暗含“鲁男子”的意思。

但是他的境界，显然并非那个固执不通的鲁男子可比：他一生纠缠在女人中却心中毫无芥蒂，空即是色，色即是空。

鲁达也超越《水浒传》中的其他人。《水浒传》中的英雄，对女人都是“无情”的，这“无情”，包括两个含义：一、对她们不动情，不会爱惜她们，不会怜香惜玉；二、对她们冷酷无情，不光视而不见，往往还残酷斗争，无情打击。但是，鲁智深是一个例外。为了一个金翠莲，打死镇关西，弄得自己走投无路上了山，当了和尚；后来下了山，在桃花村为了一个刘小姐又大打出手，打上桃花山——倒真是：大闹文殊院，下了五台山；大闹桃花村，上了桃花山。人生寻常是大闹，世间是处有青山。

话说当日智真长老道：“智深，你此间决不可住了。我有一个师弟，见在东京大相国寺住持，唤做智清禅师。我与你这封书去投他那里，讨个职事僧做。我夜来看了，赠汝四句偈子，你可终身受用，记取今日之言。”智深跪下道：“洒家愿听偈子。”长老道：“遇林而起，遇山而富，遇州而迁，遇江而止。”鲁智深听了四句偈子，拜了长老九拜，背了包裹、腰包、肚包，藏了书信，辞了长老并众僧人，众僧人亦辞，打时是打，别时是别，大丈夫胸襟，磊磊落落，岂同一般人小肚鸡肠。离了五台山，径到铁匠间壁客店里歇了，等候打了禅杖、戒刀完备就行。寺内众僧得鲁智深去了，无一个不欢喜。调侃智深无人缘耶？嘲弄世人无眼缘耶？长老教火工道人自来收拾打坏了的金刚、亭子。过不得数日，赵员外自将若干钱物来五台山，再塑起金刚，重修起半山亭子，不在话下。众僧、金刚、亭子、赵员外都有交代，细。

再说这鲁智深就客店里住了几日，等得两件家生都已完备，做了刀鞘，把戒刀插放鞘内，禅杖却把漆来裹了。将些碎银子赏了铁匠，铁匠打得好。〇然又何必一定打得好才赏。如此方是智深。背了包裹，跨了戒刀。提了禅杖，作别了客店主人并铁匠，行程上路。过往人看了，果然是个莽和尚。

智深自离了五台山文殊院，取路投东京来，行了半月之上，于路不投寺院去歇，只是客店内打火安身，白日间酒肆里买吃。和尚不投寺院歇。是和尚不好还是寺院不好？

一日正行之间，贪看山明水秀，不识字人偏能识鉴山水。〇多少学问中人已不识山水。识山水者，有胸襟也；不识山水者，无性情也。不觉天色已晚，赶不上宿头。路中又没人作伴，那里投宿是好？又赶了三二十里田地，过了一条板桥，远远地望见一簇红霞，桃花。和尚犯桃花。树木丛中闪着一所庄院，庄后重重叠叠都是乱山。鲁智深道："只得投庄上去借宿。"径奔到庄前看时，见数十个庄家忙忙急急，搬东搬西。怪。鲁智深到庄前，倚了禅杖，与庄客唱个喏。庄客道："和尚，日晚来我庄上做甚的？"智深道："洒家赶不上宿头，欲借贵庄投宿一宵，明早便行。"庄客道："我庄上今夜有事，歇不得。"智深道："胡乱借洒家歇一夜，明日便行。"庄客道："和尚快走，休在这里讨死！"智深道："也是怪哉，歇一夜打甚么不紧，怎地便是讨死？"庄家道："去便去，不去时便捉来缚在这里！"已借新女婿威风吓人了。鲁智深大怒道："你这厮村人好没道理！俺又不曾说甚的，便要绑缚洒家！"庄家们也有骂的，也有劝的。鲁智深提起禅杖，却待要发作，只见庄里走出一个老人来。

鲁智深看那老人时，年近六旬之上，拄一条过头拄杖，走将出来，喝问庄客："你们闹甚么？"庄客道："可奈这个和尚要打我们。"智深便道："洒家是五台山来的僧人，要上东京去干事，今晚赶不上宿头，借贵庄投宿一宵。庄家那厮无礼，要绑缚洒家。"那老人道："既是五台山来的师父，随我进来。"智深跟那老人直到正堂上，分宾主坐下。那老人道："师父休要怪，庄家们不省得师父是活佛去处来的，他作寻常一例相看。寺庙也有级别。人生世上，出身，就职，岂可忽乎哉！老汉从来敬信佛天三宝，虽是我庄上今夜有事，权且留师父歇一宵了去。"庄客说有事，庄主亦说有事。只不说到底何事，读者心中已急不可耐，智深偏不问一句。

智深将禅杖倚了，起身唱个喏，谢道："感承施主。洒家不敢动问贵庄高姓？"不问何事，却问何姓。转转弯弯，便令文章曲曲折折，有波有澜。老人道："老汉姓刘。此间唤做桃花村，乡人都叫老汉做桃花庄刘太公。桃之夭夭，灼灼其华。之子于归，宜其室家。今夜必有嫁娶之事。〇桃花，色情之辞也，今夜必有桃色事件。敢问师父法名，唤做甚么讳字？"智深道："俺的师父是智真长老，说得亲热。与俺取了个讳字，因洒家姓鲁，唤做鲁智深。"太公道："师父请吃些晚饭。不知肯吃荤腥也不？"只问荤腥，偏不问酒。妙。鲁智深道："洒家不忌荤酒，遮莫甚么浑清白酒，都不拣选。牛肉、狗肉，但有便吃。"你不问酒，我偏答酒，还先说酒，再说荤腥。太公道："既然师父不忌荤酒，先叫庄客取酒肉来。"没多时，庄客掇张桌子，放下一盘牛肉，三四样菜蔬，智深何时吃过菜蔬。一双箸，放在鲁智深面前。智深解下腰包、肚包，坐定。那庄客旋了一壶酒，拿一只盏子，智深何时用这小东西喝酒。筛下酒与智深吃。这鲁智深也不谦让，也不推辞，无一时，一壶酒、一盘肉，都吃了。太公对席看见，呆了半晌。偏不吃菜蔬，难怪太公呆了半晌。庄客搬饭来，又吃了。主人不添，不劝，客人亦不要。好主人，更好客人。抬过桌子，太公分付道："胡乱教师父在外面耳房中歇一宵，夜间如若外面热闹，不可出来窥望。"再提那事，愈发神奇。

智深道："敢问贵庄今夜有甚事？"不得不问，方有一问。太公道："非是你出家人闲管的事。”不知此出家人偏爱管闲事。智深道：“太公缘何模样不甚喜欢，莫不怪洒家来搅扰你么？明日洒家算还你房钱便了。”朴实。太公道：“师父听说，我家时常斋僧布施，那争师父一个？只是我家今夜小女招夫，以此烦恼。”小女招夫，为何烦恼？鲁智深呵呵大笑道：“男大须婚，女大必嫁，问师父：和尚不是大男耶？这是人伦大事，五常之礼，何故烦恼？”太公道：“师父不知，这头亲事不是情愿与的。”智深大笑道：“太公，你也是个痴汉！既然不两相情愿，如何招赘做个女婿？”天下本无事，庸人自扰之。太公道：“老汉止有这个小女，今年方得一十九岁。被此间有座山，唤做桃花山。近来山上有两个大王，扎了寨栅，聚集着五七百人，打家劫舍。此间青州官军捕盗，禁他不得。因来老汉庄上讨进奉，见了老汉女儿，撇下二十两金子、一匹红锦为定礼，选着今夜好日，晚间来入赘老汉庄上。又和他争执不得，只得与他，因此烦恼。非是争师父一个人。”

智深听了道：“原来如此！洒家有个道理教他回心转意，不要娶你女儿，如何？”智深的道理，不在口头，在拳头。太公道：“他是个杀人不眨眼魔君，你如何能够得他回心转意？”智深道：“洒家在五台山真长老处学得说因缘，便是铁石人，也劝得他转。一双精拳头，专打铁石人。今晚可教你女儿别处藏了，俺就你女儿房内说因缘劝他，便回心转意。”既说因缘，何必定要在女儿房内？〇智深有想象力，有幽默感。太公道：“好却甚好，只是不要捋虎须。”不知此和尚专打老虎。智深道：“洒家的不是性命？一句顶一万句。你只依着俺行。”太公道：“却是好也！我家有福，得遇这个活佛下降！”庄客听得，都吃一惊。太公问智深：“再要饭吃么？”刚才为何不再添？〇不知如何感谢，忙忙中说出这种话来。智深道：“饭便不要吃，有酒再将些来吃。”刚才为何不再要？〇反见出鲁达含蓄有节制。太公道：“有！有！”意外惊喜，分外奉承。随即叫庄客取一只熟鹅，大碗斟将酒来，叫智深尽意吃了三二十碗，那只熟鹅也吃了。原来刚才肚中还缺乏许多。叫庄客将了包裹，先安放房里；提了禅杖，带了戒刀，既是说因缘，为何带杖刀？问道："太公，你的女儿躲过了不曾？"太公道："老汉已把女儿寄送在邻舍庄里去了。"智深道："引小僧新妇房里去。"处处自称洒家，此处忽称"小僧"，何等伶俐。一直都说女儿，突然却说新妇，何等调侃。○只求一"和尚进了新妇房"之爆笑效果。太公引至房边，指道："这里面便是。"智深道："你们自去躲了。"既是说因缘，为何要躲？其实和尚处处露出破绽，只是村夫朴拙，不曾觉察。太公与众庄客自出外面安排筵席。

智深把房中桌椅等物都掇过了，腾出打人地。将戒刀放在床头，禅杖把来倚在床边。放好打人具。把销金帐子下了，脱得赤条条地，跳上床去坐了。为何定要赤条条？说因缘不当赤条条，打人不必赤条条。盖作者只为图那一种好看好笑。太公见天色看看黑了，叫庄客前后点起灯烛荧煌，就打麦场上放下一条桌子，上面摆着香花灯烛。一面叫庄客大盘盛着肉，大壶温着酒。约莫初更时分，只听得山边锣鸣鼓响，这刘太公怀着鬼胎，女儿嫁人，丈人怀胎。○作者只求博我们一笑。庄家们都捏着两把汗，不知会等来什么。○一怕山上大王，二怕帐中和尚。尽出庄门外看时，只见远远地四五十火把，照耀如同白日，一簇人马飞奔庄上来。

刘太公看见，便叫庄客大开庄门，前来迎接。只见前遮后拥，明晃晃的都是器械旗枪，尽把红绿绢帛缚着。小喽啰头上乱插着野花。咱们小喽啰呀，今儿个真高兴呀。前面摆着四五对红纱灯笼，照着马上那个大王，红彤彤的大王，喜庆。○"那个"，妙。头戴撮尖干红凹面巾，鬓傍边插一枝罗帛像生花，上穿一领围虎体挽羢金绣绿罗袍，腰系一条称狼身销金包肚红搭膊，着一双对掩云跟牛皮靴，穿成牛鬼蛇神。○山中积案盈箱，身上堆金砌银。强盗、暴发户一律如此。骑一匹高头卷毛大白马。是刘小姐的白马王子。那大王来到庄前下了马，只见众小喽啰齐声贺道："帽儿光光，今夜做个新郎；衣衫窄窄，今夜做个娇客。"好词。刘太公慌忙亲捧台盏，斟下一杯好酒，跪在地下，众庄客都跪着。奇景。○见过无数娶亲场景，却不知这是哪家礼数。那大王把手来扶道："你是我的丈人，如何倒跪我？"大王还懂礼节。太公道："休说这话，老汉只是大王治下管的人户。"太公拎得清。○话中亦有怨。○此地已不归青州政府管了。那大王已有七八分醉了，呵呵大笑道："我与你家做个女婿，也不亏负了你，你的女儿匹配我，也好。"自说自话。刘太公把了下马杯。来到打麦场上，见了香花灯烛，便道："泰山，何须如此迎接？"称呼得对，谦虚得好。一切都只为高兴。○这个大王文绉绉的。那里又饮了三杯。来到厅上，唤小喽啰教把马去系在绿杨树上。伏一笔在此。小喽啰把鼓乐就厅前擂将起来。小喽啰们特别高兴。○大王娶亲，喽啰兴奋，从来如此却不知为何如此？此心理富类无而独人类有。大王上厅坐下，叫道："丈人，我的夫人在那里？"太公道："便是怕羞不敢出来。"大王笑道："且将酒来，我与丈人回敬。"那大王把了一杯，便道："我且和夫人厮见了，却来吃酒未迟。"那刘太公一心只要那和尚劝他，便道："老汉自引大王去。"拿了烛台，引着大王，转入屏风背后，直到新人房前。

太公指与道："此间便是，请大王自入去。"此六字细细读，此中有味道。太公拿了烛台一直去了，未知凶吉如何，先办一条走路。不怕你飞了去。那大王推开房门，见里面黑洞洞地。奇景。大王道："你看我那丈人是个做家的人，房里也不点碗灯，由我那夫人黑地里坐地。做贼的哪知做家的难处。明日叫小喽啰山寨里打一桶好油来与他点。"说与娘子听，讨个欢心。鲁智深坐在帐子里都听得，忍住笑，不做一声。既已忍笑，必不下狠手。大王逃得命，不似郑屠，已在此伏笔。那大王摸进房中，大王好笑。叫道："娘子，你如何不出来接我？你休要怕羞，我明日要你做压寨夫人。"叫得亲热。可惜闺中蜜语叫和尚听了去。一头叫娘子，一面摸来摸去。一摸摸着销金帐子，便揭起来，探一只手入去摸时，摸着鲁智深的肚皮，一路摸来，见出大王辛苦而急切，最后摸着的却是和尚的大肚皮。百思不得其解这光溜溜者为何物，却无时间容你多思。○意在肚皮之下，不料乃在肚皮之上。被鲁智深就势劈头巾带角儿揪住，一按按将下床来。那大王却待挣扎，大王挣扎，妙。鲁智深把右手捏起拳头，骂一声："直娘贼！"连耳根带脖子只一拳，那大王叫一声道："甚么便打老公！"此时怎有此语？只为发我们一笑。鲁智深喝道："教你认得老婆！"接得快，接得好。拖倒在床边，拳头脚尖一齐上，"拖倒"大王，已妙。拳头脚尖一齐上，全无章法。盖在黑暗中打人，拳脚不易有目标，只好广种薄收。只是这样便苦了大王，糟蹋了大王。打得大王叫"救人"！大王叫救人，令人忍俊不禁。

刘太公惊得呆了：只道这早晚正说因缘劝那大王，却听得里面叫救人。太公慌忙把着灯烛，引了小喽啰，一齐抢将入来。众人灯下打一看时，只见一个胖大和尚，赤条条不着一丝，这样才难看，这样才好看。骑翻大王在床面前打。骑翻，妙。盖一个骑，一个翻。骑者一丝不挂赤条条，翻者一身锦绣新郎装。○意在滚床单，不料在床下翻。为头的小喽啰叫道："你众人都来救大王！"大王要喽啰救。众小喽啰一齐拖枪拽棒，打将入来救时，鲁智深见了，撇下大王，床边绰了禅杖，着地打将出来。小喽啰见来得凶猛，发声喊，都走了。刘太公只管叫苦。百忙中照顾刘太公一笔。打闹里，那大王爬出房门，奔到门前，摸着空马，树上折枝柳条，托地跳在马背上，把柳条便打那马，爬，奔，摸，折，跳，打，一连的气急败坏。却跑不去。大王道："苦也！这马也来欺负我！"情理中应无此言，只为发听者一笑也。再看时，原来心慌不曾解得缰绳。连忙扯断了，骑着划马飞走。出得庄门，大骂刘太公："老驴休慌！不怕你飞了去！"百忙中又照顾刘太公一笔。把马打上两柳条，拨喇喇地驮了大王上山去。这两句语法颠倒，前一句大王为主，后一句马为主。前句不如此写不出大王气急；后句不如此写不出大王败坏。○这一段如火如荼，忽而鲁智深，忽而大王，忽而小喽啰，忽而又刘太公，很乱，又一丝不乱。

刘太公扯住鲁智深道：扯字传神。不扯不能止住智深，不扯又怕他走了也。"师父，你苦了老汉一家儿了！"鲁智深说道："休怪无礼。且取衣服和直裰来，洒家穿了说话。"我此时才想起和尚还赤条条地在灯火下。庄家去房里取来，智深穿了。太公道："我当初只指望你说因缘，劝他回心转意，谁想你便下拳打他这一顿。定是去报山寨里大队强人来杀我家！"智深道："太公休慌。

俺说与你，洒家不是别人，俺是延安府老种经略相公帐前提辖官，为因打死了人，出家做和尚。休道这两个鸟人，便是一二千军马来，洒家也不怕他。当初何不早说。你们众人不信时，提俺禅杖看。”庄客们那里提得动。智深接过来手里，一似捻灯草一般使起来。太公道：“师父休要走了去，却要救护我们一家儿使得。”智深道：“恁么闲话！俺死也不走！”孟子言：生有不用，死有不避。太公道：“且将些酒来师父吃，休得要抵死醉了。”可笑。鲁智深道：“洒家一分酒，只有一分本事；十分酒，便有十分的气力！”伏一笔在此，下文说武松时，令我们回想。太公道：“恁地时最好。我这里有的是酒肉，只顾教师父吃。”

且说这桃花山大头领坐在寨里，正欲差人下山来打听做女婿的二头领如何，只见数个小喽啰，气急败坏，反是跑步的小喽啰在骑马的大王前回到山寨。○跑得急，故口中气喘而急；打得惨，故头上野花败坏。走到山寨里叫道：“苦也，苦也！”大头领连忙问道：“有甚么事，慌做一团？”小喽啰道：“二哥哥吃打坏了！”大头领大惊，正问备细，只见报道：“二哥哥来了！”大头领看时，只见二头领红巾也没了，身上绿袍扯得粉碎，此时方见骑翻在地上打时的光景。○又是一个气急败坏。下得马，倒在厅前，口里说道：“哥哥救我一救！”从自己叫救人到小喽啰叫救大王再到哥哥救我，此大王狼狈，但此大王有一种稚气未脱。只得一句。气急故也。大头领问道：“怎么来？”二头领道：“兄弟下得山，到他庄上，入进房里去，叵耐那老驴把女儿藏过了，却教一个胖和尚躲在他女儿床上。世上哪有父亲叫胖和尚上女儿床的。我却不堤防，揭起帐子摸一摸，吃那厮揪住，一顿拳头脚尖，打得一身伤损！那厮见众人入来救应，放了手，提起禅杖打将出去，因此我得脱了身，拾得性命。哥哥与我做主报仇！”这大王心理上尚未断奶，一路撒娇发嗲。大头领道：“原来恁地。你去房中将息，我与你去拿那贼秃来！”大头领倒有些气魄。喝叫左右：“快备我的马来，众小喽啰都去！”大头领上了马，绰枪在手，尽数引了小喽啰，一齐呐喊下山来。刚才一片锣鼓下山来做亲。现在一齐呐喊下山来寻仇。

再说鲁智深正吃酒哩。那边惊天动地，这边花天酒地。庄客报道："山上大头领尽数都来了！"智深道："你等休慌。洒家但打翻的，你们只顾缚了，解去官司请赏。取俺的戒刀出来。"视对方如送赏钱者。鲁智深把直裰脱了，拽扎起下面衣服，跨了戒刀，大踏步，提了禅杖，出到打麦场上。好出场，有型。只见大头领在火把丛中，一骑马抢到庄前，马上挺着长枪，高声喝道："那秃驴在那里？早早出来决个胜负！"有三分胆量。不然如何入得地煞之数。智深大怒，骂道："腌臜打脊泼才！腌臜是脏，打脊是贱，泼才是小。叫你认得洒家！"轮起禅杖，着地卷起来。

那大头领逼住枪，大叫道："和尚，且休要动手。你的声音好厮熟，你且通个姓名。"鲁智深道："洒家不是别人，老种经略相公帐前提辖鲁达的便是。如今出了家做和尚，唤做鲁智深。"那大头领呵呵大笑，滚下马，撇了枪扑翻身便拜道："哥哥别来无恙！可知二哥着了你手！"鲁智深只道赚他，托地跳退数步，把禅杖收住，定睛看时，火把下认得不是别人，却是江湖上使枪棒卖药的教头打虎将李忠。原来强人下拜，不说此二字，为军中不利，只唤做"剪拂"，此乃吉利的字样。李忠当下剪拂了起来，扶住鲁智深道："哥哥，缘何做了和尚？"智深道："且和你到里面说话。"

刘太公见了，又只叫苦，这和尚原来也是一路！百忙中又照顾刘太公一笔。鲁智深到里面，再把直裰穿了，和李忠都到厅上叙旧。鲁智深坐在正面，唤刘太公出来，不唤不敢出来，又不敢躲远。那老儿不敢向前。智深道："太公休怕他，他是俺的兄弟。"正因为你是他的兄弟，才怕他。那老儿见说是"兄弟"，心里越慌，又不敢不出来。李忠坐了第二位，太公坐了第三位。

智深为主。鲁智深道："你二位在此：提出自己为主，他二位为奴。俺自从渭州三拳打死了镇关西，逃走到代州雁门县，因见了洒家赍发他的金老。那老儿不曾回东京去，却随个相识，也在雁门县住。他那个女儿，就与了本处一个财主赵员外。和俺厮见了，好生相敬。不想官司追捉得洒家要紧，那员外陪钱送俺去五台山智真长老处落发为僧。洒家因两番酒后闹了僧堂，本师长老与俺一封书，教洒家去东京大相国寺，投托智清禅师，讨个职事僧做。因为天晚，到这庄上投宿，不想与兄弟相见。大段叙述自己履历，一派自我做主气象。却才俺打的那汉是谁？你如何又在这里？"李忠道："小弟自从那日与哥哥在渭州酒楼上同史进三人分散，次日听得说哥哥打死了郑屠，我去寻史进商议，他又不知投那里去了。小弟听得差人缉捕，慌忙也走了。却从这山下经过。却才被哥哥打的那汉，先在这里桃花山扎寨，唤做'小霸王'周通。那时引人下山来，和小弟厮杀，被我赢了他，留小弟在山上为寨主，让第一把交椅教小弟坐了，以此在这里落草。"智深道："既然兄弟在此，刘太公这头亲事再也休题！不是商量，而是命令。他止有这个女儿，要养终身，不争被你把了去，教他老人家失所。"真个说一番人情因缘。此和尚天性中有慈悲在。○这因缘，就是对人情的体谅，对人苦衷的感受；这因缘，不是佛家的因果报应之说，而是儒家的恻隐之心、不忍之心、是非之心。

太公见说了，大喜，安排酒食出来管待二位。小喽啰们每人两个馒头，两块肉，一大碗酒，都教吃饱了。太公将出原定的金子段匹。刘太公有眼色，方有此举；施耐庵通人情，方有此笔。鲁智深道："李家兄弟，你与他收了去，这件事都在你身上。"自信。自信方能如此使唤他人。李忠道："这个不妨事。且请哥哥去小寨住几时。刘太公也走一遭。"太公叫庄客安排轿子，抬了鲁智深，带了禅杖、戒刀、行李。李忠也上了马。太公也坐了一乘小轿。却早天色大明。好一夜的热闹。众人上山来。

智深、太公到得寨前，下了轿子；李忠也下了马，邀请智深入到寨中，向这聚义厅上，三人坐定。李忠叫请周通出来。周通见了和尚，心中怒道："哥哥却不与我报仇，倒请他来寨里，让他上面坐！"李忠道："兄弟，你认得这和尚么？"周通道："我若认得他时，须不吃他打了。"周通有一股天真憨态。李忠笑道："这和尚便是我日常和你说的，三拳打死镇关西的便是他。"周通把头摸一摸，叫声："阿呀！"知道和尚手下留情了。扑翻身便剪拂。照应出平日的神往。鲁智深答礼道："休怪冲撞。"三个坐定，刘太公立在面前。鲁智深便道："周家兄弟，你来听俺说。刘太公这头亲事，你却不知，他只有这个女儿，养老送终，承祀香火，都在他身上。你若娶了，教他老人家失所，他心里怕不情愿。你依着洒家，把来弃了，别选一个好的。原定的金子段匹将在这里。你心下如何？"与李忠说，大包大揽，毫无商量余地，盖二者是老熟人也。与周通说，却曲曲折折，颇示安慰，盖二者初见，且初见即已打破头也。周通道："并听大哥言语，兄弟再不敢登门。"周通，周通，一说就通嘛。〇通即是达，能达必然通。鲁达一说因缘，周通这边就通。〇鲁达对周通，一对好名字。〇鲁方能达，周才可通。智深道："大丈夫作事却休要翻悔。"此处却硬。周通折箭为誓。手中有禅杖，胸中有道理，不由得周通不服。〇有实力的人才有资格跟人讲道理。刘太公拜谢了，纳还金子段匹，自下山回庄去了。

李忠、周通椎牛宰马，安排筵席，管待了数日。引鲁智深山前山后观看景致，智深雅兴又起。果是好座桃花山：生得凶怪，四围崄峻，单单只一条路上去，四下里漫漫都是乱草。智深看了道："果然好险隘去处！"却为后文伏笔。住了几日，鲁智深见李忠、周通不是个慷慨之人，作事悭吝，只要下山。两个苦留，那里肯住，只推道："俺如今既出了家，如何肯落草。"李忠、周通道："哥哥既然不肯落草，要去时，我等明日下山，但得多少，尽送与哥哥作路费。"

次日，山寨里一面杀羊宰猪，且做送路筵席，安排整顿许多金银酒器设放在桌上。正待入席饮酒，只见小喽啰报来，说："山下有两辆车，十数个人来也！"李忠、周通见报了，点起众多小喽啰，只留一两个伏侍鲁智深饮酒。两个好汉道："哥哥只顾请自在吃几杯，我两个下山去取得财来，就与哥哥送行。"分付已罢，引领众人下山去了。

且说这鲁智深寻思道："这两个人好生悭吝！见放着有许多金银，却不送与俺，直等要去打劫得别人的送与洒家！这个不是把官路当人情，只苦别人？洒家且教这厮吃俺一惊！"便唤这几个小喽啰近前来筛酒吃，方才吃得两盏，跳起身来，两拳打翻两个小喽啰，便解搭膊做一块儿捆了，口里都塞了些麻核桃。便取出包裹打开，没要紧的都撇了，只拿了桌上金银酒器，都踏匾了，想那大脚，真正合用在此处。拴在包里。胸前度牒袋内藏了真长老的书信，跨了戒刀，提了禅杖，顶了衣包，便出寨来。到后山，打一望时，都是崄峻之处，却寻思道："洒家从前山去时，一定吃那厮们撞见，不如就此间乱草处滚将下去。"先把戒刀和包裹拴了，望下丢落去，又把禅杖也撺落去，却把身望下只一滚，骨碌碌直滚到山脚边，并无损伤。自有神灵护佑。跳将起来，寻了包裹，跨了戒刀，拿了禅杖，拽开脚步，取路便走。

再说李忠、周通下到山边，正迎着那数十个人，各有器械，由此才费些手脚，费些时间，好让山上鲁和尚踏扁金银酒器。李忠、周通挺着枪，小喽啰呐着喊，抢向前来，喝道："兀那客人，会事的留下买路钱！"那客人内有一个便拈着朴刀来斗李忠。一来一往，一去一回，斗了十余合，不分胜负。又是一番耗。周通大怒，赶向前来喝一声，众小喽啰一齐都上，那伙客人抵当不住，转身便走。有那走得迟的，早被搠死七八个。劫了车子财物，和着凯歌，慢慢地上山来。山上有兄弟独饮，“慢慢”毫无道理。只为腾出时间让鲁达脱身。不得不如此。

到得寨里，打一看时，只见两个小喽啰捆做一块在亭柱边，桌子上金银酒器都不见了。周通解了小喽啰，问其备细：“鲁智深那里去了？”小喽啰说道：“把我两个打翻捆缚了，卷了若干器皿，都拿了去。”周通道：“这贼秃不是好人！新仇旧恨，有此一骂。倒着了那厮手脚！却从那里去了？”团团寻踪迹到后山，见一带荒草平平地都滚倒了。周通看了道：“这秃驴倒是个老贼！这般崄峻山冈，从这里滚了下去。”李忠道：“我们赶上去问他讨，也羞那厮一场！”李忠小。周通道：“罢，罢！贼去了关门，那里去赶！便赶得着时，也问他取不成。倘有些不然起来，我和你又敌他不过，后来到难厮见了。不如罢手，后来倒好相见。周通通。我们且自把车子上包裹打开，将金银段匹分作三分，我和你各捉一分，一分赏了众小喽啰。”分来分去，尽显俗相。此桃花山所以做不大也。李忠道：“是我不合引他上山，折了你许多东西，我的这一分都与了你。”周通道：“哥哥，我和你同死同生，休恁地计较。”看官牢记话头，这李忠、周通自在桃花山打劫。

再说鲁智深离了桃花山，放开脚步，从早晨直走到午后，约莫走下五六十里多路，肚里又饥，下文文字尽从“肚饥”生出。路上又没个打火处，寻思：“早起只顾贪走，不曾吃得些东西，却投那里去好？”东观西望，猛然听得远远地铃铎之声。鲁智深听得道：“好了！不是寺院，便是宫观，风吹得檐前铃铎之声，洒家且寻去那里投奔。”

不是鲁智深投那个去处，有分教：半日里送了十余条性命生灵，一把火烧了有名的灵山古迹。直教：黄金殿上生红焰，碧玉堂前起黑烟。毕竟鲁智深投甚么寺观来，且听下回分解。

第五回

九纹龙剪径赤松林
鲁智深火烧瓦官寺

鲁智深火烧瓦罐寺

回前总评

这一回，两件事：一件是鲁智深在瓦官寺主持公道，成了；一件是鲁智深在大相国寺想讨一个职事僧做，没成。

鲁智深是不吃素的。金圣叹也说鲁智深遇酒便吃。但在瓦官寺，跟几个老弱僧人抢粥的鲁智深，对丘小乙和崔道成那里满桌的酒肉和邀请，视而不见，冲口而出一句话：你两个如何把寺来废了？此时此刻，他更关心的不是肚中的饥饿，而是眼前的是非。虽然曾经大闹五台山，但是他意识深处对佛有敬意，不能容忍有人把寺庙给废了。鲁智深气势汹汹地质问，还拿着个禅杖，所以崔道成很紧张，说师兄请坐听小僧说。

如果说崔道成是睁着眼睛说瞎话，鲁智深就是睁着眼睛听瞎说，而且还信。听崔道成说，鲁智深觉得有道理；回来听老和尚说，又觉得老和尚有道理，公说公有理婆说婆有理，两边来回跑。他这种傻，这种容易受骗，正是因为他有赤子之心。

第二个场景在东京大相国寺。大相国寺的都寺出主意，让鲁智深去管菜园。这是个好主意。

为什么说这是个好主意呢？六全其美。

一美，收留了鲁智深，给了智真长老一个面子，管菜园也算是一个职事僧；二美，鲁智深到了菜园，即使不念经，不坐禅，也影响不到本寺庙的僧众；三美，菜园常常受到一些军痞泼皮们的骚扰，原先菜头老和尚管不住，鲁智深这么一个杀人放火的主儿一定能管得住。所以，对大相国寺，三全其美。对鲁智深，也三全其美：一美，可以不念经；二美，可以睡懒觉，远离本寺，远离僧堂，菜园里面，就他一个人，不用彼此看不惯，他自由了；三美，还可以喝酒还可以吃肉，可以弄枪使棒，活动拳脚。

偏偏鲁智深不愿意。为什么呢？因为鲁智深这么一路走来，他心里面有一个如意算盘。他这个在五台山待不下去的人，偏偏想着到这里来异地做官，而且还要做大官，要做寺庙里的高层管理人员都寺和监寺。也不知鲁智深怎么会有这样的想法，也不知鲁智深怎么会有这样的自信，也不知他为什么相信别人会让他做。他这个自己都管不住自己的人，到这里来做都寺和监寺怎么能做得成？但他就这么想了，这就是《水浒传》幽默的地方。

于是知客只好跟他讲升迁之道。英雄不怕敌人，英雄就怕规矩；英雄不怕千军万马，最怕无物之阵。不管你是多有分量的英雄，不管你是多么有斤两的风流人物，规矩制度在你面前一摆，你只有规规矩矩。规矩规矩，就是让你规规矩矩。在规矩的面前，我们备受打击，你还不知道谁在打击你；我们备受压制，你还不知道谁在压制你。所以我们常常说，英雄不问出身。这有两层意思：第一，英雄有英雄的来路，英雄无所谓出身；第二，英雄不能问出身，一问出身，英雄就没了。

所以鲁智深一听人跟他谈规矩，马上就气馁了，认输了，冲天的豪气变成了很老实的一句话，说：既然如此，也有出身时，洒家明日便去。鲁智深就这样去做了菜头。“也有”两字，何等讽刺又何等沉痛，何等无奈。

所以，我对这一回总结是：打得过坏人，打不过规矩。横批是：你能怎地。

这是鲁智深的悲剧，也是天下所有英雄都必须面对的世道。

话说鲁智深走过数个山坡，见一座大松林，一条山路。随着那山路行去，走不得半里，抬头看时，却见一所败落寺院，被风吹得铃铎响，声响中衬出寂寥来。看那山门时，上有一面旧朱红牌额，内有四个金字，都昏了，写着“瓦官之寺”。又行不得四五十步，过座石桥，入得寺来，便投知客寮去。只见知客寮门前，大门也没了，四围壁落全无。智深寻思道：“这个大寺，如何败落得恁地？”马上便知。直入方丈前看时，只见满地都是燕子粪，门上一把锁锁着，锁上尽是蜘蛛网。从铃响、字昏、燕子粪到蜘蛛网，竭力烘托出破败冷落气象。智深把禅杖就地下搠着，叫道：“过往僧人来投斋！”叫了半日，没一个答应，回到香积厨下看时，锅也没了，灶头都塌了。

智深把包裹解下，放在监斋使者面前，提了禅杖，到处寻去。寻到厨房后面一间小屋，见几个老和尚坐地，一个个面黄肌瘦。智深喝一声道：“你们这和尚好没道理！由洒家叫唤，没一个应！”那和尚摇手道：“不要高声！”却是奇怪。智深道：“俺是过往僧人，讨顿饭吃，有甚利害？”老和尚道：“我们三日不曾有饭落肚，那里讨饭与你吃？”智深道：“俺是五台山来的僧人，粥也胡乱请洒家吃半碗。”五台山是个品牌，可以拿来换饭吃。老和尚道：“你是活佛去处来的，我们合当斋你。争奈我寺中僧众走散，并无一粒斋粮。老僧等端的饿了三日！”智深道：“胡说！这等一个大去处，不信没斋粮！”老和尚道：“我这里是个非细去处，只因是十方常住，被一个云游和尚引着一个道人来此住持，把常住有的没的都毁坏了。他两个无所不为，把众僧赶出去了。我几个老的走不动，只得在这里过，因此没饭吃。”智深道：“胡说！量他一个和尚，一个道人，做得甚事，却不去官府告他？”师父不知，若官府还能管事，这世道不乱了。老和尚道：“师父，你不知，这里衙门又远，便是官军也禁不得的他。这和尚、道人好生了得，都是杀人放火的人。却不知眼前这个也是个杀人放火的人。〇待会儿此人又杀人，又放火。如今向方丈后面一个去处安身。”智深道：“这两个唤做甚么？”老和尚道：“那和尚姓崔，法号道成，绰号‘生铁佛’。道人姓丘，排行小乙，绰号‘飞天药叉’。这两个那里似个出家人，只是绿林中强贼一般，把这出家影占身体！”

智深正问间，猛闻得一阵香来。米粒之味，若在平时，怎入了师父法鼻，今日肚中大饥，才闻出粥香。智深提了禅杖，踅过后面打一看时，见一个土灶盖着一个草盖，气腾腾透将起来。智深揭起看时，煮着一锅粟米粥。灶是土灶，盖是草盖，米是粟米，可怜。智深骂道：“你这几个老和尚没道理！只说三日没饭吃，如今见煮一锅粥。出家人何故说谎？”师兄触犯的出家人戒律多了去了。哪里能教训别人。那几个老和尚被智深寻出粥来，只叫得苦，把碗、碟、钵头、杓子、水桶都抢过了。连水桶都抢过，可怜。智深肚饥，没奈何，见了粥，要吃，没做道理处。只见灶边破漆春台只有些灰尘在上面，智深见了，“人急智生”，便把禅杖倚了，就灶边拾把草，把春台揩抹了灰尘，双手把锅掇起来，把粥望春台只一倾。暴殄天物啊。那几个老和尚都来抢粥吃，可怜。被智深一推一交，倒的倒了，走的走了。可怜。智深却把手来捧那粥吃。才吃几口，那老和尚道：“我等端的三日没饭吃！却才去那里抄化得这些粟米，胡乱熬些粥吃，你又吃我们的！”可怜。智深吃五七口，听得了这话，便撇了不吃。不忍。只听得外面有人嘲歌。行到水穷处，坐看云起时。智深洗了手，提了禅杖，奔去不及，破壁子里望见一个道人，头带皂巾，身穿布衫，腰系杂色绦，脚穿麻鞋，挑着一担儿：一头是个竹篮儿，里面露些鱼尾，鱼。并荷叶托着些肉；肉。一头担着一瓶酒，酒。也是荷叶盖着。口里嘲歌着，唱道："你在东时我在西，你无男子我无妻。我无妻时犹闲可，你无夫时好孤凄！"女人。那几个老和尚赶出来，摇着手，悄悄地指与智深道："这个道人便是飞天药叉丘小乙！"

智深见指说了，便提着禅杖，随后跟去。机警。那道人不知智深在后面跟去，只顾走入方丈后墙里去。智深随即跟到里面，看时，见绿槐树下放着一条桌子，铺着些盘馔，三个盏子，三双箸子。奇绝。当中坐着一个胖和尚，生得眉如漆刷，脸似墨装，肐膊的一身横肉，胸脯下露出黑肚皮来。边厢坐着一个年幼妇人。那道人把竹篮放下来，也坐地。智深走到面前，那和尚吃了一惊，跳起身来便道："请师兄坐！同吃一盏。"智深提着禅杖道："你这两个如何把寺来废了！"在老和尚处，粥也抢吃；在崔道成、丘小乙处，酒肉也不吃，吾师兄虽是粗莽，却有分寸。○眼前是非高于肚中饥饿。那和尚便道："师兄请坐，听小僧……"智深睁着眼道："你说！你说！"急。"……说，在先敝寺，十分好个去处，田庄又广，僧众极多，只被廊下那几个老和尚吃酒撒泼，将钱养女，情急编谎，直将眼前实景，编排与他人。○崔道成睁着眼睛说瞎话；鲁智深睁着眼睛听瞎说。○偏编得鲁达相信。不是谎编得好，而是鲁达好。长老禁约他们不得，又把长老排告了出去，因此把寺来都废了。僧众尽皆走散，田土已都卖了，小僧却和这个道人新来住持此间，和尚庙怎地要道人来住持？正欲要整理山门，修盖殿宇。"智深道："这妇人是谁，却在这里吃酒？"只这人证在此，须要有个说法。那和尚道："师兄容禀：这个娘子，他是前村王有金的女儿。在先他的父亲是本寺檀越，如今消乏了家私，近日好生狼狈，家间人口都没了，丈夫又患病，因来敝寺借米。小僧看施主檀越之面，取酒相待，别无他意。师兄休听那几个老畜生说！"已猜出是那几个老和尚。○来借米却一处坐地吃酒，偌大破绽，偏鲁达看不出，不是吾师愚拙，乃是吾师朴实也。

智深听了他这篇话，又见他如此小心，便道："叵耐几个老僧戏弄洒家！"此句出卖了老和尚。○有赤子之心者，常易轻信。提了禅杖，再回香积厨来。这几个老僧方才吃些粥，正在那里……看见智深忿忿的出来，指着老和尚道："原来是你这几个坏了常住，犹自在俺面前说谎！"老和尚们一齐都道："师兄，休听他说。见今养着一个妇女在那里！养妇女。他恰才见你有戒刀、禅杖，他无器械，不敢与你相争。一语惊醒梦中人。你若不信时，再去走遭，看他和你怎地。师兄，你自寻思：他们吃酒吃肉，吃酒肉。我们粥也没的吃，恰才还只怕师兄吃了。"智深道："也说得是。"公说公有理，婆说婆有理，只吾师兄无理。倒提了禅杖，再往方丈后来，颠倒来回，只为断一个简单官司，师兄辛苦。见那角门却早关了。师兄被愚弄了。

智深大怒，只一脚，踢开了，抢入里面看时，只见那生铁佛崔道成仗着一条朴刀，从里面赶到槐树下，来抢智深。智深见了大吼一声，轮起手中禅杖，来斗崔道成。两个斗了十四五合，那崔道成斗智深不过，只有架隔遮拦，掣仗躲闪，抵当不住，却待要走。这丘道人见他当不住，却从背后拿了条朴刀，大踏步搠将来。智深正斗间，忽听得背后脚步响，却又不敢回头看他，不时见一个人影来，不独智深急，读者也急。不独智深怕，读者也怕。知道有暗算的人，叫一声："着！"那崔道成心慌，只道着他禅杖，托地跳出圈子外去。智深恰才回身，正好三个摘脚儿厮见，崔道成和丘道人两个，又并了十合之上。智深一来肚里无食，二来走了许多程途，三者当不得他两个生力，只得卖个破绽，拖了禅杖便走。两个捻着朴刀，直杀出山门外来。智深又斗了几合，掣了禅杖便走。两个赶到石桥下，坐在栏杆上，再不来赶。也吃累不小。

智深走得远了，喘息方定，寻思道："洒家的包裹放在监斋使者面前，只顾走来不曾拿得，路上又没一分盘缠，又是饥饿，如何是好！不拿不行。待要回去，又敌他不过。他两个并我一个，枉送了性命！"拿也不行。信步望前面去，行一步，懒一步。走了几里，见前面一个大林，都是赤松树。鲁智深看了道："好座猛恶林子！"此时还有心思看山林。观看之间，只见树影里一个人探头探脑，望了一望，吐了一口唾，闪入去了。却又奇怪。智深道："俺猜这个撮鸟，是个剪径的强人，正在此间等买卖，见洒家是个和尚，他道不利市，吐一口唾，走入去了。那厮却不是鸟晦气，撞了洒家！洒家又一肚皮鸟气，正没处发落，且剥这厮衣裳当酒吃。"你是剪径的强人，我是灭强人的强人。提了禅杖，径抢到松林边，喝一声："兀那林子里的撮鸟，快出来！"好称谓。打了个好招呼。那汉子在林子听得，大笑道：可见是一个不好惹的。"我晦气，他倒来惹我！"就从林子里拿着朴刀，背翻身跳出来，可见开始并不关注这个秃驴，任他去了罢了。不料偏不去，并打上前来。喝一声："秃驴！你自当死，不是我来寻你！"真个不是我来寻你。真个是你自找的。智深道："教你认得洒家！"轮起禅杖抢那汉。

那汉捻着朴刀来斗和尚，恰待向前，肚里寻思道："这和尚声音好熟。"师父声音定是特别。李忠一听就熟，史进一听也熟。便道："兀那和尚，你的声音好熟，你姓甚……"智深道："俺且和你斗三百合却说姓名！"今日一日不顺，憋了一肚皮鸟气，先斗三百合出出气。那汉大怒，仗手中朴刀，来迎禅杖。两个斗到十数合后，那汉暗暗喝采道："好个莽和尚！"又斗了四五合，那汉叫道："少歇，我有话说。"两个都跳出圈子外来，那汉便问道："你端的姓甚名谁？声音好熟。"智深说姓名毕，那汉撇了朴刀翻身便剪拂，说道："认得史进么？"智深笑道："原来是史大郎！"智深剃去毛发髭须，容史进不认识。史进面貌依旧，为何智深不认识？此处有一大破绽。○只为了写得智深遇李忠不同，不得不如此也。两个再剪拂了，与李忠见，是李忠独拜智深。与史进见，则是二人互拜。一个拜见，也写得两样。〇写得史进在鲁达心目中高于李忠。同到林子里坐定。

智深问道："史大郎，自渭州别后，你一向在何处？" 写出心中挂念。鲁达是粗卤人，但深情往往正在粗卤人那里。史进答道："自那日酒楼前与哥哥分手，次日听得哥哥打死了郑屠，逃走去了。有缉捕的访知史进和哥哥赍发那唱的金老，因此小弟亦便离了渭州，寻师父王进。直到延州，又寻不着。读着伤感。既伤感徒弟之寻不着师父，滚滚红尘，人海不知处；亦伤感王进，茫茫大宋，斯人已杳。回到北京住了几时，盘缠使尽，以此来在这里寻些盘缠，又一个流落不遇的人。不想得遇哥哥。缘何做了和尚？"智深把前面过的话，从头说了一遍。史进道："哥哥既是肚饥，小弟有干肉烧饼在此。"便取出来，教智深吃。头等大事。史进又道："哥哥既有包裹在寺内，我和你讨去。若还不肯时，何不结果了那厮？"智深道："是。"当下和史进吃得饱了，各拿了器械，再回瓦官寺来。人生最快乐的时候，莫过于在困难的时候，看见姗姗而来的朋友。

到寺前，看见那崔道成、丘小乙两个兀自在桥上坐地，写得简洁。智深大喝一声道："你这厮们，来，来！显见得胆壮。〇肚里有了货，身后有了人，声口就不同了。今番和你斗个你死我活！"那和尚笑道："你是我手里败将，如何再敢厮并！"却不知今番不同了。智深大怒，轮起铁禅杖，奔过桥来。铁佛生嗔，仗着朴刀，杀下桥去。智深一者得了史进，肚里胆壮，二乃吃得饱了，那精神气力越使得出来。两个斗到八九合，崔道成渐渐力怯，只办得走路。那飞天药叉丘道人见和尚输了，便仗着朴刀来协助。他俩倒和前面一样，却不料智深这边和前面不一样了。这边史进见了，便从树林子里跳将出来，大喝一声："都不要走！"掀起笠儿，原来智深不认得史进，就这一笠儿没掀起。挺着朴刀，来战丘小乙。四个人两对厮杀。智深与崔道成正斗到间深里，智深得便处，喝一声："着！"只一禅杖，自五台山下打一禅杖，此时才显出威风。把生铁佛打下桥去。那道人见倒了和尚，无心恋战，卖个破绽便走。史进喝道："那里去！"赶上望后心一朴刀，扑地一声响，道人倒在一边。史进踏入去，掉转朴刀，望下面只顾胳肢胳察的搠。写得史进心狠手辣。智深赶下桥去，把崔道成背后一禅杖。可怜两个强徒，化作南柯一梦！

智深、史进把这丘小乙、崔道成两个尸首都缚了，撺在涧里。两个再赶入寺里来，香积厨下拿了包裹。那几个老和尚因见智深输了去，怕崔道成、丘小乙来杀他，已自都吊死了。写其全部吊死，只为图个简洁。小说家往往为图省事，而草菅人命。智深、史进直走入方丈后角门内看时，那个掳来的妇人投井而死。还是图省事，此种为图行文方便而使的"草菅人命法"，在后来的《儒林外史》中登峰造极。直寻到里面八九间小屋，打将入去，并无一人，只见床上三四包衣服。史进打开，都是衣裳，包了些金银，拣好的包了一包袱。寻到厨房，见鱼及酒肉，两个打水烧火，煮熟来，都吃饱了。刚刚才一饱，此时又一饱，英雄往往大肚皮。○刚才无酒，此时有酒，刚才是饭饱，现在是酒足。两个各背包裹，灶前缚了两个火把，拨开火炉，火上点着，焰腾腾的，先烧着后面小屋；烧到门前，再缚几个火把，直来佛殿下后檐点着烧起来。凑巧风紧，刮刮杂杂地火起，竟天价火起来。杀人之后，往往放火。○杀人有时是必须，放火往往是多余。智深与史进看着，等了一回，四下火都着了。二人道："'梁园虽好，不是久恋之家。'俺二人只好撒开。"语不及义。

二人厮赶着行了一夜。好亲热。天色微明，两个远远地望见一簇人家，看来是个村镇。两个投那村镇上来，独木桥边一个小小酒店。智深、史进来到村中酒店内，一面吃酒，一面叫酒保买些肉来，借些米来，打火做饭。两个吃酒，诉说路上许多事务。吃了酒饭，智深便问史进道："你今投那里去？"史进道："我如今只得再回少华山去，投奔朱武等三人入了伙，且过几时却再理会。"可怜。○何不就近投桃花山？师父李忠在彼。〇千里寻王进师父，咫尺避李忠师父。同是师父，而情谊不同也。智深见说了道："兄弟，也是。"便打开包裹，取些酒器与了史进。馈者自然，受者无愧，大丈夫眼中，财是小事。二人拴了包裹，拿了器械，还了酒钱。二人出得店门，离了村镇，又行不过五七里，到一个三岔路口，智深道："兄弟，须要分手。洒家投东京去，你休相送。你到华州须从这条路去。他日却得相会。若有个便人，可通个信息来往。"无为在歧路，儿女共沾巾。史进拜辞了智深，各自分了路。史进去了。

只说智深自往东京，在路又行了八九日，早望见东京。入得城来，但见街坊热闹，人物喧哗。来到城中，陪个小心，问人道："大相国寺在何处？"街坊人答道："前面州桥便是。"智深提了禅杖便走，早进得寺来。东西廊下看时，径投知客寮内去。道人撞见，报与知客。无移时，知客僧出来，见了智深生得凶猛，提着铁禅杖，跨着戒刀，背着个大包裹，先有五分惧他。知客问道："师兄何方来？"智深放下包裹、禅杖，唱个喏。知客回了问讯，智深说道："洒家五台山来。本师真长老有书在此，着俺来投上刹清大师长老处，讨个职事僧做。"知客道："既是真大师长老有书札，合当同到方丈里去。"知客引了智深，直到方丈，解开包裹，取出书来，拿在手里。知客道："师兄，你如何不知体面？即目长老出来，你可解了戒刀，取出那七条坐具信香来，礼拜长老使得。"智深道："你如何不早说！"自己不懂，反怪他人，妙绝。随即解了戒刀，包裹内取出片香一炷，坐具七条，半晌没做道理处。知客又与他披了袈裟，教他先铺坐具。在五台山上没学过规矩。

少刻，只见智清禅师出来，知客向前禀道："这僧人从五台山来，有真禅师书在此。"清长老道："师兄多时不曾有法帖来。"知客叫智深道："师兄，快来礼拜长老。"只见智深却把那炷香没放处。知客忍不住笑，与他插在炉内。在五台山上没烧过香。拜到三拜，知客叫住。将书呈上。清长老接书，拆开看时，中间备细说着鲁智深出家缘由，并今下山投托上刹之故，"万望慈悲收录，做个职事人员，切不可推故。此僧久后必当证果"。清长老读罢来书，便道："远来僧人，且去僧堂中暂歇，吃些斋饭。"智深谢了，扯了坐具七条，提了包裹，拿禅杖、戒刀，跟着行童去了。手忙脚乱。

清长老唤集两班许多职事僧人，尽到方丈，乃云："汝等众僧在此，你看我师兄智真禅师好没分晓！这个来的僧人，原来是经略府军官，为因打死了人，落发为僧，二次在彼闹了僧堂，因此难着他。你那里安他不得，却推来与我。世上万千无着落人，尽入慈悲道场。一个问题和尚，却怪别人推，如何普度众生？智清长老境界不高。待要不收留他，师兄如此千万嘱付，不可推故。待要着他在这里，倘或乱了清规，如何使得！"此等小事亦怕成这样，谁说佛法无边？〇如此无自信，安得占住东京大相国寺？知客道："便是弟子们看那僧人，全不似出家人模样。世上各行各业，尽有模样像的，模样越像的，越是水货。模样不像的，往往倒有真货。〇当今世界，越来越讲模样了。本寺如何安着得他！"都寺便道："弟子寻思起来，只有酸枣门外退居廨宇后那片菜园，时常被营内军健们并门外那二十来个破落户侵害，纵放羊马，好生啰唣。一个老和尚在那里住持，那里敢管他？何不教此人去那里住持，倒敢管得下。"此都寺倒善用人，远胜过知客。清长老道："都寺说得是。教侍者去僧堂内客房里，等他吃罢饭，便唤将他来。"

侍者去不多时，引着智深到方丈里。清长老道："你既是我师兄真大师荐将来我这寺中挂搭，做个职事人员，我这敝寺哪里见过自家人这么谦虚的？〇一见出长老没拿智深当一家人；一见出长老冬烘可笑。有个大菜园，在酸枣门外，岳庙间壁。伏林冲。你可去那里住持管领，每日教种地人纳十担菜蔬，余者都属你用度。”智深便道：“本师真长老着洒家投大刹，讨个职事僧做，却不教俺做个都寺、监寺，如何教洒家去管菜园？”原来师兄一路都在想着这等美差。首座便道：“师兄，你不省得：你新来挂搭，又不曾有功劳，如何便做得都寺？这管菜园也是个大职事人员了。”公然说谎。智深道：“洒家不管菜园，杀也要做都寺、监寺！”绝倒。知客又道：“你听我说与你，僧门中职事人员，各有头项。且如小僧与长老“敝寺”相映成趣。做个知客，只理会管待往来客官僧众。至如维那、侍者、书记、首座，这都是清职，不容易得做。有借题发挥之嫌。都寺、监寺、提点、院主，这个都是掌管常住财物。你才到得方丈，怎便得上等职事？还有那管藏的唤做藏主，管殿的唤做殿主，管阁的唤做阁主，管化缘的唤做化主，管浴堂的唤做浴主，这个都是主事人员，中等职事。还有那管塔的塔头，管饭的饭头，管茶的茶头，管东厕的净头，与这管菜园的菜头，原来是末等之末。这个都是头事人员末等职事。假如师兄，你管了一年菜园，好，便升你做个塔头；又管了一年，好，升你做个浴主；又一年，好，才做监寺。”智深道：“既然如此，也有出身时，洒家明日便去。”一讲出身，马上气馁。

清长老见智深肯去，就留在方丈里歇了。如若不肯去，今夜何处宿？当日议定了职事，随即写了榜文，先使人去菜园里退居廨宇内挂起库司榜文，明日交割。当夜各自散了，次早，清长老升法座，押了法帖，委智深管菜园。智深到座前领了法帖，辞了长老，背上包裹，跨了戒刀，提了禅杖，和两个送入院的和尚直来酸枣门外廨宇里来住持。

且说菜园左近，有二三十个赌博不成才破落户泼皮，泛常在园内偷盗菜蔬，靠着养身。因来偷菜，看见廨宇门上新挂一道库司榜文上说："大相国寺仰委管菜园僧人鲁智深前来住持，自明日为始掌管，并不许闲杂人等入园搅扰。"是警告，还是撩拨。那几个泼皮看了，便去与众破落户商议道："大相国寺里差一个和尚，甚么鲁智深，口气可笑。来管菜园。我们趁他新来，寻一场闹，一顿打下头来，教那厮伏我们。"数中一个道："我有一个道理，他又不曾认得我，我们如何便去寻得闹？等他来时，诱他去粪窖边，只做参贺他，双手抢住脚，翻斤斗攧那厮下粪窖去，只是小耍他。"是个泼皮的做事方式。众泼皮道："好！好！"深得泼皮之心。商量已定，且看他来。

却说鲁智深来到廨宇退居内房中，安顿了包裹、行李，倚了禅杖，挂了戒刀。那数个种地道人都来参拜了，但有一应锁钥，尽行交割。那两个和尚同旧住持老和尚，相别了尽回寺去。

且说智深出到菜园地上，东观西望，看那园圃。只见这二三十个泼皮拿着些果盒酒礼，都嘻嘻的笑道："闻知师父新来住持，我们邻舍街坊都来作庆。"智深不知是计，直走到粪窖边来。那伙泼皮一齐向前，一个来抢左脚，一个便抢右脚，指望来攧智深。只教智深脚尖起处，山前猛虎心惊；拳头落时，海内蛟龙丧胆。正是：方圆一片闲园圃，目下排成小战场。那伙泼皮怎的来攧智深，且听下回分解。

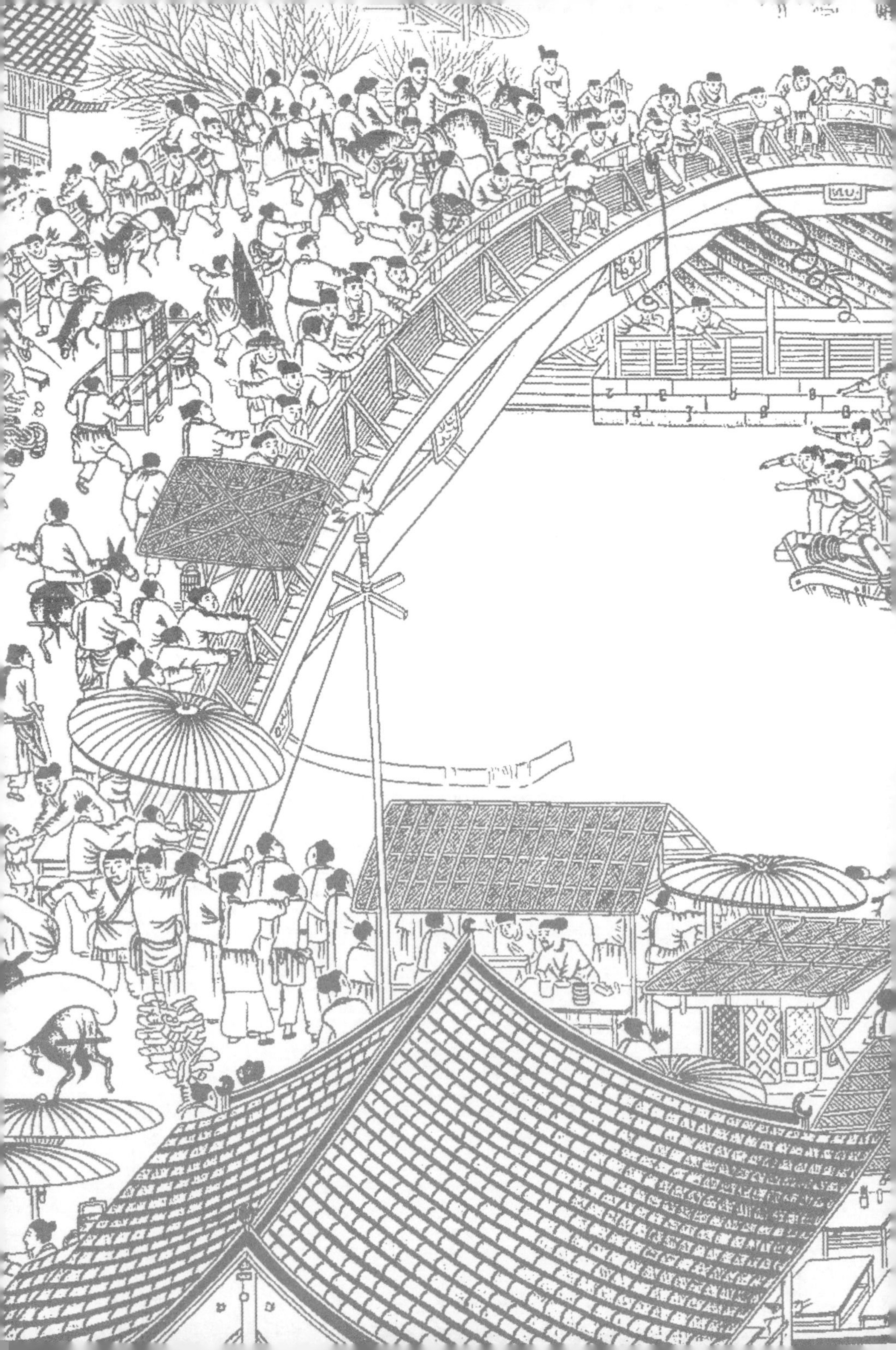

第六回

花和尚倒拔垂杨柳　豹子头误入白虎堂

花和尚倒拔
垂楊柳

回前总评

《水浒传》的结构有点像接力赛跑。故事的接力棒从王进手中交给史进，又从史进手中交给鲁达。上回说到鲁达在东京大相国寺安顿种菜，故事便在这里暂时收住，又交给林冲。

这一回是《水浒传》的大文字。头绪繁多，波澜迭起，但曲曲折折一丝不乱。作者用笔让人叹服。这回出场的人物有两个重大对比。

一是鲁达和林冲这一对好汉，两人都武艺高强，英雄相惜，所以在大相国寺菜园相遇之后，惺惺相惜，结拜成兄弟。但两人性格完全不同。鲁智深豪直刚强，林冲谨慎懦弱。林冲的谨慎懦弱是有原因的，这就涉及第二重对比：林冲和高衙内。这两人，从个人力量上来说，完全不能相提并论。但是高衙内有背景，“我爸是高俅”，在东京无人不厌，又无人不怕，何况高俅又是林冲的顶头上司。王进走了，鲁智深做了和尚，他们都不怕高俅了，但是林冲不一样。林冲舍不得他的家业，舍不得他的身份。舍不得，就怕。怕高俅，只好夹着尾巴，小心活命。于是，手无缚鸡之力的无赖高衙内，总是咄咄逼人；八十万禁军教头林冲，只能低头服软。

《水浒传》的作者在这回里提出了一个很严肃的问题：忍气吞声，低头退让，就能保全生活的小幸福么？大宋朝这个社会的运行机制到底是什么？

林冲是首都的居民，在首都这个繁华都市、首善之区，生活地位在中等以上。林冲还是个顾家男人，他有那么多弱点，也是因为他顾家，他想好好生活。他觉得自己生活在“清平世界”，安逸稳定的幸福生活，是理所当然的事——然而，真的那么理所当然么？

梁山好汉对家庭生活都不大有兴趣，对女人甚至有点病态的厌恶。这是因为，家庭生活的幸福，不在他们的世界里！最有资格得到它的林教头，最后也落得落草为寇，妻死家亡。

这一大回，讲的就是两个字：一讲怕，二讲恶。

对权力的怕，导致人性的恶。

有哪些怕？林冲的怕，陆虞候的怕，众邻居的怕。

林冲要想教训高衙内这个竟然在光天化日之下调戏自己妻子的恶棍，绝对拥有道德和法律的强大支撑，但是当他准备下拳打时，却先自手软了——因为他认出了这人乃是他顶头上司的养子。反而是高衙内对他大喝一声：林冲！干你甚事，你来多管！在大街上公然调戏妇女，还气焰嚣张，他凭借的是什么呢？他凭借的就是他那大堂兄兼养父高俅的权势。

林冲一生，只是一个怕字。他对鲁智深解释自己为什么放过高衙内，说出了他的无奈和怯懦。他说不怕官，只怕管，其实，不是官，谁能管？所以，还是怕官。问题是，这不是林冲一人的悲剧，也不是林冲一人的性格。在权力社会里，它几乎是所有人的性格，所有人的悲剧。所以，就文学形象言，如果鲁智深的形象是一个类型，而林冲的形象就是一个典型，他是所有生活在权力社会里的人民的典型代表。林冲的形象比鲁智深的形象更有社会深度和广度。

在富安的计策里，他对陆谦的判断很准确。为什么？因为他对人性的弱点、缺点有深刻的把握和利用，他知道陆谦固然是林冲的好朋友，可也是高俅的手下，他绝对相信陆谦会毫不犹豫地站在高衙内这边背叛林冲。因为陆谦也会怕，怕高太尉。所以，不仅林冲怕，陆谦也怕。因为怕，林冲放弃了个人的尊严；因为怕，陆谦放弃了为人的基本准则。

邻舍的怕呢？是街两边都关了门。明知高衙内骗林冲娘子去了陆虞候家而大家都关门，是怕牵连进去。大家有是非，有善恶，但是面对权力作恶，大家都睁一只眼闭一只眼，不管不问。所以当林冲一家三人走出来，本来车水马龙的街上，瞬间空无一人，如秋风扫落叶一般。这是人心的荒凉，世道的荒凉，而造成这种荒凉的是什么呢？是对权力的怕。权力在人心里投下了如此恐怖的阴影。

在专制独裁社会，人不是受法律保护，而是受权力控制。有权力的人，可以保护你，也可以陷害你，这样的人，其控制人的法宝，不是让人爱和尊敬，而是让人怕和恐惧。怕和恐惧比爱和尊敬更能控制人。

林冲的故事，写出了权力之可怕，更写出了权力之可恶。

陆谦为什么变成恶人？陆谦跟林冲关系很好，在一个正常的社会里，陆谦这样的人跟大家一样，没什么区别。但让他面对高俅，面对一个绝对能控制他命运的权力，他只能变坏。由知心朋友转而成知心敌人，知道你的个性，知道你的爱好，知道你的追求，因为太了解而变得尤其可怕。

富安为什么这么恶？为什么这样处心积虑地要帮高衙内得到林冲娘子？很简单，富安想讨好高衙内，得到高俅的抬举。富安极其准确地看到，权力，是权力社会里一个绝对的必胜的因素，在高衙内自己还没有意识到这一点时，富安就给他指出来了。从这个角度来说，富安比高衙内还要恶。

一个堂堂国家最高军事机关里，一帮人大白天在谈论如何设计陷害一个清清白白的人，害他的性命，夺他的妻子，没有人愧疚，大家竟然都很坦然。这说明什么？说明大家都把对方看得敞亮：你我都是坏人，大家谁也不要装。所以坏人和坏人在一起的时候，大家很坦荡，真的是都不装，一点都不装。

富安恶，陆谦恶，老都管恶，高俅恶，所有的恶，最终的恶是谁？是高俅。高俅这个恶为什么能够影响老都管？为什么能够诱发陆谦和富安的恶，让他们死心塌地地帮他们作恶？是因为高俅有权。这是一条邪恶之链，或者说这是一根恶的藤条上次第开着的恶之花。高衙内是一朵恶之花，陆谦是一朵恶之花，富安是一朵恶之花，老都管是一朵恶之花，高俅是一朵恶之花，所有的罪恶之花，都长在权力之藤上。这条邪恶的权力之藤竟然所有的环节都衔接得非常好，没有一个人站出来阻断这条邪恶之链。

这种恶，不是解决一两个人的道德问题就可以解决的，不是我们换一两个人就能解决的。你把高俅换了，还有张俅、王俅、刘俅，没有富安，没有陆谦，还一定有别的人。

权力主宰一切的地方，肯定没有幸福；权力主宰一切的地方，肯定没有尊严。世界没有别的黑暗，只有无约束的权力带来的黑暗。

没权的老虎，不过一个病猫；有权的老鼠，顶得上一只狮子。林冲是老虎，但那又怎样？他无权，轻则刺配了他，重则要了他的性命。高太尉是泼皮，但那又怎样？他有权，可以草菅人命，顺我者未必昌，逆我者必然亡。我的是我的，你的也是我的，不仅你的前途、命运是我的，你的人格、尊严，也是我的，甚至你的生命，都是我的。——这就是专制权力的可怕。

如果一个世界变成恶则有利，迎合恶才能有利，那么这个世界一定是劣币驱除良币的世界，一个邪恶受到鼓励，善良毫无根基的世界！可悲的是，《水浒传》所展示的，就是这么一个世界！权力掌控的社会，必然是这样的世界！

《水浒传》读到这一步，我们读出的是什么呢？是悲凉。这个世界真的太让我们失望了，要想改变这个世界，真的不是改变一两个人就可以的。所以，杀掉个把人的侠客，不可以改变世界。把任何一个人放到陆谦那个境地里面，都有可能是陆谦；把林冲和陆谦移位，易地而皆然；把你我放到陆谦的位子，我们也可能是陆谦。

如何拯救我们的道德？

如何拯救这个世界？

只有一个办法，把权力关到笼子里。

话说那酸枣门外三二十个泼皮破落户中间，有两个为头的，一个叫做“过街老鼠”张三，一个叫做“青草蛇”李四。这两个为头接将来，智深也却好去粪窖边，看见这伙人都不走动，只立在窖边，齐道：“俺特来与和尚作庆！”智深道：“你们既是邻舍街坊，都来廨宇里坐地。”张三、李四便拜在地上不肯起来，只指望和尚来扶他，便要动手。智深见了，心里早疑忌，道：“这

名姓随口诌来，绰号顺手拈来，人物却跃跃欲现。

伙人不三不四，既是张三李四，偏说你不三不四。〇李四不三，张三不四，一个不三，一个不四，正是一对不三不四。又不肯近前来，莫不要攧洒家？那厮却是倒来捋虎须，俺且走向前去，教那厮看洒家手脚！”

智深大踏步近众人面前来，那张三、李四便道：“小人兄弟们特来参拜师父。”口里说，便向前去，一个来抢左脚，一个来抢右脚。智深不等他上身，右脚早起，腾的把李四先踢下粪窖里去；张三恰待走，智深左脚早起；两个泼皮都踢在粪窖里挣扎。踢下去。后头那二三十个破落户，惊的目瞪口呆，都待要走，智深喝道：“一个走的，一个下去！两个走的，两个下去！”留下来。众泼皮都不敢动掸。只见那张三、李四在粪窖里探起头来，——原来那座粪窖没底似深——两个一身臭屎，头发上蛆虫盘满，立在粪窖里叫道：“师父饶恕我们！”智深喝道：“你那众泼皮，快扶那鸟上来，我便饶你众人。”拉上来。众人打一救，搀到葫芦架边，臭秽不可近前。智深呵呵大笑道：“兀那蠢物！你且去菜园池子里洗了来，和你众人说话。”

两个泼皮洗了一回，众人脱件衣服与他两个穿了。智深叫道：“都来廨宇里坐地说话。”坐下来。智深先居中坐了，指着众人道：“你那伙鸟人，休要瞒洒家。你等都是甚么鸟人，到这里戏弄洒家？”不打不相识。那张三、李四并众火伴一齐跪下，说道：“小人祖居在这里，都只靠赌博讨钱为生。这片菜园，是俺们衣饭碗。大相国寺里几番使钱要奈何我们不得。师父却是那里来的长老？恁的了得！相国寺里不曾见有师父。今日我等情愿伏侍。”智深道：“洒家是关西延安府老种经略相公帐前提辖官，只为杀得人多，因此情愿出家。五台山来到这里。洒家俗姓鲁，法名智深。休说你这三二十个人直甚么！便是千军万马队中，俺敢真杀得入去出来！”打了才相识。

众泼皮喏喏连声，拜谢了去。智深自来廨宇里房内，收拾整顿歇卧。次日，众泼皮商量凑些钱物，买了十瓶酒，牵了一个猪，来请智深。都在廨宇安排了，请鲁智深居中坐了，两边一带坐定那三二十泼皮饮酒。智深道："甚么道理叫你众人们坏钞？"众人道："我们有福，今日得师父在这里与我等众人做主。"做的什么主？智深大喜。吃到半酣里，也有唱的，也有说的，也有拍手的，也有笑的。形神毕现。果然是泼皮的酒席。正在那里喧哄，只听得门外老鸦哇哇的叫。众人有扣齿的，齐道："赤口上天，白舌入地。"智深道："你们做甚么鸟乱？"众人道："老鸦叫，怕有口舌。"智深道："那里取这话？"那种地道人笑道："墙角边绿杨树上新添了一个老鸦巢，每日直聒到晚。"众人道："把梯子去上面拆了那巢便了。"有几个道："我们便去。"

智深也乘着酒兴，都到外面看时，果然绿杨树上一个老鸦巢。众人道："把梯子上去拆了，也得耳根清净。"用梯子上。李四便道："我与你盘上去，不要梯子。"不用梯子，盘上。智深相了一相，走到树前，把直裰脱了，用右手向下，把身倒缴着，却把左手拔住上截，把腰只一趁，将那株绿杨树带根拔起。不用上，拔下。写拔一树，凡三层，极有次第。众泼皮见了，一齐拜倒在地，只叫："师父非是凡人，正是真罗汉！身体无千万斤气力，如何拔得起！"智深道："打甚鸟紧，明日都看洒家演武使器械。"众泼皮当晚各自散了。

从明日为始，这二三十个破落户见智深匾匾的伏，从耍到怕到伏，泼皮对鲁智深的态度，凡三变。每日将酒肉来请智深，看他演武使拳。过了数日，智深寻思道："每日吃他们酒食多矣，洒家今日也安排些还席。"粗卤人偏也知人情世故。叫道人去城中买了几般果子，沽了两三担酒，杀翻一口猪、一腔羊。那时正是三月尽，天气正热。智深道："天色热！"热便热，偏有一声感叹。粗卤人偏有情怀。叫道人绿槐树下铺了芦席，请那许多泼皮团团坐定。大碗斟酒，大块切肉，叫众人吃得饱了，再取果子吃酒。又吃得正浓，众泼皮道："这几日见师父演力，不曾见师父使器械，怎得师父教我们看一看也好。"智深道："说的是！"自去房内取出浑铁禅杖，头尾长五尺，重六十二斤。众人看了，尽皆吃惊，都道："两臂膊没水牛大小气力，怎使得动！"智深接过来，飕飕的使动，浑身上下没半点儿参差。众人看了，一齐喝采。

智深正使得活泛，只见墙外一个官人看见，喝采道："端的使得好！""端的"二字，一从泼皮的喝彩中生出，是肯定泼皮的喝彩；一从自己的观赏生出，见出已看了多时，端的看不出破绽，端的好。智深听得，收住了手看时，只见墙缺边，立着一个官人：头戴一顶青纱抓角儿头巾，脑后两个白玉圈连珠鬓环，身穿一领单绿罗团花战袍，腰系一条双獭尾龟背银带，穿一对磕爪头朝样皂靴，手中执一把折叠纸西川扇子，官员打扮。斯斯文文，生活优裕。生的豹头环眼，燕颔虎须，八尺长短身材，三十四五年纪。口里道："这个师父端的非凡，使得好器械！"众泼皮道："这位教师喝采，必然是好。"泼皮自知只能看热闹。得这位教师肯定，亦自得意。智深问道："那军官是谁？"众人道："这官人是八十万禁军枪棒教头林武师，名唤林冲。"智深道："何不就请来厮见？"那林教头便跳入墙来，两个就槐树下相见了，一同坐地。林教头便问道："师兄何处人氏？法讳唤做甚么？"智深道："洒家是关西鲁达的便是。只为杀得人多，情愿为僧。年幼时也曾到东京，认得令尊林提辖。"林冲大喜，就当结义智深为兄。智深道："教头今日缘何到此？"林冲答道："恰才与拙荆一同来间壁岳庙里还香愿，林冲听得使棒，看得入眼，着女使锦儿自和荆妇去庙里烧香，林冲就只此间相等，不想得遇师兄。”智深道：“洒家初到这里，正没相识，得这几个大哥每日相伴。如今又得教头不弃，结为弟兄，十分好了。”从此兄弟一生。便叫道人再添酒来相待。

恰才饮得三杯，只见女使锦儿慌慌急急，红了脸，在墙缺边叫道：“官人！休要坐地，娘子在庙中和人合口！”林冲连忙问道：“在那里？”锦儿道：“正在五岳楼下来，撞见个诈见不及的，把娘子拦住了，不肯放。”林冲慌忙道：“却再来望师兄，休怪，休怪！”林冲别了智深，急跳过墙缺，和锦儿径奔岳庙里来。抢到五岳楼看时，见了数个人拿着弹弓、吹筒、粘竿，都立在栏杆边。胡梯上一个年少的后生，独自背立着，把林冲的娘子拦着道：“你且上楼去，和你说话。”林冲娘子红了脸道：“清平世界，是何道理，把良人调戏！”谁说这是清平世界？林冲赶到跟前，把那后生肩胛只一扳过来，教头有拳脚。喝道：“调戏良人妻子，当得何罪！”恰待下拳打时，认的是本管高太尉螟蛉之子高衙内。原来高俅新发迹，不曾有亲儿，无人帮助，因此过房这阿叔高三郎儿子在房内为子。本是叔伯弟兄，却与他做干儿子，因此高太尉爱惜他。那厮在东京倚势豪强，专一爱淫垢人家妻女。京师人惧怕他权势，谁敢与他争口？叫他做“花花太岁”。当时林冲扳将过来，却认得是本管高衙内，先自手软了。教头没胆子。○权力硬处万物软。高衙内说道：“林冲，干你甚事，你来多管！”原来高衙内不晓得他是林冲的娘子，若还晓得时，也没这场事。不对。后来晓得了，事却越发做得绝了。○管她是谁的娘子？谁的娘子也是权力的娘子。见林冲不动手，他发这话。众多闲汉见闹，一齐拢来劝道：“教头休怪，衙内不认得，多有冲撞。”林冲怒气未消，一双眼睁着瞅那高衙内。除了眼瞅着，还能干什么。众闲汉劝了林冲，和哄高衙内出庙上马去了。

林冲将引妻小并使女锦儿，也转出廊下来，只见智深提着铁禅杖，引着那二三十个破落户，大踏步抢入庙来。兄弟两个，一个先自手软了，一个后来脚步大。林冲见了，叫道："师兄那里去？"智深道："我来帮你厮打！"依师父性格，必然有此一来。林冲道："原来是本管高太尉的衙内，不认得荆妇，时间无礼。竟为衙内开脱。林冲本待要痛打那厮一顿，太尉面上须不好看，自古道：'不怕官，只怕管。'林冲不合吃着他的请受，权且让他这一次。"多少英雄齐下泪，一生屈膝饭碗中。智深道："你却怕他本官太尉，洒家怕他甚鸟！你道他是个太尉，我道他是个鸟。俺若撞见那撮鸟时，且教他吃洒家三百禅杖了去！"林冲一生，只是一个"怕"字。鲁达一生，只是一个"不怕"。林冲见智深醉了，便道："师兄说得是，林冲一时被众人劝了，权且饶他。"智深道："但有事时，便来唤洒家与你去！"后来有无数事，却不来唤洒家。众泼皮见智深醉了，扶着道："师父，俺们且去，明日和他理会。"智深提着禅杖道："阿嫂，休怪，莫要笑话。阿哥，明日再得相会。"阿嫂阿哥，礼数周到，可见没醉。智深相别，自和泼皮去了。林冲领了娘子并锦儿取路回家，心中只是郁郁不乐。

且说这高衙内引了一班儿闲汉，自见了林冲娘子，又被他冲散了，心中好生着迷，怏怏不乐，回到府中纳闷。过了三两日，众多闲汉都来伺候，见衙内心焦没撩没乱，众人散了。数内有一个帮闲的唤作"干鸟头"富安，理会得高衙内意思，独自一个到府中伺候。见衙内在书房中闲坐，衙内亦有书房。妙绝。那富安走近前去道："衙内近日面色清减，心中少乐，必然有件不悦之事。"高衙内道："你如何省得？"富安道："小子一猜便着。"衙内道："你猜我心中甚事不乐？"富安道："衙内是思想那'双木'的，这猜如何？"小人可怕。衙内笑道："你猜得是，只没个道理得他。"富安道："有何难哉！衙内怕林冲是个好汉，不敢欺他。这个无伤。他见在帐下听使唤，大请大受，怎敢恶了太尉？轻则便刺配了他，重则害了他性命。小人可恨。小闲寻思有一计，使衙内能够得他。”君子成人之美，不成人之恶，小人反是。高衙内听得，便道：“自见了多少好女娘，不知怎的只爱他，心中着迷，郁郁不乐。你有甚见识，能得他时，我自重重的赏你。”富安道：“门下知心腹的陆虞候陆谦，他和林冲最好。明日衙内躲在陆虞候楼上深阁，摆下些酒食，却叫陆谦去请林冲出来吃酒。教他直去樊楼上深阁里吃酒。不问陆谦肯不肯，小人知小人心思。小闲便去他家，对林冲娘子说道：‘你丈夫教头和陆谦吃酒，一时重气，闷倒在楼上，叫娘子快去看哩！’赚得他来到楼上，妇人家水性，见了衙内这般风流人物，再着些甜话儿调和他，不由他不肯。自信林娘子一定肯，小人不知淑女心志。○说陆谦，说对了，说明富安知道人性的弱点。说林娘子，说错了，说明富安不知人性的优点。小闲这一计如何？”高衙内喝采道：“好条计！就今晚着人去唤陆虞候来分付了。”只须分付即可。视陆谦为何如人哉！原来陆虞候家只在高太尉家隔壁巷内，次日商量了计策，陆虞候一时听允，也没奈何，只要衙内欢喜，却顾不得朋友交情。陆谦果然如此人也！

且说林冲连日闷闷不已，懒上街去。为何不赴智深昨日之约？巳牌时，听得门首有人叫道：“教头在家么？”林冲出来看时，却是陆虞候，慌忙道：“陆兄何来？”兄。陆谦道：“特来探望，兄何故连日街前不见？”兄。兄字从此被糟蹋了。林冲道：“心里闷，不曾出去。”陆谦道：“我同兄去吃三杯解闷。”林冲道：“少坐，拜茶。”两个吃了茶起身。陆虞候道：“阿嫂，我同林兄到家去吃三杯。”又是阿嫂，又是林兄。○阿嫂面前，特设一大圈套：“家去”，不知他家已掘成陷阱也。林冲娘子赶到布帘下，叫道：“大哥，少饮早归。”不特见娘子贤惠，亦见林冲走得快，还见林冲对陆谦信得过。

林冲与陆谦出得门来，街上闲走了一回。闲走一回，方可改换主意，不去家而去樊楼。○但闲走一回，却也被卖药张先生看见行踪。所谓天道有眼。陆虞候道：“兄，我们休家去，只就樊楼内吃两杯。”当时两个上到樊楼内，占个阁儿，唤酒保分付，叫取两瓶上色好酒，希奇果子按酒。两个叙说闲话，林冲叹了一口气，陆虞候道：“兄何故叹气？”林冲道：“陆兄不知，男子汉空有一身本事，不遇明主，屈沉在小人之下，受这般腌臜的气！”此等骂君讪上的牢骚，竟能对陆谦发。林冲真视陆谦为陆兄矣。陆虞候道：“如今禁军中虽有几个教头，谁人及得兄的本事。太尉又看承得好，却受谁的气？”林冲把前日高衙内的事，告诉陆虞候一遍。陆虞候道：“衙内必不认得嫂子，兄且休气，只顾饮酒。”一番对话，写出小人何等可怕。林冲吃了八九杯酒，因要小遗，起身道：“我去净手了来。”

林冲下得楼来，出酒店门投东小巷内去净了手。回身转出巷口，只见女使锦儿叫道：“官人，寻得我苦！却在这里！”林冲慌忙问道：“做甚么？”锦儿道：“官人和陆虞候出来，没半个时辰，只见一个汉子慌慌急急奔来家里，对娘子说道：‘我是陆虞候家邻舍。你家教头和陆谦吃酒，只见教头一口气不来，便撞倒了！叫娘子且快来看视。’娘子听得，连忙央间壁王婆看了家，和我跟那汉子去。直到太尉府前巷内一家人家，上至楼上，只见桌子上摆着些酒食，不见官人。恰待下楼，只见前日在岳庙里啰唣娘子的那后生出来道：‘娘子少坐，你丈夫来也。’锦儿慌忙下得楼时，只听得娘子在楼上叫：‘杀人！’吓人，紧张，惊悚，悬疑。因此我一地里寻官人不见，正撞着卖药的张先生，道：‘我在樊楼前过，见教头和一个人入去吃酒。’因此特奔到这里。官人快去！”

林冲见说，吃了一惊，也不顾女使锦儿，三步做一步，跑到陆虞候家。抢到胡梯上，却关着楼门。“关”字二妙：一关娘子在内，二关林冲在外。关娘子在内，衙内欲逞其奸；关林冲在外，林冲可听前情。只听得娘子叫道：“清平世界，如何把我良人妻子关在这里！”此一句释林冲之怀；娘子不曾屈从。又听得高衙内道：“娘子，可怜见救俺！便是铁石人，也告得回转！”此一句宽林冲之心：衙内不曾得逞。林冲立在胡梯上叫道：此时尚能“立”，林冲把得住。“大嫂，开门！”不自己打碎了门去，却叫娘子开门进去，令衙内有时间逃走。那妇人听得是丈夫声音，只顾来开门。高衙内吃了一惊，斡开了楼窗，跳墙走了。林冲上得楼上，寻不见高衙内，问娘子道：“不曾被这厮点污了？”娘子道：“不曾。”林冲把陆虞候家打得粉碎，刚才不砸门，现在打粉碎，其中有玄机。将娘子下楼。出得门外看时，邻舍两边都闭了门。看似闲笔，其实不闲。〇窝藏衙内，得罪林冲；不窝藏衙内，得罪高太尉。大门一关了之。〇东京大街，突然一片荒凉，阒无人声。可怕。女使锦儿接着，三个人一处归家去了。

林冲拿了一把解腕尖刀，径奔到樊楼前，去寻陆虞候，也不见了。从樊楼到陆家，打碎陆家，再从陆家回到林家，再从林家拿了一把刀去樊楼，多少耽搁？宜乎陆虞候不见。却回来他门前，等了一晚，不见回家，既打碎其家，哪有回来送死之理，宜乎不见陆虞候回家。林冲自归。娘子劝道：“我又不曾被他骗了，你休得胡做！”林冲道：“叵耐这陆谦畜生，厮赶着称‘兄’称‘弟’，你也来骗我！只怕不撞见高衙内，也照管着他头面！”懦弱丈夫在老婆面前总是嘴硬。娘子苦劝，那里肯放他出门。陆虞候只躲在太尉府内，亦不敢回家。林冲一连等了三日，并不见面。府前人见林冲面色不好，谁敢问他。

第四日饭时候，鲁智深径寻到林冲家相探，一个兄弟躲了，一个兄弟来了。〇那个不去，这个不来。问道：“教头如何连日不见面？”林冲答道：“小弟少冗，不曾探得师兄。既蒙到我寒舍，本当草酌三杯，争奈一时不能周备，且和师兄一同上街闲玩一遭，市沽两盏，如何？”智深道：“最好。”两个同上街来，吃了一日酒，又约明日相会。却如何不告诉他四日前的事？自此，每日与智深上街吃酒，把这件事都放慢了。杀人之心没了，防人之心也没了。

且说高衙内从那日在陆虞候家楼上吃了那惊，跳墙脱走，不敢对太尉说知，尚知怕。若逢君子开导，为改邪归正，知错可改；若逢小人误导，即变本加厉，将错就错。因此在府中卧病。陆虞候和富安两个来府里望衙内，见他容颜不好，精神憔悴，陆谦道："衙内何故如此精神少乐？"衙内道："实不瞒你们说，我为林家那人，两次不能够得他，又吃他那一惊，这病越添得重了。眼见得半年三个月，性命难保！"二人道："衙内且宽心，只在小人两个身上，好歹要共那人完聚，只除他自缢死了便罢。"此时已知娘子不肯。〇毒，狠。〇伏后文。正说间，府里老都管也来看衙内病证。那陆虞候和富安见老都管来问病，两个商量道："只除……恁的。"等候老都管看病已了出来，两个邀老都管僻净处说道："若要衙内病好，只除教太尉得知，害了林冲性命，林冲性命。方能够得他老婆和衙内在一处，这病便得好。若不如此，一定送了衙内性命。"衙内性命。老都管道："这个容易，老汉今晚便禀太尉得知。"视害林冲性命为容易。视让太尉害林冲性命为容易。〇视林冲性命为何如？视太尉品性为何如？〇老都管深知太尉为人。两个道："我们已有计了，只等你回话。"老都管至晚来见太尉，说道："衙内不害别的证，却害林冲的老婆。"高俅道："林冲的老婆几时见他的？"都管禀道："便是前月二十八日，在岳庙里见来，今经一月有余。"又把陆虞候设的计备细说了。高俅道："如此，因为他浑家，怎地害他？于公理不该害林冲。我寻思起来，若为惜林冲一个人时，须送了我孩儿性命，却怎生是好？"于私欲必须害林冲。都管道："陆虞候和富安有计较。"高俅道："既是如此，教唤二人来商议。"老都管随即唤陆谦、富安入到堂里。唱了喏，高俅问道："我这小衙内的事，你两个有甚计较？救得我孩儿好了时，我自抬举你二人。"开价。公权私用。陆虞候向前禀道："恩相在上，只除如此如此便得。"高俅道："既如此，你明日便与我行。"堂堂太尉，与下属直接讨论这等下流之事，小人厚颜无耻如此。不在话下。

再说林冲每日和智深吃酒，把这件事不记心了。只是苟安。那一日，两个同行到阅武坊巷口，见一条大汉，头戴一顶抓角儿头巾，穿一领旧战袍，手里拿着一口宝刀，插着个草标儿，立在街上，口里自言自语说道：“不遇识者，屈沉了我这口宝刀！”第一句，重在宝刀。林冲也不理会，只顾和智深说着话走。那汉又跟在背后，道：“好口宝刀，可惜不遇识者！”第二句，重在不遇识者。林冲只顾和智深走着，说得入港。那汉又在背后说道：“偌大一个东京，没一个识得军器的！”第三句，重在埋汰东京人物，连林冲智深一并打入网中。〇句句是陆虞候设计好的台词。一句比一句狠，一句比一句准，一句比一句击中林冲痛处。〇知心朋友变知心敌人，可怕。林冲听得说，回过头来。那汉飕的把那口刀掣将出来，明晃晃的夺人眼目。林冲回头，宝刀出鞘。林冲合当有事，猛可地道：“将来看！”这几句写得惊心动魄。

那汉递将过来，林冲接在手内，同智深看了，吃了一惊，既写果然是难得一见的宝刀，亦写林鲁二人是识宝刀的行家。失口道：“好刀！你要卖几钱？”那汉道：“索价三千贯，实价二千贯。”林冲道：“值是值二千贯，只没个识主。你若一千贯肯时，我买你的。”那汉道：“我急要些钱使，你若端的要时，饶你五百贯。实要一千五百贯。”林冲道：“只是一千贯，我便买了。”那汉叹口气道：“金子做生铁卖了，罢，罢！一文也不要少了我的。”婉转讲价，一个真想贱买，一个假装贵卖。真与假都写得丝丝入扣。林冲道：“跟我来家中取钱还你。”回身却与智深道：“师兄且在茶房里少待，小弟便来。”智深道：“洒家且回去，明日再相见。”撇开一头，花开两头，单表一枝，省手。林冲别了智深，自引了卖刀的那汉，去家中将银子折算价贯，准还与他。就问那汉道：“你这口刀那里得来？”那汉道：“小人祖上留下，因为家道消乏，没奈何，将出来卖了。”林冲道：“你祖上是谁？”那汉道：“若说时辱没杀人！”林冲再也不问。那汉得了银两，自去了。

林冲把这口刀翻来覆去看了一回，新买五尺刀，悬着中梁柱，一日三摩挲，剧于十五女。喝采道："端的好把刀！高太尉府中有一口宝刀，胡乱不肯教人看。突然插入。我几番借看也不肯将出来，今日我也买了这口好刀，慢慢和他比试。"岂不知对方让他快快地去比试。○岂不知手中拿的，正是太尉的刀。林冲当晚不落手看了一晚。夜间挂在壁上，未等天明又去看那刀。却不知是惹祸的根由。

次日巳牌时分，只听得门首有两个承局叫道："林教头，太尉钧旨道，你买一口好刀，就叫你将去比看。太尉在府里专等。"林冲听得，说道："又是甚么多口的报知了！"得意之极，出于埋怨。两个承局催得林冲穿了衣服，拿了那口刀，随这两个承局来。

一路上，林冲道："我在府中不认得你。"闲处先点出不认识。两个人说道："小人新近参随。"却早来到府前。进得到厅前，林冲立住了脚。使有波折。两个又道："太尉在里面后堂内坐地。"转入屏风，至后堂，又不见太尉，林冲又住了脚。再有波折。总之不使平顺无悬念。两个又道："太尉直在里面等你，叫引教头进来。"又过了两三重门，到一个去处，一周遭都是绿栏杆。两个又引林冲到堂前，说道："教头，你只在此少待，等我入去禀太尉。"林冲拿着刀，立在檐前。总写林冲受人愚弄而兀自不知。○再三受愚弄兀自不警觉。○写小人心险而君子后觉。

两个人自入去了，一盏茶时不见出来，林冲心疑，探头入帘看时，只见檐前额上有四个青字，写道"白虎节堂"。凛然一惊。林冲猛省道："这节堂是商议军机大事处，如何敢无故辄入，不是礼！"急待回身，只听得靴履响、脚步鸣，一个人从外面入来。明是高太尉，却不点明，故意写一个人，写得吓人。林冲看时，不是别人，却是本管高太尉。林冲见了，执刀向前声喏。尚在梦中。太尉喝道："林冲！你又无呼唤，安敢辄入白虎节堂！你知法度否？你手里拿着刀，莫非来刺杀下官？显然是造罪名在前，而安排陷阱在后。○下官当为本官。有人对我说，你两三日前拿刀在府前伺候，必有歹心！"

照应上文，丝丝入扣。林冲躬身禀道："恩相，不知何以有恩，恩在何处。恰才蒙两个承局呼唤林冲，将刀来比看。"太尉喝道："承局在那里？"林冲道："恩相，他两个已投堂里去了。"太尉道："胡说！甚么承局敢进我府堂里去？左右，与我拿下这厮！"说犹未了，傍边耳房里走出二十余人，把林冲横推倒拽下去。显然是安排陷阱在前，设计引入在后。高太尉大怒道："你既是禁军教头，法度也还不知道！因何手执利刃，故入节堂，欲杀本官？"上文"莫非来刺杀下官"，尚是测度之辞，此处直斥"故入节堂，欲杀本官"，已然定罪。叫左右把林冲推下。不知性命如何？

不因此等，有分教：大闹中原，纵横海内。直教：农夫背上添心号，渔父舟中插认旗。毕竟看林冲性命如何，且听下回分解。

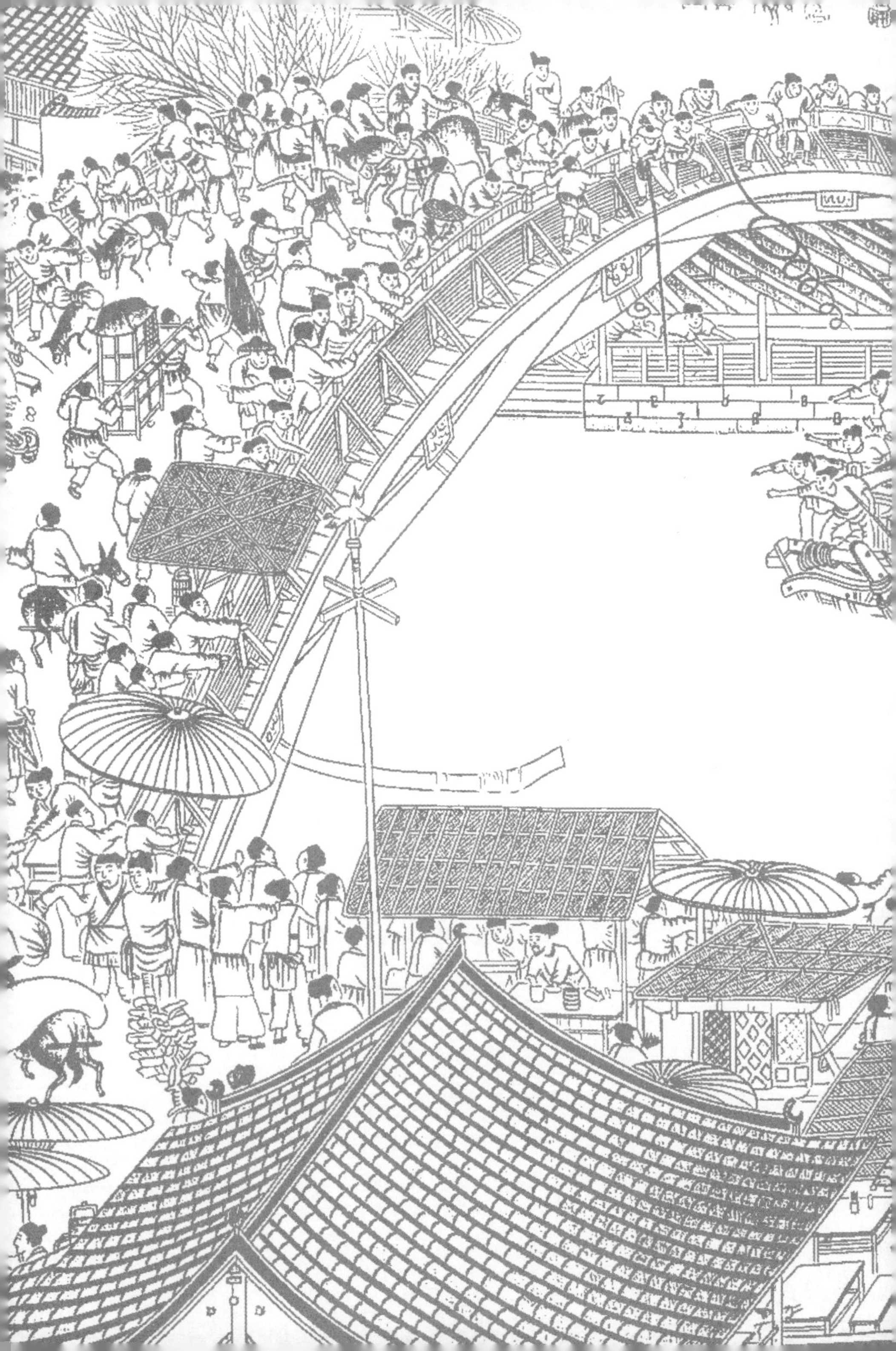

第七回

林教头刺配沧州道 花和尚大闹野猪林

花和尚大闹野猪林

回前总评

上回写得波澜迭起，令人目不暇接。林冲中计，被骗到白虎节堂，被高太尉拿下，解送到开封府，准备借开封府滕府尹之手以死罪问斩。

但林冲遇到了一个好人，当案孔目孙定孙佛儿，绝处逢生，捡了一条命，被判脊杖二十，刺配沧州牢城。

孙定不仅是个好人，还很明白做好事要从何处着手。做个好人，不仅要有意愿，还要有能力，有做好人的方法。孙定聪明的地方在于从滕府尹这里做通他的工作，激起他的义气，通过滕府尹的手来救林冲。高俅借滕府尹的手来杀林冲；孙定借滕府尹的手来救林冲。滕府尹良心并未全失，对高太尉的颐指气使，也并不甘心。高太尉有权势，而孙孔目有正义；高太尉以权压府尹，而孙孔目以理服府尹。我们看惯了权势的战无不胜，我们终于看到，正义也不是全无用处，全无作为，正义也有自己的力量，只要时机到了，正义也自有自己的胜算。

这一回里，林冲与丈人张教头以及邻舍话别一段，可以好好读读，作者给我们写出了一个英雄，一个懦夫。我们谁都以为林冲是英雄，其实至少到现在他真的不是英雄，而是个懦夫。谁是英雄？林冲的岳父张教头。这是《水浒传》一百零八将之外，隐藏在这一回的深处，不显山不露水的一个真英雄。

林冲对丈人张教头一番话，遮遮掩掩、欲说还羞，意思却很清楚：“我林冲怕了，我退缩了，我没法再保护娘子了。娘子跟着我，就是害我，所以我要离婚。离婚了，娘子跟我就没关系了，那高太尉也不会再找我麻烦了。至于离婚了娘子怎么办？——任从改嫁，无论怎样，都跟我林冲没关系了。大家自求多福吧。”他担心高衙内不放过他，就要主动交出自己的老婆，并且，“句句出脱衙内”，为衙内着想，担心衙内担上逼人休妻再占有的恶名，所以特别申明“自行情愿，即非相逼”，而且还要加上“委是”——确实是——以加强调，这种腔调，哪里像一个英雄？哪里像一个豪杰？分明是懦夫里面最懦弱的孱头才会说的话。

有一个成语叫“壮士断腕”，很悲壮的一个词。林冲这样做，叫什么呢？只能叫“懦夫断腕”，很可悲。

张教头呢？把他和林冲一比，还真把林冲比下去了！张教头明确告诉林冲说：“休要忧心，都在老汉身上。”哪些东西“都在”这位老汉身上？两个：一、林冲老婆；二、高衙内。老婆我替你养着，危险我替你担着，衙内我替你挡着。这张教头大包大揽，天塌下来了，他冲上去顶着。

张教头显然没有听懂林冲的话中话。张教头只道是女婿担心娘子，全不知女婿担心的是自己的性命。

张教头和我们历来的所有的读者是一样的，总以为林冲是英雄，所以张教头不会以小人之心来度林冲之腹。他把林冲看成英雄，绝不会想到林冲是因为担心自己受害，才把老婆推掉。如果张教头看明白这一点，张教头一定非常寒心。

张教头一直到最后都没看明白。张教头没看明白不是张教头智商不够，而是张教头这样单纯厚道的人，他不会把林冲想象得那么龌龊，但问题是林冲真的很有龌龊之处。你看林冲接着是怎么说的："枉自两相耽误。"什么叫两相耽误呢？那就是我耽误娘子，娘子也耽误了我。林冲耽误娘子我们能理解，但是娘子在家等你回来完聚，她怎么会耽误你了呢？那就是林冲如果还是娘子的丈夫，高衙内就放不过他。林冲这一点看得太明白了。要让高衙内不陷害他，那就必须撇开这层关系。所以林冲下面几乎是恳求老丈人：泰山可怜见林冲，依允小人，便死也瞑目。又狠话道：若不依允小人之时，林冲便挣扎得回来，誓不与娘子相聚。说的如此绝情，毫无道理。话说到这一步，张教头只好同意林冲写下休书，还说，即使你把她休了，我也不把女儿嫁人。不把女儿嫁人，就是断了高衙内的念头。张教头必须一力承担高俅和高衙内对他的压力。张教头眼见着他的女婿是怎么被陷害，难道张教头不知道这帮人也用同样的办法陷害他吗？但是他担当起来了。

张教头是真英雄。林冲远非大丈夫。

真正的英雄，一定是这样的：他不仅反抗加之于自己的不公，他还反抗加之于别人的不公；他不仅为自己争取正义，他还为他人主持正义。

人们有责任为别人的公道挺身而出，因为这不只是在保卫别人，而是在保卫正义。保卫正义，也就是在保卫自己的生活。

所以，最令人激赏的莫过于对素不相识的金翠莲挺身而出的鲁提辖；最令人寒心的莫过于林冲离开陆谦家时，周围紧闭的门窗；最令人气愤的，就是交出自己妻子的林冲。

陆谦家外紧闭门窗的邻居——这是林冲现在最羡慕的角色。一切夫妻恩爱，都是过眼烟云。恐惧让人彻底冷漠，让人自动精神阉割。所以，一个黑暗的社会，可怕之处在于，它会让每个人的心灵都走向黑暗，让每个人都成为黑暗的共谋，成为黑暗的一部分，让黑暗弥漫开去。一个邪恶的制度具有吞噬性和拓张性。林冲在紧急关头，不是奋起保卫自己的生活，而是迫不及待地抛弃自己的生活。选择怯懦，何尝不是对邪恶力量的主动迎合？

林冲自以为写了休书，就可以逃过高太尉的魔爪。但是，在他上路之时，另一个人也上路了，他以前的朋友，如今高太尉的“心腹人”，陆谦。还有董超和薛霸。

懦夫、英雄之外，还有一类人：奸邪小人。

林冲尽量做得谦恭，尽量做得卑贱，尽量做得巴结，想换来小人们的一丝宽待，一丝同情，一丝可怜。但他得到的，却是有恃无恐日甚一日的虐待。一条水火棍，也等着要望林冲脑袋上劈将下来。

话说当时太尉喝叫左右排列军校，拿下林冲要斩，林冲大叫冤屈。不得不叫。〇叫冤屈是林冲本色，若是鲁达，定不叫冤屈，而是杀人。太尉道：“你来节堂有何事务？见今手里拿着利刃，如何不是来杀下官？”先做有罪判定，再让被告来证明自己无罪。林冲告道：“太尉不唤，怎敢入来。见有两个承局望堂里去了，故赚林冲到此。”太尉喝道：“胡说！我府中那有承局。这厮不服断遣！”不认无辜之罪，又是一罪。喝叫左右：“解去开封府，分付滕府尹好生推问，勘理明白处决！就把这刀封了去。”左右领了钧旨，监押林冲投开封府来。恰好府尹坐衙未退，不是恰好府尹未退，只是作者图个叙事简省。高太尉干人把林冲押到府前，跪在阶下。

府干将太尉言语对滕府尹说了，将上太尉封的那把刀放在林冲面前。府尹道：“林冲，你是个禁军教头，如何不知法度，手执利刃，故入节堂？这是该死的罪犯！”只认“手执利刃，故入节堂”，却不认“刺杀太尉”，口气与高太尉截然不同。林冲有生机了。○话语中明显有惋惜之意。林冲告道：“恩相明鉴，念林冲负屈衔冤！小人虽是粗卤的军汉，颇识些法度，如何敢擅入节堂。为是前月二十八日，林冲与妻到岳庙还香愿，正迎见高太尉的小衙内把妻子调戏，被小人喝散了。次后又使陆虞候赚小人吃酒，却使富安来骗林冲妻子到陆虞候家楼上调戏，亦被小人赶去，是把陆虞候家打了一场。两次虽不成奸，皆有人证。次日林冲自买这口刀，今日太尉差两个承局来家呼唤林冲，叫将刀来府里比看。因此林冲同二人到节堂下，两个承局进堂里去了，不想太尉从外面进来，设计陷害林冲。望恩相做主！”此时方明白。此时方敢说明白。此时方知，不说明白也是死，不如说明白，或可一生。府尹听了林冲口词，府尹不开口，其中有意味，林冲有救了。且叫与了回文，一面取刑具枷杻来上了，推入牢里监下。

林冲家里自来送饭，一面使钱。我们已领教了“权”的厉害，现在“钱”又上场了。且往下看，看权与钱如何左右众生，如何主宰世界，如何使人邪恶下流。林冲的丈人张教头亦来买上告下，使用财帛。正值有个当案孔目，姓孙，名定，为人最鲠直，十分好善，只要周全人，因此人都唤做“孙佛儿”。世道如黑幕，然有一孙佛儿，便有一丝生机。他明知道这件事，转转宛宛，在府上说知就里，禀道：“此事果是屈了林冲，只可周全他。”府尹道：“他做下这般罪，高太尉批仰定罪，定要问他‘手执利刃，故入节堂，杀害本官’，怎周全得他？”孙定道：“这南衙开封府不是朝廷的，是高太尉家的？”顶撞得好。○有一敢于顶撞权势的，便有一条活路。府尹道：“胡说！”孙定道：“谁不知高太尉当权，倚势豪强，更兼他府里无般不做，但有人小小触犯，便发来开封府，要杀便杀，要剐便剐，却不是他家官府？”府尹道：“据你说时，林冲事怎的方便他，施行断遣？”孙定道：“看林冲口词，是个无罪的人。只是没拿那两个承局处。如今着他招认做‘不合腰悬利刃，误入节堂’。脊杖二十，刺配远恶军州。”真好孙定。给打落网中的林冲，开了一面生路。滕府尹也知这件事了，自去高太尉面前再三禀说林冲口词。高俅情知理短，又碍府尹，只得准了。有后手在，不怕他林冲飞了去。就此日，府尹回来升厅，叫林冲除了长枷，断了二十脊杖，唤个文笔匠刺了面颊，量地方远近，该配沧州牢城。当厅打一面七斤半团头铁叶护身枷钉了，贴上封皮，押了一道牒文，差两个防送公人监押前去。两个人是董超、薛霸。此二小人从此成为《水浒传》中的名人，遗臭万年。二人领了公文，押送林冲出开封府来。

只见众邻舍并林冲的丈人张教头，都在府前接着，同林冲两个公人，到州桥下酒店里坐定。林冲道：“多得孙孔目维持，这棒不毒，因此走动得。”张教头叫酒保安排按酒果子，管待两个公人。酒至数杯，只见张教头将出银两，赍发他两个防送公人已了。林冲执手对丈人说道：“泰山在上，年灾月厄，只认是命。〇只怨天，不尤人，只敢怨天，不敢尤人，是一切弱者的基本思维方式。撞了高衙内，吃了一场屈官司。今日有句话说，上禀泰山：自蒙泰山错爱，将令爱嫁事小人，已经三载，不曾有半些儿差池。虽不曾生半个儿女，为文之法，删繁去简，设若林冲有儿女，下面如何安排？不如这样省手。〇读《水浒传》，学得许多省手法。未曾面红面赤，半点相争。今小人遭这场横事，配去沧州，生死存亡未保。娘子在家，小人心去不稳，诚恐高衙内威逼这头亲事。恐其威逼，不如屈从。况兼青春年少，休为林冲误了前程。却是林冲自行主张，非他人逼迫，小人今日就高邻在此，明白立纸休书，任从改嫁，并无争执。写给衙内看的。如此林冲去得心稳，免得高衙内陷害。”撇清自己，却不惜送妻与人。保全自己，却不惜推妻入虎口。〇最后一句吐露心迹，露出真心。〇林冲只能算半个好汉。张教头道：“贤婿甚么言语！你是天年不齐，遭了横事，又不是你作将出来的。今日权且去沧州躲灾避难，早晚天可怜见，放你回来时，依旧夫妻完聚。老汉家中也颇有些过活，便取了我女家去，并锦儿，不拣怎的，三年五载，养赡得他。又不叫他出入，高衙内便要见也不能够。丈人真条好汉。○却不知这样衙内便放不过林冲。○却不知这样正是林冲惧怕的。休要忧心，都在老汉身上。你在沧州牢城，我自频频寄书并衣服与你。休得要胡思乱想，只顾放心去。”真好丈人。○林冲有福，有如花美眷，还有如许丈人。林冲道：“感谢泰山厚意，只是林冲放心不下，枉自两相耽误。两相耽误：耽误娘子再嫁，耽误自己前程和性命。泰山可怜见林冲，小。懦。怯。依允小人，便死也瞑目！”张教头那里肯应承，众邻舍亦说行不得。偏有不明白林冲真心事的丈人与众邻。○作者定要以此衬出林冲之丑。林冲道：“若不依允小人之时，林冲便挣扎得回来，誓不与娘子相聚！”如此绝情，却是如何？○对林娘子而言：一、父亲不逼嫁；二、衙内不得见；三、自己要守志，且林冲即便死了，也要守志。林冲何必苦苦相逼。张教头道：“既然恁地时，权且由你写下，我只不把女儿嫁人便了。”张教头也是一个倔人。当时叫酒保寻个写文书的人来，买了一张纸来。那人写，林冲说，道是：

东京八十万禁军教头林冲，已是罪犯，尚不忘教头一职。为因身犯重罪，断配沧州，去后存亡不保。有妻张氏年少，情愿立此休书，任从改嫁，永无争执。向衙内保证。委是自行情愿，即非相逼。为衙内开脱。恐后无凭，立此文约为照。年月日。此休书乃写给衙内看的。

林冲当下看人写了，借过笔来，去年月下押个花字，打个手模。明明是推祸脱逃，却写得如壮士断腕。所以古往今来读者都误认林冲为英雄也。正在阁里写了，欲付与泰山收时，只见林冲的娘子，号天哭地叫将来。女使锦儿抱着一包衣服，一路寻到酒店里。林冲见了，起身接着道：“娘子，小人有句话说，已禀过泰山了。为是林冲年灾月厄，遭这场屈事。今去沧州，生死不保，诚恐误了娘子青春，今已写下几字在此。万望娘子休等小人，有好头脑自行招嫁，衙内是好头脑。莫为林冲误了贤妻。"

那娘子听罢，哭将起来，说道："丈夫！我不曾有半些儿点污，如何把我休了？"好娘子。林冲道："娘子，我是好意。恐怕日后两下相误，赚了你。"张教头便道："我儿放心。虽是女婿恁的主张，我终不成下得将你来再嫁人。这事且由他放心去。他便不来时，我也安排你一世的终身盘费，只教你守志便了。"好丈人。〇林娘子有一终身依靠的好父亲，却无不离不弃的好丈夫，命也夫？那娘子听得说，心中哽咽。又见了这封书，一时哭倒，声绝在地。林冲狠。林冲与泰山张教头救得起来，半晌方才苏醒，兀自哭不住。林冲把休书与教头收了，众邻舍亦有妇人来劝林冲娘子，搀扶回去。张教头嘱付林冲道："只顾前程去，挣扎回来厮见。你的老小，我明日便取回去，养在家里，待你回来完聚。张教头、林教头，话不投机。〇张教头不解林冲真想法，反而殷殷关照，大包大揽，林教头真想法说不出口，只能苦在心里，喏喏称谢。写得妙绝。你但放心去，不要挂念。如有便人，千万频频寄些书信来！"不但不让林冲休了娘子，且不让林冲无家可归。〇随你到天涯，此处是你家。林冲起身谢了，拜辞泰山并众邻舍，背了包裹，随着公人去了。张教头同邻舍取路回家，不在话下。

且说两个防送公人把林冲带来使臣房里寄了监。董超、薛霸各自回家，收拾行李。只说董超正在家里拴束包裹，只见巷口酒店里酒保来说道："董端公，一位官人在小人店中请说话。"那边生离死别，这边织就罗网。〇一边是一味退让，乃至让出老婆；一边是步步紧逼，直要取你性命。董超道："是谁？"一问。酒保道："小人不认得，只叫请端公便来。"一不答。原来宋时的公人，都称呼"端公"。当时董超便和酒保径到店中阁儿内看时，见坐着一个人，头戴顶万字头巾，身穿领皂纱背子，下面皂靴净袜。见了董超，慌忙作揖，道："端公请坐。"二问。董超道："小人自来不曾拜识尊颜，不知呼唤有何使令？"那人道："请坐，少间便知。"二不答。董超坐在对席。酒保一面铺下酒盏菜蔬果品按酒，都搬来摆了一桌。那人问道："薛端公在何处住？"董超道："只在前边巷内。"那人唤酒保问了底脚，"与我去请将来"。酒保去了一盏茶时，只见请得薛霸到阁儿里。董超道："这位官人请俺说话。"薛霸道："不敢动问大人高姓？"三问。那人又道："少刻便知，且请饮酒。"三不答。三人坐定，一面酒保筛酒。

酒至数杯，那人去袖子里取出十两金子放在桌上，说道：突然动手，突然开口。〇董薛二人半天恍惚，一时惊呆。"二位端公各收五两，有些小事烦及。"二人道："小人素不认得尊官，何故与我金子？"那人道："二位莫不投沧州去？"反问。董超道："小人两个奉本府差遣，监押林冲直到那里。"那人道："既是如此，相烦二位。我是高太尉府心腹人陆虞候便是。"三问不答，一答惊人。〇心腹人，好词！心腹人最吃香，心腹人最重要，当官的有心腹人，才有抬轿子的，才有鹰犬爪牙；成为权豪势要的心腹人，也才能吃香喝辣，狐假虎威，攀龙附凤鸡犬升天。〇一加上"心腹人"头衔，效果立见。董超、薛霸喏喏连声，说道："小人何等样人，敢共对席！"高太尉走狗亦如此威风。陆谦道："你二位也知林冲和太尉是对头，何时、何地、何故做的对头？今奉着太尉钧旨，教将这十两金子送与二位，望你两个领诺。不必远去，只就前面僻静去处，把林冲结果了，就彼处讨纸回状，回来便了。若开封府但有话说，太尉自行分付，并不妨事。"杀人也叫钧旨。〇这等肮脏事，也只是吩咐，也只是领诺，双方都不觉突然，人心之堕落，至于此。董超道："却怕使不得。开封府公文只叫解活的去，却不曾教结果了他。亦且本人年纪又不高大，如何作得这缘故？倘有些兜搭，恐不方便。"不过是故意作惺惺状。薛霸道："老董，你听我说。高太尉便叫你我死，也只得依他，金圣叹在此批曰："不知图个甚么，死亦依他也。"岂不知"君要臣死，臣不得不死"，既有这样的君，必有这样的官，一级一级都是这般主宰性命。〇不似人间。莫说使这官人又送金子与俺。你不要多说，和你分了罢，落得做人情，日后也有照顾俺处。已想到照顾。前头有的是大松林猛恶去处，不拣怎的，与他结果了罢！”已想到地点。当下薛霸收了金子，说道：“官人放心，多是五站路，少便两程，便有分晓。”好痛快。陆谦大喜道：“还是薛端公，真是爽利！明日到地了时，是必揭取林冲脸上金印，回来做表证，陆谦再包办二位十两金子相谢。专等好音，杀人之事，谓之好音。切不可相误！”原来宋时，但是犯人徒流迁徙的，都脸上刺字，怕人恨怪，只唤做“打金印”。三个人又吃了一会酒，陆虞候算了酒钱。三人出酒肆来，各自分手。只说董超、薛霸将金子分受入已，送回家中，取了行李包裹，拿了水火棍，便来使臣房里取了林冲，监押上路。

当日出得城来，离城三十里多路歇了。宋时途路上客店人家，但是公人监押囚人来歇，不要房钱。当下董、薛二人，带林冲到客店里，歇了一夜。第二日天明起来，打火吃了饮食，投沧州路上来。时遇六月天气，炎暑正热。林冲初吃棒时，倒也无事，次后三两日间，天道盛热，棒疮却发。又是个新吃棒的人，路上一步挨一步，走不动。薛霸道：“好不晓事！此去沧州二千里有余的路，你这般样走，几时得到。”林冲道：“小人在太尉府里折了些便宜，前日方才吃棒，棒疮举发。这般炎热，上下只得担待一步。”董超道：“你自慢慢的走，休听咭咶。”薛霸一路上喃喃呐呐的，口里埋冤叫苦，说道：“却是老爷们晦气，撞着你这个魔头！”

看看天色又晚，三个人投村中客店里来。到得房内，两个公人放了棍棒，解下包裹。林冲也把包来解了，不等公人开口，可怜。去包里取些碎银两，央店小二买些酒肉，籴些米来，安排盘馔，请两个防送公人坐了吃。曲意讨好。董超、薛霸又添酒来，把林冲灌的醉了，和枷倒在一边。薛霸去烧一锅百沸滚汤，提将来倾在脚盆内，叫道：“林教头，你也洗了脚好睡。”林冲挣的起来，被枷碍了，曲身不得。英雄末路，可悲可叹。薛霸便道："我替你洗。"林冲忙道："使不得！"薛霸道："出路人那里计较的许多。"突然好起来。林冲不知是计，只顾伸下脚来，被薛霸只一按，按在滚汤里。林冲叫一声："哎也！"急缩得起时，泡得脚面红肿了。林冲道："不消生受。"不敢怒，言亦不敢。薛霸道："只见罪人伏侍公人，那曾有公人伏侍罪人。好意叫他洗脚，颠倒嫌冷嫌热，却不是'好心不得好报'！"口里喃喃的骂了半夜。林冲那里敢回话，自去倒在一边。什么人都怕。他两个泼了这水，自换些水去外边洗了脚，收拾睡到四更，同店人都未起，薛霸起来，烧了面汤，安排打火做饭吃。林冲起来，晕了，吃不得，又走不动。薛霸拿了水火棍，催促动身。

董超去腰里解下一双新草鞋，耳朵并索儿却是麻编的，恶。叫林冲穿。林冲看时，脚上满面都是燎浆泡，只得寻觅旧草鞋穿，那里去讨？早被扔了。没奈何，只得把新草鞋穿上。叫店小二算过酒钱，两个公人带了林冲出店，却是五更天气。林冲走不到三二里，脚上泡被新草鞋打破了，鲜血淋漓，正走不动，声唤不止。薛霸骂道："走便快走，不走便大棍搠将起来！"林冲道："上下方便，小人岂敢怠慢，若鲁达、李逵辈决不称自己为"小人"。俄延程途，其实是脚疼走不动。"董超道："我扶着你走便了。"搀着林冲，只得又挨了四五里路。看看正走不动了，早望见前面烟笼雾锁，一座猛恶林子，有名唤做"野猪林"，此是东京去沧州路上第一个崄峻去处。宋时这座林子内，但有些冤仇的，使用些钱与公人，带到这里，不知结果了多少好汉。怕。今日，这两个公人带林冲奔入这林子里来。董超道："走了一五更，走不得十里路程，似此沧州怎的得到。"薛霸道："我也走不得了，且就林子里歇一歇。"三个人奔到里面，解下行李包裹，都搬在树根头。林冲叫声："呵也！"靠着一株大树便倒了。

只见董超、薛霸道："行一步，等一步，倒走得我困倦起来，且睡一睡却行。"放下水火棍，便倒在树边，略略闭得眼，装得像。从地下叫将起来。装得不像。林冲道："上下，做甚么？"董超、薛霸道："俺两个正要睡一睡，这里又无关锁，只怕你走了，我们放心不下，以此睡不稳。"林冲答道："小人是个好汉，官司既已吃了，一世也不走。"我信。〇董超、薛霸也信。〇会走的王进早走了。薛霸道："那里信得你说。要我们心稳，须得缚一缚。"林冲道："上下，要缚便缚，小人敢道怎的。"简直是谄媚！薛霸腰里解下索子来，把林冲连手带脚和枷紧紧的绑在树上，同董超两个跳将起来，转过身来，拿起水火棍，吓人。看着林冲说道："不是俺要结果你，自是前日来时，有那陆虞候传着高太尉钧旨，教我两个到这里结果你，立等金印回去回话。便多走的几日，也是死数，只今日就这里倒作成我两个回去快些。以死作成他人。休得要怨我弟兄两个，只是上司差遣，不由自己。上司差遣，便可以肆无忌惮地行凶。每个人都被迫成为共谋，每个共谋都可这般理直气壮："我是被迫的，我没有责任。"你须精细着，明年今日是你周年。我等已限定日期，亦要早回话。"林冲见说，泪如雨下，也只是哭。〇如此退让迁就，仍是一死，令人泪如雨下，不独林冲也。便道："上下，我与你二位往日无仇，近日无冤，你二位如何救得小人，生死不忘。"董超道："说甚么闲话？也是。早是闲话说多了，才有今日。若鲁达、李逵，绝无此等闲话，也无此等可怜死法。救你不得！"薛霸便提起水火棍来，望着林冲脑袋上劈将来。读者至此当认定林冲已死，千万勿谓林冲获救也。林冲死，合情合理，是必然结局；林冲获救，乃小说家言。记住此，方可免于林冲悲剧重演，方可不像林冲，步步退却，走进自己的野猪林。〇能救自己者，自己也。专制社会中，人人都有一个野猪林，但谁的人生中能总有一个鲁达跟随耶！〇当花花太岁淫垢他人妻女而林冲不管不问时，林冲的悲剧已伏在此不闻不问之中。可怜豪杰，束手就死。正是：万里黄泉无旅店，三魂今夜落谁家？毕竟林冲性命如何，且听下回分解。

第八回

柴进门招天下客
林冲棒打洪教头

回前总评

林冲一味忍让、委曲、退却，换来的是什么？是对方变本加厉的迫害，必欲置之死地而后快。

孔子曾经讲过一句话："人之生也直，罔之生也幸而免。"一个人须依赖正直、正道才能活下去。不正直之人所以能活着，只是他侥幸罢了。林冲一味委曲退让，是善良之人，是受害者，但其实也是孔子说的"罔"——他总是委曲迎合地活着，远远不能像鲁智深那样正直率真，一往直前。他不是坏人，但如果没有之前孙定的正直，林冲早死了；如果没有这次鲁智深的正直，他也命丧黄泉了。一个人活着，当然靠自己的正直，但何尝不也要靠别人的正直？正直，是人的一条生路，是这个世界的生机。

活下来的林冲，也给了董超、薛霸一条生路。我们讲了林冲很多的弱点，但是在这个地方，林冲确实有他可贵之处，是一个英雄。他在自己惊魂未定的短暂瞬间，竟然能够马上镇定下来，拦住鲁智深的禅刀，也是他将心比心能够理解别人的苦衷：因为林冲自己怕，所以他能理解别人的怕；因为林冲自己的屈服，所以他能够理解别人的屈服。林冲在这些人面前没有道德优势。林冲的弱点，是他容易屈服，但林冲的优点也是：他自己屈服的时候，他能理解别人的屈服，所以他把这两个公人宽恕了，救了。

当然，董超、薛霸不仅仅是无奈的屈服，他们自身也是恶的依附者，甚至希望通过别人的恶以及自己的恶而得利。这种人，也会等到他们自己的报应，我们不要急。

鲁智深扶起林冲，一开口就是两个字“兄弟”。林冲自从在白虎节堂被陷害，后来被转到开封府，在这么一个漫长的过程里面，谁把他当人？他一直受屈辱、被诬陷，在死亡线上挣扎，看不到一点人间的温暖，看不到一点人生的光明。接下来被押送到沧州的途中，董超、薛霸两个小人想尽办法侮辱他、折磨他，谁把他当人？此时此刻，鲁智深开口一声兄弟，真的是可以让人放声一哭！在林冲叫天天不应，叫地地不灵的时候，鲁智深“忧得你苦”，“放你不下”，“越放你不下”——人生中只要有这样的一个兄弟，你就不会陷落。哪怕全世界都放弃了你，还有一个人会死死地抓住你，不让你陷没。读鲁智深与林冲的这一段故事，我们热泪盈眶，这是兄弟之情，也是正义。

男人之间的兄弟之情，是《水浒传》最为突出的主题，赛珍珠的英文译本，题目不叫“水浒传”，就叫 *ALL MEN ARE BROTHERS*——四海之内皆兄弟。

《水浒传》一百零八人，人人在江湖中行走，都好结交异姓兄弟。《三国演义》也讲结义兄弟，但更多的是兄弟反目：

《三国演义》中的男人，个个都斗得像乌眼鸡似的，见面就互相掐，掐死才算了，一时不能明掐的，也是暗中算计着对方，肚子里想着何时用什么方法弄死对方；《三国演义》中的男人，哪怕原先是朋友，是兄弟，玩着玩着就成了敌人，成了你死我活的仇人；《三国演义》中的男人与男人，互为敌人。只要是英雄，双方就是竞争的对手。

《水浒传》中的男人，哪怕原先是对头，是仇人，打着打着就成了兄弟，成了肝胆相照的哥们；《水浒传》中的男人与男人，互为兄弟，只要是好汉，大家就是合作的朋友。

《三国演义》与《水浒传》，体现了男人与男人之间最典型的两种关系式。

有鲁智深护送，林冲找到了做人的感觉，找到了被人关心的感觉。

和鲁智深分别了，董超、薛霸和林冲三个人离开松林，行到了晌午，望见官道上一座酒店，三个人到里面来吃饭。林冲主动让两个公人上首坐了。

我们回顾一下林冲发配沧州道上的位子变化：鲁智深没来之前，林冲没位子；鲁智深来了以后，林冲有了位子；鲁智深走了以后，林冲又没了位子；然后，到柴进庄子上，又有了位子；刚有了位子，洪教头来了。洪教头来了，可怜的林冲，位子又没了。

鲁智深一走，他是主动让两个公人上首坐了，自己又坐到了下面；洪教头一来，他也是主动把上首让给洪教头，自己去下面坐了。林冲对外在强权，有着强烈的依赖。以前依赖高太尉，所以他不敢反抗；后来在押解途中，依赖董超、薛霸两个小人，也不敢反抗。鲁智深这一外在强权没有介入时，他一路任人宰割，九死一生亦不敢有怨言；鲁智深来了，在这样外来强权的有力保护之下，他过了十七八天的好日子，但是保护他的这个强权一走，他马上主动把上首位子让出来，自己又回到以前那个“下面”的位子。

权力社会会在人的心理上造成阴影，会给人造成对外在强权的依赖。

洪教头是一个蹊跷的人。第一，他来无踪；第二，他去无影。

本回过后，他再也没有出场。其实，洪教头只是一个符号、一个跑龙套的角色，他是为林冲作衬托的，所以召之即来，挥之即去。很可能林冲与洪教头的故事，是早期话本的残留。因为精彩，又因为能特别衬托林冲的命运、性格、武功，就保留下来了。在林冲的故事里，洪教头犹如一块“大红补丁”。虽是“补丁”，却色泽鲜艳，补得恰到好处。

洪教头与林冲素昧平生，为什么洪教头对林冲有“恨不得一口水吞了他”这样大的仇恨？答案是两个字：嫉妒。

世上多少嫉恨，皆无从而起却其深似海。

世上多少才子英雄，于人无碍却遭刻骨仇恨残酷打击。

一个人，一旦被人嫉妒，他的人生之路，就一定处处有地雷，有陷阱。但是，一个人一直不受嫉妒，也有问题：他肯定缺乏被人嫉妒的资本。

林冲是有资本的。虽然他此时遭际重重苦难，命运凶险，但是，他仍然是有资本的。这个资本就是他的头衔：东京八十万禁军教头。这个头衔对于一个在江湖上漂泊靠教人枪棒为生的底层“教头”来说，是巨大的压力。

这一回，实际上有三个关键词。第一个关键词，兄弟。在野猪林，鲁智深兄弟出现了，救了林冲。第二个关键词，嫉妒。在柴进的庄上，洪教头嫉妒林冲，最终被林冲一棒打翻。第三个关键词，金钱。

林冲故事有两大看点：一是权，二是钱。在权力的播弄下，林冲委曲求全却仍避免不了最后家破人亡的厄运。

林冲见柴进之前，《水浒传》写权力的蛮横；林冲走出柴进庄子之后,《水浒传》写钱，写金钱的魔力。

一进牢城营，没见钱之前，差拨骂林冲是“贼”，得到钱后，成了“想是高太尉陷害你了”，“贼”变成“冤”了；没见钱之前，骂林冲“贱”，“满脸都是饿纹，一世也不发迹”，得到钱后，成了“虽然目下暂时受苦，久后必然发迹”，“贱”变成“贵”了；没见钱之前，骂林冲“顽”，是“贼骨头”，是“打不死，拷不杀的顽囚”，得到钱后，成了“端的是个好男子，必不是等闲之人”，“顽”变成“好”了；没见钱之前，骂林冲“傲”，“大剌剌的”，得到钱后，成了“据你的大名”，“不是等闲之人”，“傲”就变成“正”了；没见钱之前，骂林冲是“配军”“顽囚”，连名字也没有，得到钱后，成了:“林教头，我也闻你的好名字”，侮辱变成恭敬了。

林冲一百杀威棒免后，一路使钱，最后去了清闲的天王堂，直至开了项上的枷。项上的枷一开，象征林冲在这个地方终于可以放松了。

这一切，靠什么呢？靠的是钱。

钱可通神，钱可使鬼；金子出手，良心可买；金钱到手，良心可卖。

在权力社会，下层人靠什么减轻权力对他们的伤害，甚或收买权力为自己谋取不义之利？钱。以权谋钱，以钱买权，这是权力社会的公开景象，权力社会，没有无辜者：因为无辜者为了维护自己本分的利益，也要收买权力。权力社会的统治法则是：让你无法合法生存，然后你只能非法生存。然而你一旦非法生存，你就等于给权力交了投名状。林冲在牢城营中的行为，即是。

话说当时薛霸双手举起棍来，望林冲脑袋上便劈下来。说时迟，那时快，薛霸的棍恰举起来，只见松树背后雷鸣也似一声，那条铁禅杖飞将来，把这水火棍一隔丢去九霄云外，跳出一个胖大和尚来，先出声，后出禅杖，再出人。○师兄，这多日哪去了？○苦逼人生哪得真有此和尚。苦逼人生哪能少了此和尚。喝道："洒家在林子里听你多时！"作恶多时者，须记得神灵也听得多时。两个公人看那和尚时，穿一领皂布直裰，跨一口戒刀，提着禅杖，轮起来打两个公人。林冲方才闪开眼看时，认得是鲁智深。方见出是智深，一为智深来的快捷如风，使人目瞪口呆；一为林冲瞬间生死折返，神情尚在恍惚。林冲连忙叫道："师兄，不可下手，我有话说。"自己刚刚在鬼门关折返，理智尚如此清晰，此林冲之为林冲也。

智深听得，收住禅杖，两个公人呆了半晌，动掸不得。若就打杀，一定死得莫名其妙。阎王爷若问如何死的？薛霸必答：不知道。只见一胖大和尚跳出树林，我就到您这儿了。林冲道："非干他两个事，尽是高太尉使陆虞候分付他两个公人，要害我性命，他两个怎不依他？将心比心。○虽自己屈服于权力，但能由此而理解他人，亦不失为善人。你若打杀他两个，也是冤屈。"其实也不冤屈。盖人人都有自家的道德责任。鲁智深扯出戒刀，把索子都割断了，便扶起林冲，叫："兄弟，一声兄弟，涕泪滂沱。○不意在一切都背叛而去断绝而去之后，还有一兄弟不离不弃。○只谓已非人类而入鬼簿，不意还是人兄人弟。○一声兄弟，三人泪奔：林冲，鲁智深，我。俺自从和你买刀那日相别之后，洒家忧得你苦。自从你受官司，俺又无处去救你。打听得你断配沧州，洒家在开封府前又寻不见。却听得人说监在使臣房内，又见酒保来请两个公人，说道：'店里一位官人寻说话。'以此洒家疑心，放你不下，恐这厮们路上害你，俺特地跟将来。见这两个撮鸟带你入店里去，洒家也在那店里歇。夜间听得那厮两个做神做鬼，把滚汤赚了你脚。那时俺便要杀这两个撮鸟，却被客店里人多，恐防救了。洒家见这厮们不怀好心，越放你不下。你五更里出门时，洒家先投奔这林子里来，等杀这厮两个撮鸟。他到来这里害你，正好杀这厮两个！"

一大段肝肠之言。我已阁泪蒙蒙。○忧得你苦，放你不下，越放你不下，重重网罗之中，尚有人如此牵挂。○一句句你，一句句洒家，有你，就有洒家；有洒家，就有你。○放不下，可做鲁智深一生之评。等到他放下时，他已经在杭州六和寺了。○因放不下，故大慈悲。因大慈悲，故成佛。林冲劝道："既然师兄救了我，你休害他两个性命。"鲁智深喝道："你这两个撮鸟！洒家不看兄弟面时，把你这两个都剁做肉酱！且看兄弟面皮，饶你两个性命。"就那里插了戒刀，喝道："你这两个撮鸟，快搀兄弟，都跟洒家来。"提了禅杖先走。读鲁达令人神旺，读林冲使人气闷。如今气闷半日，终于神旺一回。两个公人那里敢回话，只扯："林教头救俺两个！"哪里用得着三十年？眨眼便是河东河西。依前背上包裹，拾了水火棍，扶着林冲，又替他拖了包裹，一同跟出林子来。公人、林冲、鲁智深，三者之间构成了四种关系：公人要杀林冲；智深要救林冲；智深要杀公人；林冲要救公人。如果鲁智深不出现，只有一种关系：公人杀林冲——世道黑暗，看不到希望。鲁智深出现了，就产生两种关系：智深救林冲——这世道固然黑暗，但尚有生机，有仁慈；智深杀公人——这世道尚有正义。作恶者尚不会全无顾忌，而正义也将最终出现。接着，第四种关系出现了：林冲救公人——世间也有慈悲，也有宽恕。可见，假如如公人愿，林冲被杀，则没有人救公人，公人也将被杀。公人杀林冲，等同自杀；而鲁智深救了林冲，林冲才可以救公人。是鲁智深堵住了死门，打开了生门。○这世间总有黑暗，但一有鲁智深，便也有了正义，有了正义，也就有了慈悲。因为，正义是慈悲的前提。

行得三四里路程，见一座小小酒店在村口，深、冲、超霸四人入来坐下。唤酒保买五七斤肉，打两角酒来吃，回些面来打饼。酒保一面整治，把酒来筛。两个公人道："不敢拜问师父在那个寺里住持？"未必是探听来历，只是吃惊不小，不知何方神圣。智深笑道：自林冲出场，就未见这世界有会笑的。"你两个撮鸟问俺住处做甚么？莫不去教高俅做甚么奈何洒家？偏认你是贼。别人怕他，俺不怕他。别人者，林冲也。洒家若撞着那厮，教他吃三百禅杖！"半日里只见怕高俅，谄高俅者，未见这等不怕不媚反而要杀高俅的。○半日里只闻高太尉高太尉，听得人生厌。今日忽闻"那厮"，好不快活。

两个公人那里敢再开口。吃了些酒肉，收拾了行李，还了酒钱，出离了村口。林冲问道："师兄，今投那里去？"可怜。就怕师兄又走了。鲁智深道："'杀人须见血，救人须救彻。'洒家放你不下，直送兄弟到沧州。"人生哪能无鲁达。○一句话，林冲心放回肚中，超、霸心悬在喉头。两个公人听了，暗暗地道："苦也！却是坏了我们的勾当，还在想着杀人勾当，小人不知悔改也。○恶人有无恶报？好人若报，坏人就有恶报；好人若不报，坏人就无恶报。故孔子曰：以直报怨。〇恶人有无恶报？知悔改，知收手，即无恶报，不知悔改不收手，即有恶报。董超、薛霸，不悔改不收手之人也。转去时怎回话！且只得随顺他一处行路。”

自此途中被鲁智深要行便行，要歇便歇，快活。那里敢扭他？好便骂，不好便打。快活。两个公人不敢高声，只怕和尚发作。快活。行了两程，讨了一辆车子，林冲上车将息，三个跟着车子行着。快活。两个公人怀着鬼胎，各自要保性命，只得小心随顺着行。快活。鲁智深一路买酒买肉，将息林冲，那两个公人也吃。偏让他两个也吃。遇着客店，早歇晚行，都是那两个公人打火做饭，快活。谁敢不依他？二人暗商量：“我们被这和尚监押定了，明日回去，高太尉必然奈何俺。”薛霸道：“我听得大相国寺菜园廨宇里新来了个僧人，唤做鲁智深，想来必是他。回去实说，俺要在野猪林结果他，被这和尚救了，一路护送到沧州，因此下手不得。舍着还了他十两金子，着陆谦自去寻这和尚便了。我和你只要躲得身上干净。”董超道：“也说的是。”两个暗商量了不题。到此方死了杀人之心。

话休絮繁。被智深监押不离，行了十七八日，近沧州只有七十来里路程。一路去都有人家，再无僻静处了。鲁智深打听得实了，就松林里少歇。智深对林冲道：“兄弟，此去沧州不远了。前路都有人家，别无僻净去处，洒家已打听实了。俺如今和你分手，异日再得相见。”前面说直送兄弟到沧州，现在为何半道撇下？虽说已打听实了，前路再无问题，但既已只差七十来里，为何不索性到底？林冲道：“师兄回去，泰山处可说知。防护之恩，不死当以厚报。”哪用说出来耶？鲁智深又取出一二十两银子与林冲，把三二两与两个公人，道：“你两个撮鸟，本是路上砍了你两个头，兄弟面上，饶你两个鸟命。如今没多路了，休生歹心。”两个道：“再怎敢，皆是太尉差遣。”接了银子，却待分手，鲁智深看着两个公人道：“你两个撮鸟的头，硬似这松树么？”不知师兄何意？二人答道：“小人头是父母皮肉，包着些骨头……”回答如此老实，皆是师兄教训的。若从小有师兄这般教训，哪里会变成今日这等模样？智深轮起禅杖，把松树只一下，打得树有二寸深痕，齐齐折了，喝一声：“你两个撮鸟，但有歹心，教你头也与这树一般！”摆着手，拖了禅杖，叫声：“兄弟保重！”自回去了。来得突兀，去得潇洒。

董超、薛霸都吐出舌头来，半晌缩不入去。此句本该在“齐齐折了”后面，为因要写智深的潇洒与睥睨小人，只能直接“喝一声”！而移此句在智深既去之后。〇移在智深既去之后，还有大妙处：那边和尚已然远去，这边舌头还未缩回。林冲道：“上下，俺们自去罢。”两个公人道：“好个莽和尚，一下打折了一株树。”林冲道：“这个直得甚么！相国寺一株柳树，连根也拔将出来。”漏言和尚身份，固然无所谓，仍以不漏为好。林冲机密之人，为何反忘这些？二人只把头来摇，和尚禅杖已去，公人鸟头还在。〇此时项上还有头，头尚能摇，天幸。〇当用此和尚留下的头，想想悔过，不然这头总有不能摇的一天。〇下次燕青去后，二位头就不能摇了。方才得知是实。三人当下离了松林。行到晌午，早望见官道上一座酒店。三个人入到里面来，林冲让两个公人上首坐了。董、薛二人半日方才得自在。又回到原先的位置。只见那店里有几处座头，三五个筛酒的酒保，都手忙脚乱，搬东搬西。林冲与两个公人坐了半个时辰，酒保并不来问。林冲等得不耐烦，把桌子敲着，说道：“你这店主人好欺客，见我是个犯人，便不来睬着，我须不白吃你的，是甚道理？”这种脾气原先有，碰到高俅、衙内、二公人，没了。智深来了，又有了。〇能生气，就有生气。原已死气沉沉，和尚来了，又灌注了生气。主人说道：“你这人原来不知我的好意。”林冲道：“不卖酒肉与我，有甚好意？”店主人道：“你不知俺这村中有个大财主，姓柴名进，此间称为柴大官人，江湖上都唤做‘小旋风’，他是大周柴世宗子孙。自陈桥让位，太祖武德皇帝敕赐与他誓书铁券在家，无人敢欺负他，专一招集天下往来的好汉，三五十个养在家中。常常嘱付我们：‘酒店里如有流配来的犯人，可叫他投我庄上来，我自资助他。’我如今卖酒肉与你，吃得面皮红了，他道你自有盘缠，便不助你。我是好意。”

林冲听了，对两个公人道：“我在东京教军时，常常听得军中人传说柴大官人名字，却原来在这里。我们何不同去投奔他？”原来智深先去，道理却在这里：林冲要见柴进，智深在旁，将谁是主，谁是从？要打洪教头，智深在旁，是林冲出手，还是智深出手？故先去一个。董超、薛霸寻思道：“既然如此，有甚亏了我们处？”就便收拾包裹，和林冲问道：“酒店主人，柴大官人庄在何处？我等正要寻他。”店主人道：“只在前面，约过三二里路，大石桥边转湾抹角，那个大庄院便是。”林冲等谢了店主人出门，走了三二里，果然见座大石桥。过得桥来，一条平坦大路，早望见绿柳阴中，显出那座庄院。四下一周遭一条阔河，两岸边都是垂杨大树，树阴中一遭粉墙。转湾来到庄前，那条阔板桥上坐着四五个庄客，都在那里乘凉。

三个人来到桥边，与庄客施礼罢，林冲说道：“相烦大哥，报与大官人知道：京师有个犯人，迭配牢城，姓林的求见。”庄客齐道：“你没福！若是大官人在家时，有酒食钱财与你，今早出猎去了。”随手写出柴进的日常生活。林冲道：“不知几时回来？”庄客道：“说不定。敢怕投东庄去歇，也不见得。许你不得。”又随手写出东庄。使我们知道柴进庄园的规模格局。林冲道：“如此是我没福，不得相遇，我们去罢。”别了众庄客，和两个公人再回旧路，肚里好生愁闷。

行了半里多路，只见远远的从林子深处一簇人马飞奔庄上来，中间捧着一位官人，骑一匹雪白卷毛马。马上那人生得龙眉凤目，暗伏柴进龙凤出身。皓齿朱唇，三牙掩口髭须，三十四五年纪。头戴一顶皂纱转角簇花巾，身穿一领紫绣团胸绣花袍，腰系一条玲珑嵌宝玉环绦，足穿一双金线抹绿皂朝靴。带一张弓，插一壶箭，引领从人，都到庄上来。林冲看了寻思道：“敢是柴大官人么？”又不敢问他，林冲传里，"不敢"二字频频出现。○既写林冲懦弱，又让柴进主动。只自肚里踌躇。只见那马上年少的官人，纵马前来问道："这位带枷的是甚人？"写出柴进主动。林冲慌忙躬身答道："小人是东京禁军教头，姓林，名冲。为因恶了高太尉，寻事发下开封府，问罪断遣，刺配此沧州。闻得前面酒店里说，这里有个招贤纳士好汉柴大官人，因此特来相投。不期缘浅，不得相遇。"那官人滚鞍下马，飞近前来，说道："柴进有失迎迓。"就草地上便拜，极力写出柴进好客。林冲连忙答礼。

那官人携住林冲的手，同行到庄上来。亲热。那庄客们看见，大开了庄门，柴进直请到厅前。两个叙礼罢，柴进说道："小可久闻教头大名，不期今日来踏贱地，足称平生渴仰之愿。"文绉绉的口吻。林冲答道："微贱林冲，闻大人贵名，传播海宇，谁人不敬？不想今日因得罪犯流配来此，得识尊颜，宿生万幸。"亦文绉绉相应。柴进再三谦让，林冲坐了客席，董超、薛霸也一带坐了。跟柴进的伴当各自牵了马，去院后歇息。不在话下。

柴进便唤庄客叫将酒来，不移时，只见数个庄客托出一盘肉，一盘饼，温一壶酒，又一个盘子，托出一斗白米，米上放着十贯钱，一般流犯的待遇。都一发将出来。柴进见了道："村夫不知高下，教头到此，如何恁地轻意！哇！快将进去。先把果盒酒来，随即杀羊相待，快去整治。"林冲起身谢道："大官人，不必多赐，只此十分够了。"林冲丑。柴进道："休如此说。难得教头到此，岂可轻慢！"庄客便如飞先捧出果盒酒来，柴进起身，一面手执三杯。林冲谢了柴进，饮酒罢。两个公人一同饮了。柴进道："教头请里面少坐。"自家随即解了弓袋箭壶，就请两个公人一同饮酒。柴进当下坐了主席，林冲坐了客席，两个公人在林冲肩下。叙说些闲话，江湖上的勾当，不觉红日西沉。安排得酒食果品海味，摆在桌上，抬在各人面前。

柴进亲自举杯，把了三巡坐下，叫道：“且将汤来吃。”吃得一道汤，五七杯酒，只是吃。写出林冲性格沉闷，为人拘谨小心。只见庄客来报道：“教师来也。”突然。○上文只是写吃，笔墨拖拽不动。突然教师来也，便开出活泼泼新局面。柴进道：“就请来一处坐地相会亦好，快抬一张桌来。”一笔写出柴进与教师平常，与林冲沉闷，故不嫌打搅。林冲起身看时，只见那个教师入来，歪戴着一顶头巾，挺着脯子，来到后堂。不想今日不平常。○显然是已听说有客在此，心中早有不满。林冲寻思道：“庄客称他做教师，必是大官人的师父。”急急躬身唱喏道：“林冲谨参。”林冲礼数周到，心思绵密。那人全不睬着，也不还礼。教师傲慢，目中无人。林冲不敢抬头，还是“不敢”。柴进指着林冲对洪教头道：“这位便是东京八十万禁军枪棒教头林武师林冲的便是，就请相见。”柴进看出尴尬，自己出面解救。○郑重介绍，以示郑重，以提醒洪教头郑重对待，勿过分轻佻。林冲听了，看着洪教头便拜。林冲有眼色。那洪教头说道：“休拜，起来。”冷淡至极，自大至极。却不躬身答礼。教师无礼貌。○好大身份。

柴进看了，心中好不快意。林冲拜了两拜，起身让洪教头坐。洪教头亦不相让，走去上首便坐。柴进看了，又不喜欢。林冲只得肩下坐了，林冲座位又没了。○三人一起叙来，错错落落，性格、心理毕现。两个公人亦就坐了。细。洪教头便问道：“大官人今日何故厚礼管待配军？”何故者，大不必也。○故意挑衅侮辱林冲。○柴进已说是禁军教头，洪教头偏说是配军。岂独藐视林冲，亦不给柴进面子。柴进道：“这位非比其他的，乃是八十万禁军教头，师父如何轻慢？”柴进再示意。○再说是禁军教头。洪教头道：“大官人只因好习枪棒，往往流配军人都来倚草附木，皆道‘我是枪棒教师’，来投庄上诱些酒食钱米。大官人如何忒认真？”正是自家写照。林冲听了并不做声。做声不得。柴进说道：“凡人不可易相，休小觑他。”柴进已忍无可忍矣。洪教头怪这柴进说“休小觑他”，便跳起身来道：“我不信他。他敢和我使一棒看，我便道他是真教头！”《礼》云：夫礼者，自卑而尊人。若洪教头，自傲而卑人，可谓无礼矣。柴进大笑道："也好，也好。林武师，你心下如何？"恼极而又不能发作，翻成大笑。两个"也好"真无可奈何，却又恶狠狠地。林冲道："小人却是不敢。"还是不敢。〇文势转折不定，令人心急。〇林冲说的不敢，和洪教头听的不敢，不一样。洪教头心中忖量道："那人必是不会，心中先怯了。"因此越要来惹林冲使棒。柴进一来要看林冲本事，二者要林冲赢他，灭那厮嘴。柴进道："且把酒来吃着，待月上来也罢。"如何不即开打，反吃酒来？令人心急。〇作文贵在曲。当下又吃过了五七杯酒，却早月上来了，照见厅堂里面如同白日。柴进起身道："二位教头较量一棒。"反是柴进提起，可见心中耿耿。林冲自肚里寻思道："这洪教头必是柴大官人师父，若我一棒打翻了他，柴大官人面上须不好看。"林冲周到。柴进见林冲踌躇，便道："此位洪教头也到此不多时，此间又无对手。林武师休得要推辞，小可也正要看二位教头的本事。"柴进说这话，原来只怕林冲碍柴进的面皮，不肯使出本事来。柴进心细。

林冲见柴进说开就里，方才放心。只见洪教头先起身道：先起身。"来，来，来！三字居高临下。和你使一棒看。"视林冲如草芥。〇玩儿似的。一齐都哄出堂后空地上，我等读者也要哄出。庄客拿一束杆棒来，放在地下。洪教头先脱了衣裳，先脱衣裳。拽扎起裙子，掣条棒使个旗鼓，喝道："来，来，来！"又是三字。柴进道："林武师请较量一棒。"原来林冲兀自未动。一为尊重柴进，二为岂能听洪教头使唤，三来胸有成竹不骄不躁。〇教师窜动不已，教头只是踌躇。动静之间，高下已判。林冲道："大官人休要笑话。"照顾柴进。〇教养。就地也拿了一条棒起来，轻易。就地者，不挑不拣也。道："师父请教。"照顾教师。洪教头看了，恨不得一口水吞了他。恨从何来？林冲拿着棒，使出山东大擂，打将入来。洪教头把棒就地下鞭了一棒，来抢林冲。两个教头在月明地上交手，使了四五合棒，只见林冲托地跳出圈子外来，叫一声："少歇。"却又顿住。柴进道："教头如何不使本事？"林冲道："小人输了。"令人奇怪。柴进道："未见二位较量，怎便是输了？"林冲道："小人只多这具枷，因此权当输了。”何不爽快些？〇但只此则是林冲性格。柴进道：“是小可一时失了计较。”大笑着道：“这个容易。”便叫庄客取十两银来，还是银子管事。当时将出，柴进对押解两个公人道：“小可大胆，相烦二位下顾，权把林教头枷开了，明日牢城营内但有事务，都在小可身上。白银十两相送。”董超、薛霸见了柴进人物轩昂，不敢违他；落得做人情，又得了十两银子，亦不怕他走了。薛霸随即把林冲护身枷开了。

柴进大喜道：“今番两位教师再试一棒。”洪教头见他却才棒法怯了，肚里平欺他，便提起棒，却待要使。柴进叫道：“且住！”又顿住了。一场比棒，先比我们耐心。叫庄客取出一锭银来，重二十五两。无一时至面前。柴进乃言：“二位教头比试，非比其他。这锭银子权为利物。若还赢的，便将此银子去。”柴进心中只要林冲把出本事来，故意将银子丢在地下。洪教头深怪林冲来，又要争这个大银子，又怕输了锐气，把棒来尽心使个旗鼓，吐个门户，唤做“把火烧天势”。林冲想道：“柴大官人心里只要我赢他。”一段柴进心思，教师心思，林冲心思，历历落落。妙。〇柴进半日之间已看出林冲性格，不如此则不能使其淋漓酣畅。也横着棒使个门户，吐个势，唤做“拨草寻蛇势”。洪教头喝一声：“来，来，来！”还是来来来，也是一个直性子人。便使棒盖将入来，林冲望后一退，洪教头赶入一步，提起棒，又复一棒下来。林冲看他脚步已乱了，便把棒从地下一跳，洪教头措手不及，就那一跳里，和身一转，那棒直扫着洪教头臁儿骨上，撇了棒，扑地倒了。半日曲折，三声来来来，原来只消一棒即可。柴进大喜，叫快将酒来把盏。众人一齐大笑，洪教头那里挣扎起来？众庄客一头笑着扶了。洪教头羞惭满面，柴进大喜，众人大笑，教师大惭。自投庄外去了。来时挺脯子，去时却低头。〇柴进亦薄情，何不挽留耶？

柴进携住林冲的手，再入后堂饮酒，叫将利物来送还教师。

林冲那里肯受，推托不过，只得收了。柴进留林冲在庄上一连住了几日，每日好酒好食相待。又住了五七日，两个公人催促要行。柴进又置席面相待送行，又写两封书，分付林冲道："沧州大尹也与柴进好，牢城管营差拨亦与柴进交厚，可将这两封书去下，必然看觑教头。"却不知更看觑太尉。即捧出二十五两一锭大银，送与林冲，又将银五两赍发两个公人，吃了一夜酒。次日天明，吃了早饭，叫庄客挑了三个的行李，林冲依旧带上枷，辞了柴进便行。柴进送出庄门作别，分付道："待几日，小可自使人送冬衣来与教头。"无微不至。林冲谢道："如何报谢大官人！"两个公人相谢了。三人取路投沧州来，将及午牌时候，已到沧州城里，打发那挑行李的回去，径到州衙里下了公文，当厅引林冲参见了州官。大尹当下收了林冲，押了回文，一面帖下，判送牢城营内来。两个公人自领了回文，相辞了，回东京去，不在话下。

只说林冲送到牢城营内来，牢城营内收管林冲，发在单身房里，听候点视。却有那一般的罪人，都来看觑他，对林冲说道："此间管营、差拨十分害人，只是要诈人钱物。却与柴进交厚。若有人情钱物，原来是柴进有人情钱物。送与他时，便觑的你好。若是无钱，将你撇在土牢里，求生不生，求死不死。若得了人情，入门便不打你一百杀威棒，只说有病，把来寄下。若不得人情时，这一百棒打得七死八活。"一大段絮絮叨叨，只是两个字：银子。林冲道："众兄长如此指教。且如要使钱，把多少与他？"务要讨得好。众人道："若要使得好时，管营把五两银子与他，差拨也得五两银子送他，十分好了。"

正说之间，只见差拨过来问道："那个是新来配军？"林冲见问，向前答应道："小人便是。"那差拨不见他把钱出来，变了面皮，指着林冲骂道：林冲已务要讨好，哪知差拨如此性急耶？立意讨好，亦大不易。“你这个贼配军，见我如何不下拜，却来唱喏！你这厮可知在东京做出事来，见我还是大刺刺的。我看这贼配军，满脸都是饿纹，一世也不发迹！打不死，拷不杀的顽囚！你这把贼骨头，好歹落在我手里，在权力社会，关键就看谁落在谁手里。教你粉骨碎身。少间叫你便见功效！”把林冲骂得一佛出世，那里敢抬头应答。还是不敢。众人见骂，各自散了。

林冲等他发作过了，先等，让你出气。去取五两银子，再取，给你上贡。陪着笑脸，陪笑，让你舒心。告道：“差拨哥哥，哥哥。些小薄礼，休言轻微。”差拨看了道：“你教我送与管营和俺的，都在里面？”丑。林冲道：“只是送与差拨哥哥的，另有十两银子，就烦差拨哥哥送与管营。”一口一声哥哥，好亲热。差拨见了，看着林冲笑道：见了，笑了。○刚才不见，所以骂了。“林教头，不是贼配军，是教头了。我也闻你的好名字，名字也好了。端的是个好男子！不是顽囚，是好男子了。想是高太尉陷害你了。不是做出事来，是高太尉陷害了。○高太尉害人，连边远地区守城营里都知道。偏皇帝不知道。古往今来，一概如此。虽然目下暂时受苦，久后必然发迹。脸上无有饿纹，将来会发迹了。据你的大名，是大名了。这表人物，是一表人物，不是贼骨头了。必不是等闲之人，久后必做大官。”不会粉身碎骨，且要做大官了。林冲笑道：陪笑。“总赖照顾。”差拨道：“你只管放心。”又取出柴大官人的书礼，说道：“相烦老哥，哥哥又成老哥了。将这两封书下一下。”差拨道：“既有柴大官人的书，烦恼做甚？这一封书直一锭金子。我一面与你下书，少间管营来点你，要打一百杀威棒时，你便只说你‘一路有病，未曾痊可’，我自来与你支吾，要瞒生人的眼目。”自己人了。林冲道：“多谢指教。”差拨拿了银子并书，离了单身房自去了。林冲叹口气道：“‘有钱可以通神’，此语不差。端的有这般的苦处。”这是施耐庵的话。借林冲口说了。

原来差拨落了五两银子，只将五两银子并书来见管营，写尽丑陋人性。备说林冲是个好汉，柴大官人有书相荐，在此呈上。本是高太尉陷害，配他到此，又无十分大事。鬼为林冲推磨了。管营道："况是柴大官人有书，必须要看顾他。"又是一个推磨的鬼。便教唤林冲来见。

且说林冲正在单身房里闷坐，只见牌头叫道："管营在厅上叫唤新到罪人林冲来点名。"林冲听得叫唤，来到厅前。管营道："你是新到犯人，太祖武德皇帝留下旧制：新入配军，须吃一百杀威棒。左右与我驮起来。"与上文对照，可见官话都是蒙人的。林冲告道："小人于路感冒风寒，未曾痊可，告寄打。"牌头道："这人见今有病，乞赐怜恕。"管营道："果是这人症候在身，权且寄下，待病痊可却打。"从管营到林冲，到牌头，到差拨，大家合演一出戏，只不知给谁看？〇怪就怪在，人人都知是演戏，人人却都要演，只不问给谁看。〇演戏文化，自古而然。差拨道："见今天王堂看守的，多时满了，可教林冲去替换他。"就厅上押了帖文，差拨领了林冲，单身房里取了行李，来天王堂交替。差拨道："林教头，我十分周全你。教看天王堂时，这是营中第一样省气力的勾当，早晚只烧香扫地便了。你看别的囚徒，从早起直做到晚，尚不饶他。还有一等无人情的，拨他在土牢里，求生不生，求死不死。"本要表出自己的好，却说出自己的恶。〇总是权力在我这儿，我周全谁，便是恩德，你需感激；我惩罚谁，便是权力，你休怨恨。林冲道："谢得照顾。"又取三二两银子与差拨道："烦望哥哥一发周全，开了项上枷更好。"差拨接了银子，便道："都在我身上。"连忙去禀了管营，就将枷也开了。一路写银子威力，写到痛快处，再作余波。

林冲自此在天王堂内安排宿食处，每日只是烧香扫地，不觉光阴早过了四五十日。那管营、差拨得了贿赂，日久情熟，由他自在，亦不来拘管他。柴大官人又使人来送冬衣并人事与他，前面话头，此处不丢，细。那满营内囚徒亦得林冲救济。

话不絮烦。时遇隆冬将近，忽一日，林冲巳牌时分，偶出营前闲走。正行之间，只听得背后有人叫道：“林教头，如何却在这里？”前面文意至此已尽，如何延展？突然一人跳入，便有天地。林冲回过头来看时，——见了那人，有分教：林冲火烟堆里，争些断送余生；风雪途中，几被伤残性命。毕竟林冲见了的是甚人，且听下回分解。

第九回

林教头风雪山神庙　陆虞候火烧草料场

林教头风雪山神庙

回前总评

这一回是林冲故事的大转折。杀机三现，英雄一怒——林冲变了。

李小二的出现，既为下文陆谦、富安出现埋下伏笔，又补出林冲在东京的一段生活。可以想见，当时的林冲是既善良又受人尊敬的。李小二曾经偷窃，和鲁智深在相国寺菜园子里遇到的赌徒小偷一样，都是这个俗世中的平常人。有平常人的缺点，也不乏平常人的温厚善良。遇到李小二，是林冲刺配生涯中的一点点温暖。

林冲到大军草料场与老军的对话，朴厚而情深，也是这冷酷世间的动人温情。但老军淡淡的温情里掩不住英雄的可怜。破草屋子，就是林冲与这样黑暗无道世界妥协并委屈暂住的栖身之所；火盆、锅子、碗碟，就是林冲的坛坛罐罐。林冲以前也拥有过繁华，他家使女名叫“锦儿”，就暗示他曾经的生活如花似锦。但是，林冲仍然能够忍耐此时的艰难苦恨，只要他还能有这样的坛坛罐罐，就愿意妥协，就愿意屈服，就决不会造反！在这寒凉的世界寻些温暖——这不就是一般人的生存现状与生存哲学？我们深入林冲的心灵，就能理解那些生活在黑暗笼罩之下所有平常人的不幸、无奈和隐忍。对林冲，我们固然怒其不争，又不能不哀其不幸。

林冲的内心，林冲的个性，是我们所有人心理的一个总结。林冲就是我们所有人；所有人都可以在林冲那里找到自己。林冲的形象代表着这个世界给我们所有人造成的心理创伤，给我们所有人造成的人格创伤。

林冲出门买酒，然后踏雪回到草料场，发现那两间草厅已被雪压倒了，再入古庙里，这一大段，作者对林冲的动作写得十分精细。

出门买酒——“将火炭盖了”，“拿了钥匙出来，把草厅门拽上”，“出到大门首，把两扇草场门反拽上，锁了。带了钥匙”，写出林冲的心细，对生活的小心呵护。他很担心这世界再出什么意外，他希望它平安，希望这秩序延续，哪怕这秩序对他并不公正有利。

发现草屋被雪压塌后——“恐怕火盆内有火炭延烧起来，搬开破壁子，探半身入去摸……”，“把被卷了……依旧把门拽上锁了，望那庙里来”。写出林冲的谨慎，写出他对世界的呵护。

入得庙门——一连串九个动作：把枪和酒葫芦放在纸堆上；将那条絮被放开；先取下毡笠子；把身上雪都抖了；把上盖白布衫脱将下来，早有五分湿了；和毡笠放在供桌上；把被扯来盖了半截下身；却把葫芦冷酒提来，慢慢地吃；就将怀中牛肉下酒。写出林冲的沉稳精细，没有一丝慌乱。收拾好一堆破家什，好好地保护着自己，在雪光下独自静静地喝着酒。一切都小心翼翼，一切都仔仔细细，一切都谨谨慎慎。就这么一个临时栖身的地方，他都有一种恭敬，有一份小心。

在这样一连串的动作里面，我们看到：第一，林冲有力量。在这样的环境里面，在这样的仓皇时刻，在这样的狼狈状态，他仍然有条有理，仍然从容不迫，仍然沉得住气，稳得住，把得牢，有信心，有定心，心不烦，意不乱。第二，林冲无反心。他仍然没有反叛之意，还想在这个地方委屈暂住。

这一连串动作，涉及林冲身边六件物件：第一花枪；第二酒葫芦；第三絮被；第四毡笠子；第五白布衫；第六钥匙。这就是他的全部。

作者不厌其烦地把这六件东西写出来，就是告诉我们，林冲现在就剩下这六件东西了。这一方面写出了林冲此时的落魄、可怜、英雄末路，但是更重要的是想要告诉我们，即使只剩下这六样破烂，林冲还是愿意妥协，还是舍不得，还是放不下，还是不会背叛为敌，还是不会造反。要等到这些东西都再守不住的时候，林冲才有可能造反。所以我们对林冲有一个感觉，林冲是一个有着强烈的庸人气质的大英雄，也是一个具有英雄素质的平庸之人。问题在于，这个世界，是要让林冲做一个驯顺的、安分守己的庸人，还是要逼着他去做一个叛逆的、刀刀见血的英雄呢？

漫漫的大雪压垮了草厅，这是天佑善人，这是林冲又一次侥幸脱逃。前面他两次侥幸脱逃，是靠了两个好人，一个孙定，一个鲁智深；这一次靠的是天，天无绝人之路。没有人出手，天出手了，不但让林冲逃脱了，而且让林冲在古庙里真真切切听到了这个世界对他的谋杀。

这一切就叫天意。所以我们要相信天总有公道。本来陆虞候陆谦、富安千里迢迢追踪而来，是追杀者的角色，可是就在这一瞬间，古庙一个门里一个门外，转了，变了，他们变成了被谋杀者。

这一瞬间，林冲也才明白，一切退让忍受，委曲求全都无济于事。他终于幡然猛醒，他的血性，他的勇气，他的杀气，一齐爆发出来，一个那么愿意妥协的人，愿意认输的人，终于被逼成了一个充满血腥气的杀手！他曾经的胆怯，曾经的懦弱，曾经的无能，都涣然冰释，在人生的绝境上，摇身一变，变成了一个真正的英雄！

当林冲被逼到绝境时，泼贼们也走到绝境了。他轻轻把石头移开，一手拽开庙门，挺着花枪，大喝一声："泼贼那里去！"

是的，该轮到他这样喝问对方了。林冲在东京温柔乡，被逼来到沧州苦寒地；从天王堂被赶到草料场；而草料场又被他们放火烧了，要把林冲烧在中间，此时，他们笃信地说："待走哪里去？"没想到，转瞬之间，天道好还，轮到他们考虑"待走哪里去"了。他们还能到哪里去？这个他们要取别人性命的地方，转眼变成了自己的人生终点。他们哪里也去不了了。这里就是他们的授首之处，就是他们的葬身之地。

中国有句成语，叫"恶贯满盈"，那意思就是，当你作恶作到满盈之时，也就是报应到来之日。这伙泼贼，他们一路追杀林冲而来，把林冲逼到世界的角落还不罢休，一定要置之死地而后快。他们不知道，不给别人活路，自己也就没有活路。一场大雪，慈悲的上天悄悄地改变了事态的方向，改变了双方的命运。

杀人者将被杀，被杀者将杀人。

其实，哪里是林冲在选择呢？是这个世界在选择。

林冲已别无选择。

林冲之前是不杀人的，这是林冲的良知。他在被董超、薛霸谋害的关键时刻，还两次为董超、薛霸求情，救了这两个小人的性命。林冲是一个很看重别人性命的人，但此时，他变成杀人机器了，他把差拨、富安、陆虞候全杀了，把他们的脑袋都割下来提着，回到庙里。

接下来，我们再看林冲身边的这六件物件——

白布衫、毡笠子。是出行用的，穿了，带上。

被与葫芦。是安居的，都丢了不要，天下也没有他安居的地方了。

将葫芦里冷酒都吃尽了。酒是冷的，既体现出此时此刻林冲身体上的感受，也是此时此刻林冲对这个世界的心理上的感受。酒是冷的，这个世界是冷的，这个世界已经没有了温度。

枪。提了枪，便出庙门投东去——枪是表示冲突与决绝。从此之后他在这个世界不是委屈苟活，从此他和这个世界是你死我活。从此花枪上挑的就不再是酒葫芦，而常常是人头了。

只有一件东西没有写到。就是林冲千万舍不得丢掉的，那一把钥匙。

现在还需要钥匙吗？这个世界已经没有门了，还要什么钥匙？以前林冲一直相信，只要有一把钥匙，就能在这个世界上打开一扇门。我们都这么相信，只要有一把钥匙，我们和这个世界就有个契约，这世界就有一扇门留给我们，让我们打开，等我们打开；打开这扇门以后，我们就能和这个世界和平共处，这个世界就给我们一个安身立命的地方。

但是，这个世界根本就没有门。

在没有门的世界上，如果我们还死死地捏着一把钥匙，这是幼稚，这是天真，这是可怜，这是无奈，还是执迷不悟？林冲现在明白了，他的世界根本没有门，要想安寝的话，不是在这个邪恶的世界打开一扇门，而是要再造一个世界。

所以林冲需要的，不是一把钥匙，而是一条花枪。

林冲最终带走的，就是一条花枪。干什么？便出庙门投东去。

“便出”，“投东去”，没有了犹豫。

我们是不是想起了在林冲之前一千多年，一个汉人曾绝望地高歌：“出东门，不顾归”？然后铤而走险，决意与世界为敌？

其实，往东去往西去不重要，重要的是朝着背向朝廷的方向去了。林冲不再是走向朝廷，而是走向了江湖。

一个最忠心耿耿又小心翼翼的人，成了反叛者。

这个世界最温驯最可信赖的良民，成了这个世界最可怕的敌人。

一个最无做英雄愿望的人，就这样被逼成了英雄。

话说当日林冲正闲走间，忽然背后人叫，回头看时，却认得是酒生儿李小二。当初在东京时，多得林冲看顾。后来不合偷了店主人家钱财，被捉住了，要送官司问罪，又得林冲主张陪话，救了他，免送官司，又与他陪了些钱财，方得脱免。京中安不得身，又亏林冲赍发他盘缠，于路投奔人，不想今日却在这里撞见。不有这一番搭救与赍发，哪有后面报恩？故先撰出这一段，反写出林冲善良。林冲道：“小二哥，你如何地在这里？”李小二便拜道：“自从得恩人救济，赍发小人，一地里投奔人不着，迤逦不想来到沧州，投托一个酒店里，姓王，留小人在店中做过卖。因见小人勤谨，安排的好菜蔬，调和的好汁水，来吃的人都喝采，以此买卖顺当。主人家有个女儿，就招了小人做女婿。如今丈人丈母都死了，只剩得小人夫妻两个，随手写出人生幻灭。权在营前开了个茶酒店。因讨钱过来，遇见恩人。恩人不知为何事在这里？”林冲指着脸上道：如画。“我因恶了高太尉，何事何故恶了高太尉？生事陷害，受了一场官司，刺配到这里。如今叫我管天王堂，未知久后如何。不想今日在此见你。”

李小二就请林冲到家里坐定，叫妻子出来拜了恩人。两口儿欢喜道：“我夫妻二人正没个亲眷，随手写出人生孤苦。今日得恩人到来，便是从天降下。”林冲道：“我是罪囚，恐怕玷辱你夫妻两个。”李小二道：“谁不知恩人大名？休恁地说。但有衣服，便拿来家里浆洗缝补。”枯藤老树昏鸦之时，突见小桥流水人家，令人不胜天涯断肠之感。当时管待林冲酒食，至夜送回天王堂。次日又来相请，因此林冲得店小二家来往，不时间送汤送水来营里与林冲吃。林冲因见他两口儿恭敬孝顺，常把些银两与他做本钱。写报恩李小二，暗中映照忘恩陆虞候。〇这个世界有忘恩的，也有报恩的。〇埋一伏笔于此，陆虞候即将出场。

且把闲话休题，只说正话。光阴迅速，却早冬来。林冲的绵衣裙袄，都是李小二浑家整治缝补。自己的浑家在哪里？写得一片温暖，却暗中衬着寒凉。可怜。忽一日，常有这“忽一日”，便令所有的平淡平静的日子动荡起来。〇人生无数日，就怕“忽一日”。李小二正在门前，安排菜蔬下饭，只见一个人闪将进来，酒店里坐下，随后又一人闪入来。两个人，作两次进，却一样是闪入来，写得两人如鬼如魅，动作怕人。前面那个人是军官打扮，后面这个走卒模样，跟着，也来坐下。李小二入来问道：“可要吃酒？”只见那个人将出一两银子与小二道：“且收放柜上，取三四瓶好酒来。客到时，果品酒馔只顾将来，不必要问。”越发让人起疑。李小二道：“官人请甚客？”那人道：“烦你与我去营里请管营、差拨两个来说话。问时，你只说有个官人请说话，商议些事务，专等，专等！”何事务？何太急？

李小二应承了，来到牢城里，先请了差拨，同到管营家里，请了管营，都到酒店里。只见那个官人和管营、差拨两个讲了礼。管营道：“素不相识，动问官人高姓大名？”那人道：“有书在此，少刻便知。又是一个一问不答。〇陆谦总在做鬼，故总是一派神秘。且取酒来。”李小二连忙开了酒，一面铺下菜蔬果品酒馔。那人叫讨副劝盘来，把了盏，相让坐了。小二独自一个撺梭也似伏侍不暇。碍眼碍事。那跟来的人讨了汤桶，自行烫酒，约计吃过十数杯，再讨了按酒，铺放桌上，只见那人说道：“我自有伴当烫酒，不叫你休来，我等自要说话。”越发奇怪。李小二应了，自来门首叫老婆道：“大姐，这两个人来得不尴尬。”老婆道：“怎么的不尴尬？”小二道：“这两个人语言声音，是东京人。小二从东京来。初时又不认得管营，向后我将按酒入去，只听得差拨口里呐出一句‘高太尉’三个字来，这人莫不与林教头身上有些干碍？陆谦机密，小二有心。〇陆谦一派机密，偏碰上有心之人，故反显得一派可疑。〇陆谦哪知小二与林冲关系。正所谓人心唯危、道心唯微，人力岂无破绽，天衣才可无缝。我自在门前理会，你且去阁子背后听说甚么。”

老婆道：“你去营中寻林教头来，认他一认。”合情合理，定有此一句，若漏了，便不真了。但若林冲真来了，下文便没了。李小二道：“你不省得，林教头是个性急的人，摸不着便要杀人放火。倘或叫得他来看了，正是前日说的甚么陆虞候，他肯便罢？做出事来，须连累了我和你。更合情合理。用更合情合理的事打发前面，情节不受影响，且愈显得真而可信。妙笔来自人情练达。你只去听一听再理会。”老婆道：“说得是。”我也道说得是。便入去听了一个时辰，出来说道：“他那三四个交头接耳说话，越是要听，越是听不着。越是交头接耳，越引人狐疑。正不听得说甚么。只见那一个军官模样的人，去伴当怀里取出一帕子物事，递与管营和差拨，帕子里面的，莫不是金银？只听差拨口里说道：‘都在我身上，好歹要结果他性命。’”有此一句，便为林冲提心吊胆。正说之时，阁子里叫：“将汤来！”突然打断，如画。李小二急去里面换汤时，看见管营手里拿着一封书。小二换了汤，添些下饭，又吃了半个时辰，算还了酒钱，管营、差拨先去了。次后那两个低着头也去了。来时怪，去时鬼。显见得不是光明正大人。

转背没多时，只见林冲走将入店里来，（却是险。）说道："小二哥，连日好买卖。"李小二慌忙道："恩人请坐，小二却待正要寻恩人，有些要紧说话。"林冲问道："甚么要紧的事？"李小二请林冲到里面坐下，说道："却才有个东京来的尴尬人，在我这里请管营、差拨吃了半日酒。差拨口里呐出'高太尉'三个字来，小人心下疑惑，又着浑家听了一个时辰，他却交头接耳说话，都不听得，临了，只见差拨口里应道：'都在我两个身上，好歹要结果了他！'那两个把一包金银递与管营、差拨，又吃一回酒，各自散了。不知甚么样人，小人心疑，只怕在恩人身上有些妨碍。"林冲道："那人生得甚么模样？"李小二道："五短身材，白净面皮，没甚髭须，约有三十余岁。那跟的也不长大，紫棠色面皮。"林冲听了大惊，道："这三十岁的正是陆虞候。那泼贱贼，敢来这里害我！休要撞着我，只教他骨肉为泥！"李小二道："只要堤防他便了。岂不闻古人言：'吃饭防噎，走路防跌。'"林冲大怒，离了李小二家，先去街上买把解腕尖刀带在身上。（自从宝刀去后，好久不见刀，令人气闷不快。〇此刀出刀之日，定是大快人心之时。）前街后巷，一地里去寻，李小二夫妻两个捏着两把汗。

当晚无事。次日天明起来，洗漱罢，带了刀，又去沧州城里城外，小街夹巷，团团寻了一日。牢城营里，都没动静。（却又奇怪。）林冲又来对李小二道："今日又无事。"小二道："恩人，只愿如此，只是自放仔细便了。"林冲自回天王堂，过了一夜。街上寻了三五日，不见消耗，林冲也自心下慢了。（又放慢了。）到第六日，只见管营（找了几日陆谦，不料出来的是管营。）叫唤林冲到点视厅上，说道："你来这里许多时，柴大官人面皮，不曾抬举得你。此间东门外十五里，有座大军草料场，每月但是纳草纳料的，有些常例钱取觅。原是一个老军看管，如今我抬举你去替那老军来守天王堂，你在那里阁几贯盘缠。你可和差拨便去那里交割。”防了几天陷害，不料等来的是抬举。林冲应道：“小人便去。”当时离了营中，径到李小二家，对他夫妻两个说道：“今日管营拨我去大军草料场管事，却如何？”李小二道：“这个差使，又好似天王堂。那里收草料时，有些常例钱钞。往常不使钱时，不能够这差使。”正要好好思量。〇已使过钱了，只不过是高俅给的，陆谦代付的。林冲道：“却不害我，倒与我好差使，正不知何意？”李小二道：“恩人，休要疑心，只要没事便好了。只是小人家离得远了。从此小二不见也。收束得好。过几时那工夫来望恩人。”就在家里安排几杯酒，请林冲吃了。

话不絮烦，两个相别了。林冲自来天王堂取了包裹，带了尖刀，拿了条花枪，读者须记住尖刀、花枪。与差拨一同辞了管营两个取路投草料场来。正是严冬天气，彤云密布，朔风渐起，却早纷纷扬扬卷下一天大雪来。晚来天欲雪，能饮一杯无？〇勿谓苦寒冻了林冲，反是林冲一生最得意之作，非大雪不能映衬。〇天意托英雄。林冲和差拨两个在路上，又没买酒吃处，早来到草料场外看时，一周遭有些黄土墙，两扇大门。推开看里面时，七八间草屋做着仓廒，四下里都是马草堆，中间两座草厅。到那厅里，只见那老军在里面向火。差拨说道：“管营差这个林冲来，替你回天王堂看守，你可即便交割。”老军拿了钥匙，引着林冲分付道：“仓廒内自有官司封记，这几堆草，一堆堆都有数目。”可怜老军认真登记造册，为国家尽心，却不知高俅将使人来烧成一堆灰烬。老军都点见了堆数，又引林冲到草厅上，老军收拾行李，临了说道：“火盆、锅子、碗、碟都借与你。”有了这些坛坛罐罐，林冲即有安分守己之想。〇谁打碎了林冲的坛坛罐罐？谁逼得铁心不反的林冲不得不反？〇淡淡的温情里掩不住英雄的落寞。林冲道：“天王堂内，我也有在那里。你要，便拿了去。”老军指壁上挂一个大葫芦，伏一大葫芦。〇葫芦酒不空，火盆火常热，锅儿常烧，碗碟常有，林冲便不反。可见日常生活消磨英雄。说道：“你若买酒吃时，只出草场，投东大路去三二里，便有市井。”此句乃林冲生路。老军自和差拨回营里来。

只说林冲就床上放了包裹被卧，就坐下生些焰火起来。屋后有一堆柴炭，拿几块来生在地炉里，仰面看那草屋时，四下里崩坏了，又被朔风吹撼，摇振得动。此屋之破，正如林冲世界之残。林冲道：“这屋如何过得一冬？何必一冬？今晚就过不得。○如此生活，林冲尚作长远打算。待雪晴了，去城中唤个泥水匠来修理。”修理此屋，正如同林冲想修补生活，而不是另起炉灶。向了一回火，觉得身上寒冷，寻思：“却才老军所说二里路外有那市井，何不去沽些酒来吃？”便去包裹里取些碎银子，把花枪挑了酒葫芦，将火炭盖了，火盖了。取毡笠子戴上，拿了钥匙钥匙拿了。出来，把草厅门拽上。门拽了。出到大门首，把两扇草场门反拽上，锁了。草场锁了。○一连串“了”，见出他的安顺委命。如此小心对待这不美满的一切。英雄何尝生来即是破坏种子？亦有林冲这样小心呵护者。○只要能“了”，不好都好。○当如此小心仍不得“了”时，方长啸一声，拔剑东门去。带了钥匙，信步投东。雪地里踏着碎琼乱玉，迤逦背着北风而行。好描写，好衬照。○一路写大雪，给读者总有事要发生的预感。

那雪正下得紧。六个字有声有色有张力，可吟可诵可喟叹。真好句子。○一句人，一句雪，便令林冲大军草料场成为千古场景。行不上半里多路，看见一所古庙，林冲顶礼道：“神明庇祐，改日来烧纸钱。”神明定会庇佑，而林冲也不必改日烧纸，今日稍后即有三牲献首。又行了一回，望见一簇人家。林冲住脚看时，见篱笆中挑着一个草帚儿在露天里。林冲径到店里，主人道：“客人那里来？”林冲道：“你认得这个葫芦么？”主人看了道：“这葫芦是草料场老军的。”林冲道：“原来如此。”店主道：“既是草料场看守大哥，且请少坐。天气寒冷，且酌三杯，权当接风。”写天寒，写人冷，偏处处衬出丝丝温情。店家切一盘熟牛肉，烫一壶热酒，请林冲吃。又自买了些牛肉，又吃了数杯。就又买了一葫芦酒，包了那两块牛肉，留下些碎银子。把花枪挑着酒葫芦，怀内揣了牛肉，叫声“相扰”，便出篱笆门，仍旧迎着朔风回来。看那雪，到晚越下得紧了。作者此时，身心俱在现场。便令我恨不得现身此时，接住林冲，痛饮一晚。

再说林冲踏着那瑞雪，迎着北风，飞也似奔到草场门口，开了锁入内看时，只叫得苦。原来天理昭然，佑护善人义士。因这场大雪，救了林冲的性命。突然插一议论。那两间草厅已被雪压倒了。林冲寻思："怎地好？"怎地好？这样才是好，这样正是好。〇时常我们总觉得不好，不知那不好处正是上天安排得好。放下花枪、葫芦在雪里。恐怕火盆内有火炭延烧起来，搬开破壁子，探半身入去摸时，火盆内火种都被雪水浸灭了。在情理之中。〇一路写火：老军向火，林冲生火，林冲盖火。却只此一句使其灭了。正如人生：种种维持，种种呵护，种种小心，种种在意，一场变更，却尽没了。林冲把手床上摸时，只拽得一条絮被。林冲钻将出来，见天色黑了，寻思："又没打火处，怎生安排？"想起离了这半里路上，有个古庙可以安身。安身立命，乃《水浒传》一书旨归。"我且去那里宿一夜，等到天明，却作理会。"把被卷了，花枪挑着酒葫芦，依旧把门拽上锁了，已至此，还拽门。望那庙里来。

入得庙门，再把门掩上，傍边止有一块大石头，掇将过来，靠了门。一写林冲之无安全感，所以处处小心时时维护如此，一为下文陆谦三人推门不得入伏笔在此。一敲两响，妙笔生花。入得里面看时，殿上塑着一尊金甲山神，两边一个判官，一个小鬼，侧边堆着一堆纸。黑夜里写得怕人。团团看来，又没邻舍，又无庙主。此山神亦如林冲乏绝。林冲把枪和酒葫芦放在纸堆上，枪和葫芦。将那条絮被放开，絮被。先取下毡笠子，头上笠子。把身上雪都抖了，身上雪。把上盖白布衫脱将下来，早有五分湿了，白布衫。和毡笠放在供桌上，毡笠子放桌上。把被扯来盖了半截下身，絮被盖身上。却把葫芦冷酒提来，慢慢地吃，酒慢吃。就将怀中牛肉下酒。肉细嚼。〇一路写得可怜，却又一路写得从容。一路写得安顺，细想东京家中红袖添香却又令人放声一哭。林冲随遇而安性格跃然纸上。〇却不料仍安不得。

正吃时，只听得外面必必剥剥地爆响。一句收束上面九句。便令你苟且偷安亦不可得。林冲跳起身来，就壁缝里看时，外面有大雪，门里有大石，故先从壁缝看。只见草料场里火起，刮刮杂杂的烧着。吃了一惊。当时林冲便拿了花枪，却待开门来救火，职责所在。〇却不知这世界水深火热，已救不得。只听得外面有人说将话来。又吃了一吓。林冲就伏门边听时，是三个人脚步响，直奔庙里来，用手推门，更吓。却被石头靠住了，再也推不开。情理之中。○《水浒传》写事，常在意料之外，又总在情理之中。常在意料之外，令读者一惊一乍；总在情理之中，使读者弛然释怀。三人在庙檐下立地看火，数内一个道："这条计好么？"一个应道："端的亏管营、差拨两位用心！回到京师，禀过太尉，都保你二位做大官。烧了大军草料场，大军总司令推举做大官。○常有不知何故做大官者，细想都有暗夜人不知之大军草料场也。这番张教头没得推故了。"张教头是真英雄。一个道："林冲今番直吃我们对付了，高衙内这病必然好了。"方知大火为林冲而烧。又一个道："张教头那厮，三回五次托人情去说：'你的女婿没了。'张教头越不肯应承，张教头不怕太尉，因为张教头已无求于前程也。正所谓人到无求品自高也。因此衙内病患看看重了。太尉特使俺两个央浼二位干这件事，原来太尉主使。不想而今完备了。"又一个道："小人直爬入墙里去，四下草堆上点了十来个火把，待走那里去！"对门外人表功，却不知对门内人认罪。那一个道："这早晚烧个八分过了。"又听得一个道："便逃得性命时，烧了大军草料场，也得个死罪。"不怕。烧了草料场，正要荐举做大官呢。又一个道："我们回城里去罢。"一个道："再看一看，拾得他一两块骨头回京，府里见太尉和衙内时，也道我们也能会干事。"极恶又极丑。林冲听那三个人时，一个是差拨，一个是陆虞候，一个是富安。一大段拉拉杂杂，却清清楚楚。林家事，高家事，张家事，事事明白；指使者，执行者，策划者，动手者，人人清楚。○妙笔。自思道："天可怜见林冲！若不是倒了草厅，我准定被这厮们烧死了。"至此方知，苟且不能偷安。轻轻把石头掇开，挺着花枪，左手拽开庙门，大喝一声："泼贼那里去！"

三个人都急要走时，惊得呆了，正走不动。与刚才相比，冰火两重天。正所谓世道循环，报应不爽。○正谓烧死别人，不料自己要死。林冲举手，胳察的一枪，先搠倒差拨。差拨。陆虞候叫声："饶命！"吓的慌了手脚，走不动。陆谦。真切。○那富安走不到十来步，被林冲赶上，后心只一枪，又搠倒了。富安。翻身回来，陆虞候却才行得三四步，陆谦。林冲喝声道："奸贼，你待那里去！"劈胸只一提，丢翻在雪地上，把枪搠在地里，枪杀不解恨。用脚踏住胸脯，身边取出那口刀来，须刀剜才亲切。〇此刀屈藏久矣，今始得一用。便去陆谦脸上阁着，吓人。喝道："泼贼！我自来又和你无甚么冤仇，你如何这等害我！正是杀人可恕，情理难容！"陆虞候告道："不干小人事，太尉差遣，不敢不来。"也是。〇太尉差遣，是。不干小人事，不是。〇世上大恶，在权力。但人亦有拒绝作恶之道德义务。林冲骂道："奸贼，我与你自幼相交，今日倒来害我，怎不干你事？且吃我一刀！"世上但以服从命令为借口作恶者，都该吃此一刀。把陆谦上身衣服扯开，把尖刀向心窝里只一剜，七窍迸出血来，将心肝提在手里。痛快。〇原来也有心肝。回头看时，差拨正爬将起来要走。林冲按住喝道："你这厮原来也恁的歹！且吃我一刀！"又早把头割下来，挑在枪上。痛快。回来，把富安、陆谦头都割下来。痛快。把尖刀插了，将三个人头发结做一处，提入庙里来，都摆在山神面前供桌上，痛快。〇多少日子压抑，今日方得一快。〇山神今日祭祀不乏绝。再穿了白布衫，系了搭膊，把毡笠子带上，将葫芦里冷酒都吃尽了。被与葫芦都丢了不要，提了枪，上文白布衫、毡笠子、葫芦、被、酒、肉一一再叙一遍，意味不同：上文为安顿计；此处为出走计。上文一一解下，安放，苟且偷安；此处一一穿上，弃了，喝尽吃光，铤而走险。便出庙门东投去。

走不到三五里，早见近村人家都拿着水桶钩子来救火。须有此一句。林冲道："你们快去救应，我去报官了来。"提着枪只顾走。那雪越下得猛。大雪有始有终。林冲投东去了两个更次，身上单寒，当不过那冷，在雪地里看时，离得草料场远了。只见前面疏林深处，树木交杂，远远地数间草屋，被雪压着，破壁缝里透火光出来。林冲径投那草屋来，推开门，只见那中间坐着一个老庄客，周围坐着四五个小庄家向火，火亦有始有终。地炉里面焰焰地烧着柴火。林冲走到面前叫道："众位拜揖，小人是牢城营差使人，被雪打湿了衣裳，借此火烘一烘，望乞方便。"庄客道："你自烘便了，何妨得。"林冲烘着身上湿衣服，略有些干，只见火炭边煨着一个瓮儿，里面透出酒香。林冲便道："小人身边有些碎银子，望烦回些酒吃。"老庄客道："我每夜轮流看米囤，如今四更天气正冷，我们这几个吃，尚且不够，那得回与你？休要指望。"林冲又道："胡乱只回三两碗，与小人挡寒。"老庄家道："你那人休缠，休缠！"

林冲闻得酒香，越要吃，说道："没奈何，回些罢。"众庄客道："好意着你烘衣裳向火，便来要酒吃。去便去，不去时，将来吊在这里！"林冲怒道："这厮们好无道理！"把手中枪看着块焰焰着的火柴头，望老庄家脸上只一挑，又把枪去火炉里只一搅，那老庄家的髭须焰焰的烧着，恶。〇林冲变态了。众庄客都跳将起来。林冲把枪杆乱打，老庄家先走了，庄家们都动掸不得，被林冲赶打一顿，都走了。林冲道："都去了，老爷快活吃酒。"何时自称过"老爷"？〇此时破罐子破摔了。〇彼时一直以为自己是好罐子。任人宰割也舍不得摔。土坑上却有两个椰瓢，取一个下来，倾那瓮酒来。吃了一会，剩了一半。提了枪，出门便走。一步高，一步低，踉踉跄跄，捉脚不住。走不过一里路，被朔风一掉，随着那山涧边倒了，那里挣得起来。大凡醉人，一倒便起不得。当时林冲醉倒在雪地上。可怜。

却说众庄客引了二十余人，拖枪拽棒，都奔草屋下看时，不见了林冲。却寻着踪迹赶将来，只见倒在雪地里，花枪丢在一边。众庄客一齐上，就地拿起林冲来，将一条索缚了。道是缚了，却是救了。趁五更时分，把林冲解投一个去处来。

那去处不是别处，有分教：蓼儿洼内，前后摆数千只战舰艨艟；水浒寨中，左右列百十个英雄好汉。正是：说时杀气侵人冷，讲处悲风透骨寒。毕竟看林冲被庄客解投甚处来，且听下回分解。

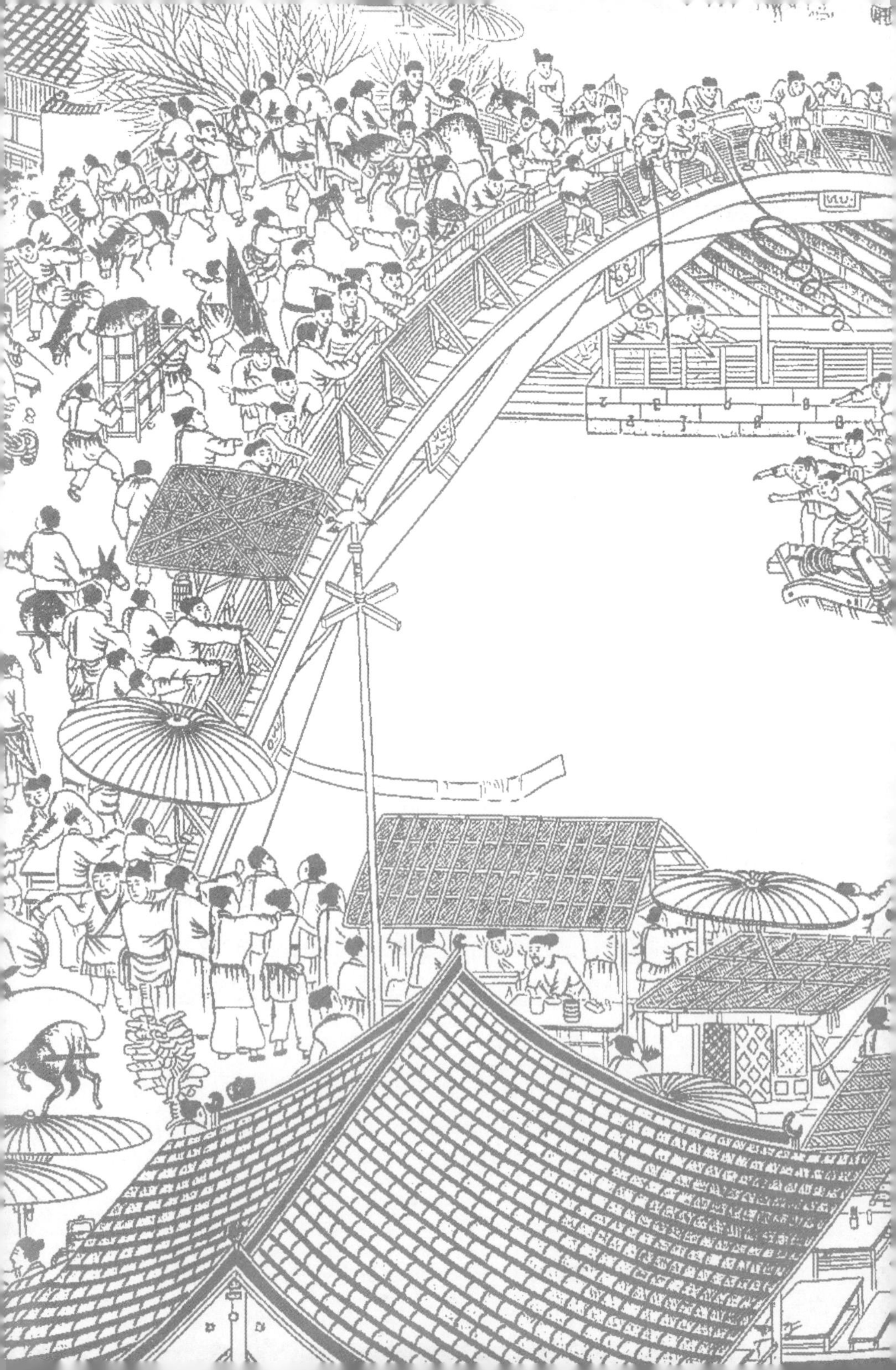

第十回

朱贵水亭施号箭　林冲雪夜上梁山

朱贵水亭
施号箭林冲
雪夜上梁山

回前总评

这一回，写出了离开旧轨道的林冲英雄失路、托足无门的悲哀。

“梁山泊”这个词，到这一回，终于出现了。一部大书，写梁山泊，写梁山好汉，为什么直到第十回才出现这个词？而且出现在林冲的故事里？

因为这样的安排，能够显示出梁山泊的意义来。

林冲是一个安分守己的人，他本来是一个体制中人，他从来没有想到要落草为寇，他是走投无路被逼上梁山的，在他身上，最能体现乱自上作、逼上梁山的主题。这是一层。

更重要的，是，林冲本来生活在大宋首都，是一个负责皇家禁卫军武术训练的教头，他生活在王化之下，王土之中，是个忠心耿耿，绝无反叛之心的王臣。溥天之下，莫非王土；率土之滨，莫非王臣。但是，林冲百般想做王臣、想做王的顺民良民而不得，他被逐出王土，或者说，他被逼逃离王土，因为，在王土之中，他只有死路一条，王土已经变成死地。于是，他只能逃往梁山泊。至此，我们就可以明白，梁山泊，就是作为王土的对立面而存在的。作品名称“水浒”，也就是王化之外，而《水浒传》，也就是这些被王权抛弃、迫害、追杀的族群的传记。

中国正史中，有各种各类人的传记，施耐庵等于又增加了一类人：“水浒”群体。而这一类人的出现，证明了王道、王化、王土的局限性。

林冲拿着柴进的信，投奔梁山泊，准备落草。这一过程中，他显得极度笨拙，完全没有鲁智深刚看到他时的那种翩翩风度。来到朱贵的店，却完全不知道这就是梁山泊的前哨。张口就问“去梁山多少路”，“与我觅只船儿”，一点基本的谨慎小心都没有，毫不仔细，莽撞之极。但这样写，很真实，很符合林冲的性格和身份。他自小不是江湖人物，哪里知道落草的机关，做强盗的规矩？所以这一段写林冲的笨拙，很悲凉，本来和梁山毫无人生交集的人，也不得不学着当强盗。

报国无门，叛国还无路。

他学着落草、忍着落草。但王伦还不接纳他。

王伦开始见林冲的时候，并没有想打发林冲下山，只是对林冲非常冷淡。对于一个来投奔他的大英雄如此冷淡，说明王伦根本就没有梁山泊主人的胸襟。等到后来突然想到了林冲武艺高，觉得不能留他，要把他打发下山，再次证明，王伦根本不配做梁山泊主人。后来林冲杀王伦之前有一句话：“这梁山泊便是你的？”梁山泊是天下的，是大家的，你一个人占住了，你阻挡别人的路，那你就该死。

这句话好。好在可以延伸：我们也可以对一个皇帝老儿问一句：“这天下便是你的？”能这样问的人，才是大写的人；能这样问的人，才是天下的主人，不，是自己的主人。林冲一直不是自己的主人，他的前半生归朝廷管，归高太尉管。落草梁山，归王伦管。高太尉是他主人，王伦是他主人。高太尉不要他这个仆人，要对他赶尽杀绝，主仆关系没了。上了梁山，王伦不收留他，连主仆协议都不签。后来收留他了，他又有了主人。但他很憋屈。杀了王伦，拥立晁盖、宋江，大家成了兄弟，至少成了名义上的兄弟，才算活出一点主人的滋味。梁山为什么为豪杰向往？梁山是什么滋味？就是一点做自家主人的滋味。这种味道好极了！

千里投名，万里投主，梁山上，王伦可恶，林冲可怜。一个处心竭虑要把他赶下山，一个忍气吞声要留下来。这两个人都难看。最后连杜迁、宋万、朱贵都帮林冲说话，王伦实在没有办法，提出了一个条件，那你拿一个投名状来。什么叫投名状？你到山下去杀一个人。林冲被逼无奈，只好下山去杀人。

这世界，哪里不写着一个"逼"字？在这个世界上生存，哪里用不着投名状？人站在哪里不是深渊？

王伦原也是一个不得志的不及第秀才，原也是无处安身的人，一旦有了一个地盘，他同样毫不怜悯，不给走投无路的人一条路。

王伦自以为聪明，自以为算计得到，其实，他忘记了起码的为人处事的常识。为什么那么多的人聪明反被聪明误呢？误就误在忘记常识。这个常识是什么呢？就是：不给别人活路，自家也就没有活路。在江湖做强盗头子，是这个常识；在朝廷做皇帝，也是这个常识。可惜的是，他们往往都缺少这个常识。为什么他们的智识一样？因为他们的本质一样：都是占山为王的观念。这种观念不但野蛮，而且愚昧。

话说豹子头林冲，当夜醉倒在雪里地上，挣扎不起，被众庄客向前绑缚了，解送来一个庄院。只见一个庄客从院里出来，说道："大官人未起，谁耶？众人且把这厮高吊起在门楼下。"看看天色晓来，林冲酒醒，打一看时，果然好个大庄院。何处？林冲大叫道：

“甚么人敢吊我在这里？”横。○往常自己总是“不敢”，不料世上偏有“敢”人。○自杀了三人后，索性横下去。那庄客听得叫，手拿柴棍，从门房里走出来，喝道：“你这厮还自好口！”那个被烧了髭须的老庄客说道：“休要问他，只顾打，等大官人起来，好生推问。”众庄客一齐上，林冲被打，挣扎不得，只叫道：“不妨事，我有分辩处。”哪里分辩？只见一个庄客来叫道：“大官人来了。”林冲朦胧地见个官人，背叉着手行将出来，逆光看去，故朦胧。写得真切，细心。至廊下问道：“你等众人打甚么人？”众庄客答道：“昨夜捉得个偷米贼人。”不加一罪，打之无据。○这世上的罪犯，往往是先被抓，先定罪，再“犯”罪，故曰“罪犯”，罪在前，犯在后。没有犯罪，先成罪犯。不是我等犯了罪，而是罪犯了我等。那官人向前来看时，认得是林冲，慌忙喝退庄客，亲自解下，问道：“教头缘何被吊在这里？”众庄客看见，一齐走了。林冲看时，不是别人，却是小旋风柴进，连忙叫道：“大官人救我！”柴进道：“教头为何到此，被村夫耻辱？”林冲道：“一言难尽！”两个且到里面坐下，把这火烧草料场一事，备细告诉。柴进听罢道：“兄长如此命蹇！今日天假其便，但请放心，这里是小弟的东庄，且住几时，却再商量。”叫庄客取一笼衣裳出来，叫林冲彻里至外都换了，请去暖阁里坐地，安排酒食杯盘管待。自此林冲只在柴进东庄上住了五七日，不在话下。

且说沧州牢城营里管营，首告林冲杀死差拨、陆虞候、富安等三人，放火沿烧大军草料场。州尹大惊，随即押了公文帖，仰缉捕人员将带做公的，沿乡历邑，道店村坊，画影图形，出三千贯信赏钱捉拿正犯林冲。看看挨捕甚紧，各处村坊讲动了。

且说林冲在柴大官人东庄上，听得这话，如坐针毡，俟候柴进回庄，林冲便说道：“非是大官人不留小弟，争奈官司追捕甚紧，排家搜捉，倘或寻到大官人庄上时，须负累大官人不好。既蒙大官人仗义疏财，求借林冲些小盘缠，投奔他处栖身。异日不死，当效犬马之报。”柴进道：“既是兄长要行，小人有个去处，作书一封与兄长去，尚记上一封信否？〇柴大官人书信总不管用。如何？”林冲道：“若得大官人如此周济，教小人安身立命。从史进到鲁达到林冲，皆为这四个字流落不偶。只不知投何处去？”柴进道：“是山东济州管下一个水乡，地名梁山泊，一百零八人去处，至此才出现。方圆八百余里，中间是宛子城、蓼儿洼。如今有三个好汉在那里扎寨。为头的唤做‘白衣秀士’王伦，第二个唤做‘摸着天’杜迁，第三个唤做‘云里金刚’宋万。那三个好汉聚集着七八百小喽啰，打家劫舍，多有做下迷天大罪的人，都投奔那里躲灾避难，他都收留在彼。不是。〇小旋风不识人，一证于差拨管营，一见于王伦，三见于武松。三位好汉亦与我交厚，常寄书缄来。我今修一封书与兄长，去投那里入伙如何？”林冲道：“若得如此顾盼，最好。”无路可走，毫不犹豫。柴进道：“只是沧州道口见今官司张挂榜文，又差两个军官在那里搜检，把住道口。兄长必用从那里经过。”柴进低头一想道：“再有个计策，送兄长过去。”林冲道：“若蒙周全，死而不忘！”柴进当日先叫庄客背了包裹出关去等。柴进却备了三二十匹马，带了弓箭旗枪，驾了鹰雕，牵着猎狗，一行人马都打扮了，却把林冲杂在里面，一齐上马，都投关外。

却说把关军官坐在关上，看见是柴大官人，却都认得。原来这军官未袭职时，曾到柴进庄上，因此熟识。军官起身道：“大官人又去快活？”柴进下马问道：“二位官人缘何在此？”军官道：“沧州大尹行移文书，画影图形，捉拿犯人林冲，特差某等在此守把。但有过往客商，一一盘问，才放出关。”柴进笑道：“我这一伙人内中间，夹带着林冲，你缘何不认得？”军官也笑道：“大官人是识法度的，瞎说。〇大官人是天下第一藐视法度的。不到得肯夹带了出去。请尊便上马。”

柴进又笑道："只恁地相托得过，拿得野味回来相送。"作别了，一齐上马出关去了。行得十四五里，却见先去的庄客在那里等候。柴进叫林冲下了马，脱去打猎的衣服，却穿上庄客带来的自己衣裳，系了腰刀，戴上红缨毡笠，背上包裹，提了衮刀，相辞柴进，拜别了便行。

只说那柴进一行人上马自去打猎，到晚方回，依旧过关，送些野味与军官，回庄上去了。不在话下。一大段写柴进送林冲过关卡，巧妙而可信，兼能写出柴进平日为人。

且说林冲与柴大官人别后，上路行了十数日，时遇暮冬天气，彤云密布，朔风紧起，又见纷纷扬扬下着满天大雪。林冲的天空还在下雪。林冲踏着雪只顾走，看看天色冷得紧切，渐渐晚了，远远望见枕溪靠湖一个酒店，被雪漫漫地压着。风景如画。○写伤心人流落，偏写得诗意盎然。林冲奔入那酒店里来，揭开芦帘，拂身入去，倒侧身看时，都是座头。拣一处座下，倚了衮刀，解放包裹，抬了毡笠，把腰刀也挂了。一番细写，写出冷清。只见一个酒保来问道："客官，打多少酒？"林冲道："先取两角酒来。"酒保将个桶儿，打两角酒，将来放在桌上。林冲又问道："有甚么下酒？"酒保道："有生熟牛肉、肥鹅、嫩鸡。"林冲道："先切二斤熟牛肉来。"酒保去不多时，将来铺下一大盘牛肉，数般菜蔬，放个大碗，一面筛酒。

林冲吃了三四碗酒，只见店里一个人背叉着手，甚么人？走出来门前看雪。那人问酒保道："甚么人吃酒？"偏他问。妙却在当时并无回答。○已经到了梁山的黑店，林冲却不知道。林冲看那人时，头戴深檐暖帽，身穿貂鼠皮袄，脚着一双獐皮窄靿靴；身材长大，相貌魁宏，双拳骨脸，三丫黄髯，只把头来摸着看雪。林冲叫酒保只顾筛酒。林冲说道："酒保，你也来吃碗酒。"写林冲寂寞可怜。○亦为下文问梁山泊套近乎。酒保吃了一碗，林冲问道："此间去梁山泊，还有多少路？”酒保答道：“此间要去梁山泊，虽只数里，却是水路，全无旱路。若要去时，须用船去，方才渡得到那里。”林冲道：“你可与我觅只船儿？”酒保道：“这般大雪，天色又晚了，那里去寻船只？”林冲道：“我多与你些钱，央你觅只船来，渡我过去。”可怜。酒保道：“却是没讨处。”林冲寻思道：“这般却怎的好？”又吃了几碗酒，闷上心来，读者已闷了半日。蓦然想起：“我先在京师做教头，每日六街三市游玩吃酒，谁想今日被高俅这贼坑陷了我这一场，文了面，直断送到这里，闪得我有家难奔，有国难投，受此寂寞！”教头往日荣华，恰似一场春梦。因感伤怀抱，问酒保借笔砚来，乘着一时酒兴，向那白粉壁上写下八句道：

仗义是林冲，为人最朴忠。
江湖驰誉望，京国显英雄。
身世悲浮梗，功名类转蓬。
他年若得志，威镇泰山东！

共八句。两句写品行，两句称才名，两句叹命运，两句写志向。〇却不料朱贵之问，回答在此。

撇下笔，再取酒来。掷笔于地，一声浩叹。〇恨不能穿越，与之同饮。正饮之间，只见那个穿皮袄的汉子走向前来，把林冲劈腰揪住，说道：“你好大胆！你在沧州做下迷天大罪，却在这里！见今官司出三千贯信赏钱捉你，却是要怎地？”吓人。话本当如此，不如此不足以耸动听者之耳。林冲道：“你道我是谁？”那汉道：“你不是豹子头林冲？”林冲道：“我自姓张。”鲁智深在代州雁门县看榜，被金老唤作张大哥。林冲在梁山泊边小酒店，亦自称姓张。张姓何不幸，张姓又何等幸！〇天下大姓，不免被冒。〇刚写下林冲在壁上，却又自称姓张。写林冲心慌可笑。那汉笑道：一笑便知没甚利害。“你莫胡说。见今壁上写下名字，你脸上文着金印，如何要赖得过！”林冲道：“你真个要拿我？”那汉笑道：“我却拿你做甚么？”好汉口吻。便邀到后面一个水亭上，叫酒保点起灯来，和林冲施礼，刚刚寂寞难耐，突然寒夜客来。对面坐下。那汉问道：“却才见兄长只顾问梁山泊路头，要寻船去，那里是强人山寨，你待要去做甚么？”不得不谨慎。林冲道：“实不相瞒，如今官司追捕小人紧急，无安身处，特投这山寨里好汉入伙，因此要去。”那汉道：“虽然如此，必有个人荐兄长来入伙。”林冲道：“沧州横海郡故友举荐将来。”那汉道：“莫非小旋风柴进么？”林冲道：“足下何以知之？”那汉道：“柴大官人与山寨中大王头领交厚，常有书信往来。”原来王伦当初不得第之时，与杜迁投奔柴进，多得柴进留在庄子上，住了几时，临起身又赍发盘缠银两，因此有恩。看他如何报恩。〇补出柴进王伦因缘。

林冲听了便拜道：“有眼不识泰山，愿求大名。”听出此人与梁山定有关联，故拜。那汉慌忙答礼，说道：“小人是王头领手下耳目，姓朱，名贵。原是沂州沂水县人氏，江湖上但叫小弟做‘旱地忽律’。山寨里教小弟在此间开酒店为名，专一探听往来客商经过，但有财帛者，便去山寨里报知。但是孤单客人到此，无财帛的，放他过去。有财帛的来到这里，轻则蒙汗药麻翻，重则登时结果，将精肉片为羓子，肥肉煎油点灯。可见财帛是祸根。〇凡人无钱则忧，有钱则喜，不知钱财往往是惹祸根由。却才见兄长只顾问梁山泊路头，因此不敢下手。否则早被片为羓子，煎油点灯了。次后见写出大名来，曾有东京来的人，传说兄长的豪杰，不期今日得会。既有柴大官人书缄相荐，亦是兄长名震寰海，王头领必当重用。”朱贵亦不了解王伦心思。随即安排鱼肉、盘馔酒肴到来相待。两个在水亭上吃了半夜酒。朱贵亦是寂寞。〇大雪弥漫日，对酒不思友者，无心肝者也。〇好想湖边开店，专等林冲到来。室外风雪漫世界，一壶浊酒烧襟怀。林冲道："如何能够船来渡过去？"朱贵道："这里自有船只，兄长放心。且暂宿一宵，五更却请起来同往。"当时两个各自去歇息。

睡到五更时分，朱贵自来叫林冲起来。洗漱罢，再取三五杯酒相待，吃了些肉食之类。此时天尚未明，朱贵把水亭上窗子开了，取出一张鹊画弓，搭上那一枝响箭，觑着对港败芦折苇里面射将去。林冲道："此是何意？"朱贵道："此是山寨里的号箭。少顷便有船来。"没多时，只见对过芦苇泊里，三五个小喽啰摇着一只快船过来，径到水亭下。朱贵当时引了林冲，取了刀仗行李下船。小喽啰把船摇开，望泊子里去，奔金沙滩来。到得岸边，朱贵同林冲上了岸，小喽啰背了包裹，拿了刀仗，两个好汉上山寨来。那几个小喽啰自把船摇到小港里去了。

林冲看岸上时，全书第一次写梁山泊，却从林冲眼里看出。两边都是合抱的大树，半山里一座断金亭子。再转将过来，见座大关，关前摆着枪、刀、剑、戟、弓、弩、戈、矛，四边都是擂木炮石。小喽啰先去报知。二人进得关来，两边夹道，遍摆着队伍旗号。又过了两座关隘，方才到寨门口。林冲看见四面高山；三关雄壮，团团围定，中间里镜面也似一片平地，可方三五百丈；靠着山口，才是正门，两边都是耳房。一段描写，见出梁山真乃英雄荟萃之所，安身立命之处。〇亦见出王伦有才。朱贵引着林冲来到聚义厅上，中间交椅上坐着一个好汉，正是白衣秀士王伦，左边交椅上坐着摸着天杜迁，右边交椅坐着云里金刚宋万。架子大，若宋江必亲至金沙滩恭迎。此王伦不及宋江处也。

朱贵、林冲向前声喏了，朱贵林冲向前，写出王伦不曾起身相迎也。又不见王伦答礼招呼。林冲立在朱贵侧边。一立一侧，写出林冲可怜，写出王伦该死。朱贵便道：却不是王伦先问。〇总写林冲尴尬，并朱贵亦略显多事。"这位是东京八十万禁军教头，姓林，名冲，绰号'豹子头'。因被高太尉陷害刺配沧州，那里又被火烧了大军草料场，争奈杀死三人，逃走在柴大官人家，好生相敬。因此特写书来，举荐入伙。”只得推到柴大官人身上，盖非如此不足以让王伦开颜开口也。林冲怀中取书递上，王伦接来拆开看了，却仍是不开口。便请林冲来坐第四位交椅，坐是请坐了，却没甚言语与礼节。朱贵坐了第五位，一面叫小喽啰取酒来，把了三巡，初次见面，如此随便，不见热情。动问柴大官人近日无恙。只问柴大官人，不问林冲。林冲答道：“每日只在郊外猎较乐情。”至此林冲也才说得这一句。王伦不说，是冷淡待人；林冲不说，是开口不得。王伦不说，是心中自有计较；林冲不说，是心中无有把握。

王伦动问了一回，蓦然寻思道：“我却是个不及第的秀才，因鸟气，合着杜迁来这里落草；续后宋万来，聚集这许多人马伴当。我又没十分本事，杜迁、宋万武艺也只平常。如今不争添了这个人，他是京师禁军教头，必然好武艺。必然好武艺，为山寨添生力，必然会重用，必然会欢喜，此常情也，朱贵即作如是想。不料下文却转向另一边，见出才华为君子所喜，却为小人所嫉也。倘若被他识破我们手段，他须占强，我们如何迎敌？不若只是一怪，推却事故，发付他下山去便了，免致后患。只是柴进面上却不好看，忘了日前之恩，如今也顾他不得。”小人转背忘恩，皆是有“顾他不得”之念。〇“顾他不得”是一切忘恩者之借口。重叫小喽啰一面安排酒食，整理筵宴，请林冲赴席，众好汉一同吃酒。刚才冷淡，是未下决心纳客；此时热情，是已下决心逐客。于林冲而言，此番热情款待，正是不祥之兆也。

将次席终，王伦叫小喽啰把一个盘子托出五十两白银，两匹纻丝来。王伦起身说道：“柴大官人举荐将教头来敝寨入伙，争奈小寨粮食缺少，屋宇不整，寨中米贵，居大不易。人力寡薄，恐日后误了足下，亦不好看。略有些薄礼，望乞笑留，寻个大寨安身歇马，自寻出路去。切勿见怪。”林冲道：“三位头领容覆：小人‘千里投名，万里投主’，凭托柴大官人面皮，搬出柴大官人面皮来。径投大寨入伙。林冲虽然不才，望赐收录，当以一死向前，并无谄佞，可怜。〇司马迁曰：“士当其危苦之时，易与耳。”若非时蹇命薄，林冲视王伦三人如何哉！实为平生之幸。不为银两赍发而来，乞头领照察。”王伦道：“我这里是个小去处，“小”字确。非地小，乃人小耳。大人可使小去处变为大去处，小人总使大去处成了小去处。如何安着得你？你之罪，正在你大。休怪，休怪！”绝决无情之极。朱贵见了，便谏道：“哥哥在上，莫怪小弟多言。山寨中粮食虽少，近村远镇，可以去借；山场水泊，木植广有，便要盖千间房屋，却也无妨。米不贵，居亦易。这位是柴大官人力举荐来的人，如何教他别处去？抑且柴大官人自来与山上有恩，日后得知不纳此人，须不好看。这位又是有本事的人，朱贵哪里知道，不留林冲，正因为他是有本事的人。〇林冲命苦，东京不留，乃是因为他有娇妻；山寨不留，乃是因为他有本事。他必然来出气力。”杜迁道：“山寨中那争他一个！朱贵已质朴，杜迁更老实。哥哥若不收留，柴大官人知道时见怪，显的我们忘恩背义。日前多曾亏了他，今日荐个人来，便恁推却发付他去！”宋万也劝道：“柴大官人面上，可容他在这里做个头领也好。不然，见得我们无义气，使江湖上好汉见笑。”三人一齐留，且都以柴大官人为口实，见出柴大官人在山寨有面子。是个强盗头。〇朱贵、宋万、杜迁，本事有限，但为人质朴，故可入一百八人名单。本领或非人力可致，质朴却是一念可得。故无本领可谅解，无质朴须受责也。

王伦道：“兄弟们不知，他在沧州虽是犯了迷天大罪，今日上山，却不知心腹。倘或来看虚实，如之奈何？”显见不是真心话。林冲道：“小人一身犯了死罪，因此来投入伙，何故相疑？”王伦道：“既然如此，你若真心入伙，把一个投名状来。”可恶。〇不知将来林冲正拿你头作投名状献与晁盖。林冲便道：“小人颇识几字，乞纸笔来便写。”朱贵笑道：“教头，你错了。但凡好汉们入伙，须要纳投名状，是教你下山去杀得一个人，将头献纳，他便无疑心。这个便谓之‘投名状’。”林冲道：“这事也不难，林冲便下山去等，只怕没人过。”杀一人而得天下，不为也。今杀一无辜人而得容身，林冲忍为此乎？王伦道：“与你三日限。若三日内有投名状来，便容你入伙；若三日内没时，只得休怪。”既要投名状，何必定要三日限？可见一切皆借口。林冲应承了。

当夜席散，朱贵相别下山，自去守店。林冲到晚取了刀仗、行李，小喽啰引去小喽啰引去，可怜。客房内歇了一夜。次日早起来，吃些茶饭，可怜。带了腰刀，提了衮刀，叫一个小喽啰领路下山，可怜。把船渡过去，僻静小路上等候客人过往。从朝至暮，等了一日，并无一个孤单客人经过。林冲闷闷不已，和小喽啰再渡过来，回到山寨中。王伦问道："投名状何在？"林冲答道："今日并无一个过往，以此不曾取得。"王伦道："你明日若无投名状时，也难在这里了。"三日忽然变作两日。

林冲再不敢答应，又是一个"不敢"。心内自己不乐。来到房中，讨些饭吃了，讨饭，可怜。又歇了一夜。次日，清早起来，和小喽啰吃了早饭，三位一直不见，吃住行都是自办或小喽啰相陪，可怜。拿了衮刀，又下山来，小喽啰道："俺们今日投南山路去等。"两个过渡，来到林子里等候，并不见一个客人过往。伏到午牌时候，一伙客人，约有三百余人，结踪而过，林冲又不敢动手，看他过去。又等了一歇，看看天色晚来，又不见一个客人过。林冲对小喽啰道："我恁地晦气！等了两日，不见一个孤单客人过往，如何是好！"小喽啰道："哥哥且宽心，明日还有一日限，我和哥哥去东山路上等候。"小喽啰温情正衬出王伦的冷漠。当晚依旧渡回。渡过河来。

王伦说道："今日投名状如何？"林冲不敢答应，还是不敢。只叹了一口气。王伦笑道：即这一个"笑"字，便该杀。"想是今日又没了！我说与你三日限，今已两日了，若明日再无，不必相见了，便请那步下山，投别处去。"视林冲如无物。林冲回到房中，端的是心内好闷，仰天长叹道："不想我今日被高俅那贼陷害，流落到此，天地也不容我，直如此命蹇时乖！"朝廷不容，山寨也不容。过了一夜，次日天明起来，讨些饭食吃了，又是一个讨字。打拴了那包裹撇在房中，预作挪步下山计，可怜。跨了腰刀，提了衮刀，又和小喽啰下山过渡投东山路上来。林冲道：“我今日若还取不得投名状时，只得去别处安身立命！”人生在世，处处须要投名状。

两个来到山下东路林子里，潜伏等候。看看日头中了，又没一个人来。时遇残雪初晴，日色明朗，林冲提着衮刀，对小喽啰道：“眼见得又不济事了，不如趁早，天色未晚，取了行李，只得往别处去寻个所在！”心中七上八下，语言七颠八倒，可怜。小校用手指道：“好了，兀的不是一个人来！”林冲看时，叫声：“惭愧！”只见那个人远远在山坡下，望见行来。待他来得较近，林冲把衮刀杆剪了一下，蓦地跳将出来。那汉子见了林冲，叫声：“阿也！”撇了担子，转身便走。忽然来，忽然又去了。林冲之失望如何？林冲赶将去，那里赶得上？那汉子闪过山坡去了。林冲道：“你看我命苦么？等了三日，甫能等得一个人来，又吃他走了！”小校道：“虽然不杀得人，这一担财帛可以抵当。”林冲道：“你先挑了上山去，我再等一等。”仍然不甘心。小喽啰先把担儿挑出林去，只见山坡下转出一个大汉来。林冲见了，说道：“天赐其便！”只见那人挺着朴刀，大叫如雷，眼见得不是好惹的。喝道：“泼贼，杀不尽的强徒！将俺行李那里去！洒家正要捉你这厮们，倒来拔虎须！”飞也似踊跃将来。眼见得是个劲敌。林冲见他来得势猛，也使步迎他。

不是这个人来斗林冲，有分教：梁山泊内，添几个弄风白额大虫；水浒寨中，辏几只跳涧金睛猛兽。毕竟来与林冲斗的正是甚人，且听下回分解。

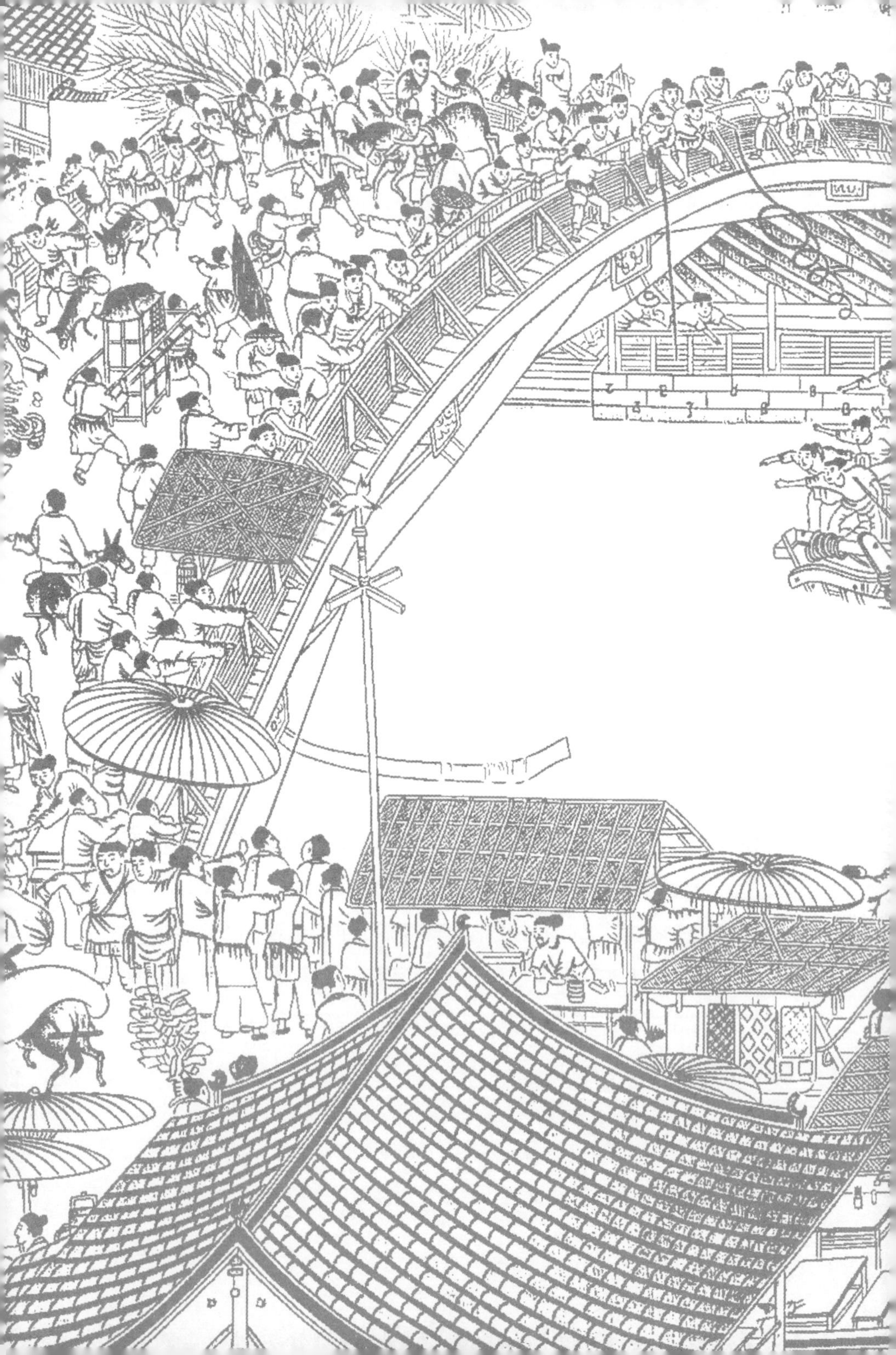

第十一回

梁山泊林冲落草　汴京城杨志卖刀

梁山泊
林冲
落草

回前总评

一边是林冲落草，一边是杨志卖刀。

在林冲与杨志的命运里，都有一把刀。

林冲中了陆谦陆虞候的连环计，街头买宝刀，被骗进白虎节堂，得罪刺配，最终逼上梁山泊；杨志被高俅剥夺了前程，走投无路，街头卖宝刀，碰到市井泼皮牛二，一时怒起杀了牛二，最终充军大名府。林冲遇到的，是朝廷里面的破落户泼皮高俅；杨志遇到的，除了高俅，还有市井里面的泼皮牛二。

这个世界，不是英雄的世界，而是泼皮的世界。

其实王伦也是泼皮：他要林冲杀一人作投名状，后来又想让杨志也留下来，好让他与林冲两人互相作对，自己从中控制他们。不要以为这只是一个小秀才的谋略，让手下人甚至全体国民互相内斗，是中国文化中很阴暗的部分，其思想来自于法家，韩非子《八经·主道》说"作斗以散朋党"，促人内部争斗使他们自行瓦解。韩非子《八经》，就是教君王如何牢牢把控权力和地位的八项基本原则。下面人互斗，君王就能在上各个击破，很阴险。

即便梁山上一个落第秀才，也学得如此腹黑。

但是杨志此时不愿意落草。杨志是大名鼎鼎的杨家将杨业的后代，杨家祖孙三代抗击大辽，保家卫国。落草不光断子孙的路，还污祖先的名，他怎么能够轻易落草呢？他一心想的，是能用一担金银财宝，买上告下，官复原职，将一身本事博一个封妻荫子，光宗耀祖。

就体制里面的位置而言，林冲是患失，杨志是患得。

患得患失，人格就把不住了，你就被别人把住了。

买上告下，杨志最终买到了什么？一张表格。这张表格交到高太尉那里，被高太尉一画勾销了。杨志官场前景彻底破灭。

“高太尉，你忒毒害，恁地刻薄。”杨志内心是有怨仇的。杨志这个人性格跟林冲不大一样，林冲很忠厚，为人最朴忠；杨志是有恩报恩，有仇报仇。杨志这句话是个伏笔，有这样对高太尉的仇恨，才会发生后面的那两刀。

杨志也是一个能忍的人。杨志和林冲共同特点就是都能忍。都在官场待过，官场炼到最后就是让你能忍。他对市井泼皮牛二的纠缠，也是一忍再忍，直到后面，才说了一句硬话：“你只顾没了当，洒家又不是你撩拨的。”这句话，一下子身份就出来了。洒家难道是你这样的人能撩拨的吗？作者之前用很多笔墨写这个泼皮纠缠杨志，写得那么生动那么栩栩如生，你以为作者在写泼皮吗？你以为作者重点在写牛二吗？不是，在写杨志，写一个英雄的龙游浅水遭虾戏，虎落平川被犬欺。

直至两人发生肢体冲突，杨志还在向街人解释：“这个泼皮要强夺洒家的刀，又把俺打。”牛二喝道：“你说我打你，便打杀直甚么。”言下之意，你算什么东西？

一个泼皮，打死一个英雄，又怎样？这就是那个世道。高俅要杀林冲，如果他把林冲杀了，又能怎么样？杨志值什么？林冲值什么？我们值什么？一文不值。在权力的世界里，谁都一文不值，谁都不是什么，谁都不是东西。这就是真相。所以牛二这一句也最终激怒了杨志，高俅不把我当什么东西，你牛二也不把我当什么东西，所以当牛二一拳打过来，杨志直接拿刀对准牛二的要命之处去了，杨志已经完全没有办法按捺心中的仇恨，对着牛二的咽喉，直接一刀就过去了。

为什么直接奔着咽喉？因为他此时体会到了你死我活，所以他要斩尽杀绝。有高俅有牛二，这世道不仅没活路，连死也不值什么。这是决绝的仇恨导致决绝的仇杀。是的，杨志虽然刚刚认识牛二，但这仍然是仇杀，——是杨志对这个世道的仇。这个仇不仅已经经冬历秋，而且是世仇了——从杨业开始，这个世道就与杨家为仇。

牛二被杀了。我要说，最终杀掉牛二的其实不是杨志，是谁呢？牛二自己。正因平日作恶，今日才无人来劝；正因无人来劝，故有杀身之祸；可见平日作恶，时时自得于一时之快，正是累积死亡也。这难道不是牛二自己应得的命运吗？街头泼皮如此，朝廷泼皮也是如此。江湖如此，朝廷也如此。累累作恶且打杀人劝，最终就是自蹈死地而无人能拉。他们最终等来的，就是那直刺咽喉的刀尖。死得突然，突然死亡。

牛二扑倒在地上，杨志还上去对着他的胸口连搠两刀。杨志对牛二这么大的仇恨，从哪来的？此时，杨志在杀牛二，他心中想的是谁？是高俅。你以为他杀牛二吗？他那连搠两刀，杀的是高俅。压抑了太久，一旦有机会，一旦按捺不住，一旦爆发出来，杨志的刀，一定是冲着人性命去的。

另一方面，杨志也是一个敢作敢当，识法度、有责任感的人。《水浒传》中的好汉，在杀人之后，第一反应是“赶快跑”。杀人就跑，这是江湖好汉的行为方式；但杨志杀人之时，似乎被一种突然而来的狂暴支配，杀人之后，却出奇的冷静。他绝不连累无辜街坊，径直到开封府自首。这一举动，正说明了他的身份和教养。

和林冲一样，杨志堕入江湖也是一波三折。他们都希望清清白白地生活，在官僚体制内保存自己的体面和地位。但是，他们都被官僚体制排挤在外。林冲到沧州之初，获得了短暂的安稳，似乎只要忍耐下去就可以看到希望。杨志被刺配到大名府留守司，很幸运地获得了留守梁中书的器重。梁中书有意抬举杨志，这让杨志又看到了希望。回归体制内“往上爬”的欲望，又在杨志心中燃烧起来。

话说林冲打一看时，只见那汉子头戴一顶范阳毡笠，上撒着一把红缨，穿一领白缎子征衫，系一条纵线绦，下面青白间道行缠，抓着裤子口，獐皮袜，带毛牛膀靴，跨口腰刀，提条朴刀，生得七尺五六身材，面皮上老大一搭青记，腮边微露些少赤须，把毡笠子掀在脊梁上，坦开胸脯，带着抓角儿软头巾，挺手中朴刀，高声喝道：“你那泼贼！将俺行李财帛那里去了！”来者不是个好对付的。○语气又气又急。是个郁闷在胸的人口吻。林冲正没好气，那里答应，也是一个郁闷人。睁圆怪眼，倒竖虎须，挺着朴刀抢将来，斗那个大汉。此时浅雪初晴，薄云方散，溪边踏一片寒冰，岸畔涌两条杀气。好烘托。一往一来，斗到三十来合，不分胜败。一个必夺回财帛，方能回朝廷；一个必杀掉对方，方能入山寨，三十余回合，都是为了各自的安身立命。○写两个苦命人为命苦而斗，令人鼻酸。○他们的敌手，都不是对方；他们的杀气，也另有对象：那就是他们自己偃蹇的命运。

两个又斗了十数合，正斗到分际，只见山高处叫道：“两位好汉，不要斗了！”林冲听得，蓦地跳出圈子外来。林冲先跳出者，林冲此时不必杀也；杨志不住手者，杨志此时不能舍下财帛也。两个收住手中朴刀，看那山顶上时，却是白衣秀士王伦和杜迁、宋万并许多小喽啰，走下山来，方知小喽啰先挑财帛回山之妙。将船渡过了河，说道："两位好汉，端的好两口朴刀，神出鬼没！这个是俺的兄弟豹子头林冲，有此一称，也是可以开拓梁山。青面汉，你却是谁？愿通姓名。"那汉道："洒家是三代将门之后，五侯杨令公之孙，负气之言，傲慢之言。姓杨，名志。流落在此关西。年纪小时，曾应过武举，做到殿司制使官。道君因盖万岁山，差一般十个制使去太湖边搬运花石纲，赴京交纳。不想洒家时乖运蹇，押着那花石纲，来到黄河里，遭风打翻了船，失陷了花石纲，不能回京赴任，逃去他处避难。亦是一个无处安身的人。如今赦了俺们罪犯，洒家今来收的一担儿钱物，待回东京去枢密院使用，再理会本身的勾当，所以视一担财帛如命也。○亦写出官场腐败。○武官升迁须钱帛，上疆场，以何御敌耶？打从这里经过，顾倩庄家挑那担儿，不想被你们夺了。可把来还洒家如何！"无奈。○杨志与强盗亦能商量，显然是在下层漂泊之故。

王伦道："你莫是绰号唤做'青面兽'的？"写出杨志江湖名望。杨志道："洒家便是。"王伦道："既然是杨制使，就请到山寨吃三杯水酒，纳还行李如何？"杨志道："好汉既然认得洒家，便还了俺行李，更强似请吃酒。"傲慢。负气。王伦道："制使，小可数年前到东京应举时，便闻制使大名。今日幸得相见，如何教你空去！且请到山寨少叙片时，并无他意。"杨志听说了，只得跟了王伦一行人等过了河，上山寨来。就叫朱贵同上山寨相会，都来到寨中聚义厅上。左边一带四把交椅，却是王伦、杜迁、宋万、朱贵；右边一带两把交椅，上首杨志，下首林冲，这林冲在下首，在在必然。施大爷一丝不松懈也。都坐定了。王伦叫杀羊置酒，安排筵宴，管待杨志，前后上梁山者，无一人似林冲不受待见。此番故意以杨志作衬托。不在话下。

话休絮烦。酒至数杯，王伦心里想道："若留林冲，实形容得我们不济，不如我做个人情并留了杨志，与他作敌。"此种心思可怕亦可笑，典型的中国政治。因指着林冲对杨志道："这个兄弟，他是东京八十万禁军教头，唤做豹子头林冲。因这高太尉那厮安不得好人，你这里安得耶？把他寻事刺配沧州，那里又犯了事，如今也新到这里。却才制使要上东京勾当，不是王伦纠合制使，小可兀自弃文就武，来此落草，制使又是有罪的人，虽经赦宥，难复前职，亦且高俅那厮见掌军权，他如何肯容你？亦有见识。○有此见识方可投奔江湖，开拓梁山。不如只就小寨歇马，大秤分金银，大碗吃酒肉，同做好汉，不知制使心下主意若何？"杨志答道："重蒙众头领如此带携，只是洒家有个亲眷，见在东京居住。前者官事连累了他，不曾酬谢得他，今日欲要投那里走一遭，望众头领还了洒家行李。如不肯还，杨志空手也去了。"负气话。王伦笑道："既是制使不肯在此，如何敢勒逼入伙？且请宽心住一宵，明日早行。"杨志大喜。当日饮酒到二更方歇，各自去歇息了。

次日早起来，又置酒与杨志送行。独有林冲冷清。吃了早饭，众头领叫一个小喽啰，把昨夜担儿挑了，一齐都送下山，来到路口与杨志作别。教小喽啰渡河，送出大路。众人相别了，自回山寨。王伦自此方才肯教林冲坐第四位，朱贵坐第五位。从此五个好汉在梁山泊打家劫舍，不在话下。

只说杨志出了大路，寻个庄家挑了担子，发付小喽啰自回山寨。杨志取路，不数日，来到东京。入得城来，寻个客店安歇下。庄客交还担儿，与了些银两，自回去了。杨志到店中放下行李，解了腰刀、朴刀，叫店小二将些碎银子买些酒肉吃了。过数日，央人来枢密院打点，理会本等的勾当，将出那担儿内金银财物，买上告下，须过多少关，多少门？何等烦琐劳累，令人不耐。○写林冲是一种辛苦，写杨志又是一种辛苦。○总是写官场辛苦。再要补殿司府制使职役。把许多东西都使尽了，方才得申文书，不耗尽你，哪得罢手。引去见殿帅高太尉。来到厅前，那高俅把从前历事文书都看了，大怒道：“既是你等十个制使去运花石纲，九个回到京师交纳了，偏你这厮把花石纲失陷了，又不来首告，倒又在逃，许多时捉拿不着。今日再要勾当，虽经赦宥所犯罪名，难以委用！”把文书一笔都批倒了，将杨志赶出殿帅府来。到头一场空。○钱都使尽了，尚未到太尉这里，如何肯放你过去？

杨志闷闷不已，回到客店中，思量：“王伦劝俺，也见得是。只为洒家清白姓字，不肯将父母遗体来点污了，指望把一身本事，边庭上一枪一刀，博个封妻荫子，也与祖宗争口气，你家祖上倒是一身本事，边庭上也一枪一刀，可曾博个封妻荫子？不想又吃这一闪。高太尉，可见咬牙切齿之状。你忒毒害，恁地刻薄！”心中烦恼了一回。在客店里又住几日，盘缠都使尽了，杨志寻思道：“却是怎地好？只有祖上留下这口宝刀，从来跟着洒家，如今事急无措，只得拿去街上货卖得千百贯钱钞，好做盘缠，投往他处安身。”又来一口宝刀。○林冲买刀，杨志卖刀，一买一卖，都是刀锋上的人生。当日将了宝刀，插了草标儿，宝刀配草标，辱杀宝刀；英雄沽市上，辱没英雄。上市去卖。走到马行街内，立了两个时辰，并无一个人问。不遇识者，屈沉了我这口宝刀！将立到晌午时分，转来到天汉州桥热闹处去卖。卖已是辱没杀人，却又卖不出。○此处隐隐调动卖刀与林冲的那汉子。杨志立未久，只见两边的人都跑入河下巷内去躲。却是奇怪。

杨志看时，只见都乱撺，口里说道：“快躲了！大虫来也！”却是奇怪。杨志道：“好作怪！这等一片锦城池，却那得大虫来！”当下立住脚看时，只见远远地黑凛凛一条大汉，吃得半醉，一步一颠撞将来。写来如画。杨志看那人时，原来是京师有名的破落户泼皮，叫做“没毛大虫”牛二，专在街上撒泼、行凶、撞闹，连为几头官司，开封府也治他不下，治不下刁民，专能制服良民，是无能政府的基本特征，自古而然。以此满城人见那厮来都躲了。

却说牛二抢到杨志面前，就手里把那口宝刀扯将出来，骄横惯了。问道："汉子，你这刀要卖几钱？""几钱"，恶。杨志道："祖上留下宝刀，要卖三千贯。"牛二喝道："喝道"，恶。"甚么鸟刀，"鸟刀"，恶。要卖许多钱！我三十文买一把，也切得肉，切得豆腐。你的鸟刀有甚好处，叫做宝刀！"一路写泼皮肆意侮辱宝刀。却不知宝刀是灵物，侮辱不得。杨志道："洒家的须不是店上卖的白铁刀，这是宝刀。"偏偏很老实。牛二道："怎地唤做宝刀？"活泼皮口吻。杨志道："第一件，砍铜剁铁，刀口不卷。第二件，吹毛得过。第三件，杀人刀上没血。"牛二道："你敢剁铜钱么？"杨志道："你便将来剁与你看。"牛二便去州桥下香椒铺里讨了二十文当三钱，一垛儿将来放在州桥栏干上，叫杨志道："汉子，你若剁得开时，我还你三千贯。"活泼皮口吻。那时看的人虽然不敢近前，向远远地围住了望。杨志道："这个直得甚么？"把衣袖卷起，拿刀在手，看得较准，只一刀，把铜钱剁做两半，众人都喝采。牛二道："喝甚么鸟采！骂不得杨志，便骂众人，活泼皮。你且说第二件是甚么？"记得有第二件，却又记不得是什么。泼皮头脑可笑。杨志道："吹毛得过。若把几根头发望刀口上只一吹，齐齐都断。"牛二道："我不信。"自把头上拔下一把头发，泼皮头脑可笑。若是一般流氓，定从他人头上拔。此即泼皮与流氓的不同。递与杨志，"你且吹我看"。杨志左手接过头发，照着刀口上尽气力一吹，那头发都做两段，纷纷飘下地来。众人喝采。看的人越多了。牛二又问："第三件是甚么？"杨志道："杀人刀上没血。"牛二道："怎地杀人刀上没血？"明知故问，活泼皮。杨志道："把人一刀砍了，并无血痕，只是个快。"本来对方是明知故问，故只能如此解说明白。牛二道："我不信，你把刀来剁一个人我看。"无理，无礼。恶泼皮。杨志道："禁城之中，如何敢杀人？又不是梁山泊。你不信时，取一只狗来杀与你看。"已是被缠无奈，仍然忍耐不发作。牛二道："你说杀人，不曾说杀狗！"说聪明倒也聪明，只是极恶。杨志道："你不买便罢，只管缠人做甚么？”被纠缠至此，才说他一句。牛二道：“你将来我看。”倒抓住了杨志的把柄，反显得杨志无理。杨志道：“你只顾没了当，洒家又不是你撩拨的！”渐渐按捺不住，杀气渐显。〇至此方显出身份。牛二道：“你敢杀我？”哪里来的话？恶泼皮真有致死之道。〇是朝廷，必曰：你敢造反？都是启人思路，逼人杀己。杨志道：“和你往日无冤，昔日无仇，一物不成，两物见在。没来由杀你做甚么？”又强抑怒气，只求息事宁人。牛二紧揪住杨志，说道：“我偏要买你这口刀。”只多一个“买”字。杨志道：“你要买，将钱来。”牛二道：“我没钱。”杨志道：“你没钱，揪住洒家怎地？”牛二道：“我要你这口刀。”果然去掉了这个“买”字。杨志道：“我不与你。”只能有此一答。牛二道：“你好男子，剁我一刀。”不剁不能了结。杨志大怒，读者已怒多时。把牛二推了一交。只想以“推”了结。牛二爬将起来，钻入杨志怀里。一“爬”一“钻”活画出无赖泼皮。杨志叫道：“街坊邻舍，都是证见。杨志无盘缠，自卖这口刀，这个泼皮强夺洒家的刀，又把俺打。”此时还要告诉邻舍，希求有人来劝开。〇便令人想念黑爷李逵。街坊人都怕这牛二，谁敢向前来劝。正因无人敢来劝，故牛二有杀身之祸；正因平日嚣张跋扈，今日才无人敢劝。〇平时总以让人怕为胜，最终总以没人劝而亡。牛二喝道：“你说我打你，便打杀直甚么！”总是平日开封府和满街人怕出来的毛病，直怕得他入于死地。口里说，一面挥起右手，一拳打来。视杨志如平日街坊，不知杨志专杀大虫也。杨志霍地躲过，拿着刀抢入来，一时性起，望牛二颡根上搠个着，扑地倒了。杨志赶入去，把牛二胸脯上又连搠了两刀，一刀搠牛二，一刀搠高俅。〇数日郁闷，半日纠缠，一齐发作出来。血流满地，死在地上。杨志叫道：“洒家杀死这个泼皮，怎肯连累你们！泼皮既已死了，你们都来同洒家去官府里出首。”英雄。

坊隅众人慌忙拢来，随同杨志径投开封府出首。正值府尹坐衙，杨志拿着刀，见杨志与刀，府尹记得林冲与刀否？和地方邻舍众人都上厅来，一齐跪下，把刀放在面前。杨志告道：“小人原是殿司制使，为因失陷花石纲，削去本身职役，无有盘缠，将这口刀在街货卖。不期被个泼皮破落户牛二，强夺小人的刀，又用拳打小人，因此一时性起，将那人杀死，众邻舍都是证见。”众人亦替杨志告说，分诉了一回。府尹道：“既是自行前来出首，免了这厮入门的款打。”且叫取一面长枷枷了，差两员相官带了仵作行人，监押杨志并众邻舍一干人犯，都来天汉州桥边，登场简验了，叠成文案。

众邻舍都出了供状，保放随衙听候，当厅发落，将杨志于死囚牢里监守。牢里众多押牢禁子、节级，见说杨志杀“死没毛大虫”牛二，都可怜他是个好男子，不来问他取钱，又好生看觑他。牢里众杂役。天汉州桥下众人，为是杨志除了街上害人之物，都敛些盘缠，凑些银两来，与他送饭，上下又替他使用。街坊邻舍。推司也觑他是个首名的好汉，又与东京街上除了一害，牛二家又没苦主，把款状都改得轻了。推司。三推六问，却招做一时斗殴杀伤，误伤人命。待了六十日限满，当厅推司禀过府尹，将杨志带出厅前，除了长枷，断了二十脊杖，唤个文墨匠人刺了两行金印，迭配北京大名府留守司充军。那口宝刀没官入库。可惜了。当厅押了文牒，差两个防送公人，免不得是张龙、赵虎，把七斤半铁叶盘头护身枷钉了。分付两个公人，便教监押上路。

天汉州桥那几个大户科敛些银两钱物，等候杨志到来，请他两个公人一同到酒店里吃了些酒食，把出银两赍发两位防送公人，说道：“念杨志是个好汉，与民除害，今去北京，路途中望乞二位上下照觑，好生看他一看。”街坊邻舍。张龙、赵虎道：“我两个也知他是好汉，亦不必你众位分付，但请放心。”公人。杨志谢了众人。其余多的银两，尽送与杨志做盘缠，众人各自散了。

话里只说杨志同两个公人来到原下的客店里，林冲发配时，尚有家眷。杨志却只有客店，愈发可怜。却也无有牵挂。算还了房钱、饭钱，取了原寄的衣服、行李，安排些酒食，请了两个公人；寻医士赎了几个棒疮的膏药，贴了棒疮，便同两个公人上路。三个望北京进发，五里单牌，十里双牌，逢州过县，买些酒肉，不时间请张龙、赵虎吃。三个在路，夜宿旅馆，晓行驿道，不数日来到北京，一路如此顺遂，也与林冲不同。入得城中，寻个客店安下。

原来北京大名府留守司，上马管军，下马管民，最有权势。那留守唤做梁中书，讳世杰，他是东京当朝太师蔡京的女婿。谨记。当日是二月初九日，伏蔡京生辰。留守升厅，两个公人解杨志到留守司厅前，呈上开封府公文，梁中书看了。原在东京时也曾认得杨志，当下一见了，备问情由。备问情由，已伏同情怜宥之意。杨志便把高太尉不容复职，使尽钱财，将宝刀货卖，因而杀死牛二的实情，通前一一告禀了。梁中书听得大喜，却不知喜从何来。当厅就开了枷，留在厅前听用。押了批回与两个公人自回东京，不在话下。

只说杨志自在梁中书府中早晚殷勤听候使唤，梁中书见他勤谨，勤谨是杨志性格。有心要抬举他，欲要迁他做个军中副牌，月支一分请受。梁中书是个识才爱才的。只恐众人不伏，因此传下号令，教军政司告示大小诸将人员，来日都要出东郭门教场中去演武试艺。当晚梁中书唤杨志到厅前，梁中书道："我有心要抬举你做个军中副牌，月支一分请受，只不知你武艺如何？"杨志禀道："小人应过武举出身，曾做殿司府制使职役。这十八般武艺，自小习学。今日蒙恩相抬举，如拨云见日一般，杨志若得寸进，当效衔环背鞍之报。"梁山好汉，皆是报国无门投人无路才上梁山的。梁中书大喜，赐与一副衣甲。当夜无事。

次日天晓，时当二月中旬，杨志二月初九日到大名府，此时不过几天而已。提拔杨志之急迫。正值风和日暖。梁中书早饭已罢，带领杨志上马，前遮后拥，往东郭门来。到得教场中，大小军卒并许多官员接见。就演武厅前下马，到厅上，正面撒着一把浑银交椅坐上。左右两边，齐臻臻地排着两行官员，指挥使、团练使、正制使、统领使、牙将、较尉、正牌军、副牌军，前后周围，恶狠狠地列着百员将较。正将台上，立着两个都监，一个唤做“李天王”李成，一个唤做“闻大刀”闻达，二人皆有万夫不当之勇，统领着许多军马，一齐都来朝着梁中书呼三声喏。却早将台上竖起一面黄旗来，将台两边，左右列着三五十对金鼓手，一齐发起擂来，品了三通画角，发了三通擂鼓，教场里面谁敢高声！又见将台上竖起一面净平旗来，前后五军，一齐整肃。将台上把一面引军红旗磨动，只见鼓声响处，五百军列成两阵，军士各执器械在手。将台上又把白旗招动，两阵马军齐齐地都立在面前，各把马勒住。梁中书传下令来，叫唤副牌军周谨向前听令。却是他倒霉。

右阵里周谨听得呼唤，跃马到厅前跳下马，插了枪，暴雷也似声个大喏。偏写周谨粗豪。梁中书道：“着副牌军施逞本身武艺。”周谨得了将令，绰枪上马，在演武厅前，左盘右旋，右盘左旋，将手中枪使了几路，众人喝采。偏写周谨勇武。梁中书道：“叫东京对拨来的军健杨志。”杨志转过厅前，唱个大喏。梁中书道：“杨志，我知你原是东京殿司府制使军官，犯罪配来此间。即目盗贼猖狂，国家用人之际。冠冕堂皇，粉饰之语。你敢与周谨比试武艺高低？如若赢得，便迁你充其职役。”杨志道：“若蒙恩相差遣，安敢有违钧旨。”梁中书叫取一匹战马来，教甲仗库随行官吏应付军器，教杨志披挂上马，与周谨比试。杨志去厅后把夜来衣甲穿了，拴束罢，带了头盔、弓、箭、腰刀，手拿长枪上马，从厅后跑将出来。梁中书看了道：“着杨志与周谨先比枪。”周谨怒道：“这个贼配军敢来与我交枪！”出言不逊。

谁知恼犯了这个好汉，来与周谨斗武。

不因这番比试，有分教：杨志在万马丛中闻姓字，千军队里夺头功。毕竟杨志与周谨比试，引出甚么人来，且听下回分解。

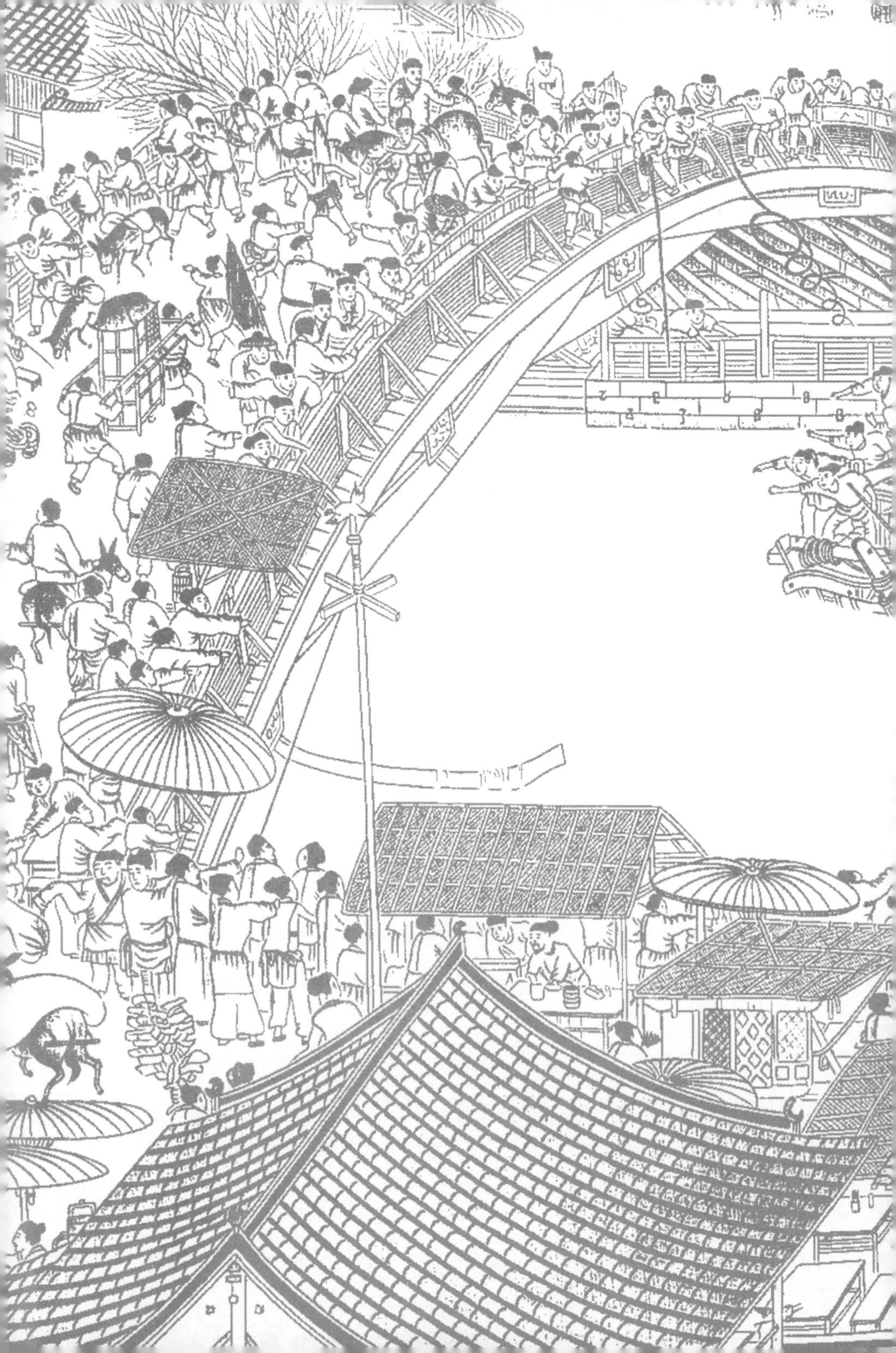

第十二回

急先锋东郭争功　青面兽北京斗武

青面兽北京斗武

回前总评

这一回，有两个关键人物，一个是杨志，一个是梁中书；有两个关键词，一个是国事，一个是家事。

梁中书有两个身份。一个公家身份，北京大名府留守司留守，身负国家重任，上马管军，下马管民，权力很大；一个私人身份，当朝蔡太师的女婿。

杨志二月初九到大名府，到二月中旬，不过六七日，梁中书就急于通过比武的办法让自己手下将官失败、降职，想破格提拔还是流放犯人身份的杨志。这很蹊跷。

梁中书对杨志，确实非常好。梁中书对杨志有几次大喜：杨志讲了自己的不幸遭遇后，梁中书大喜；杨志和周谨比枪大胜，梁中书大喜；比射箭，杨志一箭射得周谨落下马来，梁中书又是大喜；后来索超挺身而出要和杨志再比，斗五十余合，不分胜败，梁中书的反应，还是大喜，然后将两个都升做管军提辖使。梁中书一喜再喜，一来证明杨志确实武艺过人；二来说明事态完全朝梁中书的愿望发展，他可以大张旗鼓提拔杨志了。

梁中书为什么着急提拔杨志？上一回中，梁中书自己说，是因为“盗贼猖狂，国家用人之际”。盗贼猖狂不假，为国家用人，却未必。

这场比武，《水浒传》写得一派锦绣、花团锦簇，十分好看。但比武之后，作者马上有一句话，意味深长——“且把这闲话丢过，只说正话”。

原来，国事是闲话，家事才是正话。且把这为“国家用人”选拔人才之“国事”丢过，只说“家事”。家事，是什么呢？

比武之后，接下来端午节后堂家宴，梁中书完全是另一番面目。他和老婆之间的一段夫妻对话，堪称绝妙。与其说这是夫妻之间闲聊，不如说是上下级之间对答。梁中书极怕老婆，一口一个“世杰”“下官”，谦卑低下，小心恭顺，全无丈夫气概。夫人是蔡太师女儿，梁中书的权势既全依仗蔡太师，对夫人也必须低三下四了。

这段对话充满尖锐的反讽。在蔡夫人口中，梁中书确实“掌握国家重任”，但这“国家重任”意味着完全相反的东西——“功名富贵”，有了权力，就有富贵。而这功名富贵从何而来？蔡夫人有此一问，梁中书便不得不答。

在一个健康的官僚系统中，官员权力不是私人权力，而是公共权力。权力来源于国家，使用权力的目的是为国家和人民谋求利益。而在一个腐败的官僚系统中，官员权力变成谋求私利的工具。上下庇护，层层分赃。蔡夫人问“功名富贵从何而来”？这个问题对于正直的士大夫而言会很可笑。但对梁中书而言却很现实。梁中书的权力，不是来自国家，而是来自岳父。站在国家立场，梁中书这样的赃官早就应该受到应有的制裁，而他所以贪赃枉法而安稳无事，是因为蔡太师在保护他。在上面，蔡太师用权力之柄保护梁中书；在下面，梁中书搜刮聚敛，用金钱回报蔡太师。从中央到地方，官僚体系都腐化堕落，被金钱侵蚀。官官相卫，实质上就是权力和金钱的交换。蔡夫人一句话，提醒梁中书的正是这一点：别忘了用金钱维护你的权力。

梁中书的回答也很耐人寻味："世杰自幼读书，颇知经史，人非草木，岂不知泰山之恩，提携之力，感激不尽！"梁中书自幼熟读经史，应该知道什么是正道，什么是廉耻，什么是朝廷命官应有的职责和操守，但他读书却不循分守理，他只有一种基于利益的行帮道德：不忘泰山之恩，感激提携之力，自觉自愿地维护权力交易的潜规则，继续残民害理，搜刮民脂民膏。

《水浒传》写的是乱世。所谓乱世，不只是社会的混乱，不只是盗贼横行，兵荒马乱，民不聊生。乱世，在更深层的意义上是社会约束力丧失、制度败坏、价值观崩溃。当一个社会堕入寡廉鲜耻、是非不分、见利忘义的时候，即使在表面上还能维持稳定，离乱世也不远了。《水浒传》的作者有着非常高超的现实主义技巧。写梁中书夫妇的对话，正体现着一种老练的洞察力：不露声色，却把整个事件的本质显现无余。

去年的生辰纲，不知被谁劫走。今年是否安全呢？梁中书在二月初九日一见杨志，大喜，二月中旬教场比武立刻提拔杨志，都是为了六月十五日之前要把生辰纲送到东京蔡府。梁中书至少在四个月以前就开始准备泰山大人的生日，他谋划得不可谓不远；蔡京在他心中的地位，不可谓不重；他对杨志施舍恩德，是为了让杨志竭力回报，不可谓不用心良苦。

他是为国家用人吗？盗贼猖狂，我梁家、蔡家急需用人。国事是幌子，家事才是真相。

话说当时周谨、杨志两个勒马在于旗下，正欲出战交锋，只见兵马都监闻达喝道："且住！"自上厅来禀复梁中书道："复恩相：论这两个比试武艺，虽然未见本事高低，枪刀本是无情之物，只宜杀贼剿寇，今日军中自家比试，恐有伤损，轻则残疾，重则致命，此乃于军不利。可将两根枪去了枪头，各用毡片包裹，地下蘸了石灰，再各上马，都与皂衫穿着。但是枪杆厮搠，如白点多者，当输。”闻达好。梁中书道：“言之极当。”梁中书也有好处。随即传令下去，两个领了言语，向这演武厅后，去了枪尖，都用毡片包了，缚成骨朵，身上各换了皂衫，各用枪去石灰桶里蘸了石灰，再各上马出到阵前。

那周谨跃马挺枪，直取杨志；必须周谨主动，方符合当时情势与双方性格。这杨志也拍战马，捻手中枪来战周谨。两个在阵前来来往往，番番复复，搅做一团，扭做一块。鞍上人斗人，坐下马斗马。两个斗了四五十合。看周谨时，恰似打翻了豆腐的，好比喻。斑斑点点，约有三五十处。看杨志时，只有左肩胛上一点白。梁中书大喜，叫唤周谨上厅，看了迹道：“前官参你做个军中副牌，量你这般武艺，如何南征北讨，怎生做得正请受的副牌？教杨志替此人职役。”管军兵马都监李成上厅禀复梁中书道：闻达、李成必要各有禀言，方才照顾周到，不至冷落一人。“周谨枪法生疏，弓马熟娴，不争把他来逐了职事，恐怕慢了军心。再教周谨与杨志比箭如何？”梁中书道：“言之极当。”李成护周谨，惜故人也。梁中书两次从谏如流，亦不为无才。再传下将令来，叫杨志与周谨比箭。

两个得了将令，都插了枪，各关了弓箭。杨志就弓袋内取出那张弓来，扣得端正，擎了弓，跳上马，跑到厅前，立在马上，欠身禀复道：“恩相，弓箭发处，事不容情，恐有伤损，乞请钧旨。”此又须是杨志不是周谨，方符合当时情势及二人心理。梁中书道：“武夫比试，何虑伤残？但有本事，射死勿论。”前用灰枪，乃是惜人性命；今射死勿论，乃是战阵之上，非君子射御之礼也。各有道理。○如此便令读者心悬。杨志得令，回到阵前。李成传下言语，叫两个比箭好汉，各关与一面遮箭牌，防护身体。李成好。〇闻达、李成好，故他们结局好。大名府失陷，他们却不为梁山俘虏，保清白之身。两个各领了遮箭防牌，绾在臂上。杨志道：“你先射我三箭，后却还你三箭。”一听此言，定是有必胜把握者，可惜周谨不明白。周谨听了，恨不得把杨志一箭射个透明。杨志终是个军官出身，识破了他手段，全不把他为事。

当时将台上早把青旗麾动，杨志拍马望南边去，周谨纵马赶来，将缰绳搭在马鞍鞒上，左手拿着弓，右手搭上箭，拽得满满地，望杨志后心飕地一箭。吓人。杨志听得背后弓弦响，霍地一闪，去镫里藏身，那枝箭早射个空。是个惯于战阵者。周谨见一箭射不着，却早慌了，一个心虚。再去壶中急取第二枝箭来，搭上弓弦，觑的杨志较亲，望后心再射一箭。杨志听得第二枝箭来，却不去镫里藏身，那枝箭风也似来，杨志那时也取弓在手，用弓梢只一拨，那枝箭滴溜溜拨下草地里去了。一个心定。周谨见第二枝箭又射不着，心里越慌。杨志的马早跑到教场尽头，霍地把马一兜，那马便转身望正厅上走回来。周谨也把马只一勒，那马也跑回，就势里赶将来。去那绿茸茸芳草地上，八个马蹄翻盏撒钹相似，勃喇喇地风团儿也似般走。忽然写到马。令人眼光缭乱。周谨再取第三枝箭，搭在弓弦上，扣得满满地，尽平生气力，眼睁睁地看着杨志后心窝上只一箭射将来。势在必中，吓人。杨志听得弓弦响，扭回身，就鞍上把那枝箭只一绰，绰在手里，异样出色。便纵马入演武厅前撇下周谨的箭。异样神气，为之四顾，为之踌躇满志。梁中书见了大喜，传下号令，却叫杨志也射周谨三箭。

将台上又把青旗麾动，周谨撇了弓箭，拿了防牌在手，拍马望南而走，杨志在马上把腰只一纵，略将脚一拍，那马泼喇喇的便赶。杨志先把弓虚扯一扯，周谨在马上听得脑后弓弦响，扭转身来，便把防牌来迎，却早接个空。写出心虚人。○真正惊弓之鸟。周谨寻思道：“那厮只会使枪，不会射箭。等他第二枝箭再虚诈时，我便喝住了他，便算我赢了。”至此尚轻敌，头脑简单可笑。周谨的马早到教场南尽头，那马便转望演武厅来。杨志的马见周谨马跑转来，那马也便回身。杨志早去壶中掣出一枝箭来，搭在弓弦上，心里想道：场面紧张，此心却闲。见其从容不迫。“射中他后心窝，必至伤了他性命。他和我又没冤仇，洒家只射他不致命处便了。”既射技绰绰有余地，亦心肠戚戚有善念。左手如托泰山，右手如抱婴孩，弓开如满月，箭去似流星。说时迟，那时快，六句三对，好笔墨。一箭正中周谨左肩。周谨措手不及，翻身落马，那匹空马直跑过演武厅背后去了。众军卒自去救那周谨去了。梁中书见了大喜，叫军政司便呈文案来，教杨志截替了周谨职役。周谨可悯。

杨志神色不动，余勇可贾。正为下文伏笔。下了马，便向厅前来，拜谢恩相，充其职役。不想阶下左边转上一个人来，叫道：“休要谢职，我和你两个比试！”杨志看那人时，身材七尺以上长短，面圆耳大，唇阔口方，腮边一部落腮胡须，威风凛凛，相貌堂堂，直到梁中书面前声了喏，禀道：“周谨患病未痊，精神不到，因此误输与杨志。小将不才，愿与杨志比试武艺。如若小将折半点便宜与杨志，休教截替周谨，便教杨志替了小将职役，虽死而不怨。”梁中书看时，不是别人，却是大名府留守司正牌军索超。为是他性急，撮盐入火，为国家面上只要争气，当先厮杀，以此人都叫他做“急先锋”。李成听得，便下将台来，直到厅前禀复道：“相公，这杨志既是殿司制使，必然好武艺，须和周谨不是对手，正好与索正牌比试武艺，便见优劣。”还周谨一个公道。○李成好。○梁中书手下，名将众多，且有闻达、李成、索超等正人君子，梁中书亦有可取之处，宜乎不为梁山所擒。梁中书听了，心中想道：“我指望一力要抬举杨志，众将不伏。一发等他赢了索超，他们也死而无怨，却无话说。”

梁中书随即唤杨志上厅，问道：“你与索超比试武艺如何？”杨志禀道：“恩相将令，安敢有违？”梁中书道：“既然如此，你去厅后换了装束，好生披挂，教甲仗库随行官吏取应用军器给与，就叫牵我的战马借与杨志骑，小心在意，休觑得等闲。”公开偏袒，异样关照，为后文生辰纲伏笔。杨志谢了，自去结束。

却说李成分付索超道：“你却难比别人，周谨是你徒弟，先自输了。你若有些疏失，吃他把大名府军官都看得轻了。我有一匹惯曾上阵的战马，并一副披挂，都借与你，小心在意，休教折了锐气。”有梁中书异样关照杨志，便写李成异样关照索超，便显得不单一。〇李成一护周谨，再爱索超，却不顾梁中书脸色。李成好。索超谢了，也自去结束。

梁中书起身，走出阶前来，从人移转银交椅，直到月台栏干边放下。梁中书坐定。左右祗候两行。唤打伞的撑开那把银葫芦顶茶褐罗三檐凉伞来，盖定在梁中书背后。将台上传下将令，早把红旗招动，两边金鼓齐鸣，发一通擂，去那教场中两阵内各放了个炮。炮响处，索超跑马入阵内，藏在门旗下。杨志也从阵里跑马入军中，直到门旗背后。将台上又把黄旗招动，又发了一通擂，两军齐呐一声喊。教场中谁敢做声，静荡荡的。再一声锣响，扯起净平白旗，两下众官没一个敢走动胡言说话，静静地立着。将台上又把青旗招动，一大段极力铺写场面，为二人衬托。只见第三通战鼓响处，去那左边阵内门旗下看看分开，鸾铃响处，闪出正牌军索超，直到阵前，兜住马，拿军器在手，果是英雄。但见：头戴一顶熟钢狮子盔，脑后斗大来一颗红缨；身披一副铁叶攒成铠甲，腰系一条镀金兽面束带，前后两面青铜护心镜；上笼着一领绯红团花袍，上面垂两条绿绒缕颔带，下穿一双斜皮气跨靴；左带一张弓，右悬一壶箭，手里横着一柄金蘸斧；坐下李都监那匹惯战能征雪白马。右边阵内门旗下看看分开。鸾铃响处，杨志提手中枪出马，直至阵前，勒住马，横着枪在手，果是勇猛。但见：头戴一顶铺霜耀日镔铁盔，上撒着一把青缨；身穿一副钩嵌梅花榆叶甲，系一条红绒打就勒甲绦，前后兽面掩心；上笼着一领白罗生色花袍，垂着条紫绒飞带，脚登一双黄皮衬底靴；一张皮靶弓，数根凿子箭，手中挺着浑铁点钢枪；骑的是梁中书那匹火块赤千里嘶风马。一大段写二人装束，衬出二人威风。〇二人装束，件件对照，色色映衬，便使相斗场面一派锦绣。两边军将暗暗地喝采，虽不知武艺如何，先见威风出众。

正南上旗牌官拿着销金令字旗，骤马而来，喝道："奉相公钧旨，教你两个俱各用心，如有亏误处，定行责罚。若是赢时，多有重赏。"二人得令，纵马出阵，都到教场中心，两马相交，二般兵器并举。索超忿怒，轮手中大斧拍马来战杨志；杨志逞威，拈手中神枪来迎索超。两个在教场中间，将台前面，二将相交，各赌平生本事。一来一往，一去一回，四条臂膊纵横，八只马蹄撩乱。四句两对，好笔墨。两个斗到五十余合，不分胜败。月台上梁中书看得呆了。梁中书。两边众军官看了，喝采不迭。军官。阵面上军士们递相厮觑道："我们做了许多年军，也曾出了几遭征，何曾见这等一对好汉厮杀！"军士。李成、闻达在将台上不住声叫道："好斗！"李成，闻达。〇不写二人如何斗，却写旁观者反应，侧面描写与烘托，胜过正面千言万语，好修辞。闻达李成已数见，此处必是闻达。心里只恐两个内伤了一个，慌忙招呼旗牌官，拿着"令"字旗，与他分了。闻达好。将台上忽的一声锣响，杨志和索超斗到是处，各自要争功，那里肯回马。二将好。旗牌官飞来叫道："两个好汉歇了，相公有令。"梁中书亦好。杨志、索超方才收了手中军器，勒坐下马，各跑回本阵来，立马在旗下，看那梁中书，只等将令。

李成、闻达下将台来，直到月台下，禀覆梁中书道："相公，据这两个武艺一般，皆可重用。"梁中书大喜，传下将令，唤杨志、索超。旗牌官传令，唤两个到厅前，都下了马，小校接了二人的军器，两个都上厅来，躬身听令。梁中书叫取两锭白银，两副表里来赏赐二人，就叫军政司将两个都升做管军提辖使，便叫贴了文案，从今日便参了他两个。梁中书才德皆在高俅之上。索超、杨志都拜谢了梁中书，将着赏赐下厅来，解了枪刀弓箭，卸了头盔、衣甲，换了衣裳。索超也自去了披挂，换了锦袄，都上厅来，再拜谢了众军官。梁中书叫索超、杨志两个也见了礼，入班做了提辖。众军卒便打着得胜鼓，把着那金鼓旗先散。梁中书和大小军官都在演武厅上筵宴。

看看红日沉西，筵席已罢，梁中书上了马，众官员都送归府。马头前摆着这两个新参的提辖，上下肩都骑着马，头上都带着红花，迎入东郭门来。喜气洋洋。两边街道扶老携幼，都看了欢喜。梁中书在马上问道："你那百姓，欢喜为何？"众老人都跪了禀道："老汉等生在北京，长在大名，从不曾见今日这等两个好汉将军比试。今日教场中看了这般敌手，如何不欢喜！"忽然在军官、军士之外，又平添大名府百姓。原来二人相斗之时，不特有教场上队队士兵，教场外亦人山人海，欢声雷动，指手画脚，摩肩接踵。梁中书在马上听了大喜。回到府中，众官各自散了。索超自有一班弟兄请去作庆饮酒，杨志新来，未有相识，自去梁府宿歇，早晚殷勤听候使唤，从此便是心腹。○杨志柳暗花明矣。都不在话下。

且把这闲话丢过，只说正话。前面比武，洋洋洒洒、花团锦簇，只是"闲话"。梁中书到底有何打算，才是"正话"。

自东郭演武之后，梁中书十分爱惜杨志，早晚与他并不相离，心腹。月中又有一分请受，自渐渐地有人来结识他。世态如此。那索超见了杨志手段高强，心中也自钦伏。不觉光阴迅速，又早春尽夏来，时逢端午，蕤宾节至，梁中书与蔡夫人在后堂家宴，庆贺端阳。酒至数杯，食供两套，只见蔡夫人道："相公自从出身，今日为一统帅，掌握国家重任，这功名富贵从何而来？"骄妻可恶。梁中书道："世杰自幼读书，颇知经史，人非草木，岂不知泰山之恩，提携之力，感激不尽！"弱婿可悲。〇经史是这么教你的？蔡夫人道："相公既知我父亲恩德，如何忘了他生辰？"梁中书道："下官如何不记得，泰山是六月十五日生辰，已使人将十万贯收买金珠宝贝，送上京师庆寿。一月之前，干人都关领去了。见今九分齐备，数日之间，也待打点停当，差人起程。殷勤之苦自己受，盘剥之苦百姓受。只是一件，在此踌躇。上年收买了许多玩器并金珠宝贝，使人送去，不到半路，尽被贼人劫了，枉费了这一遭财物，至今严捕贼人不获。忽插入去年事，知此事不易。〇说一大悬案在去年，留一大悬念在今年。今年叫谁人去好？"蔡夫人道："帐前见有许多军校，你选择知心腹的人去便了。"心腹。梁中书道："尚有四五十日，早晚催并礼物完足，那时选择去人未迟。夫人不必挂心，世杰自有理会。"当日家宴，午牌至二更方散，自此不在话下。

却说山东济州郓城县新到任一个知县，姓时，名文彬。突然转到山东，有千里蝴蝶，扇起风暴之感。当日升厅，公座左右两边排着公吏人等。知县随即叫唤尉司捕盗官员并两个巡捕都头。本县尉司管下有两个都头：一个唤做步兵都头，一个唤做马兵都头。这马兵都头管着二十四坐马弓手，二十个土兵。那步兵都头管着二十个使枪的头目，二十个土兵。这马兵都头姓朱名仝，身长八尺四五，有一部虎须髯，长一尺五寸，面如重枣，目若朗星，似关云长模样，满县人都称他做“美髯公”。原是本处富户，只因他仗义疏财，结识江湖上好汉，学得一身好武艺。那步兵都头姓雷，名横，身长七尺五寸，紫棠色面皮，有一部扇圈胡须；为他膂力过人，能跳三二丈阔涧，满县人都称他做“插翅虎”。原是本县打铁匠人出身，后来开张碓房，杀牛放赌，虽然仗义，只有些心地匾窄，也学得一身好武艺。朱仝、雷横二人出场。

那朱仝、雷横两个，专管擒拿贼盗。当日知县呼唤两个上厅来，声了喏，取台旨。知县道：“我自到任以来，闻知本府济州管下所属水乡梁山泊贼盗聚众打劫，拒敌官军，梁山泊遥遥招手。亦恐各乡村盗贼猖狂小人甚多。今唤你等两个，休辞辛苦，与我将带本管土兵人等，一个出西门，一个出东门，分投巡捕。若有贼人，随即剿获申解，不可扰动乡民。体知东溪村山上有株大红叶树，别处皆无，你们众人采几片来县里呈纳，方表你们会巡到那里。不是写县令治下有术，不是写大红叶树，乃是写东溪村。若无红叶，便是汝等虚妄，定行责罚不恕。”两个都头领了台旨，各自回归，点了本管土兵，分投自去巡察。

不说朱仝引人出西门自去巡捕，只说雷横当晚引了二十个土兵出东门，绕村巡察，遍地里走了一遭，回来到东溪村山上，众人采了那红叶，就下村来。行不到三二里，早到灵官庙前，见殿门不关，雷横道：“这殿里又没有庙祝，殿门不关，莫不有歹人在里面么？我们直入去看一看。”众人拿着火，一齐照将入来，只见供桌上，赤条条地睡着一个大汉。不写相貌、言语、动作，只一睡姿、睡处即已写出大汉性格。天道又热，那汉子把些破衣裳团做一块作枕头，枕在项下，齁齁的沉睡着了在供桌上。雷横看了道：“好怪，好怪！知县相公忒神明，原来这东溪村真个有贼！”大喝一声，那汉却待要挣挫，被二十个土兵一齐向前，把那汉子一条索子绑了，押出庙门，投一个保正庄上来。不可扰动乡民，早成耳旁风。

不是投那个去处，有分教：东溪村里，聚三四筹好汉英雄；郓城县中，寻十万贯金珠宝贝。正是：天上罡星来聚会，人间地煞得相逢。毕竟雷横拿住那汉，投解甚处来，且听下回分解。

第十三回

赤发鬼醉卧灵官殿　晁天王认义东溪村

回前总评

本回场景突然从北京大名府，转向梁山泊附近的郓城县东溪村。在那里，都头雷横发现了一个行迹非常可疑的陌生人，他牵带出另外一个世界——江湖世界。

晁盖可以说是梁山泊事业真正的开山祖师。林冲、杨志都是军官出身，本来并非江湖中人，与江湖人物结交有限。晁盖和他们身份不一样。他是个保正。北宋王安石变法，推行“保甲法”，规定农村每十户为一保，设保长；每五十户为一大保，设大保长；每五百户为都保，设都保正和副都保正，掌管户籍治安、训练壮勇等事。晁盖是哪个级别的保正，我们不很清楚。但他的职责确实是掌管户籍治安、训练壮勇。保正一般由乡村富户担任，是一个容易接触江湖人物的职务。晁盖也许比林冲、杨志富有，但是他的地位更易接近底层社会。加上晁盖这个人又“专爱结识天下好汉”，和江湖人物来往密切，或者说，晁盖本身就是江湖中人。他兼有两个身份，公开的身份是官府爪牙，和官府中人多有交情。暗中，他广交江湖好汉，甚至可以看作江湖游民地下领袖。晁盖就这样游走于官府和江湖之间。

从晁盖身上，我们可以看到江湖领袖的很多特征。

首先，讲“仗义疏财”而不作“义利之辨”。晁盖祖上就是本乡富户，有不同寻常的经济能力。在《水浒传》中，对江湖好汉而言，“义”和“义气”最基本的含义是利益，是提供安全的庇护和慷慨的金钱援助。所谓“仗义疏财”，“仗义”，就是“疏财”。以

“重义气”闻名的好汉，都是出手阔绰的，柴进、晁盖，还有后面出场的宋江，无不如此。流荡江湖的好汉们大多脱离了主流社会秩序，没有固定的职业和经济来源，安全和金钱，是他们每天都要考虑的最重要的问题。儒家士大夫非常看重“义利之辨”，而江湖好汉则把“义”和“利”紧紧联系在一起，甚至把“利”看作“义”的核心。宋江的“义”江湖闻名，但他的“义”体现在哪里？就是“及时雨”一般地撒银子，就是给江湖兄弟们“利”。

其次，是爱舞枪弄棒而不娶妻室。江湖上人，喜欢打熬筋骨，练习武艺。这比较容易理解，游走江湖，无论是打家劫舍，还是自卫防身，都离不开枪棒武艺。手持朴刀枪棒，几乎成了江湖好汉的标志。不娶妻室，看似奇怪，其实对江湖中人这一点非常重要。《水浒传》很少写家庭生活，好汉们大多没有家室，或者家毁人亡。《水浒传》对家庭幸福非常漠视；对女性，甚至有一种近乎变态的敌视。这是流浪江湖的好汉们的价值观。好汉们在江湖中流浪、冒险，家庭的稳定、安逸不仅与他们的生活无缘，甚至还是一种累赘。晁盖绝非无力成家，对他而言，不娶妻室其实暗示着他有一种走向江湖的冲动或打算。

第三，论义气而不论是非。晁盖对来投奔他的，不论好歹，都留在庄上住。这与董将仕这样的小市民和小苏学士这样的士大夫都不一样。小市民谨小慎微而有基本善恶观；士大夫读圣贤书有是非观，至少有身份意识，都不会和江湖流氓泼皮无赖来往。但晁盖这样的江湖人士不同，他们看重江湖义气，不论是非也不讲身份。

晁盖虽然有一个正当的身份，但这只是掩饰。他更注重的是秘密的身份。“义气”和“施舍”不同，“施舍”是不需要回报的，而“义气”需要回报。回报就是江湖中的名望，是好汉们的认同和拥戴。凭借这些，他可以为自己开辟更广阔的空间。晁盖“仗义疏财”，所以在江湖中，他也被看成“好汉”，因此有这“一套富贵”时，素不相识的刘唐和公孙胜才来通告晁盖。他们相信晁盖可以保护他们的安全，可以完成他们完成不了的计划，还可以给他们一份公正的回报。这就是江湖声誉的作用，也是“义气”的回报。

其实在这里还有一个隐含的对比。这里离水泊梁山那么近。论拦路打劫，梁山王伦显然比晁盖要专业得多。为什么刘唐不去找王伦合伙？因为在江湖上王伦声誉太坏，好汉们不把王伦当“好汉”——既不信任他的能力，也不信任他的人品。这就是“不重义气”的结果。

有意思的是，劫取生辰纲，需要一个理由，好汉们需要给自己的行为一个合乎道德的解释。按照刘唐的说法，就是“不义之财，取之何碍？”这些金珠宝贝，都是梁中书搜刮百姓得来的，当然是“不义之财”。在《水浒传》之前，中国文学中似乎还没有这样明目张胆、理直气壮地为劫掠辩护。好汉们不但要劫夺这笔宝物，还要把自己描绘成道义的化身，自己所作所为绝不伤天害理，“天理知之，也不为罪”。

这个逻辑听起来颇有几分合理性，但它也凸显出一个很大的问题：在一个荒唐的社会里，用一种荒唐去对付另一种荒唐，难道它的非法性就会因此消解？这是《水浒传》给我们提出的最深刻的问题之一。

话说当时雷横来到灵官殿上，见了这条大汉睡在供桌上，众土兵上前，把条索子绑了，捉离灵官殿来。天色却早，是五更时分。雷横道："我们且押这厮去晁保正庄上，讨些点心吃了，官先扰民，而后为民所扰。却解去县里取问。"一行众人却都奔这保正庄上来。

原来那东溪村保正，姓晁名盖，晁盖出来。祖是本县本乡富户。平生仗义疏财，专爱结识天下好汉，但有人来投奔他的，不论好歹，便留在庄上住。若要去时，又将银两赍助他起身。最爱刺枪使棒，亦自身强力壮，不娶妻室，终日只是打熬筋骨。郓城县管下东门外有两个村坊，一个东溪村，一个西溪村，只隔着一条大溪。当初这西溪村常常有鬼，白日迷人下水，聚在溪里，无可奈何。忽一日，有个僧人经过，村中人备细说知此事，僧人指个去处、教用青石凿个宝塔，放于所在，镇住溪边。其时西溪村的鬼，都赶过东溪村来。与石碣镇魔呼应。那时晁盖得知了大怒，从溪里走将过去，把青石宝塔独自夺了过来，东溪边放下，因此人皆称他做"托塔天王"晁盖。独霸在那村坊，江湖都闻他名字。

那早雷横并土兵押着那汉，来到庄前敲门，庄里庄客闻知，报与保正。此时晁盖未起，听得报是雷都头到来，慌忙叫开门。庄客开得庄门，众土兵先把那汉子吊在门房里，雷横自引了十数个为头的人，到草堂上坐下。晁盖起来接待，动问道："都头有甚公干到这里？"雷横答道："奉知县相公钧旨，着我与朱仝两个引了部下土兵，分投下乡村各处巡捕贼盗。因走得力乏，欲得少歇，径投贵庄暂息，有惊保正安寝。"晁盖道："这个何妨？"一面叫庄客安排酒食管待，先把汤来吃。对官府中人热情周到。晁盖动问道："敝村曾拿得个把小贼么？"个把，少；小贼，小。又少又小，见出晁盖自信。雷横道："却才前面灵官殿上，有个大汉睡着在那里，我看那厮不是良善君子，一定是醉了，就便睡着。我们把索子缚绑了，本待便解去县里见官，一者忒早些，二者也要教保正知道，恐日后父母官问时，保正也好答应。见今吊在贵庄门房里。”晁盖听了记在心，机警。怀疑是前来投靠的江湖中人，便想着去救他。称谢道：“多亏都头见报。”少刻庄客捧出盘馔酒食，晁盖喝道：“此间不好说话，不如去后厅轩下少坐。”引开雷横。便叫庄客里面点起灯烛，请都头到里面酌杯。

晁盖坐了主位，雷横坐了客席。两个坐定，庄客铺下果品按酒菜蔬盘馔，庄客一面筛酒。晁盖又叫置酒与土兵众人吃。引开土兵。庄客请众人都引去廊下客位里管待，大盘酒肉只管叫众人吃。晁盖一头相待雷横吃酒，一面自肚里寻思：“村中有甚小贼吃他拿了？我且自去看是谁。”仁者爱人。○交结雷横是交结雷横，欲救贼人是欲救贼人。相陪吃了五七杯酒，便叫家里一个主管出来：“陪奉都头坐一坐，我去净了手便来。”那主管陪侍着雷横吃酒，晁盖却去里面拿了个灯笼，径来门楼下看时，土兵都去吃酒，没一个在外面。晁盖便问看门的庄客：“都头拿的贼吊在那里？”庄客道：“在门房里关着。”

晁盖去推开门，打一看时，只见高高吊起那汉子在里面，露出一身黑肉，下面抓扎起两条黑魆魆毛腿，赤着一双脚。晁盖把灯照那人脸时，紫黑阔脸，鬓边一搭朱砂记，上面生一片黑黄毛，晁盖便问道：“汉子，你是那里人？我村中不曾见有你。”那汉道：“小人是远乡客人，来这里投奔一个人，偏不说是谁。却把我来拿做贼，我须有分辩处。”晁盖道：“你来我这村中投奔谁？”那汉道：“我来这村中投奔一个好汉。”还不说是谁。晁盖道：“这好汉叫做甚么？”那汉道：“他唤做晁保正。”突然说出。晁盖道：“你却寻他有甚勾当？”那汉道："他是天下闻名的义士好汉。如今我有一套富贵突然遥接梁中书的十万贯金珠宝贝。○懵懂读者尚在梦中。要与他说知，因此而来。"晁盖道："你且住，一套富贵，何等诱人？读者也急欲闻其详。却陡然用此三字打断，虽然是时间紧迫，不及细叙，但起跌之妙，亦不可不察。只我便是晁保正。却要我救你，你只认我做娘舅之亲。少刻我送雷都头那人出来时，你便叫我做阿舅，我便认你做外甥。只说四五岁离了这里，今番来寻阿舅，因此不认得。"那汉道："若得如此救护，深感厚恩，义士提携则个！"

当时晁盖提了灯笼自出房来，仍旧把门拽上，急入后厅来见雷横，把门拽上，急入后厅，可知上文"你且住"之原因。说道："甚是慢客。"雷横道："多多相扰，理甚不当。"两个又吃了数杯酒。只见窗子外射入天光来，雷横道："东方动了，小人告退，好去县中画卯。"晁盖道："都头官身，不敢久留。若再到敝村公干，千万来走一遭。"雷横道："却得再来拜望，请保正免送。"免送哪得见刘唐？故意一跌。晁盖道："却罢，也送到庄门口。"又是一起。

两个同走出来，那伙土兵众人都得了酒食，吃得饱了，各自拿了枪棒，便去门房里解了那汉，背剪缚着带出门外。晁盖见了，说道："好条大汉！"妙绝！雷横道："这厮便是灵官庙里捉的贼……"说犹未了，只见那汉叫一声："阿舅，救我则个！"晁盖假意看他一看，喝问道："兀的这厮不是王小三么？"那汉道："我便是，阿舅救我。"众人吃了一惊。雷横便问晁盖道："这人是谁？如何却认得保正？"晁盖道："原来是我外甥王小三。这厮如何在庙里歇？乃是家姐的孩儿，从小在这里过活，四五岁时随家姐夫和家姐上南京去住，一去了十数年。这厮十四五岁又来走了一遭，须这样才认得阿舅。跟个本京客人来这里贩卖，向后再不曾见面。多听得人说这厮不成器，妙绝。如何却在这里？小可本也认他不得，为他鬓边有这一搭朱砂记，因此影影认得。”须这样才认出外甥。晁盖喝道：“小三，你如何不径来见我？却去村中做贼！”妙绝。

那汉叫道：“阿舅，我不曾做贼。”晁盖喝道：“你既不做贼，如何拿你在这里？”妙绝。指桑骂槐。夺过土兵手里棍棒，劈头劈脸便打。是个阿舅管教外甥的样子。雷横并众人劝道：雷横如在梦中。〇雷横总是被人捉弄。若朱仝，必不然。“且不要打，听他说。”那汉道：“阿舅息怒，且听我说。自从十四五岁时来走了这遭，如今不是十年了？昨夜路上，多吃了一杯酒，不敢来见阿舅，权去庙里睡得醒了，却来寻阿舅。不想被他们不问事由，将我拿了，却不曾做贼。”言之极成理。是个怕阿舅的外甥。晁盖拿起棍来又要打，口里骂道：“畜生！你却不径来见我，且在路上贪噇这口黄汤，我家中没得与你吃，辱没杀人！”言之极有理，是个管外甥的阿舅。雷横劝道：“保正息怒，你令甥本不曾做贼。我们见他偌大一条大汉在庙里睡得跷蹊，亦且面生，又不认得，因此设疑，捉了他来这里。若早知是保正的令甥，定不拿他。”唤土兵快解了绑缚的索子，放还保正。雷横老实可爱。

众土兵登时解了那汉。雷横道：“保正休怪，早知是令甥，不致如此，甚是得罪，小人们回去。”晁盖道：“都头且住，请入小庄，再有话说。”雷横放了那汉，一齐再入草堂里来。晁盖取出十两花银送与雷横，说道：“都头休嫌轻微，望赐笑留。”雷横道：“不当如此。”晁盖道：“若是不肯收受时，便是怪小人。”雷横道：“既是保正厚意，权且收受，改日却得报答。”雷横贪吝可鄙。晁盖叫那汉拜谢了雷横，晁盖又取些银两赏了众土兵，再送出庄门外。

雷横相别了，引着土兵自去。晁盖做事滴水不漏。〇轻财交友，散财笼人，恭敬而不卑下，处处得体。晁盖却同那汉到后轩下，取几件衣裳与他换了，取顶头巾与他带了，便问那汉姓甚名谁，何处人氏。那汉道：“小人姓刘名唐，祖贯东潞州人氏，因这鬓边有这搭朱砂记，人都唤小人做‘赤发鬼’。西溪村的鬼不来东溪村，东潞州的鬼却来了。特地送一套富贵来与保正哥哥，昨夜晚了，因醉倒庙里，不想被这厮们捉住，绑缚了来，今日幸得在此。哥哥坐定，受刘唐四拜。”拜罢，晁盖道：“你且说送一套富贵与我，见在何处？”刘唐道：“小人自幼飘荡江湖，多走途路，专好结识好汉，往往多闻哥哥大名，不期有缘得遇。曾见山东、河北做私商的，多曾来投奔哥哥，做私商，打劫隐语。以刘唐之口补叙晁盖暗地身份。晁盖结交多两地打家劫舍的江湖好汉；他自己很可能也参与过打家劫舍。因此刘唐敢说这话。这里别无外人，方可倾心吐胆对哥哥说。”晁盖道：“这里都是我心腹人，但说不妨。”刘唐道：“小弟打听得北京大名府梁中书，收买十万贯金珠宝贝玩器等物，送上东京，与他丈人蔡太师庆生辰。去年也曾送十万贯金珠宝贝，来到半路里，不知被谁人打劫了，至今也无捉处。今年又收买十万贯金珠宝贝，早晚安排起程，要赶这六月十五日生辰。小弟想此一套是不义之财，取之何碍！取不义之财，无碍。便可商议个道理，去半路上取了，天理知之，也不为罪。取不义之财，无罪。闻知哥哥大名，是个真男子，武艺过人。小弟不才，颇也学得本事，休道三五个汉子，便是一二千军马队中，拿条枪，也不惧他。倘蒙哥哥不弃时，情愿相助一臂，不知哥哥心内如何？”晁盖道：“壮哉！且再计较。读者听得心痒痒，正要听个热闹，却又被打断。你既来这里，想你吃了些艰辛，且去客房里将息少歇，待我从长商议，来日说话。”一个闷葫芦，令人闷闷。

晁盖叫庄客引刘唐廊下客房里歇息，庄客引到房中，也自去干事了。且说刘唐在房里寻思道：“我着甚来由，苦恼这遭！多亏晁盖完成，解脱了这件事。只叵耐雷横那厮，平白地要陷我做贼，把我吊这一夜。想那厮去未远，我不如拿了条棒赶上去，齐打翻了那厮们，却夺回那银子，送还晁盖，也出一口恶气。此计大妙！”晁盖处闷，须从刘唐处出色。刘唐便出房门，去枪架上拿了一条朴刀，便出庄门，大踏步投南赶来。此时天色已明，却早望见雷横引着土兵，慢慢地行将去。刘唐赶上来，大喝一声：“兀那都头不要走！”

雷横吃了一惊，回过头来，见是刘唐捻着朴刀赶来。雷横慌忙去土兵手里夺条朴刀拿着，见来者凶，不得不防。喝道：“你那厮赶将来做甚么？”刘唐道：“你晓事的，留下那十两银子还了我，我便饶了你！”雷横道：“是你阿舅送我的，干你甚事？我若不看你阿舅面上，直结果了你这厮性命，划地问我取银子！”刘唐道：“我须不是贼，你却把我吊了一夜，又骗我阿舅十两银子。骂得好！让雷横出丑。〇雷横如此这般拿乡民银子，非止一日，已成习惯而不觉其非，今遇刘唐，方知还有不平者。是会的将来还我，佛眼相看；你若不还我，叫你目前流血！”雷横大怒，指着刘唐大骂道：“辱门败户的谎贼，怎敢无礼！”刘唐道：“你那诈害百姓的腌臜泼才，名分合适。怎敢骂我！”雷横又骂道：“贼头贼脸贼骨头，必然要连累晁盖！一点不假。你这等贼心贼肝，贼头贼脸贼骨头还不够，又出贼心贼肝。〇果然是贼，且是大贼，只是雷横眼睛不亮，不能认识。我行须使不得！”刘唐大怒道：“我来和你见个输赢！”捻着朴刀，直奔雷横。

雷横见刘唐赶上来，呵呵大笑，可见平日威风。挺手中朴刀来迎。两个就大路上，厮并了五十余合，不分胜败。非写刘唐本事，乃写雷横本事。〇非写二人本事相当，乃写二人不分胜败，若分胜败，谁杀谁好？〇如此下去，如何得了？引出吴用来。众土兵见雷横赢刘唐不得，却待都要一齐上并他，只见侧首篱门开处，一个人掣两条铜炼，叫道：“你们两个好汉且不要斗。我看了多时，权且歇一歇，我有话说。”便把铜炼就中一隔。两个都收住了朴刀，跳出圈子外来，立住了脚。看那人时，似秀才打扮，戴一顶桶子样抹眉梁头巾。穿一领皂沿边麻布宽衫，腰系一条茶褐銮带，下面丝鞋净袜；生得眉清目秀，面白须长。这人乃是“智多星”吴用，表字学究，道号“加亮先生”，祖贯本乡人氏。手提铜炼，指着刘唐叫道：“那汉且住，你因甚和都头争执？”刘唐光着眼看吴用道：“不干你秀才事！”偏瞧不起秀才。〇骂倒千古秀才。〇这世上事多是不干秀才事。而秀才偏偏最爱瞎管事。雷横便道：“教授不知，看教授二字，突然想起自己评教授事体来。〇今日多少讲师副教授，看吴用教授，羡慕么？这厮夜来赤条条地睡在灵官庙里，被我们拿了这厮，带到晁保正庄上，原来却是保正的外甥。看他母舅面上，放了他。晁保正请我们吃了酒，送些礼物与我。这厮瞒了他阿舅，直赶到这里问我取。你道这厮大胆么？”

吴用寻思道：“晁盖我都是自幼结交，但有些事，便和我相议计较。他的亲眷相识，我都知道，不曾见有这个外甥。亦且年甲也不相登，必有些跷蹊，此正衬出雷横糊涂。我且劝开了这场闹，却再问他。”吴用便道：“大汉休执迷，你的母舅与我至交，又和这都头亦过得好。他便送些人情与这都头，你却来讨了，也须坏了你母舅面皮。且看小生面，我自与你母舅说。”刘唐道：“秀才，偏不问姓名不称教授而直呼秀才，一来事急，一来不欲与秀才交往。你不省得。这个不是我阿舅甘心与他，他诈取了我阿舅的银两。好！笑脸奉出的，未必乃是甘心。贪官酷吏未必不知却何必须知？若是不还我，誓不回去！”雷横道：“只除是保正自来取，便还他，却不还你！”雷横出丑了。刘唐道：“你屈冤人做贼，诈了银子，怎的不还？”雷横道：“不是你的银子，不还，不还！”愈丑愈刁。露出本相来。刘唐道：“你不还，只除问得我手里朴刀肯便罢。”吴用又劝：“你两个斗了半日，又没输赢，只管斗到几时是了？”刘唐道：“他不还我银子，直和他拚个你死我活便罢！”雷横大怒道：“我若怕你，添个土兵来并你，也不算好汉，我自好歹搠翻你便罢！”刘唐大怒，拍着胸前叫道：“不怕，不怕！”与雷横“不还，不还”，有映衬之妙。便赶上来。这边雷横便指手划脚也赶拢来，两个又要斯并，这吴用横身在里面劝，那里劝得住。还写秀才无用，教授无能。〇世道纷扰，教授好劝，却不见劝得住的。〇劝不住，如何得了？引出晁盖来。

刘唐捻着朴刀，只待钻将过来。雷横口里千贼万贼价骂，挺朴刀正待要斗，只见众土兵指道："保正来了！"刘唐回身看时，只见晁盖披着衣裳，前襟摊开，是个急忙赶来人的样子。从大路上赶来，大喝道："畜生不得无礼！"是个阿舅骂外甥的口吻。那吴用大笑道："须是保正自来，方才劝得这场闹。"晁盖赶得气喘，问道："怎的赶来这里斗朴刀？"雷横道："你的令甥拿着朴刀赶来，问我取银子。小人道：'不还你，我自送还保正，非干你事。'他和小人斗了五十合，教授解劝在此。"晁盖道："这畜生！小人并不知道。都头看小人之面请回，自当改日登门陪话。"雷横道："小人也知那厮胡为，不与他一般见识，又劳保正远出。"作别自去，不在话下。

且说吴用对晁盖说道："不是保正自来，几乎做出一场大事。这个令甥端的非凡，是好武艺。小生在篱笆里看了，这个有名惯使朴刀的雷都头也敌不过，只办得架隔遮拦。若再斗几合，雷横必然有失性命，因此小生慌忙出来间隔了。吴用不出，必出大事。晁盖不来，不能了结。〇写出刘唐武功。这个令甥从何而来？往常时庄上不曾见有。"晁盖道："却待正要来请先生到敝庄商议句话，正欲使人来，只见不见了他，枪架上朴刀又没了，只见牧童报说一个大汉拿条朴刀望南一直赶去，我慌忙随后追得来，早是得教授谏劝住了。请尊步同到敝庄，有句话计较计较。"那吴用还至书斋，挂了铜炼在书房里，分付主人家道："学生来时，说道先生今日有干，权放一日假。"岂止一日假？拽上书斋门，将锁锁了，同晁盖、刘唐到晁家庄上。

晁盖径邀了后堂深处，分宾而坐。吴用问道："保正，此人是谁？"直问是谁，明知不是外甥了，明知晁盖不会见怪。晁盖道："此人江湖上好汉，姓刘名唐，是东潞州人氏。直说是谁，明告并非外甥，明知吴用不会奇怪。因有一套富贵，特来投奔我。夜来他醉卧在灵官庙里，却被雷横捉了拿到我庄上，我因认他做外甥，方得脱身。他说：'有北京大名府梁中书收买十万贯金珠宝贝，送上东京，与他丈人蔡太师庆生辰，早晚从这里经过。此等不义之财，取之何碍！'他来的意，正应我一梦。我昨夜梦见北斗七星，直坠在我屋脊上。斗柄上另有一颗小星，化道白光去了。我想星照本家，安得不利？今早正要求请教授商议此一件事，若何？"如此大事，直言相告，可见平日知心。吴用笑道：并不吃惊，反如此从容，有张良风范。"小生见刘兄赶得来跷蹊，也猜个七八分了。此一事却好，只是一件，人多做不得，人少又做不得。宅上空有许多庄客，一个也用不得。如今只有保正、刘兄、小生三人，这件事如何团弄？便是保正与兄十分了得，也担负不下。这段事须得七八个好汉方可，多也无用。"一似胸有成竹者，有张良风范。晁盖道："莫非要应梦中星数？"吴用便道："兄长，这一梦也非同小可，莫非北地上再有扶助的人来？"寻思了半晌，眉头一纵，计上心来，说道："有了！有了！"晁盖道："先生既有心腹好汉，可以便去请来，成就这件事。"

吴用不慌不忙，叠两个指头，说出几句话来，有分教：东溪庄上，聚义汉翻作强人；石碣村中，打鱼船权为战舰。正是：指挥说地谈天口，来做翻江搅海人。毕竟智多星吴用说出甚么人来，且听下回分解。

第十四回

吴学究说三阮撞筹 公孙胜应七星聚义

吳學究說
三阮撞籌

回前总评

吴用到石碣村寻访三阮，最终让三阮异常兴奋地加入了劫取生辰纲的队伍。

为什么要找阮氏兄弟？吴用提出了三点理由：

首先，他们重义气，敢于赴汤蹈火，同生共死。

其次，他们武艺出众。尤其是水上功夫过人。

第三，他们干过“私商勾当”，也就是干过打家劫舍的事。

要合伙劫取生辰纲，这三个条件必须同时满足，所以阮氏兄弟成了最佳人选。这三点，也是江湖好汉的特征。

吴用寻访他们时候，阮小二的船拴在枯树桩上，显然没有去打鱼。阮小五也没有去打鱼，他连日赌钱，输得不剩分文，最后把老母的发钗“讨”去当作赌资。阮小七呢？同样好赌，“也输得赤条条地”。三阮都没有生计，又不肯老实本分，好吃喝，好赌钱，一无所有。这样的人最容易拉下水。吴用对三阮的生活状态观察得很仔细，深知此行三阮一定会“入彀”。

并不是所有的好汉都是逼上梁山的。对三阮兄弟而言，他们由衷赞叹和羡慕梁山。梁山代表着一种精神和物质的追求。在世俗社会中，天地代表着宗教的或者道德的法则，官府代表着人间的法度和秩序。这些都是令人敬畏的力量，是具有压迫性的力量。然而在梁山，天地官府都失去了权威，这里没有约束，没有压迫，自由自在，“论秤分金银，异样穿绸锦；成瓮吃酒，大块吃肉”，这对于衣食无忧的文人士大夫而言，异常粗鄙可笑，然而这却是那些挣扎于死亡线上的底层民众最大的要求和向往。“论秤”“异样”“成瓮”“大块”这些语言，更体现出一种来自底层的粗蛮而又豪爽的气息。

比较林冲上梁山泊，三阮兄弟是另一个典型。林冲以前很快活，他是从快活到不快活，不快活了以后，不得不上梁山。而三阮，一开始就不快活，想从不快活去找快活。三阮想要快活，不可能像林冲那样，有进入体制混一个官做的机会，他们连上梁山都不容易，要有人“带挈”才行。

以三阮兄弟的力量，做强盗最多也只能打家劫舍，在梁山泊子里面做点“私商勾当”，离“论秤分金银，异样穿绸锦，成瓮吃酒，大块吃肉”的“快活”境地还很遥远。所以他们需要领头大哥：这个领头大哥能欣赏他们、尊重他们，还要能够提携他们，带领他们寻求“快活”。他们需要“识我们的”“带挈我们的”。

这一回，如果有一个中心词，那就是两个字：快活。甚至可以说梁山泊一百零八人，最终上梁山就追求个快活，快活也是整部《水浒传》的一个中心词。

三阮的心中，有一腔莫名的悲愤，莫名的寂寞，莫名的屈沉之痛，拍遍栏杆，无人会。他们要的，其实还真不仅是大块的肉、大瓮的酒，他们还要一种人生的舒张。他们的不快活，是一种整体的不舒展的感觉，他们要的快活，也是求一种人生的舒展自由。

《水浒传》的作者，在对待正义、公正这些问题上，态度非常含混暧昧。他赞赏好汉们的豪气、好汉们的义气、好汉们的快活。读者也常常同样暧昧，同样沉浸在对好汉的赞赏和羡慕之中，而缺乏对基本善恶是非观的反思。为什么呢？因为施耐庵可能也是这种感觉：这人生，太压抑、太郁闷、太委屈。他只是借小说伸个腿、舒个腰、展个眉。憋屈久了发一声喊，什么内容不重要，甚至什么诉求也没有，就是一声嘶叫，让你知道我不爽。

《水浒传》很强调梁山好汉的与众不同。因为他们总把“义”“忠义”“替天行道”挂在嘴上，这些都是道德概念，好汉们的行径，甚至作者的态度，都使这些道德概念增加了复杂性。

晁盖庄中一干人，都是为了一套富贵——十万贯的生辰纲——聚集在一起的。这笔钱固然是不义之财，这笔不义之财固然也将用在不义的目的上，然而，问题在于，众好汉说劫夺生辰纲是符合道义的义举。这就有很大的逻辑问题。坏人是混蛋，就能说明自己不是混蛋么？好汉们劫夺生辰纲是出于对奸佞和贪赃枉法的义愤么？显然不是。在他们那里，生辰纲就是一套通天富贵，是一笔“私商生意”，是能帮助他们成就“论秤分金银，异样穿䌷锦，成瓮吃酒，大块吃肉”的“一世快活”生活的条件。梁中书在百姓那里搜刮聚敛，图的是自己的“一世快活”；好汉们把聚敛来的赃款抢过来，图的也是自己的“一世快活”。两者之间，如何品评？

话说当时吴学究道：“我寻思起来，有三个人义胆包身，武艺出众，敢赴汤蹈火，同死同生。先声夺人。〇先表出三人。只除非得这三个人，方才完得这件事。”晁盖道：“这三个却是甚么样人？姓甚名谁？何处居住？”吴用道：“这三个人是弟兄三个，在济州梁山泊边石碣村住，石碣又现。日常只打鱼为生，亦曾在泊子里做私商勾当。本身姓阮，弟兄三人，一个唤做‘立地太岁’阮小二，一个唤做‘短命二郎’阮小五，一个唤做‘活阎罗’阮小七。这三个是亲弟兄。小生旧日在那里住了数年，与他相交时，他虽是个不通文墨的人，为见他与人结交真有义气，是个好男子，因此和他来往。通文墨者倒没几个真有义气。○仗义多为屠狗辈，负心常是读书人。今已好两年不曾相见。若得此三人，大事必成。”晁盖道：“我也曾闻这阮家三弟兄的名字，只不曾相会。石碣村离这里只有百十里以下路程，何不使人请他们来商议？”吴用道：“着人去请，他们如何肯来？自爱。○若通文墨者，必胁肩钻营，何待去请。小生必须自去那里，凭三寸不烂之舌，说他们入伙。”晁盖大喜道：“先生高见！几时可行？”吴用答道：“事不宜迟，只今夜三更便去，明日晌午可到那里。”提醒教授：明日村学尚未请假。晁盖道：“最好。”当时叫庄客且安排酒食来吃。

吴用道：“北京到东京也曾行过，只不知生辰纲从那条路来，再烦刘兄休辞生受，连夜去北京路上探听起程的日期，端的从那条路上来。”刘唐道：“小弟只今夜也便去。”吴用道：“且住。他生辰是六月十五日，如今却是五月初头，尚有四五十日。等小生先去说了三阮弟兄回来，那时却教刘兄去。”伏公孙胜来。晁盖道：“也是。刘兄弟只在我庄上等候。”

话休絮烦。当日吃了半晌酒食，至三更时分，吴用起来洗漱罢，吃了些早饭，讨了些银两藏在身边，穿上草鞋，晁盖、刘唐送出庄门。吴用连夜投石碣村来。此等书生，有用。行到晌午时分，早来到那村中。吴学究自来认得，不用问人，来到石碣村中，径投阮小二家来。到得门前看时，只见枯桩上缆着数只小渔船，疏篱外晒着一张破鱼网，倚山傍水，约有十数间草房。好描写。吴用叫一声道：“二哥在家么？”只见阮小二走将出来，头戴一顶破头巾，身穿一领旧衣服，赤着双脚，这等境况，正宜拉来入伙。司马迁曰：“士方其危苦之时，易与耳。”出来见了是吴用，慌忙声喏道："教授何来？甚风吹得到此？"吴用答道："有些小事，特来相浼二郎。"阮小二道："有何事？但说不妨。"吴用道："小生自离了此间又早二年，如今在一个大财主家做门馆，他要办筵席，用着十数尾重十四五斤的金色鲤鱼，因此特地来相投足下。"鱼不如此大，不麻烦如此人；鱼不如此大，不须去梁山泊。有上扣下联之妙。阮小二笑了一声，说道："小人且和教授吃三杯却说。"先吃三杯再说，若直说难处，是拒客也。如此便亲热。吴用道："小生的来意，也正欲要和二哥吃三杯。"如此便亲热。阮小二道："隔湖有几处酒店，我们就在船里荡将过去。"吴用道："最好。也要就与五郎说句话，不知在家也不在？"先说五郎。阮小二道："我们一同去寻他便了。"两个来到泊岸边，枯桩上缆的小船解了一只，便扶着吴用是渔家与书生场景。真，细，妙。下船去了。树根头拿了一把拌楸，只顾荡，早荡将开去，望湖泊里来。

正荡之间，只见阮小二把手一招，叫道："七哥曾见五郎么？"吴用看时，只见芦苇丛中摇出一只船来。那阮小七头戴一顶遮日黑箬笠，身上穿个棋子布背心，腰系着一条生布裙，把那只船荡着，问道："二哥，你寻五哥做什么？"吴用叫一声：却是吴用先叫：不用小二答小七，不用小二介绍吴用，不用小七先认吴用。皆因吴用先知是小七，小七不知是吴用也。入情入理入画。"七郎，小生特来相央你们说话。"阮小七道："教授恕罪，好几时不曾相见。"吴用道："一同和二哥去吃杯酒。"阮小七道："小人也欲和教授吃杯酒，只是一向不曾见面。"两只船厮跟着在湖泊里，不多时划到个去处，团团都是水，高埠上有七八间草房。如画。阮小二叫道："老娘，突然叫老娘。与小七出场一样笔法，既省且妙。五哥在么？"那婆婆道："说不得，鱼又不得打，连日去赌钱，输得没了分文，却才讨了我头上钗儿，出镇上赌去了。"阮小二笑了一声，老娘气，小二却笑，家常便饭也。便把船划开。阮小七便在背后船上说道："哥哥正不知怎地，赌钱只是输，却不晦气！莫说哥哥不赢，我也输得赤条条地。”前写小二衣敝巷陋，接写小五小七赌场不胜，皆为吴用赚三人作铺垫。吴用暗想道：“中了我的计了。”两只船厮并着，投石碣村镇上来。

划了半个时辰，只见独木桥边，一个汉子把着两串铜钱，下来解船。阮小二道：“五郎来了。”吴用看时，但见阮小五斜戴着一顶破头巾，鬓边插朵石榴花，与小二一样困窘，却又多出一石榴花点缀得妙。披着一领旧布衫，露出胸前刺着的青郁郁一个豹子来，里面匾扎起裤子，上面围着一条间道棋子布手巾。吴用叫一声道：“五郎得采么？”阮小五道：“原来却是教授，好两年不曾见面，我在桥上望你们半日了。”阮小二道：“我和教授直到你家寻你，老娘说道，出镇上赌钱去了，因此同来这里寻你。且来和教授去水阁上吃三杯。”一口一声教授，弄得讲师副教授好生郁闷。阮小五慌忙去桥边，解了小船，跳在舱里，捉了摔楫，只一划，三只船厮并着。

划了一歇，三只船撑到水亭下荷花荡中。三只船都缆了。扶吴学究上了岸，入酒店里来，都到水阁内，拣一副红油桌凳。阮小二便道：“先生休怪我三个弟兄粗俗，请教授上坐。”三兄弟再三自认粗俗，却待人接物一派恭敬。吴用道：“却使不得。”阮小七道：“哥哥只顾坐主位，请教授坐客席，我兄弟两个便先坐了。”小七性格跃然而出。吴用道：“七郎只是性快。”四个人坐定了，叫酒保打一桶酒来。店小二把四只大盏子摆开，铺下四双箸，放了四盘菜蔬，打一桶酒，放在桌子上。阮小七道：“有甚么下口？”小二哥道：“新宰得一头黄牛，花糕也似好肥肉！”阮小二道：“大块切十斤来。”阮小五道：“教授休笑话，没甚孝顺。”吴用道：“倒来相扰，多激恼你们。”阮小二道：“休恁地说。”小七、小二、小五，各有言语，历历落落，场面既活活泼泼，人情亦亲亲热热。〇一段好叙述。催促小二哥只顾筛酒，早把牛肉切做两盘，将来放在桌上。

阮家三兄弟让吴用吃了几块，便吃不得了。秀才肚量可笑。那三个狼餐虎食，吃了一回。对比着写吃，各尽其妙。〇吴用必吃不得了，三人必狼吞虎咽。阮小五动问道："教授到此贵干？"阮小二道："教授如今在一个大财主家做门馆教学，今来要对付十数尾金色鲤鱼，要重十四五斤的，特来寻我们。"阮小七道："若是每常，要三五十尾也有，莫说十数个，再要多些，我弟兄们也包办得。如今便要重十斤的也难得。"却是奇怪。阮小五道："教授远来，我们也对付十来个重五六斤的相送。"吴用道："小生多有银两在此，随算价钱。只是不用小的，须得十四五斤重的便好。"定要出难题考他们。阮小七道："教授，却没讨处。便是五哥许五六斤的也不能够，须是等得几日才得。愈是奇怪。而吴用偏不问，急煞读者也。我的船里有一桶小活鱼，就把来吃些。"阮小七便去船内取将一桶小鱼上来，约有五七斤，自去灶上安排，盛做三盘，把来放在桌上。阮小七道："教授胡乱吃些个。"四个又吃了一回，看看天色渐晚。

吴用寻思道："这酒店里须难说话。今夜必是他家权宿，到那里却又理会。"阮小二道："今夜天色晚了，请教授权在我家宿一宵，明日却再计较。"吴用道："小生来这里走一遭，千难万难，幸得你们弟兄今日做一处。眼见得这席酒不肯要小生还钱，今晚借二郎家歇一夜，小生有些须银子在此，相烦就此店中沽一瓮酒，买些肉，村中寻一对鸡，夜间同一醉如何？"好借口。阮小二道："那里要教授坏钱！我们弟兄自去整理，不烦恼没对付处。"吴用道："径来要请你们三位。若还不依小生时，只此告退。"阮小七道："既是教授这般说时，且顺情吃了，却再理会。"小七快意。吴用道："还是七郎性直爽快。"吴用取出一两银子，付与阮小七，就问主人家沽了一瓮酒，借个大瓮盛了，买了二十斤生熟牛肉，一对大鸡。阮小二道："我的酒钱一发还你。"店主人道："最好，最好。"

四人离了酒店，再下了船，把酒肉都放在船舱里，解了缆索，径划将开去，一直投阮小二家来。到得门前上了岸，把船仍旧缆在桩上，取了酒肉，四人一齐都到后面坐地，便叫点起灯来。原来阮家弟兄三个只有阮小二有老小，阮小五、阮小七都不曾婚娶。四个人都在阮小二家后面水亭上坐定。阮小七宰了鸡，有阿嫂在，偏小七宰鸡。非阿嫂手慢，乃小七手快也。叫阿嫂同讨的小猴子在厨下安排。约有一更相次，酒肉都搬来摆在桌上。

吴用劝他弟兄们吃了几杯，又提起买鱼事来说道："你这里偌大一个去处，却怎地没了这等大鱼？"至此才问，实因吴用早猜出答案，而村店中不便说话也。阮小二道："实不瞒教授说，这般大鱼只除梁山泊里便有。我这石碣湖中狭小，存不得这等大鱼。"吴用道："这里和梁山泊一望不远，相通一派之水，如何不去打些？"明知故问，步步紧逼。阮小二叹了一口气道："休说！"不说。吴用又问道："二弟如何叹气？"再逼。阮小五接了说道："教授不知，在先这梁山泊是我弟兄们的衣饭碗，如今绝不敢去。"吴用道："偌大去处，终不成官司禁打鱼鲜？"故意指桑骂槐，再逼一句。阮小五道："甚么官司敢来禁打鱼鲜，便是活阎王也禁治不得！"可见梁山扰民，甚于官司也。吴用道："既没官司禁治，如何绝不敢去？"还逼。阮小五道："原来教授不知来历，且和教授说知。"不是教授不知，是你不知道教授故作不知。吴用道："小生却不理会得。"再装不知。阮小七接着便道：小五要说没说，反让小七抢着说了。小七性快。"这个梁山泊去处，难说难言！如今泊子里新有一伙强人占了，不容打鱼。"吴用道："小生却不知，原来如今有强人，我那里并不曾闻得说。"阮小二道："那伙强人，为头的是个落第举子，唤做白衣秀士王伦；第二个叫做摸着天杜迁；第三个叫做云里金刚宋万。以下有个旱地忽律朱贵，见在李家道口开酒店，专一探听事情，也不打紧。如今新来一个好汉，是东京禁军教头，甚么豹子头林冲，十分好武艺。这几个贼男女好骂。○不知乃自家做不得贼故骂贼也。聚集了五七百人，打家劫舍，抢掳来往客人。骂梁山。我们有一年多不去那里打鱼。如今泊子里把住了，绝了我们的衣饭，因此一言难尽！”

吴用道：“小生实是不知有这段事。如何官司不来捉他们？”没说撞筹之事，先壮其胆。阮小五道：“如今那官司一处处动掸便害百姓。但一声下乡村来，倒先把好百姓家养的猪羊鸡鹅尽都吃了，又要盘缠打发他。骂官司。如今也好教这伙人奈何！又可见官司扰民，甚于梁山。那捕盗官司的人那里敢下乡村来！若是那上司官员差他们缉捕人来，都吓得尿屎齐流，怎敢正眼儿看他！”阮小二道：“我虽然不打得大鱼，也省了若干科差。”苛政猛于盗。吴用道：“恁地时那厮们倒快活。”没说撞筹之事，先诱其心。○快活一词直击三阮心窝。○快活一词也是一部《水浒传》关键词。阮小五道：“他们不怕天，不怕地，不怕官司，论秤分金银，异样穿绸锦，成瓮吃酒，大块吃肉，如何不快活！正是三兄弟人生理想。我们弟兄三个空有一身本事，怎地学得他们！”吴用还没说，他们自来了。

吴用听了，暗暗地欢喜道：“正好用计了。”阮小七说道：“‘人生一世，草生一秋’，我们只管打鱼营生，学得他们过一日也好。”有此等想法，即可做亡命之徒。吴用道：“这等人学他做什么！一路逼出对方，对方自来了，这边却装个幌子，吴用奸。他做的勾当，不是笞杖五七十的罪犯，空自把一身虎威都撇下。倘或被官司拿住了，也是自做的罪。”却是试三人的胆量。阮小二道：“如今该管官司没甚分晓，一片糊涂！千万犯了迷天大罪的倒都没事，我弟兄们不能快活。若是但有肯带挈我们的，也去了罢。”吾去为迟。阮小五道：“我也常常这般思量：我弟兄三个的本事又不是不如别人，谁是识我们的？”寂寞。○隐约让人想起林冲和杨志的宝刀。吴用道：“假如便有识你们的，你们便如何肯去？”直入关键。阮小七道：“若是有识我们的，水里水里去，火里火里去，若能够见用得一日，便死了开眉展眼。”说破英雄。吴用暗暗喜道：“这三个都有意了。我且慢慢地诱他。”又劝他三个吃了两巡酒。吴用又说道：“你们三个敢上梁山泊捉这伙贼么？”先说捉贼。阮小七道：“便捉得他们，那里去请赏？也吃江湖上好汉们笑话。”吴用道：“小生短见，假如你们怨恨打鱼不得，也去那里撞筹，却不是好？”再说做贼。捉贼是假，做贼是真。先说真，怕露了馅；先说假，是探口风。〇捉贼不成，便去做贼。

阮小二道：“老先生，你不知我弟兄们几遍商量要去入伙。试出真来了。〇原来三兄弟早有一腔悲愤无人知。听得那白衣秀士王伦的手下人都说道他心地窄狭，安不得人，前番那个东京林冲上山，呕尽他的气。王伦那厮不肯胡乱着人，因此我弟兄们看了这般样，一齐都心懒了。”林冲之事，至此尚有用处，引文之妙，才子之心。〇暗含比较王伦、晁盖。〇伏笔日后梁山火并。阮小七道：“他们若似老兄这等慷慨，爱我弟兄们便好。”我弟兄有热血有豪气，只差有人爱，说尽心中寂寞。阮小五道：“那王伦若得似教授这般情分时，我们也去了多时，不到今日。我弟兄三个便替他死也甘心！”应照小七之语。吴用道：“量小生何足道哉，如今山东、河北多少英雄豪杰的好汉！”伏晁盖，亦伏卢俊义。阮小二道：“好汉们尽有，我弟兄自不曾遇着。”前不见古人，后不见来者，此时不见今人。吴用道：“只此间郓城县东溪村晁保正，你们曾认得他么？”突然提起。〇接上文不曾遇着。阮小五道：“莫不是叫做‘托塔天王’的晁盖么？”吴用道：“正是此人。”

阮小七道：“虽然与我们只隔得百十里路程，缘分浅薄，闻名不曾相会。”吴用道：“这等一个仗义疏财的好男子，如何不与他相见？”阮小二道：“我弟兄们无事，也不曾到那里，因此不能够与他相见。”吴用道：“小生这几年也只在晁保正庄上左近，教些村学，如今打听得他有一套富贵待取，特地来和你们商议，我等就那半路里拦住取了，如何？”最后试探。阮小五道：“这个却使不得。他既是仗义疏财的好男子，我们却去坏他的道路，须吃江湖上好汉们知时笑话。”盗亦有道。○有道之盗，近乎义盗。吴用道：“我只道你们弟兄心志不坚，原来真个惜客好义。吴用此来，不特试三阮心志，亦试三阮品性也。至此方始放心。我对你们实说，前面尽是虚套，以下方为实说。果有协助之心，我教你们知此一事。我如今见在晁保正庄上住。保正闻知你三个大名，特地教我来请你们说话。”阮小二道：“我弟兄三个，真真实实地并没半点儿假。晁保正敢有件奢遮的私商买卖，有心要带挈我们，带挈二字，写得悲凉。○多少英雄豪杰，才子佳人，蹉跎人世，只因缺个带挈的。一定是烦老兄来。若还端的有这事，我三个若舍不得性命相帮他时，残酒为誓，教我们都遭横事，恶病临身，死于非命！”这等人方知感激恩德。阮小五和阮小七把手拍着脖项道：“这腔热血，只要卖与识货的！”慷慨，激昂，悲凉，热血沸腾。

吴用道：“你们三位弟兄在这里，不是我坏心术来诱你们，正是。这件事非同小可的勾当！目今朝内蔡太师是六月十五日生辰，他的女婿是北京大名府梁中书，即日起解十万贯金珠宝贝与他丈人庆生辰。今有一个好汉，姓刘名唐，特来报知。如今欲要请你们去商议，聚几个好汉，向山凹僻静去处，取此一套不义之财，大家图个一世快活。因此特教小生只做买鱼来请你们三个计较，成此一事。不知你们心意如何？”阮小五听了道：“罢！罢！”叫道：“七哥，我和你说甚么来！”说甚么来？不过是总有一天如何如何罢了。○既是英雄，平时总须按捺。但终归按捺不住。阮小七跳起来道：“一世的指望，今日还了愿心！正是搔着我痒处。我们几时去？”急不可耐。吴用道：“请三位即便去来，明日起个五更，一齐都到晁天王庄上去。”阮家三弟兄大喜。当夜过了一宿。

次早起来，吃了早饭，阮家三弟兄分付了家中，跟着吴学究，四个人离了石碣村，拽开脚步，取路投东溪村来。行了一日，早望见晁家庄。只见远远地绿槐树下，晁盖和刘唐在那里等。望见吴用引着阮家三兄弟直到槐树前，两下都厮见了。晁盖大喜道："阮氏三雄名不虚传，且请到庄里说话。"六人却从庄外入来，到得后堂，分宾主坐定。吴用把前话说了。晁盖大喜，便叫庄客宰杀猪羊，安排烧纸。阮家三弟兄见晁盖人物轩昂，语言洒落，三个说道："我们最爱结识好汉，原来只在此间。今日不得吴教授相引，如何得会？"三个弟兄好生欢喜。欢喜。

当晚且吃了些饭，说了半夜话。都是欢喜话，体己话，相见恨晚话，闲话，慷慨话。次日天晓，去后堂前面列了金钱、纸马、香花、灯烛，摆了夜来煮的猪羊、烧纸。众人见晁盖如此志诚，尽皆欢喜，个个说誓道："梁中书在北京害民，诈得钱物，却把去东京与蔡太师庆生辰，此一等正是不义之财。我等六人中，但有私意者，天地诛灭，神明鉴察。"梁中书不义，非是激得六人义，总是起了六人意。〇《大学》曰：货悖而入者亦悖而出。六人都说誓了，烧化纸钱。

六筹好汉，正在堂后散福饮酒，只见一个庄客报说："门前有个先生要见保正化斋粮。"晁盖道："你好不晓事！见我管待客人在此吃酒，你便与他三五升米便了，何须直来问我？"庄客道："小人把米与他，他又不要，只要面见保正。"来得蹊跷。晁盖道："一定是嫌少，你便再与他三二斗米去。你说与他，保正今日在庄上请人吃酒，没工夫相见。"庄客去了多时，只见又来说道："那先生与了他三斗米，又不肯去。自称是一清道人，不为钱米而来，只要求见保正一面。"却是古怪。晁盖道："你这厮不会答应，便说今日委实没工夫，教他改日却来相见拜茶。"庄客道："小人也是这般说。那个先生说道：'我不为钱米斋粮，闻知保正是个义士，特求一见。'"

晁盖道："你也这般缠，全不替我分忧！他若再嫌少时，可与他三四斗去，何必又来说？我若不和客人们饮时，乐莫乐兮新相知。便去厮见一面，打甚么紧！你去发付他罢，再休要来说！"庄客去了。

没半个时，只听得庄门外热闹。又见一个庄客飞也似来报道："那先生发怒，把十来个庄客都打倒了！"晁盖听得，吃了一惊，读者也吃一惊。慌忙起身道："众位弟兄少坐，晁盖自去看一看。"便从后堂出来，到庄门前看时，只见那个先生身长八尺，道貌堂堂，生得古怪；来得古怪。正在庄门外绿槐树下，一头打，一头口里说道："不识好人！"又是一个起意劫财的好人。晁盖见了叫道："先生息怒。你来寻晁保正，无非是投斋化缘；他已与了你米，何故嗔怪如此？"那先生哈哈大笑道："贫道不为酒食钱米而来。我觑得十万贯如同等闲，吓人。特地来寻保正，有句话说。叵耐村夫无理，毁骂贫道，因此性发。"晁盖道："你可曾认得晁保正么？"那先生道："只闻其名，不曾会面。"晁盖道："小子便是。先生有甚话说？"那先生看了道："保正休怪，贫道稽首。"晁盖道："先生少礼。请到庄里拜茶如何？"那先生道："多感。"两人入庄里来，吴用见那先生入来，自和刘唐、三阮一处躲过。躲的是。○心怀鬼胎。

且说晁盖请那先生到后堂吃茶已罢，那先生道："这里不是说话处，别有甚么去处可坐？"却是古怪。晁盖见说，便邀那先生又到一处小小阁儿内，分宾坐定。晁盖道："不敢拜问先生高姓，贵乡何处？"那先生答道："贫道复姓公孙，单讳一个胜字，道号'一清先生'。小道是蓟州人氏，自幼乡中好习枪棒，学成武艺多般，人但呼为'公孙胜大郎'。为因学得一家道术，善能呼风唤雨，驾雾腾云，江湖上都称贫道做'入云龙'。贫道久闻郓城县东溪村晁保正大名，无缘不曾拜识，今有十万贯金珠宝贝，专送与保正作进见之礼，未知义士肯纳受否？”晁盖大笑道：“先生所言，莫非北地生辰纲么？”晁盖忒胆大。故惊着公孙胜。〇晁盖果然磊落。那先生大惊道：“保正何以知之？”一路古怪出之，以为奇货可居，却不意自家奇货，已入人家囊中。〇失落。晁盖道：“小子胡猜，未知合先生意否？”公孙胜道：“此一套富贵，不可错过。古人有云：‘当取不取，过后莫悔。’保正心下如何？”既是清贫道人，修道养性，如何贪此一套富贵？

正说之间，只见一个人从阁子外抢将入来，劈胸揪住公孙胜，说道：“好呀！明有王法，暗有神灵，你如何商量这等的勾当！我听得多时也！”吓得这公孙胜面如土色。正是：机谋未就，争奈窗外人听；计策才施，又早萧墙祸起。毕竟抢来揪住公孙胜的却是何人，且听下回分解。

第十五回

杨志押送金银担　吴用智取生辰纲

回前总评

本回七星聚义排座次，是梁山英雄排座次的第一次预演。晁盖，是仗义疏财的豪杰，江湖名声远扬，又是这次行动的领头人，当然坐第一位。吴用和公孙胜，江湖中的知识分子，一个心思细密，足智多谋；一个呼风唤雨，神道设教，对于行动的决策和好汉们的凝聚力，都起不可替代的核心作用。吴用此时，是七个人里面的头脑，上梁山后是一百零八人的头脑。所以吴用坐了第二位，公孙胜第三位。刘唐自幼飘荡江湖，经验丰富，这次是他首先带来生辰纲消息，所以坐第四位。阮氏三雄，刚刚入伙，既无资历，又无贡献，只好论长幼排在最后。在江湖帮派内部，需要令人信服的公正，排座次的原则是资历、能力、作用和贡献。如此排座次，远远胜过梁山的王伦。

吴用，是智取生辰纲的导演。杨志，是押送金银担的领队。如果说吴用是最好的导演，杨志就是最糟糕的领队。一个最糟糕的领队，在本回碰到了最好的导演。

梁中书看透了杨志的心理。他怎么牢牢笼络住杨志，让他为自己竭尽全力呢？很简单：利诱！“我自有抬举你处”，“这献生辰纲的札子内，另修一封书在中间，太师跟前重重保你受道敕命回来”，“我写书呈重重保你受道诰命回来”。发迹的希望，又在杨志心中重新点燃，他怎能不尽心尽力呢？

杨志的个性，严重缺乏幽默感。幽默感跟两个东西有关，一个是智商，智商低的人没有幽默感。《水浒传》里智商最高的是谁？是鲁智深。鲁智深就特有幽默感，李逵也不错，也挺有幽默感。最没幽默感的，两个人，杨志和林冲。但你说杨志和林冲智商不高吗？不是。幽默感除了和智商有关以外，还和个性有关，鲁智深个性放松，李逵个性放纵，所以有幽默感。林冲和杨志这两个人个性特别紧张。为什么？因为在官场里混的时间太长了，总患得患失，总提心吊胆，长期以往，就没有幽默感了。幽默感是沟通的重要方式。杨志缺少幽默感，所以杨志也是一个沟通能力很有限的人。他现在做领队，带着十一个军健，再加上两个虞候一个老都管，十四个人，加自己十五个人，应该把这一批人都笼络在身边同心同德才是，可是在这个过程中，他都干了些什么呢？

天气非常炎热，那十一个军健肩挑重担，头顶烈日，辛苦异常。杨志不体谅别人的艰辛，略不合心意，张嘴就骂，伸手就打，直接写杨志拿藤条打军健，有十处之多。那十四个人，没有一个不怨恨杨志。不把人当人的人，最终也得不到别人的尊敬拥戴。杨志有智慧发现危险，却没有智慧与人同舟共济共担危险。结果，离散了众人之心，在最危险的地方，军健、虞候、都管，都等着看他的笑话。最后，领队的权威丧尽，除了听任军汉们买酒，别无选择，这一十五人，包括他自己，上了吴用导演的当，被蒙汗药全体蒙翻，倒也！倒也！

这一回里面，杨志领队的这一帮人，从头到尾，何等如临大敌，何等紧张、何等刻苦，最终却以失败收场；而吴用导演的这七个演员，从头到尾，何等轻松，何等自然，何等快乐，每个环节不仅演得天衣无缝，还演得激情四逸，甚至自娱自乐了。临走还不忘幽默一把，嘲讽一番，“叫声聒噪”——打搅了，哥们儿走了！

杨志领队越紧张，吴用导演越轻松；这边越弄得如临大敌，那边越弄得田园牧歌一般。这是作者强烈的文风上的对比，也是两人个性上的对比。最后胜败也自在预料之中。

杨志可怜。押送花石纲，花石纲丢了；押送生辰纲，生辰纲又丢了。他终于绝望了，再不可能回到体制里面去了，无路可走了，他“撩衣破步，望着黄泥冈下便跳”。

然而，他不甘心。不甘心，又能往哪里去呢？

话说当时公孙胜正在阁儿里对晁盖说，这北京生辰纲是不义之财，取之何碍，只见一个人从外面抢将入来，揪住公孙胜道：“你好大胆！却才商议的事，我都知了也。”那人却是智多星吴学究。晁盖笑道：“教授休取笑，且请相见。”两个叙礼罢，吴用道：“江湖上久闻人说入云龙公孙胜一清大名，不期今日此处得会。”晁盖道：“这位秀士先生，便是智多星吴学究。”公孙胜道：“吾闻江湖上人多曾说加亮先生大名，岂知缘法却在保正庄上得会。只是保正疏财仗义，以此天下豪杰，都投门下。”晁盖道：“再有几个相识在里面，一发请进后堂深处相见。”三个人入到里面，就与刘唐、三阮都相见了。众人道：“今日此一会应非偶然，须请保正哥哥正面而坐。”晁盖道：“量小子是个穷主人，怎敢占上。”吴用道：“保正哥哥年长，（后宋江上山，也以年长推晁盖为梁山泊主。岂晁盖仅此一点占先也？）依着小生，且请坐了。”晁盖只得坐了第一位，吴用坐了第二位，公孙胜坐了第三位，刘唐坐了第四位，阮小二坐了第五位，阮小五坐第六位，阮小七坐第七位。（此座位之次序，一依原先社会地位而定。刘唐在三阮先者，先到优势，三阮以年龄排。）却才聚义饮酒，重整杯盘，再备酒肴。

众人饮酌，吴用道："保正梦见北斗七星坠在屋脊上，今日我等七人聚义举事，岂不应天垂象！此一套富贵，唾手而取。前日所说央刘兄去探听路程从那里来，今日天晚，来早便请登程。"公孙胜道："这一事不须去了。贫道已打听知他来的路数了，——只是黄泥冈大路上来。"一来显示公孙不白来，二来省却很多文字，三来引出白日鼠白胜。晁盖道："黄泥冈东十里路，地名安乐村，有一个闲汉叫做'白日鼠'白胜，也曾来投奔我，我曾赍助他盘缠。"吴用道："北斗上白光，莫不是应在这人？自有用他处。"思量之辞。刘唐道："此处黄泥冈较远，何处可以容身？"吴用道："只这个白胜家，便是我们安身处，亦还要用了白胜。"思量已定之辞。晁盖道："吴先生，我等还是软取，却是硬取？"吴用笑道："我已安排定了圈套，只看他来的光景，力则力取，智则智取。我有一条计策，不知中你们意否？……如此如此。"如此如此，让读者急探下文如何如何。晁盖听了大喜，攧着脚道："好妙计！不枉了称你做智多星，果然赛过诸葛亮。好计策！"吴用道："休得再提，常言道：'隔墙须有耳，窗外岂无人。'只可你知我知。"晁盖便道："阮家三兄且请回归，至期来小庄聚会。吴先生依旧自去教学。公孙先生并刘唐，只在敝庄权住。"当日饮酒至晚，各自去客房里歇息。

次日五更起来，安排早饭吃了，晁盖取出三十两花银，送与阮家三兄弟道："权表薄意，切勿推却。"三阮那里肯受。吴用道："朋友之意，不可相阻。"却是吴用劝其收下，可知是吴用告知晁盖三阮窘况也。三阮方才受了银两，一齐送出庄外来。吴用附耳低言道："……这般这般，至期不可有误。"三阮相别了，自回石碣村去。晁盖留住公孙胜、刘唐在庄上，吴学究常来议事。

话休絮繁。却说北京大名府梁中书，收买了十万贯庆贺生辰礼物完备，选日差人起程。当下一日在后堂坐下，只见蔡夫人问道：“相公，生辰纲几时起程？”梁中书道：“礼物都已完备，明后日便用起身。只是一件事，在此踌躇未决。”蔡夫人道：“有甚事踌躇未决？”梁中书道：“上年费了十万贯收买金珠宝贝，送上东京去；只因用人不着，半路被贼人劫将去了，至今无获。今年帐前眼见得又没个了事的人送去，世上无数事，只缺了事人。在此踌躇未决。”蔡夫人指着阶下道：“你常说这个人十分了得，何不着他委纸领状送去走一遭，不致失误。”

梁中书看阶下那人时，却是青面兽杨志。梁中书踌躇，便唤杨志上厅，说道：“我正忘了你，你若与我送得生辰纲去，我自有抬举你处。”杨志叉手向前禀道：“恩相差遣，不敢不依！只不知怎地打点，几时起身？”初始答应去。梁中书道：“着落大名府差十辆太平车子，帐前拨十个厢禁军监押着车，每辆上各插一把黄旗，上写着‘献贺太师生辰纲’。每辆车子再使个军健跟着，三日内便要起身去。”梁中书不必如此愚。但不如此写则不能显杨志也。杨志道：“非是小人推托，其实去不得，乞钧旨别差英雄精细的人去。”忽然又不去了。〇亦是去不得。梁中书道：“我有心要抬举你，这献生辰纲的札子内，另修一封书在中间，太师跟前重重保你受道敕命回来，如何倒生支调，推辞不去？”杨志道：“恩相在上，小人也曾听得上年已被贼人劫去了，至今未获，今岁途中盗贼又多，此去东京，又无水路，都是旱路。经过的是紫金山、二龙山、桃花山、伞盖山、黄泥冈、白沙坞、野云渡、赤松林，八处地点，虚虚实实，总写路途险恶。这几处都是强人出没的去处。更兼单身客人亦不敢独自经过，他知道是金银宝物，如何不来抢劫？枉结果了性命。以此去不得。”梁中书道：“恁地时，多着军校防护送去便了。”还是写梁中书愚蠢。杨志道："恩相便差一万人去，也不济事。这厮们一声听得强人来时，都是先走了的。"官军往往如此。梁中书道："你这般地说时，生辰纲不要送去了？"宜有此一恼一怒。杨志又禀道："若依小人一件事，便敢送去。"忽然又去。〇亦是有可去之道。梁中书道："我既委在你身上，如何不依你说。"杨志道："若依小人说时，并不要车子，把礼物都装做十余条担子，只做客人的打扮行货，也点十个壮健的厢禁军，却装做脚夫挑着。只消一个人和小人去，知道必有人监随，只求不要多，一人足矣。〇写尽不受信任之悲哀。〇杨志受赏识，只是一奴才耳，而非心腹。却打扮做客人，悄悄连夜送上东京交付，恁地时方好。"梁中书道："你甚说得是。我写书呈重重保你受道诰命回来。"杨志道："深谢恩相抬举。"当日便叫杨志一面打拴担脚，一面选拣军人。

次日，叫杨志来厅前伺候，梁中书出厅来问道："杨志，你几时起身？"杨志禀道："告覆恩相，只在明早准行，就委领状。"梁中书道："夫人也有一担礼物，另送与府中宝眷，也要你领。怕你不知头路，特地再教奶公谢都管并两个虞候，和你一同去。"诌出许多借口，只为派一都管、两虞候监督杨志。杨志告道："恩相，杨志去不得了。"忽然又不去了。〇还是去不得。梁中书道："礼物都已拴缚完备，如何又去不得？"杨志禀道："此十担礼物都在小人身上，和他众人都由杨志，要早行便早行，要晚行便晚行，要住便住，要歇便歇，亦依杨志提调。如今又叫老都管并虞候和小人去，他是夫人行的人，你以为梁中书不是夫人行的人？〇夫人行的人，调侃梁中书。〇天下丈夫尽是夫人行的人。又是太师府门下奶公。倘或路上与小人别拗起来，杨志如何敢和他争执得？梁中书亦争执不得。若误了大事时，杨志那其间如何分说？"一语成谶。梁中书道："这个也容易，我叫他三个都听你提调便了。"杨志答道："若是如此禀过，小人情愿便委领状。倘有疏失，甘当重罪。"岂敢真不去。梁中书大喜道："我也不枉了抬举你，真个有见识！”自古官场，听话顺从即是有见识。随即唤老谢都管并两个虞候出来，当厅分付道：“杨志提辖情愿委了一纸领状，监押生辰纲——十一担金珠宝贝——赴京太师府交割。这干系都在他身上。你三人和他做伴去，一路上早起晚行住歇，都要听他言语，不可和他别拗。夫人处分付的勾当，你三人自理会。小心在意，早去早回，休教有失。”老都管一一都应了。

当日杨志领了。次日早起五更，在府里把担仗都摆在厅前，老都管和两个虞候又将一小担财帛，共十一担，拣了十一个壮健的厢禁军，都做脚夫打扮。杨志戴上凉笠儿，穿着青纱衫子，系了缠带行履麻鞋，跨口腰刀，提条朴刀。老都管也打扮做个客人模样。两个虞候假装做跟的伴当。各人都拿了条朴刀，又带几根藤条。梁中书付与了札付书呈。一行人都吃得饱了，在厅上拜辞了梁中书。

看那军人担仗起程，杨志和谢都管、两个虞候监押着，一行共是十五人，离了梁府，出得北京城门，取大路投东京进发。此时正是五月半天气，虽是晴明得好，只是酷热难行。杨志一心要取六月十五日生辰，只得在路上趱行。写出辛苦之状。自离了这北京五七日，端的只是起五更，趁早凉便行，日中热时便歇。五七日后，人家渐少，行路又稀，一站站都是山路。杨志却要辰牌起身，申时便歇。那十一个厢禁军，担子又重，无有一个稍轻。天气热了，行不得，见着林子便要去歇息。杨志赶着催促要行，如若停住，轻则痛骂，重则藤条便打，逼赶要行。其实杨志这般的，若得志，也是个不体恤民生的主。两个虞候虽只背些包裹行李，也气喘了行不上。杨志也嗔道：“你两个好不晓事！这干系须是俺的！你们不替洒家打这夫子，却在背后也慢慢地挨，这路上不是要处！”那虞候道：“不是我两个要慢走，其实热了行不动，此等人养尊处优，哪受得了这等罪。因此落后。前日只是趁早凉走，如今恁地正热里要行，正是好歹不均匀。”杨志道：“你这般说话，却似放屁！杨志横蛮。〇杨志有取败之道。前日行的须是好地面，如今正是尴尬去处，若不日里赶过去，谁敢五更半夜走？”两个虞候口里不道，肚中寻思：“这厮不直得便骂人。”是。杨志不是。杨志提了朴刀，拿着藤条，自去赶那担子。

两个虞候坐在柳阴树下，等得老都管来，只道虞候拖延。不料还有更俄延者。〇杨志辛苦。两个虞候告诉道：“杨家那厮，强杀只是我相公门下一个提辖，直这般会做大！”老都管道：“须是相公当面分付道：休要和他别拗，因此我不做声。这两日，也看他不得。权且耐他。”两个虞候道：“相公也只是人情话儿，都管自做个主便了。”小人都是此般声口。老都管又道：“且耐他一耐。”当日行到申牌时分，寻得一个客店里歇了。那十一个厢禁军雨汗通流，都叹气吹嘘，对老都管说道：“我们不幸做了军健，情知道被差出来。这般火似热的天气，又挑着重担，这两日又不拣早凉行，动不动老大藤条打来。都是一般父母皮肉，我们直恁地苦！”老都管道：“你们不要怨怅，巴到东京时，我自赏你。”众军汉道：“若是似都管看待我们时，并不敢怨怅。”杨志军人，只知立威，不知立恩。

又过了一夜。次日，天色未明，众人起来，都要乘凉起身去。杨志跳起来喝道：“那里去！且睡了，却理会！”众军汉道：“趁早不走，日里热时走不得，却打我们。”杨志大骂道：“你们省得甚么！”拿了藤条要打，众军忍气吞声，只得睡了。当日直到辰牌时分，慢慢地妙。打火吃了饭走。一路上赶打着，不许投凉处歇。那十一个禁厢军口里喃喃呐呐地怨怅，两个虞候在老都管面前絮絮聒聒地搬口。老都管听了也不着意，心内自恼他。禁军，虞候，都管，都怨，众叛亲离不远了。

话休絮繁。似此行了十四五日，那十四个人没一个不怨怅杨志。当日客店里辰牌时分慢慢地打火吃了早饭行，正是六月初四日时节，天气未及晌午，一轮红日当天，没半点云彩，其实十分大热。当日行的路，都是山僻崎岖小径，南山北岭，却监着那十一个军汉。约行了二十余里路程，那军人们思量要去柳阴树下歇凉，被杨志拿着藤条打将来，喝道："快走！教你早歇。"众军人看那天时，四下里无半点云彩，其实那热不可当。

杨志催促一行人在山中僻路里行。看看日色当午，那石头上热了，脚疼，走不得。众军汉道："这般天气热，兀的不晒杀人！"杨志喝着军汉道："快走！赶过前面冈子去，却再理会。"正行之间，前面迎着那土冈子，一行十五人奔上冈子来。歇下担仗，那十四人都去松林树下睡倒了。杨志说道："苦也！这里是甚么去处，你们却在这里歇凉？起来，快走！"众军汉道："你便剁做我七八段，其实去不得了。"杨志拿起藤条，劈头劈脑打去，打得这个起来，那个睡倒，杨志无可奈何。一路不给别人体谅，直至把自家弄得无可奈何。

只见两个虞候和老都管气喘急急，也巴到冈子上松树下坐了喘气。看这杨志打那军健，老都管见了说道："提辖，端的热了走不得，休见他罪过！"老都管至此，言语都在分寸内，可惜杨志不知笼络。○老都管其实是可以结为同盟的。如此则一个白脸，一个红脸，软硬兼施，可保队伍团结。可惜杨志无此聪明。杨志道："都管，你不知，这里正是强人出没的去处，地名叫做黄泥冈。闲常太平时节，白日里兀自出来劫人，休道是这般光景，谁敢在这里停脚？"两个虞候听杨志说了，便道："我见你说好几遍了，只管把这话来惊吓人。"老都管道："权且教他们众人歇一歇，略过日中行，如何？"商量。总该允许商量。总该允许老都管商量。杨志道：

"你也没分晓了，如何使得！这里下冈子去，兀自有七八里没人家。甚么去处，敢在此歇凉！"杨志没商量。老都管道："我自坐一坐了走，你自去赶他众人先走。"老都管不再商量。杨志拿着藤条喝道："一个不走的，吃俺二十棍。"

众军汉一齐叫将起来。数内一个分说道："提辖，我们挑着百十斤担子，须不比你空手走的。你端的不把人当人！便是留守相公自来监押时，也容我们说一句。你好不知疼痒，只顾逞辩！"说的是。○不把人当人，是杨志对军健。不知疼痒，是杨志对老都管。○军健、虞候、都管，杨志一并推到对立面。杨志骂道："这畜生不呕死俺！只是打便了。"一路上只是两手：骂和打。拿起藤条，劈脸又打去。老都管喝道："杨提辖，且住！你听我说，我在东京太师府里做奶公时，门下军官见了无千无万，都向着我喏喏连声。不是我口栈，量你是个遭死的军人，相公可怜抬举你做个提辖，比得芥菜子大小的官职，直得恁地逞能！休说我是相公家都管，便是村庄一个老的，也合依我劝一劝。只顾把他们打，是何看待？"说的忒是。○反显得老都管比杨志仗义。○老都管开始反击。杨志道："都管，你须是城市里人，生长在相府里，那里知道途路上千难万难！"软。老都管道："四川、两广，也曾去来，不曾见你这般卖弄。"不依不饶。杨志道："如今须不比太平时节。"犯忌讳。○说的是事实，却政治不正确。都管道："你说这话，该剜口割舌！今日天下怎地不太平？"此一句可堵天下人口。○朝廷从来不在乎不太平，只一意剜口割舌，不许人说不太平。

杨志却待要回言，其实是无法回言。○施耐庵也无法回言，只好就此转了。○读者不信，可自己想想你当如何回言而不怕剜口割舌？只见对面松林里，影着一个人，在那里舒头探脑价望。如画。舒头探脑，妙不可言。杨志道："俺说甚么？兀的不是歹人来了！"撇下藤条，拿了朴刀，赶入松林里来，喝一声道："你这厮好大胆，怎敢看俺的行货！"色厉内荏。赶来看时，只见松林里一字儿摆着七辆江州车儿，六个人脱得赤条条的，在那里乘凉，一个鬓边老大一搭朱砂记，*暗中点读者一下：想起是谁？*拿着一条朴刀。见杨志赶入来，七个人齐叫一声："阿也！"都跳起来。*七个好演员。○端的演得好。*杨志喝道："你等是甚么人？"那七人道："你是甚么人？"*好编剧。○端的好台词。*杨志又问道："你等莫不是歹人？"那七人道："你颠倒问，我等是小本经纪，那里有钱与你？"*不是颠倒问，而是颠倒答。○端的好台词。*杨志道："你等小本经纪人，偏俺有大本钱！"*心中有鬼，不打自招。*那七人问道："你端的是甚么人？"*装。继续装。*杨志道："你等且说那里来的人？"*杨志步步为营，丝毫不让。却不知自家言行，尽是人家台本。○好导演。不仅导自家演员，还导得对手一举一动一言一行尽合台本。*那七人道："我等弟兄七人，是濠州人，贩枣子上东京去，路途打从这里经过，听得多人说，这里黄泥冈上时常有贼打劫客商。我等一面走，一头自说道：'我七个只有些枣子，别无甚财货。'只顾过冈子来。上得冈子，当不过这热，权且在这林子里歇一歇，待晚凉了行。只听得有人上冈子来，我们只怕是歹人，因此使这个兄弟出来看一看。"*一惊一乍后，安抚且宽心。○一张一弛文武之道。*杨志道："原来如此，*原来一点也不如此。*也是一般的客人。*不是一般的客人！你不是，他更不是！*却才见你们窥望，惟恐是歹人，*本来就是歹人！*因此赶来看一看。"

那七个人道："客官请几个枣子了去。"杨志道："不必。"提了朴刀，再回担边来。老都管坐着道："既是有贼，我们去休！"*老都管恶。*杨志说道："俺只道是歹人，原来是几个贩枣子的客人。"*你只道是贩枣子的客人，原来却是歹人。*老都管别了脸，对众军道："似你方才说时，他们都是没命的！"*恶。却也难怪他恶，他有一路的恶气要出来。*杨志道："不必相闹，俺只要没事便好。你们且歇了，等凉些走。"*高度紧张，至此一弛。*众军汉都笑了。杨志也把朴刀插在地上，自去一边树下坐了歇凉。没半碗饭时，只见远远地一个汉子挑着一副担桶，唱上冈子来，唱道：

突然想起鲁智深在五台山半山亭子上听到的山歌。○我们挑着百十斤担子，须不比你空手走的。○信手拈来，不即不离。似有意，似无意，却有无穷意。若定要在古诗中找十分贴切的，倒显得呆板黏滞了。施耐庵哪会如此笨拙。

赤日炎炎似火烧，野田禾稻半枯焦。
农夫心内如汤煮，公子王孙把扇摇。

那汉子口里唱着，走上冈子来，松林里头歇下担桶，坐地乘凉。是个白日鼠的光景。众军看见了，便问那汉子道：“你桶里是甚么东西？”突然想起鲁智深在半山亭子上的那一问：兀那汉子，你那桶里甚么东西？都是明知故问。那汉子应道：“是白酒。”当初半山亭子上的那汉子也这般答来。众军道：“挑往那里去？”那汉子道：“挑出村里卖。”众军道：“多少钱一桶？”那汉子道：“五贯足钱。”众军商量道：“我们又热又渴，何不买些吃，也解暑气。”又是一段写就的台本。正在那里凑钱，杨志见了喝道：“你们又做甚么？”众军道：“买碗酒吃。”杨志调过朴刀杆便打，还是打骂。骂道：“你们不得洒家言语，胡乱便要买酒吃，好大胆！”众军道：“没事又来鸟乱，我们自凑钱买酒吃，干你甚事？也来打人！”威信扫地。对杨志的羞辱无以复加。杨志道：“你这村鸟，理会得甚么！到来只顾吃嘴，全不晓得路途上的勾当艰难，多少好汉被蒙汗药麻翻了！”那挑酒的汉子看着杨志冷笑道：“你这客官好不晓事！早是我不卖与你吃，却说出这般没气力的话来！”没气力的话，妙。

正在松树边闹动争说，只见对面松林里那伙贩枣子的客人，都提着朴刀走出来，问道：“你们做甚么闹？”那挑酒的汉子道：“我自挑这酒过冈子村里卖，热了在此歇凉，他众人要问我买些吃，我又不曾卖与他。这个客官道我酒里有甚么蒙汗药，你道好笑么？说出这般话来！”那七个客人说道：“呸！我只道有歹人出来，原来是如此。说一声也不打紧。我们正想酒来解渴。既是他们疑心，且卖一桶与我们吃。”那挑酒的道：“不卖！不卖！”像委屈生气人的声口。这七个客人道：“你这鸟汉子也不晓事，我们须不曾说你。分别得是。你左右将到村里去卖，一般还你钱，便卖些与我们，打甚么不紧？看你不道得舍施了茶汤，便又救了我们热渴。”合情合理。那挑酒的汉子便道：“卖一桶与你不争，只是被他们说的不好，再刺杨志一句。又没碗瓢舀吃。”是到村里卖酒的样子。既合情合理，又暗藏杀机。那七人道：“你这汉子忒认真！便说了一声，打甚么不紧？我们自有椰瓢在这里。”瓢出来了！只见两个客人去车子前取出两个椰瓢来，一个捧出一大捧枣子来，七个人立在桶边立。开了桶盖，开。轮替换着舀那酒吃，吃酒。快活。把枣子过口。吃枣子。快活。〇都在军健杨志眼中。无一时，一桶酒都吃尽了。七个客人道：“正不曾问得你多少价钱。”那汉道：“我一了不说价，五贯足钱一桶，十贯一担。”七个客人道：“五贯便依你五贯，只饶我们一瓢吃。”瓢。那汉道：“饶不得，做定的价钱。”一个客人把钱还他，一个客人便去揭开桶盖，兜了一瓢，瓢。拿上便吃。那汉去夺时，这客人手拿半瓢酒瓢。望松林里便走。那汉赶将去，只见这边一个客人，从松林里走将出来，手里拿一个瓢，瓢。便来桶里舀了一瓢酒。瓢。那汉看见，抢来劈手夺住，望桶里一倾，便盖了桶盖，将瓢望地下一丢，半天的瓢，终于丢了。口里说道：“你这客人好不君子相！戴头识脸的，也这般啰唣！”

那对过众军汉见了，心内痒起来，都待要吃。数中一个看着老都管道：“老爷爷，与我们说一声，那卖枣子的客人买他一桶吃了，我们胡乱也买他这桶吃，润一润喉也好。其实热渴了，没奈何。

这里冈子上又没讨水吃处，老爷爷方便！”本该如此。老都管见众军所说，自心里也要吃得些，竟来对杨志说：“那贩枣子客人已买了他一桶吃，只有这一桶，胡乱教他们买吃了避暑气。冈子上端的没处讨水吃。”理当如此。杨志寻思道：“俺在远远处望这厮们，都买他的酒吃了，那桶里当面也见吃了半瓢，想是好的。打了他们半日，胡乱容他买碗吃罢。”不能不如此。杨志道：“既然老都管说了，教这厮们买吃了便起身。”吃了便起不了身了。众军健听了这话，凑了五贯足钱，来买酒吃。那卖酒的汉子道：“不卖了，不卖了！这酒里有蒙汗药在里头！”已经直言相告了，谁让你们不信？众军陪着笑说道：“大哥，直得便还言语？”诈你骗你玩你还气你。那汉道：“不卖了，休缠！”这贩枣子的客人劝道：“你这个鸟汉子，他也说得差了，你也忒认真！连累我们也吃你说了几声。须不关他众人之事，胡乱卖与他众人吃些。”须得有此台阶。须得再刺杨志。〇杨志可怜。孤家寡人。姥姥不疼舅舅不爱。那汉道：“没事讨别人疑心做甚么？”这贩枣子客人，把那卖酒的汉子推开一边，只顾将这桶酒提与众军去吃。那军汉开了桶盖，无甚舀吃，陪个小心问客人借这椰瓢用一用。众客人道：“就送这几个枣子与你们过酒。”众军谢道：“甚么道理！”客人道：“休要相谢，都是一般客人，何争在这百十个枣子上。”是。百十个枣子有何争头。

众军谢了，先兜两瓢，叫老都管吃一瓢，杨提辖吃一瓢。杨志那里肯吃？老都管自先吃了一瓢，两个虞候各吃一瓢。众军汉一发上，那桶酒登时吃尽了。杨志见众人吃了无事，自本不吃，一者天气甚热，二乃口渴难熬，拿起来只吃了一半；一半。枣子分几个吃了。那卖酒的汉子说道：“这桶酒被那客人饶一瓢吃了，少了你些酒，我今饶了你众人半贯钱罢。”何等公平买卖。众军汉凑出钱来还他，那汉子收了钱，挑了空桶，依然唱着山歌自下冈子去了。

那七个贩枣子的客人，立在松树傍边，指着这一十五人说道：“倒也！倒也！”突然之间，令人心惊肉跳。○从十五个头晕眼花人眼中看去，尤为可怕。只见这十五个人头重脚轻，一个个面面厮觑，都软倒了。那七个客人从松树林里推出这七辆江州车儿，把车子上枣子都丢在地上，果然不争百十个枣子。都送了！将这十一担金珠宝贝都装在车子内，遮盖好了，叫声聒噪，偏偏礼节周全。一直望黄泥冈下推去了。杨志口里只是叫苦，软了身体，挣扎不起。十五人眼睁睁地看着那七个人都把这金宝装了去，只是起不来，挣不动，说不得。

我且问你，这七人端的是谁？不是别人，原来正是晁盖、吴用、公孙胜、刘唐、三阮这七个。却才那个挑酒的汉子便是白日鼠白胜。却怎地用药？原来挑上冈子时，两桶都是好酒。七个人先吃了一桶，刘唐揭起桶盖又兜了半瓢吃，故意要他们看着，只是叫人死心塌地。次后吴用去松林里取出药来抖在瓢里，只做走来饶他酒吃，把瓢去兜时，药已搅在酒里，假意兜半瓢吃，那白胜劈手夺来倾在桶里。这个便是计策。那计较都是吴用主张，这个唤做“智取生辰纲”。

原来杨志吃的酒少，便醒得快，爬将起来，兀自捉脚不住。看那十四个人时，口角流涎，都动不得。杨志愤闷道：“不争你把了生辰纲去，教俺如何回去见得梁中书！这纸领状须缴不得！”就扯破了。“如今闪得俺有家难奔，有国难投，待走那里去？不如就这冈子上寻个死处！”有路可走终至于无路可走。撩衣破步，望着黄泥冈下便跳。正是：断送落花三月雨，摧残杨柳九秋霜。毕竟杨志在黄泥冈上寻死，性命如何，且听下回分解。

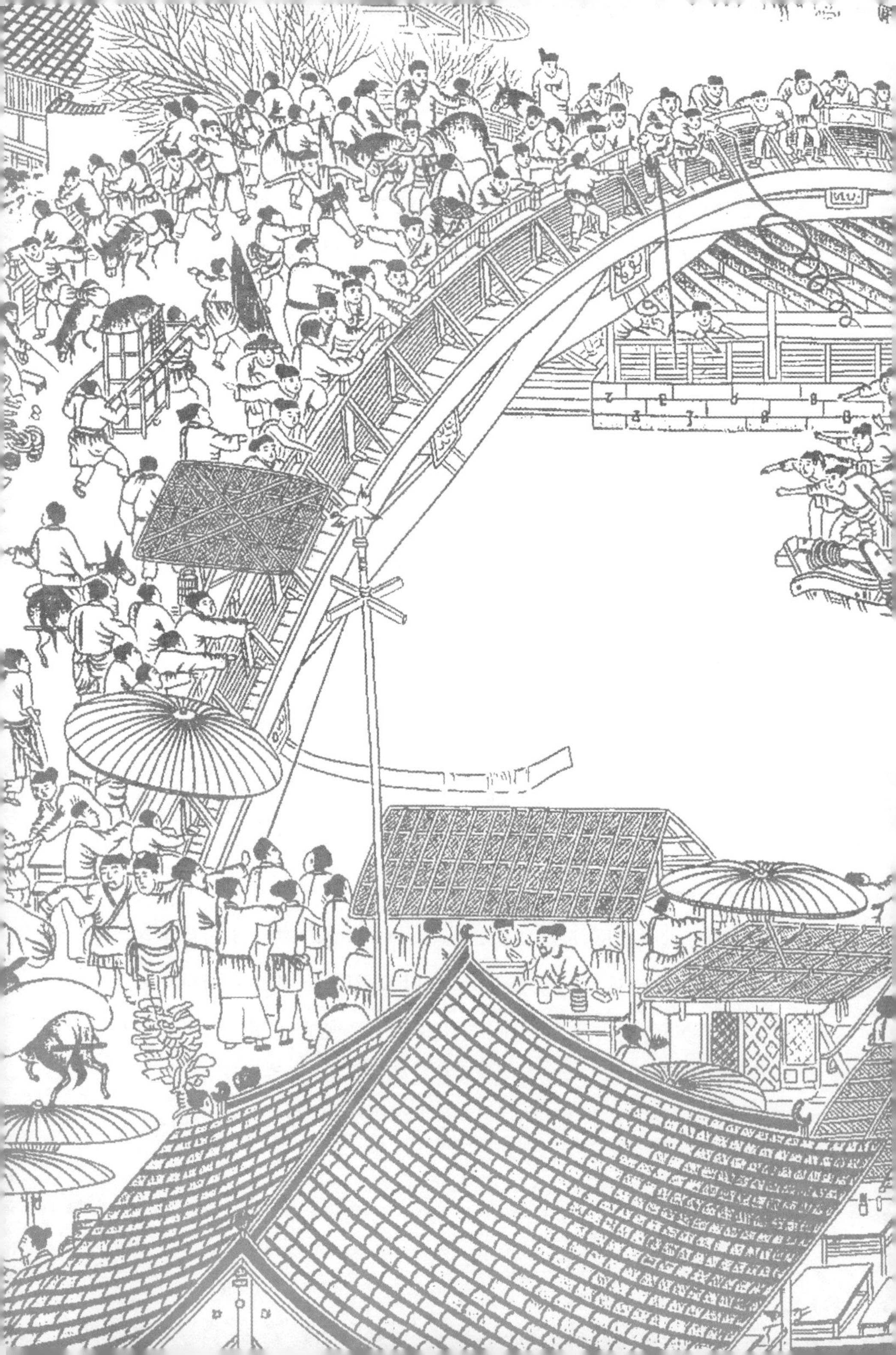

第十六回

花和尚单打二龙山
青面兽双夺宝珠寺

青面獸雙奪寶
珠寺

回前总评

这一回，杨志终于落草。

杨志的命运比林冲更加曲折，最早押送花石纲，船翻了；现在押运生辰纲，被劫了。愿望与现实于他，总是乖离。

丢了生辰纲，杨志一走了之。他一走，都管、虞候、军健们为保全自己，把所有的责任都推给了他。但是，杨志已经不需要再回去证明清白，他也回不去了，只有一条路，堕入江湖，落草为寇。

此时杨志性格上发生了很大变化。到一家酒店骗吃，店家追讨饭钱，他想的是“结果了这厮一个”，为了一顿饭，不惜杀人！杨志以前做事还是讲规矩的。他是贵族出身，杨令公的后代，三代将门之后，所以身上有一些贵族气。他在东京城杀泼皮牛二，一忍再忍，忍无可忍，才杀，杀了，不逃跑，选择去顶罪。在校场比武，对周瑾，他也是能杀而不杀。但现在，他不讲规矩了，他耍无赖了，甚至变成歹徒了。曹正给杨志指出一条上二龙山入伙落草的路。曹正是要他去投奔邓龙，但是杨志怎么说的呢？杨志说：“既有这个去处，何不去夺来安身立命？”你看，杨志要把它“夺来”自己安身立命。

这个杨志不可爱了。即使到了梁山以后，他也不可爱了。杨志有没有性格上的弱点？有。比方说太患得患失，太急于向上爬，没有什么原则，愿意巴结高俅，也愿意巴结梁中书，愿意巴结蔡太师。但他以前至少不那么歹毒，现在，杨志变得歹毒了。人的个性是会变化的。人为什么会堕落？我们从杨志身上，看到了社会背后一个更加黑暗的东西。如果说杨志此时的个性是黑暗的，那么透过这个黑暗，我们能看到更大的黑暗，这个更大的黑暗改变了杨志。

十万生辰纲被劫，梁中书大惊，丈人蔡太师大怒，因为被劫地点在济州，济州府尹也跟着大惊，怕蔡太师饶不了他。果然，蔡太师直接押一纸公文，派一个府干亲自赍了星夜往济州来。什么叫"府干"？太师府属官，蔡太师自己的属下，住到了济州府尹的官府，限期十日内破获，否则请他去沙门岛走一遭。沙门岛是北宋时最著名最恐怖的流放地，去者九死一生。府尹转身又逼迫手下缉捕人员何涛，他做得更绝：我若去沙门岛，必"先把你这厮迭配远恶军州，雁飞不到去处！"唤过文笔匠在何涛脸上刺下"迭配……州"字样，空着州名将来填空。人还没犯罪，脸上先被刺了字。脸上刺了字，是终身不能去掉的。这哪是堂堂知府呢？简直是无赖流氓，简直是黑社会。

这个府干见到济州府府尹，是这么说的，"小人是太师府里心腹人"。"心腹人"这个词好。这个词在《水浒传》里面多次出现。陆虞候设计陷害林冲，对董超、薛霸介绍自己时就说"我是高太尉的心腹人"。心腹人，就代表高太尉，代表蔡太师，此时此刻我在你面前，我就是高太尉我就是蔡太师，你得罪了我，就是得罪了高太尉蔡太师。

在人治时代，"心腹人"是最吃香的，也是最重要的，当官的有心腹人，才有抬轿子的，才有鹰犬爪牙；而只有成为权豪势要的"心腹人"，才能吃香的喝辣的，狐假虎威以压迫他人，攀龙附凤以鸡犬升天。所以，这个府干和陆虞候一样，用"太师府里心腹人”一句话，收到了预期效果：一、震住了对方；二、炫耀了自己。

在专制社会里面，官员不是为国家服务的，恰恰相反，国家是为官员服务的，官员可以动用国家资源，层层压服以达到他个人目的。

话说杨志当时在黄泥冈上被取了生辰纲去，如何回转去见得梁中书，欲要就冈子上自寻死路。却待望黄泥冈下跃身一跳，猛可醒悟，拽住了脚，寻思道：“爹娘生下洒家，堂堂一表，凛凛一躯，自小学成十八般武艺在身，终不成只这般休了？比及今日寻个死处，不如日后等他拿得着时，却再理会。”一念转回，无路可走终至于有路可走。回身再看那十四个人时，只是眼睁睁地看着杨志，没个挣扎得起。两个“看”字，一双眼看十四双眼，十四双眼看一双眼，令读者忍俊不禁。杨志指着骂道：“都是你这厮们不听我言语，因此做将出来，连累了洒家！”树根头拿了朴刀，挂了腰刀，周围看时，别无物件。不是有满地枣子么。杨志叹了口气，一直下冈子去了。“去了”二字，索然，凄然，冷清清地。前面百般纠结，又打又骂，又吵又闹，何等热闹，只为这十一担生辰纲如何得了。此刻，周围看时，别无物件，则生辰纲已然了矣。生辰纲已然了矣，则杨志如何不了？只是以一去了之。〇不舍得就此“休了”，则只好这般“去了”。〇其实人生一世，多少负累不舍，最后不都是以一去了之。〇从文法上讲，叙杨志“去了”，则留读者在冈子上，并未随杨志去。前文写鲁达打死镇关西，“一道烟走了”，也是留读者在渭州，故下文接“且说郑屠家中众人”而不说鲁达。杨志、鲁达“去了”“走了”，留下的摊子还在，总得有个交代，十四人总得发付了去。

那十四个人，直到二更方才得醒。一个个爬将起来，口里只叫得连珠箭的苦。老都管道：“你们众人不听杨提辖的好言语，今日送了我也！”众人道：“老爷，今日事已做出来了，且通个商量。”杨志不会商量，此刻被别人商量了去。〇杨志要寻生路，他们也要生路。老都管道：“你们有甚见识？”众人道：“是我们不是了。古人有言：‘火烧到身，各自去扫；蜂虿入怀，随即解衣。’小人座右铭。若还杨提辖在这里，我们都说不过。如今他自去得不知去向，我们回去见梁中书相公，何不都推在他身上，只说道：'他一路上凌辱打骂众人，逼迫得我们都动不得。他和强人做一路，把蒙汗药将俺们麻翻了，缚了手脚，将金宝都掳去了。'" 原来某些人的生路就是某些人的死路；某些人的死路亦是某些人的生路。老都管道："这话也说得是，我们等天明，先去本处官司首告，留下两个虞候随衙听候捉拿贼人。我等众人，连夜赶回北京，报与本官知道，教动文书，申覆太师得知，着落济州府，追获这伙强人便了。" 杨志一去了之，十四人一推了之。世上之事，大多如此葫芦提了之。次日天晓，老都管自和一行人来济州府该管官吏首告，不在话下。

且说杨志提着朴刀，闷闷不已，离黄泥冈，望南行了半夜，隐隐往梁山泊去者。去林子里歇了，寻思道："盘缠又没了，举眼无个相识，却是怎地好？"渐渐天色明亮，只得趁早凉了行。又走了二十余里，杨志走得辛苦，到一酒店门前。杨志道："若不得些酒吃，怎地打熬得过？"便入那酒店去，向这桑木桌凳座头上坐了，身边倚了朴刀。只见灶边一个妇人问道："客官莫不要打火？"杨志道："先取两角酒来吃，借些米来做饭，有肉安排些个，少停一发算钱还你。"没钱偏要说到钱。只见那妇人先叫一个后生来面前筛酒。一面做饭，一边炒肉，都把来杨志吃了。

杨志起身，绰了朴刀，便出店门。我读到此处，不觉得杨志无赖，只觉得杨志无奈；不觉得杨志可恨，只觉得杨志可怜。那妇人道："你的酒肉饭钱都不曾有！"杨志道："待俺回来还你，权赊咱一赊。" 杨志赖饭。若是林冲，便是讨饭。若是李逵，便是抢饭。说了便走。那筛酒的后生赶将出来，揪住杨志，被杨志一拳打翻了。无奈做无赖。那妇人叫起屈来。杨志只顾走，可怜。只听得背后一个人赶来，叫道："你那厮走那里去！"杨志回头看时，那人大脱着膊，拖着杆棒抢奔将来。杨志道："这厮却不是晦气，倒来寻洒家！"立脚住了不走。是知道走不了。

看后面时，那筛酒后生也拿条棍叉，随后赶来；又引着三两个庄客，各拿杆棒飞也似都奔将来。杨志道："结果了这厮一个，那厮们都不敢追来。"只要脱身。〇为一顿饱饭，至于要结果人命，是杨志恶，也是杨志无奈。便挺了手中朴刀来斗这汉。这汉也轮转手中杆棒，抢来相迎。两个斗了三二十合，这汉怎地敌得杨志，只办得架隔遮拦，上下躲闪。

那后来的后生并庄客，却待一发上，只见这汉托地跳出圈子外来，叫道："且都不要动手！兀那使朴刀的大汉，你可通个姓名。"那杨志拍着胸杨志的英雄气里总有骜悍气。道："洒家行不更名，坐不改姓，青面兽杨志的便是！"这汉道："莫不是东京殿司杨制使么？"杨志道："你怎地知道洒家是杨制使？"这汉撇了枪棒便拜道："小人有眼不识泰山。"杨志便扶这人起来，问道："足下是谁？"这汉道："小人原是开封府人氏，乃是八十万禁军都教头林冲的徒弟，姓曹名正，祖代屠户出身。小人杀的好牲口，挑觔剐骨开剥剮，只此被人唤做'操刀鬼'。为因本处一个财主，将五千贯钱教小人来此山东做客，不想折了本，回乡不得，在此入赘在这个庄农人家。却才灶边妇人，便是小人的浑家。这个拿棍叉的，便是小人的妻舅。却才小人和制使交手，见制使手段和小人师父林教师一般，因此抵敌不住。"杨志道："原来你却是林教师的徒弟，你的师父被高太尉陷害，落草去了。如今见在梁山泊。"有林冲联络，二人便显亲热。曹正道："小人也听得人这般说将来，未知真实，且请制使到家少歇。"杨志便同曹正再回到酒店里来。

曹正请杨志里面坐下，叫老婆和妻舅都来拜了杨志，不打不相识。一面再置酒食相待。饮酒中间，曹正动问道："制使缘何到此？"杨志把做制使失陷花石纲，并如今又失陷了梁中书的生辰纲一事，从头备细告诉了。曹正道："既然如此，制使且在小人家里住几时，再有商议。"杨志道："如此却是深感你的厚意。只恐官司追捕将来，不敢久住。"曹正道："制使这般说时，要投那里去？"杨志道："洒家欲投梁山泊，去寻你师父林教头。俺先前在那里经过时，正撞着他下山来，与洒家交手。王伦见了俺两个本事一般，因此都留在山寨里相会，以此认得你师父林冲。王伦当初苦苦相留，俺却不肯落草。如今脸上又添了金印，却去投奔他时，好没志气。因此踌躇未决，进退两难。"曹正道："制使见得是。小人也听的人传说王伦那厮，心地匾窄，安不得人，说我师父林教头上山时，受尽他的气。江湖上消息灵通。不若小人此间，离不远却是青州地面，有座山唤做二龙山。山上有座寺，唤做宝珠寺。那座山生来却好裹着这座寺，只有一条路上得去。如今寺里住持还了俗，养了头发，余者和尚都随顺了。说道他聚集的四五百人，打家劫舍。那人唤做'金眼虎'邓龙。制使若有心落草时，到去那里入伙，足可安身。"

杨志道："既有这个去处，何不去夺来安身立命？"马上想到夺来，杨志彪悍。当下就曹正家里住了一宿，借了些盘缠，拿了朴刀，相别曹正，拽开脚步，投二龙山来。行了一日，看看渐晚，却早望见一座高山。杨志道："俺去林子里且歇一夜，明日却上山去。"转入林子里来，吃了一惊。只见一个胖大和尚，脱得赤条条的，背上刺着花绣，你道是谁？坐在松树根头乘凉。那和尚见了杨志，就树根头绰了禅杖，跳将起来，大喝道："兀那撮鸟，你是那里来的？"这声口，想起是谁？杨志听了道："原来也是关西和尚，俺和他是乡中，问他一声。"杨志叫道："你是那里来的僧人？"那和尚也不回说，轮起手中禅杖只顾打来。这行动，你道是谁？杨志道："怎奈这秃厮无礼，且把他来出口气！"挺起手中朴刀，来奔那和尚。两个就林子里，一来一往，一上一下，两个放对。直斗到四五十合，不分胜败。

那和尚卖个破绽，托地跳出圈子外来，喝一声："且歇！"两个都住了手。杨志暗暗地喝采道："那里来的这个和尚，真个好本事，手段高！俺却刚刚地只敌得他住！"那和尚叫道："兀那青面汉子，你是甚么人？"杨志道："洒家是东京制使杨志的便是。"那和尚道："你不是在东京卖刀杀了破落户牛二的？"江湖上消息灵通。杨志道："你不见俺脸上金印？"那和尚笑道："却原来在这里相见。"杨志道："不敢问师兄却是谁，缘何知道洒家卖刀？"那和尚道："洒家不是别人，俺是延安府老种经略相公帐前军官鲁提辖的便是。俺早知道是师父了！为因三拳打死了镇关西，却去五台山净发为僧。人见洒家背上有花绣，都叫俺做'花和尚'鲁智深。"杨志笑道："原来是自家乡里，俺在江湖上多闻师兄大名。听得说道，师兄在大相国寺里挂搭，江湖上消息灵通。如今何故来在这里？"鲁智深道："一言难尽。洒家在大相国寺管菜园，遇着那豹子头林冲被高太尉要陷害他性命，俺却路见不平，直送他到沧州，救了他一命。不想那两个防送公人回来，对高俅那厮说道：'正要在野猪林里结果林冲，却被大相国寺鲁智深救了。那和尚直送到沧州，因此害他不得。'这直娘贼恨杀洒家，分付寺里长老不许俺挂搭，又差人来捉洒家，却得一伙泼皮通报，不曾着了那厮的手。吃俺一把火烧了那菜园里廨宇，逃走在江湖上，东又不着，西又不着。来到孟州十字坡过，险些儿被个酒店里妇人害了性命，把洒家着蒙汗药麻翻了。得他的丈夫归来得早，见了洒家这般模样，又看了俺的禅杖、戒刀吃惊，连忙把解药救俺醒来。因问起洒家名字，留住俺过了几日，结义洒家做了弟兄。那人夫妻两个，亦是江湖上好汉有名的，都叫他做‘菜园子’张青，其妻‘母药叉’孙二娘，甚是好义气。一住四五日，打听得这里二龙山宝珠寺可以安身，洒家特地来奔那邓龙入伙。一番絮絮叨叨叙述，岂是师父有耐心，为是读者在关心。〇补出林冲故事后师父行踪。叵耐那厮不肯安着洒家在这山上，和俺厮并，又敌洒家不过，只把这山下三座关牢牢地拴住，又没别路上去。那撮鸟由你叫骂，只是不下来厮杀，气得洒家正苦在这里没个委结。不想却是大哥来。”正怪杨志要夺人家山头不够仗义，却叙师父要投人家山头不被接纳。〇正恨王伦不纳林冲，又见邓龙不安师父。〇山头若不安人，便不是山头，夺之可也。朝廷若不安人，便不是朝廷，叛之可也。天下若不安人，便不是天下，乱之可也。杨志大喜，两个就林子里剪拂了，就地坐了一夜。

杨志诉说卖刀杀死了牛二的事，并解生辰纲失陷一节，都备细说了。又说曹正指点来此一事。便道：“既是闭了关隘，俺们住在这里，如何得他下来？不若且去曹正家商议。”两个厮赶着行离了那林子，来到曹正酒店里。杨志引鲁智深与他相见了，曹正慌忙置酒相待，商量要打二龙山一事。曹正道：“若是端的闭了关时，休说道你二位，便有一万军马，也上去不得。似此只可智取，不可力求。”鲁智深道：“叵耐那撮鸟，初投他时，只在关外相见。因不留俺，厮并起来，那厮小肚上，被俺一脚点翻了。却待要结果了他性命，被他那里人多，救了上山去，闭了这鸟关，由你自在下面骂，只是不肯下来厮杀。”不特补出林子中对杨志叙说邓龙的细节，更为曹正设计铺垫。杨志道：“既然好去处，俺和你如何不用心去打！”杨志一生，都在用心。鲁达一生，都不用心。〇收一担儿钱物，去枢密院使用，买上告下，何等用心。梁中书处早晚殷勤听候使唤，何等用心。比武升职，何等用心。押运生辰纲，与梁中书往返数次去得去不得，何等用心。一路上驱遣十四人，昼行夜伏，何等用心。黄泥冈上，半碗白酒，何等用心。最后却白费一番心。〇一见史进，便请吃酒，全忘却邂逅初见，何等不用心。一听金老诉苦，便要打杀郑屠，全不见自家利害，何等不用心。既杀郑屠，流落江湖，竟然甘心为僧，全不想自家性情如何，何等不用心。桃花村前，独对五七百强盗，全不算自家实力胜败，何等不用心。救林冲得罪高俅，再次流落，东又不着，西又不着，何等不用心。〇用心者，三思而后行之心也。不用心者，最初一念之本心也。鲁智深道：“便是没做个道理上去，奈何不得他！”曹正道：“小人有条计策，不知中二位意也不中？”杨志道：“愿闻良策则个。”曹正道：“制使也休这般打扮，只照依小人这里近村庄家穿着。小人把这位师父禅杖、戒刀都拿了，却叫小人的妻弟带几个火家，直送到那山下，把一条索子绑了师父——小人自会做活结头，却去山下叫道：‘我们近村开酒店庄家。这和尚来我店中吃酒，吃得大醉了，不肯还钱，口里说道，去报人来打你山寨。因此，我们听得，乘他醉了，把他绑缚在这里，献与大王。’那厮必然放我们上山去。到得他山寨里面见邓龙时，把索子拽脱了活结头，小人便递过禅杖与师父。你两个好汉一发上，那厮走往那里去！若结果了他时，以下的人，不敢不伏。此计若何？”不等下文，我抢先道妙哉妙哉！○曹正正而不谲，却又有智，难得。鲁智深、杨志齐道：“妙哉！妙哉！”

当晚众人吃了酒肉，又安排了些路上干粮。次日五更起来，众人都吃得饱了。鲁智深的行李包裹，都寄放在曹正家。细。当日杨志、鲁智深、曹正，带了小舅并五七个庄家，取路投二龙山来。晌午后，直到林子里，脱了衣裳，细。昨日林子都不浪费了，再用一次。把鲁智深用活结头使索子绑了，教两个庄家牢牢地牵着索头。杨志戴了遮日头凉笠儿，身穿破布衫，手里倒提着朴刀。曹正拿着他的禅杖，众人都提着棍棒，在前后簇拥着。到得山下，看那关时，都摆着强弩硬弓、灰瓶炮石。

小喽啰在关上看见绑得这个和尚来，飞也似报上山去。多样时，只见两个小头目上关来问道：“你等何处人，来我这里做甚么？那里捉得这个和尚来？”曹正答道：“小人等是这山下近村庄家，开着一个小酒店。这个胖和尚不时来我店中吃酒。吃得大醉，不肯还钱，口里说道：‘要去梁山泊叫千百个人来，打此二龙山，和你这近村坊，都洗荡了！’因此小人只得又将好酒请他，灌得醉了，一条索子绑缚这厮，来献与大王，表我等村邻孝顺之心，免得村中后患。”合情合理，不由不信。两个小头目听了这话，欢天喜地，说道：“好了！可见肚皮上一脚报仇心切。众人在此少待一时。”两个小头目就上山来报知邓龙，说拿得那胖和尚来。邓龙听了大喜，叫：“解上山来，且取这厮的心肝来做下酒，消我这点冤仇之恨！”

小喽啰得令，来把关隘门开了，便叫送上来。杨志、曹正，紧押鲁智深解上山来。看那三座关时，端的崄峻。两下高山环绕将来，包住这座寺，山峰生得雄壮，中间只一条路上关来。三重关上摆着擂木炮石、硬弩强弓，苦竹枪密密地攒着。过得三处关闸，来到宝珠寺前看时，三座殿门，一段镜面也似平地，周遭都是木栅为城。寺前山门下立着七八个小喽啰，看见缚得鲁智深来，都指手骂道：“你这秃驴，伤了大王，今日也吃拿了。慢慢的碎割了这厮！”鲁智深只不做声。若真个吃拿了，便可做声，如后文华州被捉时。此时只不做声者，做声不得也，盖师父一生不作假也。押到佛殿看时，殿上都把佛来抬去了，收拾得佛去，岂不正合鲁智深心意。中间放着一把虎皮交椅。求佛不如求己。众多小喽啰，拿着枪棒立在两边。

少刻，只见两个小喽啰扶出邓龙来，坐在交椅上。可见伤得不轻。可见冤仇有自。曹正、杨志紧紧地帮着鲁智深到阶下。邓龙道：“你那厮秃驴，前日点翻了我，伤了小腹，至今青肿未消，今日也有见我的时节！”你那撮鸟前日闭了鸟关，由我叫骂，至今不下山，今日也有见我的时节！鲁智深睁圆怪眼，大喝一声：“撮鸟休走！”两个庄家把索头只一拽，拽脱了活结头，散开索子。鲁智深就曹正手里接过禅杖，云飞轮动。绝妙好词。杨志撇了凉笠儿，倒转手中朴刀。曹正又轮起杆棒。众庄家一齐发作，并力向前。邓龙急待挣扎时，早被鲁智深一禅杖当头打着，把脑盖劈作两半个，和交椅都打碎了。师父下手忒狠了些。〇自打死镇关西后，官家缉捕，流落江湖，东又不着，西又不着，五台山不容，相国寺斥外，高太尉抓捕，十字坡麻翻。多少郁闷，在此禅杖里。手下的小喽啰，早被杨志搠翻了四五个。杨志下手忒毒了些。〇自花石纲失陷，到买一担金银宝贝买上告下消耗净尽，到被高俅斥逐，到走投无路东京卖刀，到被街头泼皮欺负，到杀人后充军，到黄泥冈失陷生辰纲，多少怨毒，在此朴刀里。曹正叫道："都来投降！若不从者，便行扫除处死！"曹正好人。一语惊醒杨志，放下屠刀；一语指点喽啰，放开生路。一句话救了无数人，曹正者，君子也。寺前寺后，五六百小喽啰并几个小头目，惊吓得呆了，只得都来归降投伏。随即叫把邓龙等尸首，扛抬去后山烧化了。了。〇一座庙，你霸了，佛也让你；一座山，你占了，谁也别来。你霸了，占了，你以为这就是"了"，但是，只见时间了人，岂有人了时间？人生都被此间了，哪个人能了此间？古来功名士，慷慨争此场，谁能了此场？尽被此场了。〇一了百了。何为一，你我是也。何为百？红尘是也。谁能了却红尘？只能了却自己。〇了者燎也，邓龙烧化，一燎百了。世间红男绿女，都是以燎为了。一面简点仓廒，整顿房舍，再去看那寺后有多少物件，且把酒肉安排些来吃。

鲁智深并杨志做了山寨之主，置酒设宴庆贺。小喽啰们尽皆投伏了，仍设小头目管领。一通红焰过，一缕青烟袅。青山依旧在，古庙换主人。可恨酒宴尚开张，小喽啰已换主了。万物皆原在，只是你已了。曹正别了二位好汉，领了庄家，自回家去了。为而不恃，功成而不处，曹正其圣人乎。不在话下。

却说那押生辰纲老都管并这几个厢禁军，晓行午住，赶回北京，到得梁中书府，直至厅前，齐齐都拜翻在地下告罪。必须交代。下文亦赖以展开。梁中书道："你们路上辛苦，多亏了你众人。"又问："杨提辖何在？"众人告道："不可说！说谎者，说得真只是一重境界。说得自己都信了是二重境界。说得自己痛心疾首痛哭流涕是第三重境界。这人是个大胆忘恩的贼！自离了此间五七日后，行得到黄泥冈，天气大热，都在林子里歇凉。不想杨志和七个贼人通同假装做贩枣子客商，杨志约会与他做一路，先推七辆江州车儿，在这黄泥冈上松林里等候，却叫一个汉子挑一担酒来冈子上歇下。小的众人不合买他酒吃，被那厮把蒙汗药都麻翻了，又将索子捆缚众人。杨志和那七个贼人，却把生辰纲财宝并行李，尽装载车上将了去。见今去本管济州府呈告了，留两个虞候在那里随衙听候，捉拿贼人。小人等众人，星夜赶回来告知恩相。”梁中书听了大惊，大惊一。骂道：“这贼配军，你是犯罪的囚徒，我一力抬举你成人，怎敢做这等不仁忘恩的事！我若拿住他时，碎尸万段！”随即便唤书吏，写了文书，当时差人星夜来济州投下。又写一封家书，着人也连夜上东京，报与太师知道。

且不说差人去济州下公文，只说着人上东京来到太师府报知。见了太师，呈上书札。蔡太师看了大惊大惊二。道：“这班贼人，甚是胆大！去年将我女婿送来的礼物，打劫去了，至今未获；今年又来无礼，如何干罢！”随即押了一纸公文，着一个府干，亲自赍了，星夜望济州来，着落府尹，立等捉拿这伙贼人，便要回报。

且说济州府尹，自从受了北京大名府留守司梁中书札付，每日理论不下。正忧闷间，只见门吏报道：“东京太师府里，差府干见到厅前，有紧急公文，要见相公。”府尹听得大惊，大惊三。道：“多管是生辰纲的事！”慌忙升厅，来与府干相见了，说道：“这件事，下官已受了梁府虞候的状子，已经差缉捕的人，跟捉贼人，未见踪迹，前日留守司又差人行札付到来，又经着仰尉司并缉捕观察，杖限跟捉，未曾得获。若有些动静消息，下官亲到相府回话。”怕。府干道：“小人是太师府里心腹人，今奉太师钧旨，特差来这里要这一干人。临行时，太师亲自分付，教小人到本府，只就州衙里宿歇，督办。无赖。与街闹相似。立等相公要拿这七个贩枣子的并卖酒一人、在逃军官杨志各贼正身，限在十日捉拿完备，差人解赴东京。若十日不获得这件公事时，怕不先来请相公去沙门岛①走一遭。小人也难回太师府里去，性命亦不知如何。相公不信，请看太师府里行来的钧帖。”

府尹看罢大惊，大惊四。随即便唤缉捕人等。只见阶下一人声喏，立在帘前。太守道：“你是甚人？”那人禀道：“小人是三都缉捕使臣何涛。”太守道：“前日黄泥冈上打劫了去的生辰纲，是你该管么？”何涛答道：“禀覆相公，何涛自从领了这件公事，昼夜无眠，苦。差下本管眼明手快的公人，去黄泥冈上往来缉捕。虽是累经杖责，公人更苦。到今未见踪迹。非是何涛怠慢官府，实出于无奈。”无奈。府尹喝道：“胡说！‘上不紧则下慢’。正是自家苦衷。一级威逼一级。我自进士出身，历任到这一郡诸侯，非同容易，拼命读书，考中进士；拼命巴结，坐到知府，哪里能就此玩完？今日东京太师府，差一干办来到这里，领太师台旨，限十日内，须要捕获各贼正身，完备解京。若还违了限次，我非止罢官，必陷我投沙门岛走一遭。你是个缉捕使臣，倒不用心，以致祸及于我。先把你这厮迭配远恶军州，雁飞不到去处！”便唤过文笔匠来，去何涛脸上刺下“迭配……州”字样，空着甚处州名，知府如同黑帮，官员形同流氓。发落道：“何涛！你若获不得贼人，重罪决不饶恕。”何涛领了台旨下厅，前来到使臣房里，会集许多做公的，都到机密房中商议公事。

众做公的都面面相觑，如箭穿雁嘴，钩搭鱼腮，如画。尽无言语。何涛道：“你们闲常时，都在这房里撰钱使用，如今有此一事难捉，

① 沙门岛在今天山东蓬莱市北约五十里的海中，是北宋时最著名、最恐怖的流放地。该岛地盘小，犯人在岛户人家佣作，缺衣少食，或饥寒而死，或投海而死，或被虐待而死，据有关学者考辨，死亡率达百分之九十以上。

都不做声。你众人也可怜我脸上刺的字样。”可怜。众人道：“上覆观察，小人们人非草木，岂不省得。只是这一伙做客商的，必是他州外府深山旷野强人，遇着一时劫了他的财宝，自去山寨里快活，如何拿得着？便是知道，也只看得他一看。”说的是。何涛听了，当初只有五分烦恼，见说了这话，又添了五分烦恼。十分烦恼。自离了使臣房里，上马回到家中，把马牵去后槽上拴了，独自一个闷闷不已。只见老婆问道：“丈夫，你如何今日这般嘴脸？”老婆不识字，不知嘴脸上何物奇怪。何涛道：“你不知，前日太守委我一纸批文，为因黄泥冈上一伙贼人，打劫了梁中书与丈人蔡太师庆生辰的金珠宝贝，计十一担，正不知是甚么样人打劫了去。我自从领了这道钧批，到今未曾得获。今日正去转限，不想太师府又差干办来，立等要拿这一伙贼人解京。太守问我贼人消息，我回覆道：‘未见次第，不曾获得。’府尹将我脸上刺下‘迭配……州’字样，只不曾填甚去处，在后知我性命如何！”老婆道：“似此怎地好？却是如何得了！”又一个不得了的事纠缠上不得了的人。○人生种种苦，就在不得了。正说之间，只见兄弟何清来望哥哥。

何涛道：“你来做甚么？不去赌钱，却来怎地？”一句不去赌钱，写出何清何人，写出何涛何人，写出兄弟关系何样，写出何清如何知道线索。何涛的妻子乖觉，连忙招手，说道：“阿叔，你且来厨下，和你说话。”何清当时跟了嫂嫂进到厨下坐了。嫂嫂安排些酒肉菜蔬，烫几杯酒，请何清吃。不是写好嫂嫂，是写好老婆。何清问嫂嫂道：“哥哥忒杀欺负人，我不中也是你一个亲兄弟！你便奢遮杀，到底是我亲哥哥，便叫我一处吃盏酒，有甚么辱没了你！”怨。阿嫂道：“阿叔，你不知道，你哥哥心里自过活不得哩！”何清道：“哥每日起了大钱大物，那里去了？做兄弟的又不来，这话绝。有甚么过活不得处？”施耐庵善写江湖，更善写风俗人情。阿嫂道：“你不知，为这黄泥冈上，前日一伙贩枣子的客人，打劫了北京梁中书庆贺蔡太师的生辰纲去，如今济州府尹奉着太师钧旨，限十日内，定要捉拿各贼解京。若还捉不着正身时，便要刺配远恶军州去。你不见你哥哥，先吃府尹刺了脸上‘迭配……州’字样，只不曾填甚么去处，早晚捉不着得，实是受苦。他如何有心和你吃酒？我却才安排些酒食与你吃。他闷了几时了，你却怪他不得。”

何清道：“我也诽诽地听得人说道，有贼打劫了生辰纲去。正在那里地面上？”阿嫂道：“只听得说道黄泥冈上。”何清道：“却是甚么样人劫了？”阿嫂道：“叔叔，你又不醉，我方才说了，是七个贩枣子的客人打劫了去。”何清呵呵的大笑道：“原来恁地。既道是贩枣子的客人了，却闷怎地？何不差精细的人去捉？”阿嫂道：“你倒说得好，便是没捉处。”何清笑道：“嫂嫂，倒要你忧！哥哥放着常来的一班儿好酒肉弟兄，闲常不睬的是亲兄弟，今日才有事，便叫没捉处。若是教兄弟闲常捱得几杯酒吃，今日这伙小贼倒有个商量处。”怨。〇酒肉朋友胜过自家兄弟，亦是世间常态。阿嫂道：“阿叔，你倒敢知得些风路？”何清笑道：“直等亲哥临危之际，兄弟或者有个道理救他。”怨。〇话里有话。话里有生路。说了便起身要去。怨。阿嫂留住再吃两杯。

那妇人听了这话说得跷蹊，慌忙来对丈夫备细说了。何涛连忙叫请兄弟到面前。何涛陪着笑脸说道：“兄弟，突然叫兄弟，何清不自在。你既知此贼去向，如何不救我？”何清道：“我不知甚么来历，我自和嫂子说耍，兄弟何曾救得哥哥！”怨。何涛道：“好兄弟，休得要看冷暖，只想我日常的好处，休记我闲时的歹处，救我这条性命！”何清道：“哥哥，你别有许多眼明手快的公人，管下三二百个，何不与哥哥出些气力？量一个兄弟怎救得哥哥！”怨。何涛道：“兄弟，休说他们。你的话眼里有些门路，休要把与别人做好汉。你且说与我些去向，我自有补报你处，正教我怎地心宽！”何清道：“有甚么去向，兄弟不省的！”何涛道：“你不要呕我，只看同胞共母之面。”何清道：“不要慌。且待到至急处，兄弟自来出些气力，拿这伙小贼。”偏要急你。○不是说贼小，是说此事小。对你性命攸关，对我小事一桩。阿嫂便道：“阿叔，胡乱救你哥哥，也是弟兄情分。如今被太师府钧帖，立等要这一干人，天来大事，你却说小贼！”何清道：“嫂嫂，你须知我只为赌钱上，吃哥哥多少打骂。我是怕哥哥，不敢和哥争涉，闲常有酒有食，只和别人快活，今日兄弟也有用处！”怨。

何涛见他话眼有些来历，慌忙取一个十两银子，放在桌上，说道：“兄弟，权将这锭银收了，日后捕得贼人时，金银缎匹赏赐，我一力包办。”何清笑道：“哥哥正是‘急来抱佛脚，闲时不烧香’。我若要哥银子时，便是兄弟勒措哥了。快把去收了，不要将来赚我。哥若如此，我便不说。既是哥两口儿我行陪话，我说与哥，不要把银子出来惊我。”丑。○何清话丑，何涛人丑。何涛道：“银两都是官司信赏出的，如何没三五百贯钱！兄弟，你休推却。我且问你，这伙贼却在那里有些来历？”何清拍着大腿道：“这伙贼我都捉在便袋里了。”何涛大惊道：“兄弟，你如何说这伙贼在你便袋里？”何清道：“哥哥，只莫管我，自都有在这里便了。哥只把银子收了去，不要将来赚我，只要常情便了。”世间最缺者常情也。世间最要者常情也。○多少人有事有人，没事没人。目中无人，只有自家祸福。○前文从梁中书到蔡太师到济州府尹再到何涛，一桩惊天大案雷霆火急，到此却兄弟叔嫂，家长里短，婉婉转转，恩怨尔汝，横生如许一大段不相干枝节，而施大爷偏偏用十分力气，写此家务人情。写得曲曲折折，人情丝丝入扣，世态鞭辟入里，令人于大案紧张之余，却又来一番世态人情之叹。施大爷胸中，有多少丘壑，多少锦绣？

何清不慌不忙，却说出来。有分教：郓城县里，引出仗义英雄；梁山泊中，聚起擎天好汉。毕竟何清说出甚人来，且听下回分解。

第十七回

美髯公智稳插翅虎 宋公明私放晁天王

回前总评

看本回章目“宋公明私放晁天王”，一个“私”字，大有味道。本回宋江出场，身份是郓城县的押司，就是办理文书、狱讼的地方胥吏。以后他经常自称小吏，是对自己出身低贱的一种谦卑的认同。他一出场，就面临选择：作为县吏，而且是专办狱讼文书的吏员，是奉公守法恪守职责配合何涛抓捕晁盖等人，还是徇私枉法明修暗度呢？几乎毫不犹豫，宋江在第一时间选择了他和晁盖之间的兄弟之情，置国家法度于度外，私放晁盖。

宋江一出场，就干了这么一件大事，且干得如此周密如此成功，在极度惊险之中，他完成了一项几乎不可能完成的任务。

立场真是个问题。晁盖能够脱逃，如果论“功”，功是宋江的；如果论“罪”，罪是宋江的。你站在晁盖一边，那便论“功”；你站在官府一边，那便论“罪”。

与宋江一样，朱仝和雷横，在面临人情与王法选择时，也一点犹豫都没有——置国家法度于度外，选择站在兄弟一边。他们都是郓城县的执法者。捕盗之人，变成纵盗之人。江湖大盗铤而走险，破坏法律；执法者用法律讲了义气，做了人情，更是破坏法律。如此，堂堂大宋，谁还信任法律？谁还遵守法律？谁还依法办事？没有任何人维护法律尊重法律，那么这个国家的尊严、社会的秩序、国民的利益，又将拿什么来维护？

当朝廷被蔡京、高俅一伙把持的时候，朝廷就在天下人面前失去了道德的高度。一个没有了道德高度的朝廷，无法维持人们对它的基本忠诚，国家权威就要承受巨大的损害。而国家权威的丧失，带来人们对法律权威的漠视，又反过来损害所有国民的利益。这是一个恶性循环。在这个恶性循环中，人们只能崇拜权势，而无法建立起任何符合公正的秩序。

古代的法律，人们往往称为“王法”。这“王”，既是先王之王，又是后王之王，但它总是指朝廷的治民之法。这“王法”之上，是“王道”，“王道”在，“王法”就有依据，有尊严，可获得人们的尊重和遵守。“王道”不存，“王法”也就贬值。所以，读《水浒传》看人们普遍不守“王法”破坏“王法”蔑视“王法”，乃是因为天下已然没有“王道”。王道王法王土王臣，这是一个体系，王道没了，王法贬值，王土不存，王臣叛而为盗，这是《水浒传》为我们展示的世界。

宋江一生，在七十回本里，可以分上梁山前、上梁山后两个阶段。（在其他本子里，还有他受招安下梁山后三个阶段。）“私放晁天王”是他上梁山前干的两件大事之一，另一件是“怒杀阎婆惜”。

你看他离开何涛给晁盖通风报信的动作：“却自槽上鞍了马，牵出后门外去，袖了鞭子，慌忙的跳上马，慢慢地离了县治。出得东门，打上两鞭，那马拨喇喇的往东溪村撺将去。”金圣叹评此：“只一上马，写得宋江有老大权术。其为群贼之魁，不亦宜乎！”这就是宋江的心机。这样的心机，鲁智深、李逵、武松没有，连林冲也不会。

草莽式的率直和贵族式的正直，都做不出这样的举动。所以，在中国历史上，草莽英雄成不了大事，贵族绅士也成不了大事。

成得了事的，往往就是刘邦、朱元璋这样的无所顾忌、无所不为而大有心机的人。宋江离他们不远了。

鲁智深、李逵、武松没有，是因为他们心直；林冲不会，是因为心正。心直就没有了算计；心正就有了顾忌，就会有所不为。林冲总被别人牵着走，一步一步走向深渊。武松被自己骄傲的内心牵着走，走到景阳冈上遇见老虎，走到毛太公庄上遇见吠犬，步步走低，属于高开低走型人生。李逵被自己躁动的本能牵着走，一举一动，看似全由自己做主，实际上，用弗洛伊德心理学的观点来看，他是毫不自觉，完全被潜意识里的欲望和质朴的道德感带着走，糊里糊涂走了一辈子，却也本真。鲁智深是被自己的本心牵着走，杀人见血，救人救彻，走出自家的面目境界。

宋江呢？他牵着别人走。

本来，他只是郓城县的一个小吏，他要接受县令的支配。何涛是上级衙门来的，他也要接受何涛的支派。但是，我们看到的，却是完全相反的情形：他暗中控制了局面，把这两个人掌控在自己的手心里，牵着他们，按照他指定的路径走。

宋江，是一个非常矛盾的人：你说他真心待人，他又时时虚伪做作；你说他义薄云天，他又心机重重城府极深；你说他处心积虑谋反，他又对朝廷肝脑涂地；你说他为人仁厚，他又时时做下凶残之事……

宋江的好处，是对兄弟好；宋江的坏处，是用心机对兄弟好。

从救晁盖这一点来说，宋江确实非常义气。用他自己的话说，是“舍着条性命”来救晁盖；用晁盖的话说，是“担着血海也似干系”来报信，“我们不是他来时，性命只在咫尺休了”。用吴用的话说，“若非此人来报，都打在网里。”所以，晁盖感慨地说：“四海之内，名不虚传。结义得这个兄弟，也不枉了。”我们读《水浒传》至此，也感叹宋江的冲天义气。

但是，“义气”是这样的一种东西：我们永远不可能对其做单纯的切割式的评价。当甲对乙讲义气时，往往会牵涉到丙，甚至损害了丙，我们如何评价这样的义气？当我们不问是非，为朋友两肋插刀、大打出手时，我们如何面对来自对方的评价？所以，当我们赞赏宋江对晁盖等人的义气之时，不要忘了，他同时是在损害别人。比如何涛，本人并无劣迹，我们不能因为何涛是缉捕人员，要缉捕晁盖等人，就视他为坏人。警察抓贼，职责所在。何涛不论从个人私德上，还是从职业公德上，都无大瑕疵。他很相信宋江。如果我们责怪何涛，实际上是在责怪何涛没有小人之心，没有以小人之心度宋江之腹。是的，何涛是以君子之心来度宋江，他把宋江看成君子。

以小人之心度君子之腹，委屈的是别人；以君子之心度小人之腹，伤害的是自己。宋江，对得起何涛的尊敬和信任吗？从何涛的角度来看，宋江真是一个君子吗？

后来何涛在石碣村，被阮小七割了两只耳朵，成了残废，获得了济州知府的宽恕，没有被流放，这是他最好的结局了。仔细想想，他又何辜？所以，在宋江对晁盖的“义”的另一面，是对何涛的“不义”。

江湖义气的致命问题，即在于不问是非，只问兄弟。这样的江湖义气与孔子、孟子所说的人生大义，是有极大区别的。

孔孟之“义”，乃是“正义”，关键在于一个“正”字；江湖义气，顾名思义，致命处在于一个“气”字。气，就有正气和邪气之区别了，只问兄弟，不问是非，结果往往就是沆瀣一气。沆瀣一气了，当然是“邪气”。于是，江湖侠义，往往变为江湖“狭义”——狭隘的、对局外人极其不公的“义气”，有私情，无公德。

宋江岂止对何涛不义，他还对县令不忠。我们常说一个词，叫忠肝义胆。宋江私放晁盖，即便我们承认他表现出了义胆，但他也没有忠肝。郓城县令时文彬，对宋江颇为关照。后来宋江杀了阎婆惜，因为“知县却和宋江最好”，还千方百计为宋江开脱。但为了私放晁盖，宋江愚弄知县，让他一直等到夜里才派人去抓捕，最终晁盖等人全部逃脱。问题仍然和何涛一样，不是县令糊涂，而是县令太相信宋江。如果他的官场前程因此被毁，难道不是拜他平时“最好”的宋江所赐吗？

什么是“私放晁天王”？私放就是徇私舞弊，就是“大私无公”。从晁盖的立场上看，宋江那真是义薄云天；但是，换一个角度看，他藐视国法，蒙蔽上官，是谓不忠；他欺骗何涛，致人残废，是谓不义。

出场第一案，我们就发现，宋江真是一个胆大包天的人物，只要他想做，什么朝廷之法，什么为吏之责，他都完全可以置之不理。后来他终于逸出了正常生活轨道，落草为盗，是合乎逻辑的。

当时何观察与兄弟何清道：“这锭银子是官司信赏的，非是我把来赚你，后头再有重赏。兄弟，你且说这伙人如何在你便袋里？”只见何清去身边招文袋内摸出一个经折儿来，指道：“这伙贼人都在上面！”有备而来。何涛道：“你且说怎的写在上面？”何清道：“不瞒哥哥说，兄弟前日为赌博输了，没一文盘缠，有个一般赌博的，引兄弟去北门外十五里地名安乐村，好村名。有个王家客店内，凑些碎赌。为是官司行下文书来，着落本村但凡开客店的，须要置立文簿，一面上用勘合印信。每夜有客商来歇宿，须要问他那里来？何处去？姓甚名谁？做甚买卖？都要抄写在簿子上，保甲法。官司察照时，每月一次去里正处报名。为是小二哥不识字，央我替他抄了半个月。当日是六月初三日，有七个贩枣子的客人，推着七辆江州车儿来歇。我却认得一个为头的客人，是郓城县东溪村晁保正。因何认得他？我比先曾跟一个赌汉去投奔他，因此我认得。我写着文簿，问他道：‘客人高姓？’只见一个三髭须白净面皮的，吴用。抢将过来答应道：‘我等姓李，从濠州来贩枣子，去东京卖。’一行七人，如何都姓李？我虽写了，有些疑心。有心人。〇世事大抵如此：成事须得有心人，坏事也因有心人。第二日，他自去了，店主带我去村里相赌，来到一处三叉路口，只见一个汉子挑两个桶来。我不认得他。店主人自与他厮叫道：‘白大郎，那里去？’那人应道：‘有担醋将去村里财主家卖。’店主人和我说道：‘这人叫做“白日鼠”白胜，他是个赌客。’何涛厌恶何清在赌，不想却因赌而破案。我也只安在心里。有心人。后来听得沸沸扬扬地说道：‘黄泥冈上一伙贩枣子的客人，把蒙汗药麻翻了人，劫了生辰纲去。’我猜不是晁保正，却是兀谁！如今只拿了白胜，一问便知端的。这个经折儿是我抄的副本。”有备而来。好兄弟。

何涛听了大喜，随即引了兄弟何清，径到州衙里见了太守。府尹问道：“那公事有些下落么？”何涛禀道：“略有些消息了。”府尹叫进后堂来说。仔细问了来历，何清一一禀说了。当下便差八个做公的，一同何涛、何清连夜来到安乐村，急。叫了店主人做眼，径奔到白胜家里，急。却是三更时分。叫店主人赚开门来打火，只听得白胜在床上做声。好笑。问他老婆时，却说道害热病，不曾得汗。从床上拖将起来，见白胜面色红白，好笑。就把索子绑了，喝道："黄泥冈上做得好事！"白胜那里肯认。把那妇人捆了，也不肯招。众做公的绕屋寻赃，寻到床底下，见地面不平，好笑。众人掘开，不到三尺深，众多公人发声喊，白胜面如土色，好笑。就地下取出一包金银。随即把白胜头脸包了，机密。带他老婆，扛抬赃物，都连夜赶回济州城里来。却好五更天明时分。把白胜押到厅前，便将索子捆了，问他主情造意，白胜抵赖，死不肯招晁保正等七人。看白胜此前表现，哪像有主意之人。此处死不肯招，尚有义气在着。不枉此后梁山搭救。连打三四顿，打得皮开肉绽，鲜血迸流。府尹喝道："贼首捕人已知是郓城县东溪村晁保正了，你这厮如何赖得过！你快说那六人是谁，便不打你了。"白胜又捱了一歇，打熬不过，只得招道："为首的是晁保正。他自同六人来纠合白胜与他挑酒，其实不认得那六人。"是。知府道："这个不难，只拿住晁保正，那六人便有下落。"先取一面二十斤死囚枷，枷了白胜。他的老婆也锁了，押去女牢里监收。随即押一纸公文，就差何涛亲自带领二十个眼明手快的公人径去郓城县投下，着落本县，立等要捉晁保正并不知姓名六个正贼，就带原解生辰纲的两个虞候，作眼拿人，两个虞候也有交代。一同何观察领了一行人，去时不要大惊小怪，只恐怕走透了消息。机密。

星夜来到郓城县，先把一行公人并两个虞候都藏在客店里，机密。只带一两个跟着来下公文，径奔郓城县衙门前来。此一番机密描写，只为说明：若非宋江报信，晁盖七人都将打在网里。当下巳牌时分，上午十点左右。却值知县退了早衙，县前静悄悄地。何涛走去县对门一个茶坊里，坐下吃茶相等。吃了一个泡茶，问茶博士道："今日如何县前恁地静？"茶博士说道："知县相公早衙方散，一应公人和告状的都去吃饭了未来。"何涛又问道："今日县里不知是那个押司直日？"茶博士指着道："今日直日的押司来也。"

何涛看时，只见县里走出一个押司来。宋江出场。那人姓宋名江，表字公明，排行第三，祖居郓城县，宋家村人氏。为他面黑身矮，人都唤他做黑宋江，称谓一。又且驰名大孝，为人仗义疏财，人皆称他做"孝义黑三郎"。称谓二。上有父亲在堂，母亲早丧，下有一个兄弟，唤做"铁扇子"宋清，自和他父亲宋太公在村中务农，守些田园过活。这宋江自在郓城县做押司。他刀笔精通，吏道纯熟；更兼爱习枪棒，学得武艺多般。爱不假，学也学，只怕武艺一般。平生只好结识江湖上好汉，但有人来投奔他的，若高若低，无有不纳，便留在庄上馆谷，终日追陪，并无厌倦。若要起身，尽力资助，端的是挥金似土。人问他求钱物，亦不推托，且好做方便，每每排难解纷，只是周全人性命。时常散施棺材药饵，济人贫苦，赒人之急，扶人之困，以此山东、河北闻名，都称他做"及时雨"，称谓三。却把他比做天上下的及时雨一般，能救万物。这一大段褒奖歌颂之辞，却少有根据。○没有根据又为何写这一大篇？因为宋江是本书男一号。○金圣叹曰是文法不同：其他人物用的是列传格式，宋江却是世家体例。当时宋江带着一个伴当，走将出县前来。只见这何观察当街迎住，作为上级来人，对下级这样一个"鄙猥小吏"如此主动，是由于公务急迫；如此殷勤，是源于求助心切。○反衬宋江对不住人。叫道："押司，此间请坐拜茶。"宋江见他似个公人打扮，慌忙答礼道："尊兄何处？"何涛道："且请押司到茶坊里面吃茶说话。"神秘。机密。宋公明道："谨领。"两个人到茶坊里坐定，伴当都叫去门前等候。

宋江道："不敢拜问尊兄高姓？"何涛答道："小人是济州府缉捕使臣何涛的便是。不敢动问押司高姓大名？"宋江道："贱眼不识观察，少罪。小吏姓宋名江的便是。"小吏自称，一见宋江谦恭，二见宋江自卑，三见宋江心病。何涛倒地便拜，从此以后，但有人见宋江，都是倒地便拜。说道："久闻大名，无缘不曾拜识。"宋江道："惶恐。观察请上坐。"何涛道："小人安敢占上？"宋江道："观察是上司衙门的人，又是远来之客。"两个谦让了一回，宋江坐了主位，何涛坐了客席，宋江便道："茶博士将两杯茶来。"没多时茶到，两个吃了茶。宋江道："观察到敝县，不知上司有何公务？"何涛道："实不相瞒，来贵县有几个要紧的人。"宋江道："莫非贼情公事否？"何涛道："有实封公文在此，敢烦押司作成。"宋江道："观察是上司差来该管的人，小吏怎敢怠慢？不知为甚么贼情紧事？"何涛道："押司是当案的人，便说也不妨。岂知眼前这个人，最是有大妨碍。敝府管下黄泥冈上一伙贼人，共是八个，把蒙汗药麻翻了北京大名府梁中书差遣送蔡太师的生辰纲军健一十五人，劫去了十一担金珠宝贝，计该十万贯正赃。今捕得从贼一名白胜，指说七个正贼都在贵县。这是太师府特差一个干办在本府，立等要这件公事，望押司早早维持。"宋江道："休说太师处着落，便是观察自赍公文来要，敢不捕送？只不知道白胜供指那七人名字？"何涛道："不瞒押司说，不瞒押司说，大事休矣。是贵县东溪村晁保正为首。更有六名从贼，不识姓名，烦乞用心。"

宋江听罢，吃了一惊，肚里寻思道："晁盖是我心腹弟兄，他如今犯了迷天大罪，我不救他时，捕获将去，性命便休了！"心内自慌，却答应道："晁盖这厮，奸顽役户，本县内上下人没一个不怪他。今番做出来了，好教他受！"第一，晁盖名声并非如此不堪，下文知县时文彬说"这东溪村晁保正，闻名是个好汉”可证。宋江说谎了。第二，宋江为何说谎？答案：为的是不让何涛怀疑他与晁盖的关系。第三，何涛怀疑他和晁盖的关系了吗？答案：没有。第四，既然何涛并未怀疑，宋江何苦自己撇清？答案：自家心虚。○如此慌忙之中，却说出如此撇清的话来，宋江机警！○不必撇清却主动撇清，其实已显心虚，可见机警如宋江，说假话言不由衷时，也有破绽。何涛道：“相烦押司，便行此事。”宋江道：“不妨，这事容易，先宽人心，麻痹对方。‘瓮中捉鳖，手到拿来’。宽何涛之心，缓何涛之意。心宽则容易放松警惕，意缓则会懈怠。你一懈怠，我就有机会。只是一件，这实封公文，须是观察自己当厅投下，本官看了，便好施行发落差人去捉，小吏如何敢私下擅开？这件公事非是小可，不当轻泄于人。”话说得合情合理，不仅给人处事稳重的印象，而且还显得很为对方考虑。何涛当然对宋江更加相信。○“不当轻泄于人”，一语双关，调侃何涛不小。○宋江渐渐恢复平稳。宋江慌乱之中尚有方寸阵脚不乱，一旦平稳，玩何涛如在掌中。何涛道：“押司高见极明，相烦引进。”何涛还是急。○岂能不急？急就对了。宋江道：“本官发放一早晨事务，倦怠了少歇。观察略待一时，少刻坐厅时，小吏来请。”“来”字有意思。“请”字有意思。○本在一起，何须再来？何处再来？应该是“小吏带你去”。○“来”暗含着“去”。○直说“去”，何涛不安，何涛警惕，甚至阻止（应当阻止）。○婉说“来”，何涛心安，何涛麻痹，自然放去，只为再来。本意为“去”，却用“来”遮掩过渡，宋江，心理学大师！○“请”字大有力，我不来请，你不要走。不是我请，你不要去。何涛道：“望押司千万作成。”可怜在梦中。宋江道：“理之当然，休这等说话。小吏略到寒舍，分拨了些家务便到，与晁盖是兄弟，当然是家务。观察少坐一坐。”何涛道：“押司尊便，小弟只在此专等。”“专”字妙。妙在直接上面的“请”字。○至此何涛在宋江手心里。

宋江起身，出得阁儿，分付茶博士道：“那官人要再用茶，一发我还茶钱。”细。○安心喝茶，有人买单。离了茶坊，飞也似跑到下处。急。先分付伴当去叫直司在茶坊门前伺候，“若知县坐堂时，便可去茶坊里安抚那公人道：‘押司便来。’叫他略待一待”。如此急迫之中，却滴水不漏，消弭一切危机。却自槽上鞁了马，牵出后门外去，袖了鞭子，慌忙的跳上马，慢慢地离了县治。却又奇怪。出得东门，打上两鞭，那马拨喇喇的望东溪村撺将去。原来如此。○慌忙，慢慢，打上两鞭，有人处慢，无人处快，老大心机。没半个时辰，早到晁盖庄上。庄客见了，入去庄里报知。

且说晁盖正和吴用、公孙胜、刘唐在后园葡萄树下吃酒。却是逍遥快活。○

岂是写晁盖等人大意，只是写无宋江相救，都打在网里。此时三阮已得了钱财，自回石碣村去了。也是逍遥快活。晁盖见庄客报说宋押司在门前，晁盖问道："有多少人随后着？"机警。○既如此机警，如何对外界追捕毫不探听毫无知觉？庄客道："只独自一个，飞马而来，说快要见保正。"晁盖道："必然有事。"心中有数。慌忙出来迎接。宋江道了一个喏，携了晁盖手，便投侧边小房里来。避人眼目。○却是客人携了主人手投侧边小房，妙。○拨喇喇的望东溪村来，虽大忌，却避无可避，于是不避。既到东溪村，虽小处，却投侧边小房里，可避时，虽小处亦避。晁盖问道："押司如何来得慌速？"宋江道："哥哥不知，兄弟是心腹弟兄，我舍着条性命来救你。如今黄泥冈事发了！白胜已自拿在济州大牢里了，供出你等七人。济州府差一个何缉捕，带领若干人，奉着太师府钧帖并本州文书，来捉你等七人，道你为首。天幸撞在我手里，我只推说知县睡着，且教何观察在县对门茶坊里等我，以此飞马而来报你。哥哥，'三十六计，走为上计。'若不快走时，更待甚么！我回去引他当厅下了公文，知县不移时便差人连夜下来。你们不可担阁。倘有些疏失，如之奈何！休怨小弟不来救你！"晁盖听罢，吃了一惊，道："贤弟大恩难报！"宋江道："哥哥你休要多话，只顾安排走路，不要缠障，我便回去也。"

晁盖道："七个人三个是阮小二、阮小五、阮小七，已得了财自回石碣村去了；后面有三个在这里，贤弟且见他一面。"毫不见外，毫不防备，毫不隐瞒。○竟然邀官见盗，可见视官如盗。○邀与不邀，是一个问题：官匪之间，有无分别？宋江来到后园，竟然毫不拒绝，可见自视如盗。○见与不见，是一个问题：盗我之间，有无界限？晁盖指着道："这三位，一个吴学究；一个公孙胜，蓟州来的；一个刘唐，东潞州人。"宋江略讲一礼，回身便走，嘱付道："哥哥保重，作急快走，兄弟去也。"宋江出到庄前，上了马，打上两鞭，飞也似望县里来了。

且说晁盖与吴用、公孙胜、刘唐三人道："你们认得那来相见的这个人么？”吴用道：“却怎地慌慌忙忙便去了，正是谁人？”晁盖道：“你三位还不知哩！我们不是他来时，性命只在咫尺休了！”三人大惊道：“莫不走了消息，这件事发了？”晁盖道：“亏杀这个兄弟，担着血海也似干系，来报与我们。原来白胜已自捉在济州大牢里了，供出我等七人。本州差个缉捕何观察，将带若干人，奉着太师钧帖来，着落郓城县立等要拿我们七个。亏了他稳住那公人在茶坊里俟候，他飞马先来报知我们。如今回去下了公文，少刻便差人连夜到来捕获我们，却是怎地好！”怎地好？晁盖急。刘邦常常如此。吴用道：“若非此人来报，都打在网里。这大恩人姓甚名谁？”不答怎地好，却问人姓名，吴用不急。张良常常如此。晁盖道：“他便是本县押司，呼保义宋江的便是。”吴用道：“只闻宋押司大名，小生却不曾得会。虽是住居咫尺，无缘难得见面。”却是怪。公孙胜、刘唐都道：“莫不是江湖上传说的及时雨宋公明？”晁盖点头道：“正是此人。他和我心腹相交，结义弟兄，吴先生不曾得会。晁盖也觉得怪。○我却怪你如何不引见？四海之内，名不虚传，结义得这个兄弟，也不枉了。”

晁盖问吴用道：“我们事在危急，却是怎地解救？”吴学究道：“兄长不须商议，‘三十六计，走为上计’。”不须商议者，别无选择也。但能在某些时候看出别无选择，自是功夫。晁盖道：“却才宋押司也教我们走为上计，却是走那里去好？”吴用道：“我已寻思在肚里了。如今我们收拾五七担挑了，一齐都奔石碣村三阮家里去。今急遣一人先与他弟兄说知。”不急之人，不是性格慢，而是寻思早。晁盖道：“三阮是个打鱼人家，如何安得我等许多人？”吴用道：“兄长你好不精细！不精细，是晁盖定评。石碣村那里一步步近去，便是梁山泊。做贼若无做盗的志向，只是蟊贼。做盗如无窃国的心机，只是流寇。如今山寨里好生兴旺，官军捕盗不敢正眼儿看他。若是赶得紧，我们一发入了伙。”晁盖道：“这一论极是上策，只恐怕他们不肯收留我们。”吴用道：“我等有的是金银，送献些与他，便入伙了。”有钱能使鬼推磨。○做强盗也须带资本来。晁盖道：“既然恁地商量定了，事不宜迟。吴先生，你便和刘唐带了几个庄客，挑担先去阮家安顿了，却来旱路上接我们。我和公孙先生两个打并了便来。”吴用、刘唐把这生辰纲打劫得金珠宝贝做五六担装了，叫五六个庄客一发吃了酒食。吴用袖了铜炼，刘唐提了朴刀，监押着五七担一行十数人，投石碣村来。晁盖和公孙胜在庄上收拾。有些不肯去的庄客，赍发他些钱物，从他去投别主。不愿去的，都在庄上并叠财物，打拴行李。不在话下。突然觉得小人物可怜。○小人物总是活得不在话下，于是便流行活在当下。

再说宋江飞马去到下处，连忙到茶坊里来，只见何观察正在门前望。可怜焦虑。宋江道：“观察久等。却被村里有个亲戚，在下处说些家务，东溪村。因此担阁了些。”何涛道：“有烦押司引进。”不暇闲扯，直奔主题。宋江道：“请观察到县里。”两个入得衙门来，正值知县时文彬在厅上发落事务。宋江将着实封公文，公文是实封的，消息是走漏的。○何涛无大错，只是轻信。○轻信是最值得原谅的过错，何况轻信的是社会信用等级很高的人。引着何观察，直至书案边，叫左右挂上回避牌，装。低声禀道：装。○东溪村见贼之后，公堂上如此这般。“奉济州府公文，为贼情紧急公务，特差缉捕使臣何观察到此下文书。”知县接来拆开就当厅看了，大惊，又一个大惊。○不是惊于贼，而是惊于太师府，自济州府到郓城县，莫不如此惊。对宋江道：“这是太师府差干办来，立等要回话的勾当！这一干贼，便可差人去捉！”宋江道：“日间去，只怕走了消息，只可差人就夜去捉拿得晁保正来，那六人便有下落。”日间去，走了消息。夜里去，走了人。

时知县道：“这东溪村晁保正，闻名是个好汉，他如何肯做这等勾当？”专门补此一句，以示宋江对何涛言晁盖人人憎恶为虚。随即叫唤尉司并两个都头：一个姓朱名仝，一个姓雷名横。他两个，非是等闲人也。如何不等闲，按下不表。当下朱仝、雷横两个来到后堂，领了知县言语，和县尉上了马，径到尉司，点起马步弓手并土兵一百余人，就同何观察并两个虞候作眼拿人。当晚都带了绳索军器，县尉骑着马，两个都头亦各乘马，各带了腰刀弓箭，手拿朴刀，前后马步弓手簇拥着，出得东门，飞奔东溪村晁家来。偏写得气势如虹。

到得东溪村里，已是一更天气，都到一个观音庵取齐。朱仝道："前面便是晁家庄。晁盖家前后有两条路，两条路。若是一齐去打他前门，他望后门走了；一齐哄去打他后门，他奔前门走了。我须知晁盖好生了得，又不知那六个是甚么人，必须也不是善良君子。那厮们都是死命，倘或一齐杀出来，又有庄客协助，却如何抵敌他？先吓唬住县尉。只好声东击西，等那厮们乱撺便好下手。又是一个牵强附会的理由。不若我和雷都头分做两路，我与你分一半人，再支使开雷横。都是步行去，先望他后门埋伏了，等候唿哨响为号，你等向前门只顾打入来，见一个捉一个，见两个捉一双。"忽悠。○先说分兵前后门，不知觉间就安排雷横打前门了，偏还描述了一番瓮中捉鳖手到擒来的美好情景诱惑雷横。雷横道："也说得是。朱都头，你和县尉相公从前门打入来，我去截住后门。"偏雷横也不傻。朱仝道："贤弟，你不省得。晁盖庄上有三条活路，怎地又变成三条路了？我闲常时都看在眼里了。我去那里，须认得他的路数，不用火把便见。你还不知他出没的去处，倘若走漏了事情，不是要处。"接着忽悠。○看朱仝这一番纵横捭阖，也是从不可能处做出事来。县尉道："朱都头说得是，你带一半人去。"先忽悠住了县尉。○雷横也不傻，只是慢半拍。○公安局长拍板了，刑警队长只好听从。朱仝道："只消得三十来个够了。"人多嘴杂。朱仝领了十个弓手，二十个土兵，先去了。县尉再上了马，雷横把马步弓手都摆在前后，帮护着县尉。好笑。○不是好笑，是见效：朱仝吓唬战术见效了。土兵等都在马前，明晃晃照着三二十个火把，拿着梲叉、朴刀、留客住、钩镰刀，一齐都奔晁家庄来。岂是捉人，只是纵人。

○暗中和何涛捉白胜之机密对比。○朱仝、雷横岂不知这样捉不得人，只是瞒着一个县尉。可恨历来管事的都是不懂事的。

到得庄前，兀自有半里多路，只见晁盖庄里一缕火起，从中堂烧将起来，涌得黑烟遍地，红焰飞空。又走不到十数步，只见前后门四面八方，约有三四十把火发，焰腾腾地一齐都着。前面雷横挺着朴刀，背后众土兵发着喊，一齐把庄门打开，都扑入里面。看时，火光照得如同白日一般明亮，并不曾见有一个人。只听得后面发着喊，叫将起来，叫前面捉人。不是抓贼，是纵贼。原来朱仝有心要放晁盖，故意赚雷横去打前门。这雷横亦有心要救晁盖，以此争先要来打后门，却被朱仝说开了，只得去打他前门，知人知面不知心，却原来两人一心。果真不等闲。故意这等大惊小怪，声东击西，要催逼晁盖走了。

朱仝那时到庄后时，兀自晁盖收拾未了。非写晁盖大意延宕，不如此如何写出朱仝、雷横。庄客看见，来报与晁盖说道："官军到了！事不宜迟！"晁盖叫庄客四下里只顾放火，他和公孙胜引了十数个去的庄客，呐着喊，挺起朴刀，从后门杀将出来，大喝道："当吾者死，避吾者生！"虚张声势。朱仝在黑影里叫道："保正快走！朱仝在这里等你多时。"一表情。晁盖那里听得说，没听见。与同公孙胜舍命只顾杀出来。朱仝虚闪一闪，放开条路让晁盖走。二表情。晁盖却叫公孙胜引了庄客先走，他独自押着后。没觉得。朱仝使步弓手从后门扑入去，叫道："前面赶捉贼人！"雷横听得，转身便出庄门外，叫马步弓手分头去赶。雷横自在火光之下，东观西望做寻人。是做寻人，也是真寻人。朱仝撇了土兵，挺着刀，去赶晁盖。晁盖一面走，口里说道："朱都头，你只管追我做甚么？我须没歹处！"你是贼，他是警，不追你追谁？○黄泥冈上做得好事，怎么没歹处？朱仝见后面没人，方才敢说道："保正，你兀自不见我好处。几次表情不知情，怨。我怕雷横执迷，不会做人情，被我赚他打你前门，我在后面等你出来放你。你见我闪开条路，让你过去。你不可投别处去，只除梁山泊可以安身。”三表情。○岂止让路，还要指路。朱仝直率。晁盖道：“深感救命之恩，异日必报！”此时才明白。

朱仝正赶间，只听得背后雷横大叫道：“休教走了人！”虚张声势。朱仝分付晁盖道：“保正，你休慌，只顾一面走，我自使转他去。”四表情。朱仝回头叫道：“有三个贼望东小路去了，雷都头你可急赶。”雷横领了人，便投东小路上，并土兵众人赶去。雷横还是傻。朱仝一面和晁盖说着话，一面赶他，却如防送的相似。渐渐黑影里不见了晁盖，朱仝只做失脚扑地，倒在地下，众土兵随后赶来，向前扶起。朱仝道：“黑影里不见路径，一黑。失脚走下野田里，滑倒了，闪挫了左腿。”县尉道：“走了正贼，怎生奈何？”还在梦中。历来吃干饭颟顸官僚，无不如此。朱仝道：“非是小人不赶，其实月黑了，二黑。没做道理处。这些土兵，全无几个有用的人，不敢向前。”不记得自己先吓唬他们了？县尉再叫土兵去赶，越发糊涂颟顸。众土兵心里道：“两个都头尚兀自不济事，近他不得，我们有何用？”都去虚赶了一回，转来道：“黑地里，正不知那条路去了。”三黑。连出三黑，以此写宋江白天不捉夜间捉的荒唐。

雷横也赶了一直回来，心内寻思道：“朱仝和晁盖最好，多敢是放了他去，我却不见了人情。”如梦方醒。回来说道：“那里赶得上？这伙贼端的了得！”都在演戏，观众只是一个县尉。县尉和两个都头回到庄前时，已是四更时分。何观察见众人四分五落，赶了一夜，不曾拿得一个贼人，只叫苦道：“如何回得济州去见府尹！”可怜。县尉只得捉了几家邻舍去，解将郓城县里来。拿贼不着，拿良民，历来如此。

这时知县一夜不曾得睡，立等回报，听得道：“贼都走了，只拿得几家邻舍。”知县把一干拿到的邻舍且当厅勘问。众邻舍告道：“小人等虽在晁保正邻近居住，远者三二里田地，近者也隔着些村坊。他庄上时常有掤枪使棒的人来，如何知他做这般的事？”知县逐一问了时，务要问他们一个下落。数内一个贴邻告道：“若要知他端的，除非问他庄客。”知县道：“说他家庄客也都跟着走了。”邻舍告道：“也有不愿去的，还在这里。”知县听了，火速差人，就带了这个贴邻做眼，来东溪村捉人。无两个时辰，早拿到两个庄客。

当厅勘问时，那庄客初时抵赖，吃打不过，不愿去的，看下场。只得招道：“先是六个人商议，小人只认得一个是本乡中教学的先生，叫做吴学究。一个叫做公孙胜，是全真先生。又有一个黑大汉，姓刘。更有那三个，小人不认得，却是吴学究合将来的。听得说道：他姓阮，在石碣村住，他是打鱼的，弟兄三个。只此是实。”知县取了一纸招状，把两个庄客交割与何观察，回了一道备细公文，申呈本府。宋江自周全那一干邻舍，保放回家听候。宋江只做好人。○少不得这样的好人。无此好人，邻舍如何安顿？

且说这众人与何涛，押解了两个庄客，连夜回到济州，正值府尹升厅。何涛引了众人到厅前禀说晁盖烧庄在逃一事，再把庄客口词说一遍。府尹道：“既是恁地说时，再拿出白胜来！”问道：“那三个姓阮的端的住在那里？”白胜抵赖不过，只得供说：“三个姓阮的，一个叫做立地太岁阮小二，一个叫做短命二郎阮小五，一个是活阎罗阮小七，都在石碣湖村里住。”知府道：“还有那三个姓甚么？”白胜告道：“一个是智多星吴用，一个是入云龙公孙胜，一个叫做赤发鬼刘唐。”知府听了便道：“既有下落，且把白胜依原监了，收在牢里。”随即又唤何观察差去石碣村，“只拿了姓阮三个，便有头脑。”

不是此一去，有分教：天罡地煞，来寻聚会风云；水浒山城，去聚纵横人马。毕竟何观察怎生差去石碣村缉捕。且听下回分解。

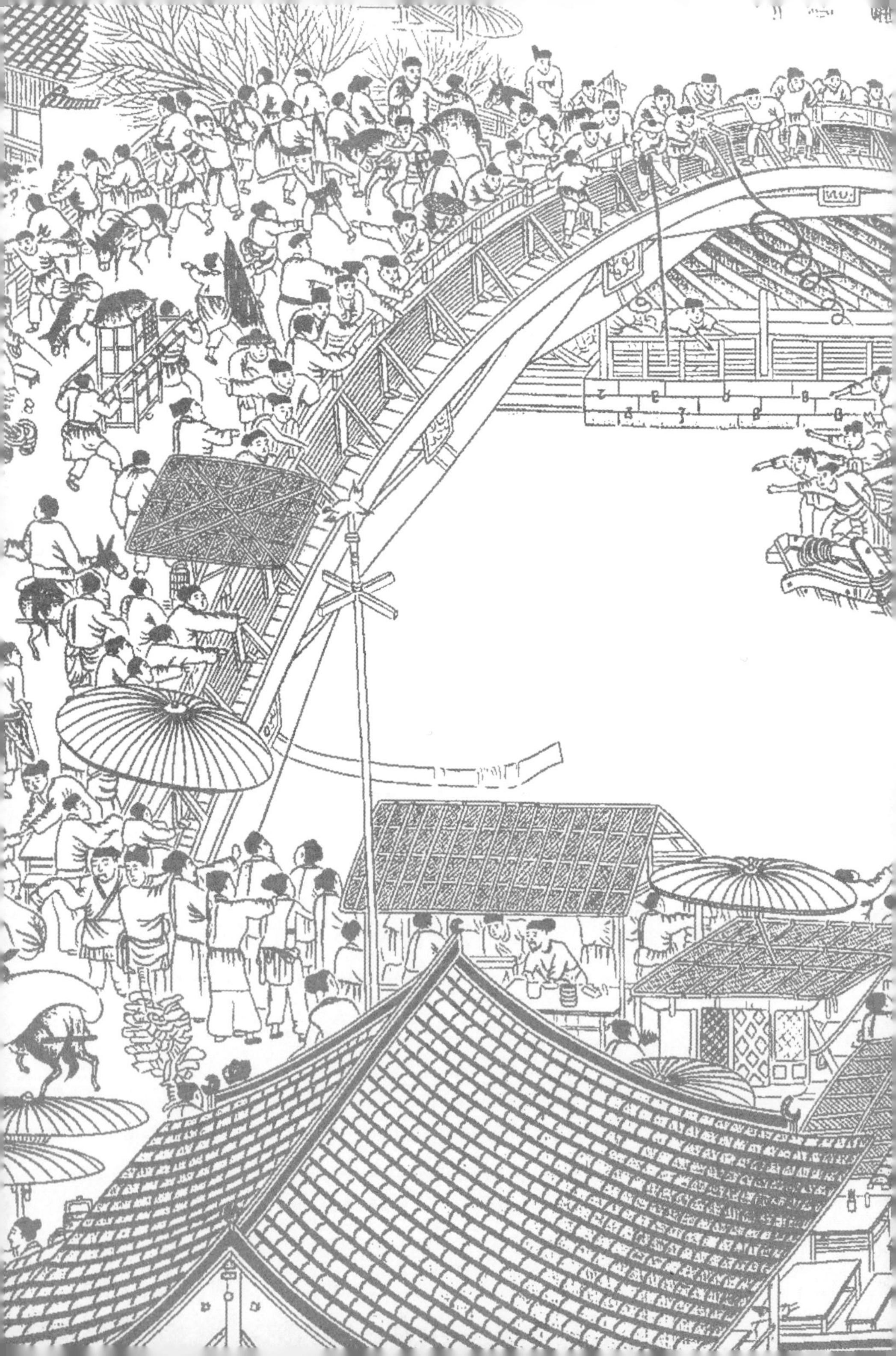

第十八回

林冲水寨大并火 晁盖梁山小夺泊

林冲水寨
大併火

回前总评

《水浒传》渲染暴力，本回何涛带来的一千多官兵在石碣村命丧黄泉，就是一例。三阮“一锄头一个，排头打下去，脑浆也打出来”。这样残暴的虐杀，让人心灵受到强烈的震动，难以平复。宋江总是自诩忠义，然而对此宋江是怎么想的，我们不得而知。

王伦见来者个个都是惊天动地的好汉，又刚刚做下惊天动地的大事，无论从才干还是魄力上，都远远超过了原来他所挂帅的梁山，骇然了半晌，心内踌躇，做声不得。他又要故技重演了。

而这一切心理活动，被两个人看得明明白白。一个是吴用，他是何等人物？王伦的一举一动当然瞒不过他的眼睛。一个是林冲。他能看出王伦的心思，不是因为他眼睛犀利，而是他的记忆：那是他经历过的，他对王伦太熟悉了。这是他心灵的创伤所在。

林冲的心理活动，也没有逃出吴用的眼睛。吴用准备挑拨林冲、王伦关系，挑起梁山火并。

林冲主动去找晁盖、吴用。这一番三人对话，精彩纷呈。林冲带了心事来，不好说破，尚自支支吾吾；吴用洞若观火，句句挑动林冲，看似闲聊，却无一句闲话；晁盖蒙在鼓里，既不知林冲心事，也不知自己要什么，说的句句都不着边际。

三个人的话，写出了三个人的性格。吴用句句都在揭林冲旧时伤疤，正反虚实，话中有话，虚伪机诈；林冲，直率诚恳，虽和晁盖等人初次见面，但是惺惺相惜，绝不隐藏自己准备杀王伦、立新主的心迹；晁盖并不接着吴用的话头挑动林冲怒气，也完全不知道林冲心事，只是闲聊家常，忠厚真诚。

吴用的虚伪机诈，最体现在林冲怒火万丈、刀将出未出之际，他一再说要离去，“我等自去罢休”，“只因我等上山相投，反坏了头领面皮。只今办了船只，便当告退”。这哪里是要走？这是太了解林冲的心理了，在逼他快点下手：再不下手我们就走了。

林冲是什么心理？林冲就怕晁盖他们撇下他走了。如果他和王伦没有翻脸，晁盖他们走了，他只能继续很压抑地在梁山苦熬。现在，他和王伦已然翻脸，晁盖他们走了，他不死也得滚蛋。何况，他早晨已在晁盖那里表过态：都在他身上。此时怎能食言？所以，吴用这一招，以退为进，逼得林冲没有退路，而且要马上下手。为什么要林冲马上下手？因为他担心事态发生逆转。比如，假如此时杜迁宋万朱贵等人出来相劝，事情不是没有转圜的余地。吴用，就是要把事态推到不可逆转的地步。

两个五大三粗的汉子晁盖刘唐拦住一个王伦王秀才，一个吴用吴秀才却去拦武功一流杀气腾腾的汉子林冲。这是阻止火并吗？分明是帮忙火并。

此刻我们突然觉得王伦可怜。问题是，这可怜是他自己造成的：多年来的嫉贤妒能，使得他的手下，都是武功平平的平庸之辈，唯一的武功一流的林冲，却正是拿刀子指着他的人。王伦是被林冲杀的，但王伦仅仅是被林冲杀的吗？不是，还有吴用。王伦是被林冲杀的，也是被吴用杀的，但是归根到底，他是被自己杀的。量大福也大，机深祸亦深。量小机深之人，必有天谴。

《水浒传》写人，常常写得一个人极其可恨可恶之后，又不知不觉写出他们的可怜来。这当然是作者手段的高强，可不也是生活的本来样子？正如可怜之人往往有可恨之处，可恨之人更常常是可怜之辈。

我们都知道，梁山是个大地方，天下英雄荟萃之地。但那是在晁盖手下、在宋江手下才做得那么大。在王伦手下，梁山做得小。王伦张口闭口小山小寨。梁山小不小？梁山大不大？其实，没有小地方，只有小人物。梁山老大是王伦，梁山就小；梁山老大换成晁盖那就大了，换成宋江更大了。

所以，这一回，是"晁盖梁山小夺泊"，夺了小的，玩大的。

话说当下何观察领了知府台旨下厅来，随即到机密房里，与众人商议。众多做公的道："若说这个石碣村湖荡紧靠着梁山泊，都是茫茫荡荡，芦苇水港。若不得大队官军，舟船人马，谁敢去那里捕捉贼人？"何涛听罢，说道："这一论也是。"再到厅上禀覆府尹道："原来这石碣村湖泊，正傍着梁山水泊，周围尽是深港水汊，芦苇草荡。闲常时也兀自劫了人，莫说如今又添了那一伙强人在里面。若不起得大队人马，如何敢去那里捕获得人。"府尹道："既是如此说时，再差一员了得事的捕盗巡简，此事不易了。点与五百官兵人马，和你一处去缉捕。"何观察领了台旨，再回机密房来，唤集这众多做公的，整选了五百余人，各各自去准备什物器械。次日，那捕盗巡简领了济州府帖文，与同何观察两个，点起五百军兵，同众多做公的，一齐奔石碣村来。

且说晁盖、公孙胜，自从把火烧了庄院，带同十数个庄客来到石碣村，半路上撞见三阮弟兄，各执器械，却来接应到家。七个人都在阮小五庄上。那时阮小二已把老小搬入湖泊里，七人商议要去投梁山泊一事。吴用道："见今李家道口有那旱地忽律朱贵，在那里开酒店，招接四方好汉，但要入伙的须是先投奔他。我们如今安排了船只，把一应的物件装在船里，将些人情送与他引进。"做强盗也要门路。大家正在那里商议投奔梁山泊，只见几个打鱼的来报道："官军人马，飞奔村里来也。"晁盖便起身叫道："这厮们赶来，我等休走！"气概不小。〇有梁山，有底气。阮小二道："不妨！我自对付他。叫那厮大半下水里去死，小半都搠杀他！"狠。公孙胜道："休慌！且看贫道的本事！"一直没看到你的本事。〇公孙胜属于怪力乱神一类。若他真个可以飞沙走石，则黄泥冈上何须白胜沽酒、七人贩枣，一场风沙，万事大吉。晁盖道："刘唐兄弟，你和学究先生且把财赋老小装载船里，径撑去李家道口左侧相等。我们看些头势，随后便到。"阮小二选两只棹船，把娘和老小、家中财赋，都装下船里。吴用、刘唐各押着一只，叫七八个伴当摇了船，先到李家道口去等。又分付阮小五、阮小七撑驾小船……如此迎敌。两个各棹船去了。

且说何涛并捕盗巡简带领官兵渐近石碣村，但见河埠有船，尽数夺了，如此官兵，难怪阮小二要搠杀他。〇官不知有民，则民不知有官。曾子言出乎尔者，反乎尔者，被搠杀石碣村，不亦宜乎！便使会水的官兵，下船里进发，岸上的骑马，船骑相迎，水陆并进。到阮小二家，一齐呐喊，人兵并起，扑将入去，早是一所空房，里面只有些粗重家火。何涛道："且去拿几家附近渔户。"问时，说道："他的两个兄弟，阮小五、阮小七，都在湖泊里住，非船不能去。"何涛与巡简商议道："这湖泊里港汊又多，路径甚杂，抑且水荡坡塘，不知深浅，若是四分五落去捉时，又怕中了这贼人奸计。我们把马匹都教人看守在这村里，一发都下船里去。"当时，捕盗巡简并何观察一同做公的人等都下了船。那时捉的船，非止百十只，也有撑的，亦有摇的，好句子。倒是热闹。〇多少人家破产。一齐都望阮小五打鱼庄上来。

行不到五六里水面，只听得芦苇中间有人嘲歌。好诗意。众人且住了船，听时，那歌道：

打鱼一世蓼儿洼，不种青苗不种麻。
酷吏赃官都杀尽，忠心报答赵官家。

何观察并众人听了，尽吃一惊。只见远远地一个人独棹一只小船儿唱将来。有认得的指道："这个便是阮小五！"何涛把手一招，众人并力向前，各执器械，挺着迎将去。只见阮小五大笑，骂道："你这等虐害百姓的贼，拿贼的被贼称作贼。○来者是官，却作贼，故是贼官。直如此大胆，敢来引老爷做甚么！却不是来捋虎须！"何涛背后有会射弓箭的，搭上箭，拽满弓，一齐放箭。

阮小五见放箭来，拿着搼楸，翻筋斗钻下水里去。众人赶到跟前，拿个空。又撑不到两条港汊，只听得芦花荡里打唿哨，众人把船摆开，见前面两个人棹着一只船来，船头上立着一个人，头戴青箬笠，身披绿蓑衣，手里捻着条笔管枪，口里也唱道：

老爷生长石碣村，禀性生来要杀人。
先斩何涛巡简首，京师献与赵王君。

好句子。○这世界总有该杀之人。

何观察并众人听了，又吃一惊。有认得的说道："这个正是阮小七！"何涛喝道："众人并力向前，先拿住这个贼！休教走了！”阮小七听得，笑道：“泼贼！”还是贼。便把枪只一点，那船便使转来，望小港里串着走。

众人舍命喊，赶将去，这阮小七和那摇船的，飞也似摇着橹，口里打着唿哨，串着小港汊中只顾走。众官兵赶来赶去，看见那水港窄狭了，何涛道：“且住！把船且泊了，都傍岸边。”上岸看时，只见茫茫荡荡，都是芦苇，正不见一些旱路，何涛心内疑惑，却商议不定，便问那当村住的人，说道：“小人们虽是在此居住，也不知道这里有许多去处。”何涛便教划着两只小船，船上各带三两个做公的，去前面探路。去了两个时辰有余，不见回报。何涛道：“这厮们好不了事！”此事了不得，此事不得了！再差五个做公的，又划两只船去探路。这几个做公的，划了两只船，又去了一个多时辰，并不见些回报。何涛道：“这几个都是久惯做公的，四清六活的人，却怎地也不晓事，如何不着一只船转来回报？不想这些带来的官兵，人人亦不知颠倒！”

天色又看看晚了，何涛思想：“在此不着边际，怎生奈何？我须用自去走一遭。”拣一只疾快小船，选了几个老郎做公的，各拿了器械，桨起五六把撺楫，何涛坐在船头上，望这个芦苇港里荡将去。那时已是日没沉西，划得船开，约行了五六里水面，看见侧边岸上一个人，提着把锄头走将来。何涛问道：“兀那汉子，你是甚人？这里是甚么去处？”那人应道：“我是这村里庄家。这里唤做断头沟，吓人。没路了。”没路了。何涛道：“你曾见两只船过来么？”那人道：“不是来捉阮小五的？”何涛道：“你怎地知得是来捉阮小五的？”那人道：“他们只在前面乌林里厮打。”何涛道：“离这里还有多少路？”那人道：“只在前面望得见便是。”何涛听得，便叫拢船，前去接应，便差两个做公的，拿了棹叉上岸来。只见那汉提起锄头来，手到，把这两个做公的，一锄头一个，翻筋斗都打下水里去。何涛没吃惊之前，我先吃惊吃吓。何涛见了吃一惊，急跳起身来时，却待奔上岸，只见那只船忽地搪将开去，水底下钻起一个人来，把何涛两腿只一扯，扑通地倒撞下水里去。那几个船里的，却待要走，被这提锄头的赶将上船来，一锄头一个，排头打下去，脑浆也打出来。何等仇恨，一锄头一个脑袋。何种社会，种下如许仇恨！

这何涛被水底下这人倒拖上岸来，就解下他的搭膊来捆了。看水底下这人，却是阮小七。岸上提锄头的那汉，便是阮小二。弟兄两个，看着何涛骂道："老爷弟兄三个，从来只爱杀人放火。量你这厮，直得甚么！你如何大胆，特地引着官兵来捉我们！"何涛道："好汉，小人奉上命差遣，盖不由己。小人怎敢大胆，要来捉好汉？望好汉可怜见家中有个八十岁的老娘，无人养赡，望乞饶恕性命则个！"可见八十老娘，是个宝贝。○那些公人，谁不是被差遣？谁家没有老娘亲人？阮家弟兄道："且把他来捆做个粽子，撇在船舱里。"把那几个尸首，都撺去水里去了。何涛此时才知前两拨做公的不是不知颠倒，是被人颠倒撺去水里了。个个胡哨一声，芦苇丛中钻出四五个打鱼的人来，都上了船。阮小二、阮小七各驾了一只船出来。

且说这捕盗巡简领着官兵，都在那船里说道："何观察他道做公的不了事，又一个不了事。自去探路，也去了许多时，不见回来。"那时正是初更左右，星光满天。偏写得诗情画意。众人都在船上歇凉，偏写得闲情逸致。忽然只见起一阵怪风，从背后吹将来，吹得众人掩面大惊，只叫得苦，把那缆船索都刮断了。公孙胜的本事。正没摆布处，只听得后面胡哨响。迎着风看时，只见芦花侧畔，射出一派火光来。众人道："今番却休了！"原来是这般了得事。那大船小船，约有百十来只，正被这大风刮得你撞我磕，捉摸不住，那火光却早来到面前。原来都是一丛小船，两只价帮住，上面满满堆着芦苇柴草，刮刮杂杂烧着，乘着顺风直冲将来。那百十来只官船，屯塞做一块，港汊又狭，又没回避处。那头等大船也有十数只，却被他火船推来，钻在大船队里一烧。水底下原来又有人扶助着船烧将来，烧得大船上官兵都跳上岸来，逃命奔走。不想四边尽是芦苇野港，又没旱路。只见岸上芦苇又刮刮杂杂，也烧将起来。那捕盗官兵，两头没处走。风又紧，火又猛，众官兵只得都奔烂泥里立地。火光丛中，只见一只小快船，船尾上一个摇着船，船头上坐着一个先生，手里明晃晃地拿着一口宝剑，口里喝道："休教走了一个！"狠。众兵都在烂泥里慌做一堆。

说犹未了，只见芦苇东岸，两个人引着四五个打鱼的，都手里明晃晃拿着刀枪走来。这边芦苇西岸，又是两个人，也引着四五个打鱼的，手里也明晃晃拿着飞鱼钩走来。东西两岸，四个好汉并这伙人，一齐动手，排头儿搠将来。不必。无移时，把许多官兵都搠死在烂泥里。狠。东岸两个是晁盖、阮小五，西岸两个是阮小二、阮小七，船上那个先生便是祭风的公孙胜。五位好汉引着数十个打鱼的庄家，把这伙官兵，都搠死在芦苇荡里。狠。单单只剩得一个何观察，捆做粽子也似，丢在船舱里。阮小二提将上岸来，指着骂道："你这厮，是济州一个诈害百姓的蠹虫！诈害百姓，可释为何百姓对公人血海深仇。〇不同阶层仇恨如此。我本待把你碎尸万段，却要你回去对那济州府管事的贼说：俺这石碣村阮氏三雄，东溪村天王晁盖，都不是好撩拨的！我也不来你城里借粮，他也休要来我这村中讨死！城里，村中，社会撕裂如此。倘或正眼儿觑着，休道你是一个小小州尹，也莫说蔡太师差干人来要拿我们，便是蔡京亲自来时，我也搠他三二十个透明的窟窿。俺们放你回去，休得再来！传与你的那个鸟官人，教他休要做梦！这里没大路，断头，没路，没大路，一个巡简，五百做公的，五百官兵，都断送在此。我着兄弟送你出路口去。”慈悲。当时阮小七把一只小快船载了何涛，直送他到大路口，喝道：“这里一直去，便有寻路处。别的众人都杀了，难道只恁地好好放了你去，也吃你那州尹贼驴笑！且请下你两个耳朵来做表证！”慈悲。阮小七身边拔起尖刀，把何观察两个耳朵割下来，鲜血淋漓，插了刀，解了搭膊，放上岸去。何涛得了性命，自寻路回济州去了。可怜。

且说晁盖、公孙胜和阮家三弟兄，并十数个打鱼的，一发都驾了五七只小船，离了石碣湖村泊，径投李家道口来。到得那里，相寻着吴用、刘唐船只，合做一处。吴用问起拒敌官兵一事，晁盖备细说了，吴用众人大喜。整顿船只齐了，一同来到旱地忽律朱贵酒店里。

朱贵见许多人来说投托入伙，慌忙迎接。吴用将来历实说与朱贵听了，大喜，朱贵厚道。逐一都相见了，请入厅上坐定，忙叫酒保安排分例酒来，管待众人。随即取出一张皮靶弓来，搭上一枝响箭，望着那对港芦苇中射去。响箭到处，早见有小喽啰摇出一只船来。朱贵急写了一封书呈，备细写众豪杰入伙姓名人数，先付与小喽啰赍了，教去寨里报知。一面又杀羊管待众好汉。过了一夜，次日早起，朱贵唤一只大船，请众多好汉下船，就同带了晁盖等来的船只，一齐望山寨里来。

行了多时，早来到一处水口，只听的岸上鼓响锣鸣，晁盖看时，只见七八个小喽啰，划出四只哨船来，见了朱贵，都声了喏，自依旧先去了。写得容易。写得亲热。再说一行人来到金沙滩上岸，便留老小船只并打鱼的人在此等候，又见数十个小喽啰，下山来接引到关上。王伦领着一班头领，出关迎接。晁盖等慌忙施礼，王伦答礼道："小可王伦，久闻晁天王大名，如雷灌耳。今日且喜光临草寨。"文绉绉。晁盖道："晁某是个不读书史的人，甚是粗卤。今日事在藏拙，甘心与头领帐下做一小卒，不弃幸甚。"直率。王伦道："休如此说，且请到小寨，再有计议。"再有计议。一行从人，都跟着上山来。

到得大寨聚义厅上，王伦再三谦让晁盖一行人上阶。晁盖等七人，在右边一字儿立下。这一排队，就不用计议了。王伦与众头领，在左边一字儿立下。一个个都讲礼罢，分宾主对席坐下。王伦唤阶下众小头目声喏已毕，一壁厢动起山寨中鼓乐。秀才好笑。先叫小头目去山下管待来的从人，关下另有客馆安歇。

单说山寨里宰了两头黄牛，十个羊，五个猪，大吹大擂筵席。众头领饮酒中间，晁盖把胸中之事，从头至尾，都告诉王伦等众位。王伦听罢，骇然了半晌，不用计议了。心内踌躇，做声不得，自己沉吟，虚作应答。筵宴至晚席散，众头领送晁盖等众人关下客馆内不在关上在关下。关门一关，不怕你上来。住客馆，自然待以客礼，不是一家人。安歇，自有来的人伏侍。晁盖心中欢喜，对吴用等六人说道："我们造下这等迷天大罪，那里去安身？不是这王头领如此错爱，我等皆已失所，此恩不可忘报！"傻子。吴用只是冷笑。不冷笑不足以显晁盖愚拙。晁盖道："先生何故只是冷笑？有事可以通知。"吴用道："兄长性直，你道王伦肯收留我们？兄长不看他的心，只观他的颜色动静规模。"所以吴用是谋士。晁盖道："观他颜色怎地？"吴用道："兄长不见他早间席上与兄长说话，倒有交情。次后因兄长说出杀了许多官兵捕盗巡简，放了何涛，阮氏三雄如此豪杰，他便有些颜色变了。虽是口中应答，心里好生不然。若是他有心收留我们，只就早上便议定了坐位。杜迁、宋万这两个自是粗卤的人，待客之事，如何省得？只有林冲那人，原是京师禁军教头，（我们差点忘了。）大郡的人，诸事晓得，今不得已，坐了第四位。早间见林冲看王伦答应兄长模样，他自便有些不平之气，频频把眼瞅这王伦，心内自己踌躇。（补写林冲。）我看这人，倒有顾盼之心，只是不得已。小生略放片言，教他本寨自相火并。”晁盖道：“全仗先生妙策。”

当夜七人安歇了。次早天明，只见人报道：“林教头相访。”吴用便对晁盖道：“这人来相探，中俺计了。”七个人慌忙起来迎接，邀请林冲入到客馆里面。吴用向前称谢道：“夜来重蒙恩赐，拜扰不当。”林冲道：“小可有失恭敬。虽有奉承之心，奈缘不在其位，望乞恕罪。”（勃郁不平之气。）吴学究道：“我等虽是不才，非为草木，岂不见头领错爱之心，顾盼之意，感恩不浅！”（装傻以逼林冲自白心迹。）晁盖再三谦让林冲上坐，林冲那里肯，推晁盖上首坐了，（晁盖让林冲，见出林冲在王伦手下坐第四把交椅不在其位；林冲让晁盖，见晁盖将坐山寨之主。）林冲便在下首坐定，吴用等六人一带坐下。

晁盖道：“久闻教头大名，不想今日得会。”林冲道：“小人旧在东京时，与朋友交，礼节不曾有误。虽然今日能够得见尊颜，不得遂平生之愿，特地径来陪话。”（山寨不比东京。林冲不安其位。）晁盖称谢道：“深感厚意。”吴用便动问（动字妙。）道：“小生旧日久闻头领在东京时，十分豪杰，不知缘何与高俅不睦，致被陷害？后闻在沧州，亦被火烧了大军草料场，又是他的计策。向后不知谁荐头领上山？”林冲道：“若说高俅这贼陷害一节，但提起毛发植立！又不能报得此仇！来此容身，皆是柴大官人举荐到此。”吴用道：“柴大官人，莫非是江湖上人称为小旋风柴进的么？”（吴用句句挑拨。）林冲道：“正是此人。”晁盖道：“小可多闻人说柴大官人仗义疏财，接纳四方豪杰，说是大周皇帝嫡派子孙，如何能够会他一面也好。”晁盖只是打岔。

吴用又对林冲道：“据这柴大官人名闻寰海，声播天下的人，教头若非武艺超群，他如何肯荐上山？非是吴用过称，理合王伦让这第一位与头领坐。如此挑拨，吴用大胆。○胆大由于心细：他已察觉林冲的内心，了解林冲上山时的磨难和上山后的委屈。此天下公论，也不负了柴大官人的书信。”吴用句句诛心。林冲道：“承先生高谈，只因小可犯下大罪，投奔柴大官人，非他不留林冲，诚恐负累他不便，自愿上山。不想今日去住无门！去住无门，妙！○去无可去，住非其所。非在位次低微，只为王伦心术不定，语言不准，难以相聚。”对外人如此自暴内丑，可见忍无可忍。初次见面即交浅言深，可见压抑难耐。吴用道：“王头领待人接物一团和气，如何心地倒恁窄狭？”吴用坏。林冲道：“今日山寨天幸，得众多豪杰到此相扶相助，似锦上添花，如旱苗得雨。此人只怀妒贤嫉能之心，但恐众豪杰势力相压。夜来因见兄长所说众位杀死官兵一节，他便有些不然，就怀不肯相留的模样，以此请众豪杰来关下安歇。”吴用便道：“既然王头领有这般之心，我等休要待他发付，当初如何发付林冲来着？自投别处去便了。”故意言不由衷，反语相逼。林冲岂不就是无处可去？○句句揭林冲伤疤。林冲道：“众豪杰休生见外之心，林冲自有分晓。小可只恐众豪杰生退去之意，特来早早说知。众豪杰退去，林冲必无可住。众豪杰留，林冲可留。○世间多少地方，可留不可留，只看有无同道之人。今日看他如何相待。若这厮语言有理，不似昨日，万事罢论。倘若这厮今朝有半句话参差时，尽在林冲身上。”平生第一次出头。○高俅逼上山，林冲一忍再忍；王伦逼下山，林冲忍无可忍。晁盖道：“头领如此错爱，俺弟兄皆感厚恩。”吴用便道：“头领为新弟兄面上，倒与旧弟兄分颜。若是可容即容，不可容时，小生等登时告退。”再坚林冲之意。○晁盖的话，忠厚实在；吴用的话，虚伪机诈。林冲道：“先生差矣！古人有言：‘惺惺惜惺惺，好汉惜好汉。’量这一个泼男女，一个。拈出杜迁、宋万、朱贵。冤有头债有主。腌臜畜生，说甚弟兄！都是吴用新兄弟旧兄弟挑拨出来。众豪杰且请宽心。”林冲起身别了众人，说道："少间相会。"众人相送出来，林冲自上山去了。

没多时，只见小喽啰到来相请，说道："今日山寨里头领相请众好汉，去山南水寨亭上筵会。"晁盖道："上覆头领，少间便到。"小喽啰去了，晁盖问吴用道："先生，此一会如何？"吴学究笑道："兄长放心，此一会倒有分做山寨之主。我也看出来也。今日林教头必然有火并王伦之意，他若有些心懒，小生凭着三寸不烂之舌，不由他不火并。万无一失。兄长身边各藏了暗器，只看小生把手来捻须为号，兄长便可协力。"晁盖等众人暗喜。辰牌已后，三四次人来邀请，晁盖和众头领身边各各带了器械，暗藏在身上，结束得端正，却来赴席。只见宋万亲自骑马，又来相请，小喽啰抬过七乘山轿，七个人都上轿子，一径投南山水寨里来，直到水亭子前下了轿。

王伦、杜迁、林冲、朱贵都出来相接，邀请到那水亭子上，分宾主坐定。王伦与四个头领——杜迁、宋万、林冲、朱贵——坐在左边主位上，晁盖与六个好汉——吴用、公孙胜、刘唐、三阮——坐在右边客席。胜负已定。阶下小喽啰轮番把盏。酒至数巡，食供两次，晁盖和王伦盘话，但提起聚义一事，王伦便把闲话支吾开去。晁盖说的，本是闲话。吴用把眼来看林冲时，只见林冲侧坐交椅上，把眼瞅王伦身上。吴用看林冲，林冲看王伦。〇说话的，都是不明白的。不说的，倒是明白的。看看饮酒至午后，王伦回头叫小喽啰取来。丑。三四个人去不多时，只见一人捧个大盘子里，放着五锭大银。丑。〇林冲的创伤记忆被唤醒了。王伦便起身把盏，对晁盖说道："感蒙众豪杰到此聚义，只恨敝山小寨，是一洼之水，如何安得许多真龙？聊备些小薄礼，万望笑留，烦投大寨歇马，小可使人亲到麾下纳降。"当初拿银子打发林冲，是侮辱英雄；今天用银子打发晁盖，是自己可笑。〇十万贯在手的晁盖等人，缺什么银子！晁盖道："小子久闻大山招贤纳士，一径地特来投托入伙，若是不能相容，我等众人自行告退。重蒙所赐白金，决不敢领。非敢自夸丰富，小可聊有些盘缠使用。速请纳回厚礼，只此告别。”正派，正色，正言。晁盖至此才显天王气象。王伦道：“何故推却？非是敝山不纳众位豪杰，奈缘只为粮少房稀，恐日后误了足下，众位面皮不好，因此不敢相留。”与当时打发林冲语言一样。○林冲的伤疤被硬生生撕开了。○揭疤之痛胜于初创之痛。

说言未了，只见林冲双眉剔起，两眼圆睁，坐在交椅上大喝道：“你前番我上山来时，也推道粮少房稀。今日晁兄与众豪杰到此山寨，你又发出这等言语来，是何道理？”吴用便说道：“头领息怒。自是我等来的不是，倒坏了你山寨情分。今日王头领以礼发付我们下山，送与盘缠，又不曾热赶将去，今日以礼发付我等，昨日被热赶者谁也？○再揭伤疤。让你一次痛个够。请头领息怒，我等自去罢休。”逼林冲动手。再犹豫我们就走了。林冲道：“这是笑里藏刀，言清行浊的人！笑里藏刀者，吴用也；言清行浊者，王伦也。我其实今日放他不过！”彻底翻脸。王伦喝道：“你看这畜生！又不醉了，倒把言语来伤触我，却不是反失上下！”岂知林冲心中，山寨已然易主。梦中的王伦，可怜的秀才，喘气的死人。林冲大骂道：“量你是个落第穷儒，胸中又没文学，怎做得山寨之主！”文人愧死。吴用便道：“晁兄，只因我等上山相投，反坏了头领面皮。只今办了船只，便当告退。”晁盖等七人便起身，要下亭子。哪里是要走？王伦留道：“且请席终了去。”还在梦中。可怜。

林冲把桌子只一脚踢在一边，抢起身来，衣襟底下掣出一把明晃晃刀来，搭的火杂杂。吴用便把手将髭须一摸，暗号。晁盖、刘唐便上亭子来，虚拦住王伦，虚拦。○两个大汉拦一个秀才。叫道：“不要火并！”吴用便假意扯林冲，假扯。○一个秀才扯一个大汉。道：“头领不可造次！”公孙胜便两边道：“休为我等坏了大义。”阮小二便去帮住杜迁，阮小五帮住宋万，阮小七帮住朱贵，吓得小喽啰们目瞪口呆。林冲拿住王伦，蹊跷。既晁盖、刘唐拦住了王伦，吴用扯住了林冲，林冲如何拿住了王伦？骂道："你是一个村野穷儒，亏了杜迁得到这里。柴大官人这等资助你，赒给盘缠，与你相交，举荐我来，尚且许多推却。今日众豪杰特来相聚，又要发付他下山去。这梁山泊便是你的！骂得好。〇梁山怎么就是你的了？敢反诘这一句，便可以杀王伦；便可以做林冲；推演之，敢问天下便是你的，便可以推翻帝制，便可以做孙中山。你这嫉贤妒能的贼，不杀了，要你何用！你也无大量大才，也做不得山寨之主！"杜迁、宋万、朱贵本待要向前来劝，被这几个紧紧帮着，那里敢动。王伦那时也要寻路走，却被晁盖、刘唐两个拦住。不虚拦了。王伦见头势不好，口里叫道："我的心腹都在那里？"我也要问：你的心腹在哪里？虽有几个身边知心腹的人，本待要来救，见了林冲这般凶猛头势，谁敢向前？林冲即时拿住王伦，又骂了一顿，去心窝里只一刀，狠，狠。胳察地搠倒在亭上。

晁盖见搠王伦，各掣刀在手。林冲疾把王伦首级割下来，一枕黄粱梦，王伦可怜。提在手里，吓得那杜迁、宋万、朱贵都跪下说道："愿随哥哥执鞭坠镫！"晁盖等慌忙扶起三人来。是。不如此则不义。杀一王伦，如杀一桀纣；杀杜迁三人，则杀般民也。吴用就血泊里拽过头把交椅来，便纳林冲坐地，叫道："如有不伏者，将王伦为例！今日扶林教头为山寨之主。"逼林冲让出山寨之主。〇戏演过头。林冲大叫道："先生差矣！我今日只为众豪杰义气为重上头，火并了这不仁之贼，实无心要谋此位。今日吴兄却让此第一位与林冲坐，岂不惹天下英雄耻笑！若欲相逼，宁死而已。弟有片言，不知众位肯依我么？"实话。众人道："头领所言，谁敢不依。愿闻其言。"

林冲言无数句，话不一席，有分教：断金亭上，招多少断金之人；聚义厅前，开几番聚义之会。正是：替天行道人将至，仗义疏财汉便来。毕竟林冲对吴用说出甚言语来，且听下回分解。

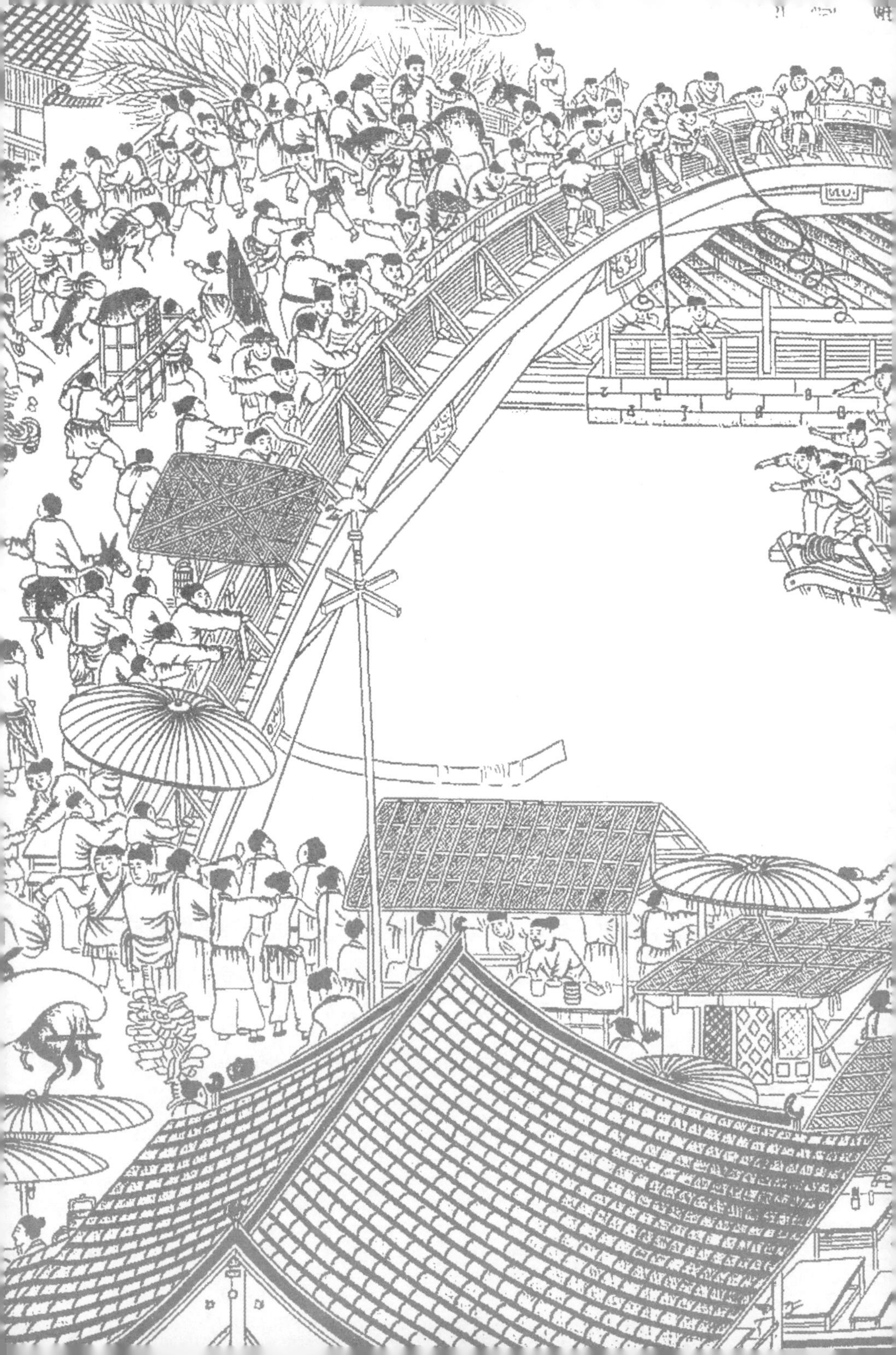

第十九回

梁山泊义士尊晁盖
郓城县月夜走刘唐

鄆城縣月
夜走劉唐

回前总评

林冲一怒，改变了梁山历史，改变了江湖格局。心胸狭隘、目光短浅的山大王王伦必有一死。不杀王伦，梁山在江湖上永远象征着胸无大志，嫉妒贤能；不杀王伦，梁山不可能脱胎换骨，广纳四海英雄。梁山是和东京相对抗的另一极，是英雄好汉的国度，代表着替天行道的理想。梁山获得这样的地位，是从晁盖领导梁山之后开始的。所以，林冲一怒，也改变了天下格局。

是谁杀了王伦？是林冲、吴用，也是王伦自己。现在，我还要说，杀了王伦的，除了这三个人，还有一个，那就是天道。天道不容王伦继续霸占梁山，天道也不容任何人霸占天下。打江山坐江山这一套，都是违逆天道的邪恶理论，违逆天道，或早或晚，必遇林冲。

当吴用让杀了王伦的林冲来做山寨之主的时候，林冲手拿尖刀，指着众人，说了这么一番话："据林冲身系禁军遭配到此，今日为众豪杰至此相聚，争奈王伦心胸狭隘，嫉贤妒能，推故不纳，因此火并了这厮，非林冲要图此位。据着我胸襟胆气，焉敢拒敌官军，他日剪除君侧元凶首恶？"这是林冲一辈子最为辉煌的一刻，最后两句，他说出了心目中的梁山，心目中伟大的理想。"拒敌官军"，是要保证梁山的安全和发展，让天下英雄好汉有容身之地，让天下投告无门的人能有庇护之所。"剪除元凶首恶"，是梁山的价值。梁山不是为了打家劫舍而存在，不是为了"成瓮吃酒，大块吃肉"而存在。梁山存在的价值，在于它要在人间伸张正义，攘除奸凶。让这个奸佞当道的黑暗世界，变得清明美好。所以，天道不容王伦继续把梁山做得这么小。梁山有自己的历史和现实的使命，更大的使命。

林冲杀王伦，固然有个人遭遇的原因，固然因为他和王伦之间的私仇。但更根本、更重要的是，在林冲心中，王伦不死，梁山不变，道义就无法伸张，英雄的理想就无法实现。所以，最终杀王伦的，是天道。

林冲这番话，说出了林冲的胸襟眼界，也带出了新梁山的气象。

这是梁山第一次排座次，“自此是十一位好汉坐定”。这一句话，颇有开天辟地的味道，旧的历史翻过了，新的历史展开了。

新梁山接下来打败了黄安带来的两千多官军，又成功打劫了一起客商，劫到二十余辆车子的金银财帛，四五十匹驴骡头口，壮大了自己的力量。梁山之新，也体现在这过程里，晁盖本人带来了新的价值观。以前梁山只为目标，不择手段。现在不一样了，晁盖派刘唐等人下山去打劫客商，晁盖专门叮嘱，只可善取金帛财物，切不可伤害客商性命。打劫成功，小喽啰上山报告，晁盖关心的，是“不曾杀人么？”得知不曾伤害一个，晁盖大喜：“我等自今已后不可伤害于人。”这就是新梁山的价值观。如果梁山只是强盗打劫，杀人越货，那梁山凭什么担当道义，凭什么打出一面旗子叫替天行道？任何一个组织，任何一个团体，他都必须有一个道德上的自我约束，才能够生存下去，才能够获得社会的认可，才能够获得发展壮大。

当晁盖等人在梁山那边干大事时，宋江在郓城这边娶了一个年方十八的小姑娘阎婆惜。一边干大事，一边娶小妞，一大一小，两边齐头并进。如果就这样下去了，问题还不大。

但是，宋江骨子里是个不安分的人，他广交豪杰，只爱学使枪棒，并不太好女色。所以他“不中那婆娘意”。你不好女色，女色当然也就不好你。不好也就罢了，问题还不大。

但是，这婆惜和张三夜去明来了，宋江也听到些风声，半信不信。他既不以女色为念，也就任由一个酒色娼妓和一个酒色之徒打得火热，忍过了，事也就罢了，问题还不大。

但是最后，大问题来了。

刘唐传书，是改变宋江人生轨迹的一个大关节。这绝不是仅仅因为刘唐带来的那一封书信，给宋江带来了杀人之祸，把他推离了原先的生活轨道。更大的、更深层次的，是对他心理上的强烈推动和暗示。

刘唐传书，这个事情很蹊跷。晁盖想对宋江表示感谢，让刘唐送来十根金条一百两金子容易理解，为什么还有一封写得很详细的感谢信呢？这样做其实很危险。万一信落入他人之手，宋江不就暴露了吗？马幼垣《水浒论衡》推测这是吴用设计想让宋江暴露，逼宋江上梁山。但我以为，这封冒着危险送来的长信，目的就在于，要用它来打动宋江上梁山的心。晁盖信上写的，刘唐嘴上说的，都是梁山泊兴旺发达的新气象，都让宋江产生向往之情，都在暗中引诱宋江上山。那边，晁盖已然做了山寨之主，十一位好汉下，还有七八百个小喽啰。你宋江这边呢？不过县里一个小吏，看不到自家的辉煌。

宋江是一个有着强烈的自我实现欲望的人，有英雄之才，有英雄之胆，还有做英雄的愿望。他只是缺少机会，或者说他有点犹豫，毕竟饱读经史，跨出这一步不容易。

送走刘唐，宋江的心理很值得揣摩。他一面寻思道："早是没做公的看见，争些儿惹出一场大事来！"这是惊吓，是后怕。但是，不经意之间，一个念头涌上心头，自负不凡的宋江，胸中顿起波澜："那晁盖倒去落了草，直如此大弄。"看人家如此大弄，那个年纪小的阎婆惜，更不能吸引他了。

他心中隐藏很深的那根弦，被拨动了。

后来宋江在江州写反诗，追索他的心理源流，就能追索到此时的刘唐传书。

话说林冲杀了王伦，手拿尖刀，指着众人说道："据林冲身系禁军遭配到此，今日为众豪杰至此相聚，争奈王伦心胸狭隘，嫉贤妒能，推故不纳，因此火并了这厮，非林冲要图此位。据着我胸襟胆气，焉敢拒敌官军，他日剪除君侧元凶首恶？一句话道出林冲心目中的梁山。宋江的梁山，已在林冲心中。〇此一刻，林冲不仅火并了王伦，据着林冲胸襟胆气，其实已经淘汰了晁盖。今有晁兄仗义疏财，智勇足备，方今天下人闻其名，无有不伏。我今日以义气为重，立他为山寨之主，好么？"众人道："头领言之极当。"当与不当，形势所在。晁盖道："不可。自古'强宾不压主'。晁盖强杀，只是个远来新到的人，安敢便来占上？"林冲拓手向前，将晁盖推在交椅上，林冲推。叫道："今日事已到头，不必推却，若有不从，即以王伦为例！"再三再四扶晁盖坐了。林冲扶。林冲喝叫众人，就于亭前参拜了。林冲喝叫。一面使小喽啰去大寨里摆下筵席，一面叫人抬过了王伦尸首，一面又着人去山前山后唤众多小头目，都来大寨里聚义。林冲使。林冲叫。林冲着。霸气。林冲全面张罗。〇从此林冲成了梁山护法。林冲等一行人，请晁盖上了轿马，林冲请。都投大寨里来。

到得聚义厅前，下了马，都上厅来。众人扶晁天王去正中第一位交椅上坐定，中间焚起一炉香来。林冲向前林冲向前。道："小可林冲，只是个粗匹夫，不过只会些枪棒而已，无学无才，无智无术。今日山寨天幸，得众豪杰相聚，大义既明，好一个大义既明。何大义？即是"拒敌官军，剪除君侧元凶首恶"也。〇梁山新首领是晁盖，梁山新章程、新宪法却是林冲草就。非比往日苟且。学究先生在此便请做军师，执掌兵权，调用将校，须坐第二位。"是。吴用答道："吴某村中学究，胸次未见经纶济世之才，虽曾读些孙吴兵法，未曾有半粒微功，岂可占上！"林冲道："事已到头，不必谦让。"吴用只得坐了第二位。林冲道："公孙先生请坐第三位。"是。晁盖道："却使不得。若是这等推让之时，晁盖必须退位。"林冲道："晁兄差矣！公孙先生名闻江湖，善能用兵，有鬼神不测之机，呼风唤雨之法，那个及得！"公孙胜道："虽有些小之法，亦无济世之才，如何敢占上。还是头领坐了。"林冲道："只今番克敌制胜，便见得先生妙法。正是鼎分三足，缺一不可，先生不必推却。"公孙胜只得坐了第三位。一二三位，均见林冲主张，有舌战群雄气象，有经纬国家气度。〇头角峥嵘，惜乎林冲一生独此辉煌。〇林冲安排座次的一番话，写出了林冲的胸襟眼界，也写出了新梁山的气象。林冲再要让时，晁盖、吴用、公孙胜都不肯，三人俱道："适蒙头领所说，鼎分三足，以此不敢违命。我三人占上，头领再要让人时，晁盖等只得告退。"三人扶住，林冲只得坐了第四位。晁盖道："今番须请宋、杜二头领来坐。"晁盖忠厚而迂远。杜迁、宋万却那里肯，识当下时势，知自己斤两。二人虽不才，亦凭此得入一百八人大名单。苦苦地请刘唐坐了第五位，阮小二坐了第六位，阮小五坐了第七位，阮小七坐了第八位，杜迁坐了第九位，宋万坐了第十位，朱贵坐了第十一位。梁山泊自此是十一位好汉坐定。坐定者，座定也。座定方可坐定。〇王伦之死，不是坐不定，乃是座不定。〇天下坐定，亦不过让天下人座定。而已！山前山后共有七八百人，都来参拜了，分立在两下。

晁盖道："你等众人在此：今日林教头扶我做山寨之主，吴学究做军师，公孙先生同掌兵权，林教头等共管山寨，汝等众人，各依旧职，管领山前山后事务，守备寨栅滩头，休教有失。各人务要竭力同心，共聚大义。"还是座定。○十一人座定，七八百座定，梁山坐定。再教收拾两边房屋，安顿了阮家老小，家人亦得坐定。便教取出打劫得的生辰纲金珠宝贝，并自家庄上过活的金银财帛，就当厅赏赐众小头目并众多小喽啰。施恩。

当下椎牛宰马，祭祀天地神明，庆贺重新聚义。仪式不可缺。众头领饮酒至半夜方散，次日又办筵宴庆会，一连吃了数日筵席。晁盖与吴用等众头领计议：整点仓廒，修理寨栅，打造军器——枪刀弓箭，衣甲头盔——准备迎敌官军，安排大小船只，教演人兵水手上船厮杀，好做堤备，新气象。不在话下。

一日，林冲见晁盖作事宽洪，疏财仗义，安顿各家老小在山，蓦然思念妻子在京师，存亡未保，遂将心腹备细诉与晁盖道："小人自从上山之后，欲要搬取妻子上山来，因见王伦心术不定，难以过活，一向蹉跎过了。流落东京，不知死活。"痛。晁盖道："贤弟既有宝眷在京，如何不去取来完聚？你快写书，便教人下山去，星夜取上山来，多少是好。"林冲当即写下了一封书，叫两个自身边心腹小喽啰下山去了。此时林冲才把梁山当家。不过两个月，小喽啰还寨，说道："直至东京城内殿帅府前，寻到张教头家，闻说娘子被高太尉威逼亲事，自缢身死，已故半载。《水浒传》写女人，或把她写得像男人，或把她写成荡妇。林冲娘子是其中唯一可爱的有女人味的女性，美丽贤慧，善解人意，忠贞坚定。林冲不能保全她，她没有埋怨；林冲要杀陆谦，她担心丈夫惹祸，反而宽慰丈夫。可是丈夫一纸休书，让她几乎独自对抗高衙内，不但没有了丈夫的保护，而且没有了拒绝高衙内的理由。她的自缢而死，既是对高衙内的抗争，也是对林冲的怨恨绝望。她的悲剧，由于两个男人：一个懦弱的男人，一个淫邪的男人，这两个男人，就是她的命运。张教头亦为忧疑，半月之前，染患身故。止剩得女使锦儿已招赘丈夫在家过活。访问邻里，亦是如此说。打听得真实，回来报与头领。”林冲见说了，潸然泪下，自此杜绝了心中挂念。怪哉！我心中却绝不了这份挂念。〇叹息林娘子，叹息一切人间温柔和暖都如电光石火、梦幻泡影。晁盖等见说，怅然嗟叹。林冲之泪，晁盖之叹，是《水浒传》全书中所有男性唯一一次为女性流泪嗟叹。

山寨中自此无话，每日只是操练人兵，准备抵敌官军。忽一日，众头领正在聚义厅上商议事务，只见小喽啰报上山来说道：“济州府差拨军官，带领约有二千人马，乘驾大小船四五百只，见在石碣村湖荡里屯住，特来报知。”晁盖大惊，便请军师吴用商议道：“官军将至，如何迎敌？”吴用笑道：“不须兄长挂心，吴某自有措置。自古道：‘水来土掩，兵到将迎。’”随即唤阮氏三雄，附耳低言道：“……如此如此。”又唤林冲、刘唐受计道：“你两个便……这般这般。”再叫杜迁、宋万，也分付了。

且说济州府尹点差团练使黄安，并本府捕盗官一员，带领一千余人，拘集本处船只，就石碣村湖荡调拨，分开船只，作两路来取泊子。且说团练使黄安，带领人马上船，摇旗呐喊，杀奔金沙滩来。不知厉害。看看渐近滩头，只听得水面上呜呜咽咽吹将起来。却是作怪。黄安道：“这不是画角之声？”且把船湾住看时，只见水面上远远地三只船来。

看那船时，每只船上只有五个人，四个人摇着双橹，船头上立着一个人，头带绛红巾，都是一样红罗绣袄，手里各拿着留客住。好名字。客人休走。〇梁山留客，黄安要留在梁山终老了。三只船上人，都一般打扮。于内有人认得的，便对黄安说道：“这三只船上三个人：一个是阮小二，一个是阮小五，一个是阮小七。”黄安道：“你众人与我一齐并力向前，拿这三个人。”两边有四五十只船，一齐发着喊，杀奔前去。那三只船唿哨了一声，一齐便回。却又作怪。黄团练把手内枪拈搭动，向前来叫道："只顾杀这贼，我自有重赏。"那三只船前面走，背后官军船上把箭射将去。那三阮去船舱里各拿起一片青狐皮来，遮那箭矢。后面船只只顾赶。

赶不过二三里水港，黄安背后一只小船飞也似划来报道："且不要赶！我们那一条杀入去的船只，都被他杀下水里去，把船都夺去了。"黄安问道："怎的着了那厮的手？"小船上人答道："我们正行船时，只见远远地两只船来，每船上各有五个人。我们并力杀去赶他，赶不过三四里水面，四下里小港钻出七八只小船来。船上弩箭似飞蝗一般射来，我们急把船回时，来到窄狭港口，只见岸上约有二三十人，两头牵一条大篾索，横截在水面上。却待向前看索时，又被他岸上灰瓶、石子如雨点一般打将来。众官军只得弃了船只，下水逃命。我众人逃得出来，到旱路边看时，那岸上人马皆不见了，马也被他牵去了，看马的军人都杀死在水里。恶。我们芦花荡边寻得这只小船儿，径来报与团练。"黄安听得说了，叫苦不迭，便把白旗招动，教众船不要去赶，且一发回来。

那众船才拨得转头，未曾行动，只见背后那三只船又引着十数只船，都只是这三五个人，把红旗摇着，口里吹着胡哨，飞也似赶来。黄安却待把船摆开迎敌时，只听得芦苇丛中炮响。黄安看时，四下里都是红旗摆满，慌了手脚。后面赶来的船上叫道："黄安，留下了首级回去！"留下首级回去，好话。黄安把船尽力摇过芦苇岸边，却被两边小港里钻出四五十只小船来，船上弩箭如雨点射将来。黄安就箭林里夺路时，只剩得三四只小船了。黄安便跳过快船内，回头看时，只见后面的人一个个都扑通的跳下水里去了。有和船被拖去的，大半都被杀死。恶。黄安驾着小快船正走之间，只见芦花荡边一只船上，立着刘唐。一挠钩搭住黄安的船，托地跳将过来，只一把拦腰提住，喝道："不要挣扎！"一时军人能识水的，水里被箭射死；不敢下水的，就船里都活捉了。突然无端想起老子：勇于敢者杀，勇于不敢者活。黄安被刘唐扯到岸边，上了岸。

远远地，晁盖、公孙胜山边骑着马，挺着刀，引五六十人，三二十匹马，齐来接应。一行人生擒活捉得一二百人，一两千人只活捉一二百人，恶。夺的船只，尽数都收在山南水寨里安顿了。大小头领，一齐都到山寨，晁盖下了马，来到聚义厅上坐定。众头领各去了戎装军器，团团坐下。捉那黄安绑在将军柱上，取过金银缎匹，赏了小喽啰。点简共夺得六百余匹好马，这是林冲的功劳。东港是杜迁、宋万的功劳，西港是阮氏三雄的功劳，捉得黄安是刘唐的功劳。众头领大喜，杀牛宰马，山寨里筵会。自酝的好酒，水泊里出的新鲜莲藕并鲜鱼，山南树上自有时新的桃、杏、梅、李、枇杷、山枣、柿、栗之类，自养的鸡、猪、鹅、鸭等品物，不必细说。自给自足。好个人民公社。

众头领只顾庆赏。新到山寨，得获全胜，非同小可。正饮酒间，只见小喽啰报道："山下朱头领使人到寨。"晁盖唤来问有甚事。小喽啰道："朱头领探听得一起客商，有数十人结联一处，今晚必从旱路经过，特来报知。"晁盖道："正没金帛使用，谁领人去走一遭？"三阮道："我弟兄们去。"晁盖道："好兄弟，小心在意，速去早来。"三阮便下厅去换了衣裳，跨了腰刀，拿了朴刀、榄叉、留客住，点起一百余人，上厅来别了头领，便下山，就金沙滩把船载过朱贵酒店里去了。晁盖恐三阮担负不下，又使刘唐点起一百余人，教领了下山去接应。又分付道："只可善取金帛财物，切不可伤害客商性命。”此话不可少。图财不害命。刘唐去了。

晁盖到三更，不见回报，又使杜迁、宋万引五十余人下山接应。晁盖与吴用、公孙胜、林冲饮酒至天明，只见小喽啰报道：“亏得朱头领，得了二十余辆车子金银财物，并四五十匹驴骡头口。”晁盖又问道：“不曾杀人么？”再问。小喽啰答道：“那许多客人，见我们来得头势猛了，都撇下车子头口、行李，逃命去了，并不曾伤害他一个。”晁盖见说大喜：“我等自今已后不可伤害于人。”新规。好。取一锭白银，赏了小喽啰，便叫将了酒果下山来，直接到金沙滩上。见众头领尽把车辆扛上岸来，再叫撑船去载头口、马匹。众头领大喜，把盏已毕，教人去请朱贵上山来筵宴。

晁盖等众头领都上到山寨聚义厅上，簸箕掌、栲栳圈坐定。得意。惬意。万事胜意。叫小喽啰扛抬过许多财物在厅上，一包包打开，将彩帛衣服堆在一边，行货等物堆在一边，金银宝贝堆在正面。便叫掌库的小头目，每样取一半收贮在库，听候支用。这一半分做两分：厅上十一位头领均分一分，分赃。盗跖曰：盗亦有道。分均，仁也。山上山下众人均分一分。把这新拿到的军健脸上刺了字号，可恶。十分可恶。○与林冲脸上字迹一般，刀法同类？山道上相见，抱拳一笑：彼此彼此？○人生在世，不被官府脸上刺字，就被强盗脸上刺字。庄子言：一受其成形，不亡以待尽，与物相刃相靡（磨），即此之痛乎！选壮浪的分拨去各寨喂马砍柴，软弱的，各处看车切草。黄安锁在后寨监房内。留客住。

晁盖道：“我等今日初到山寨，当初只指望逃灾避难，投托王伦帐下，为一小头目。多感林教头贤弟，推让我为尊，不想连得了两场喜事：晁盖只是淳朴。第一赢得官军，收得许多人马船只，捉了黄安；二乃又得了若干财物金银。此不是皆托众弟兄的才能？”众头领道：“皆托得大哥哥的福荫，以此得采。”江湖风云变，马屁永流传。晁盖再与吴用道：“俺们弟兄七人的性命，皆出于宋押司、朱都头两个。古人道：

‘知恩不报，非为人也。’今日富贵安乐，从何而来？早晚将些金银，可使人亲到郓城县走一遭，此是第一件要紧的事务。再有白胜陷在济州大牢里，我们必须要去救他出来。”晁盖心地仁厚。○对白胜不计叛变之罪，体谅其不得已，拯救其于死亡——梁山虽是强盗，胜过世间多少组织！吴用道：“兄长不必忧心，小生自有摆划。宋押司是个仁义之人，紧地不望我们酬谢。然虽如此，礼不可缺，早晚待山寨粗安，必用一个兄弟自去。白胜的事，可教蓦生人去那里使钱，买上嘱下，松宽他，便好脱身。我等且商量屯粮，造船，制办军器，安排寨栅、城垣，添造房屋，整顿衣袍、铠甲，打造枪刀弓箭，防备迎敌官军。”晁盖道：“既然如此，全仗军师妙策指教。”吴用当下调拨众头领分派去办，不在话下。

且不说梁山泊自从晁盖上山好生兴旺，却说济州府太守见黄安手下逃回的军人，备说梁山泊杀死官军，生擒黄安一事，又说梁山泊好汉，十分英雄了得，无人近傍得他，难以收捕，抑且水路难认，港汊多杂，以此不能取胜。府尹听了，只叫得苦，向太师府干办说道：“何涛先折了许多人马，独自一个逃得性命回来，已被割了两个耳朵，自回家将息，至今不痊。去的五百人，无一个回来。因此又差团练使黄安并本府捕盗官，带领军兵前去追捉，亦皆失陷。黄安已被活捉上山，杀死官军，不知其数，又不能取胜，怎生是好？”太守肚里正怀着鬼胎，没个道理处，只见承局来报说：“东门接官亭上，有新官到来，飞报到此。”太守慌忙上马，来到东门外接官亭上，望见尘土起处，新官已到亭子前下马。府尹接上亭子，相见已了，那新官取出中书省更替文书来，度与府尹。太守看罢，随即和新官到州衙里，交割牌印，一应府库钱粮等项。当下安排筵席，管待新官。旧太守备说梁山泊贼盗浩大，杀死官军一节。说罢，新官面如土色，又一个怂包。心中思忖道："蔡太师将这件勾当抬举我，却是此等地面，这般府分。又没强兵猛将，如何收捕得这伙强人！倘或这厮们来城里借粮时，却怎生奈何！"

旧官太守次日收拾了衣装行李，自回东京听罪，不在话下。且说新府尹到任之后，请将一员新调来镇守济州的军官来，当下商议招军买马，集草屯粮，招募悍勇民夫，智谋贤士，准备收捕梁山泊好汉。一面申呈中书省，转行牌仰附近州郡，并力剿捕，一面自行下文书所属州县，知会收剿，及仰属县着令守御本境。这个都不在话下。

且说本州孔目，差人赍一纸公文，行下所属郓城县，教守御本境，防备梁山泊贼人。郓城县知县看了公文，教宋江叠成文案，行下各乡村一体守备。

宋江见了公文，心内寻思道："晁盖等众人不想做下这般大事，劫了生辰纲，杀了做公的，伤了何观察，又损害了许多官军人马，又把黄安活捉上山。如此之罪，是灭九族的勾当。公能脱罪耶？虽是被人逼迫，事非得已，于法度上却饶不得。倘有疏失，如之奈何？"自家一个心中纳闷，分付贴书后司张文远，将此文书立成文案，行下各乡各保，自理会文卷。

宋江却信步走出县来，走不过三二十步，只听得背后有人叫声："押司！"宋江转回头来看时，却是做媒的王婆，引着一个婆子，却与他说道："你有缘，做好事的押司来也。"宋江转身来问道："有甚么话说？"王婆拦住，指着阎婆对宋江说道："押司不知，这一家儿，从东京来，不是这里人家，嫡亲三口儿。夫主阎公，有个女儿婆惜。他那阎公，平昔是个好唱的人，自小教得他那女儿婆惜，也会唱诸般耍令，年方一十八岁，颇有些颜色。三口儿因来山东投奔一个官人不着，流落在此郓城县。不想这里的人，不喜风流宴乐，因此不能过活，在这县后一个僻净巷内权住。昨日他的家公，因害时疫死了，这阎婆无钱津送，没做道理处，央及老身做媒。我道这般时节，那里有这等恰好。又没借换处。正在这里走头没路的，只见押司打从这里过，以此老身与这阎婆赶来，望押司可怜见他则个，作成一具棺材。”杂七夹八，絮絮叨叨，原来恁地。

宋江道：“原来恁地。你两个跟我来，去巷口酒店里，借笔砚写个帖子，与你去县东陈三郎家，取具棺材。”无半点踌躇。宋江好。宋江又问道：“你有结果使用么？”阎婆答道：“实不瞒押司说，棺材尚无，那讨使用？”宋江道：“我再与你银子十两，做使用钱。”好人做到底。○坏事不可做绝，好事正当做尽。○做坏事，力可为处能收手，也能得人谅；做好事，尚有余力却不为，不免被人怨。故世俗叹曰：好人难做。阎婆道：“便是重生的父母，再长的爹娘，做驴做马，报答押司。”报答一说，最不可信，最不可望。宋江道：“休要如此说。”随即取出一锭银子，递与阎婆，自回下处去了。且说这婆子将了帖子，径来县东街陈三郎家，取了一具棺材，回家发送了当，兀自余剩下五六两银子，娘儿两个把来盘缠，不在话下。

忽一朝，那阎婆因来谢宋江，见他下处没有一个妇人家面，这婆子是个有心的。回来问间壁王婆道：“宋押司下处，不见一个妇人面，他曾有娘子也无？”王婆道：“只闻宋押司家里住在宋家村，却不曾见说他有娘子。若有娘子，哪得散施。在这县里做押司，只是客居。常常见他散施棺材药饵，极肯济人贫苦，敢怕是未有娘子。”阎婆道：“我这女儿长得好模样，又会唱曲儿，省得诸般耍笑，从小儿在东京时只去行院人家串，那一个行院不爱他！啧啧。有几个上行首，要问我过房了几次，我不肯。只因我两口儿无人养老，因此不过房与他。不想今来倒苦了他。我前日去谢宋押司，见他下处没娘子，因此央你与我对宋押司说，他若要讨人时，我情愿把婆惜与他。我前日得你作成，亏了宋押司救济，无可报答他，与他做个亲眷来往。”

王婆听了这话，次日来见宋江，备细说了这件事。宋江初时不肯，宋江须得这般不肯一回，作者须得这般回护一句。怎当这婆子撮合山的嘴撺掇，撮合山，妙句。宋江依允了，就在县西巷内讨了一所楼房，置办些家火什物，安顿了阎婆惜娘儿两个在那里居住。没半月之间，打扮得阎婆惜满头珠翠，遍体绫罗。又过几日，连那婆子也有若干头面、衣服，端的养的婆惜丰衣足食。

初时，宋江夜夜与婆惜一处歇卧，呵呵。向后渐渐来得慢了。却是为何？原来宋江是个好汉，只爱学使枪棒，于女色上不十分要紧。这阎婆惜水也似后生，况兼十八九岁，正在妙龄之际，因此宋江不中那婆娘意。你不好色，色不好你。一日，宋江不合带后司贴书张文远来阎婆惜家吃酒。这张文远，却是宋江的同房押司，那厮唤做“小张三”，“小”字好。小张三者，小男人也。生得眉清目秀，齿白唇红。平昔只爱去三瓦两舍，飘蓬浮荡，学得一身风流俊俏，更兼品竹调丝，无有不会。这婆惜是个酒色娼妓，一见张三，心里便喜，倒有意看上他。那张三亦是个酒色之徒，这事如何不晓得？见这婆娘眉来眼去，十分有情，便记在心里。向后但是宋江不在，这张三便去那里，假意儿只说来寻宋江。那婆娘留住吃茶，言来语去，成了此事。男人有两种：大男人和小男人。大男人盯着五光十色的世界，小男人盯着花花绿绿的女人。不好女色的未必是大男人，但专爱在女人堆里混的，定是小男人。

谁想那婆娘自从和那张三两个搭识上了，打得火块一般热，并无半点儿情分在这宋江身上。宋江但若来时，只把言语伤他，全不兜揽他些个。做驴做马报答押司。这宋江是个好汉，不以这女色为念，因此半月十日去走得一遭。那张三和这婆惜，如胶似漆，夜去明来，街坊上人也都知了。却有些风声吹在宋江耳朵里，宋江半信不信，自肚里寻思道：“又不是我父母匹配的妻室，他若无心恋我，我没来由惹气做甚么？我只不上门便了。”却是不了。〇世事总如此：你不惹他，他却自来。你不了他，他却不去。〇能忍人所不能忍，不是扶不起的懦夫，就是打不败的英雄。自此有几个月不去。阎婆累使人来请，宋江只推事故，不上门去。事故就要上门来。〇既如此宽宏大量，何不给一封休书，给别人一个自由，给自己一份清静？〇这个问题也许是施耐庵的问题，而不是宋江的问题。因为如果宋江解除了与婆惜的关系，下面施大爷就没法写了。

话分两头。忽一日将晚，宋江从县里出来，去对过茶房里坐定吃茶，只见一个大汉，头带白范阳毡笠儿，身穿一领黑绿罗袄，下面腿绑护膝，八搭麻鞋，腰里跨着一口腰刀，背着一个大包，走得汗雨通流，气急喘促，把脸别转着看那县里。却是古怪。宋江见了这个大汉走得跷蹊，慌忙起身，赶出茶房来，跟着那汉走。如有鬼使。约走了三二十步，那汉回过头来，吓人。看了宋江，却不认得。愈加古怪。宋江见了这人，略有些面熟，“莫不是那里曾厮会来？”心中一时思量不起。那汉见宋江看了一回，也有些认得，立住了脚，定睛看那宋江，看得我心里惴惴不安。又不敢问。宋江寻思道：“这个人好作怪！却怎地只顾看我？”宋江亦不敢问他。

只见那汉去路边一个篦头铺里问道：“大哥，前面那个押司是谁？”篦头待诏应道：“这位是宋押司。”那汉提着朴刀，走到面前唱个大喏，说道：“押司，认得小弟么？”不认识。我等都不认识。宋江道：“足下有些面善。”那汉道：“可借一步说话。”宋江便和那汉入一条僻净小巷。鬼鬼祟祟。那汉道：“这个酒店里好说话。”两个上到酒楼，拣个僻净阁儿里坐下。那汉倚了朴刀，解下包裹，撇在桌子底下。那汉扑翻身便拜。宋江慌忙答礼道："不敢拜问足下高姓？"那人道："大恩人，如何忘了小弟？"宋江道："兄长是谁？真个有些面熟，小人失忘了。"那汉道："小弟便是晁保正庄上曾拜识尊颜、蒙恩救了性命的赤发鬼刘唐便是。"宋江听了大惊，说道："贤弟，你好大胆！早是没做公的看见，险些儿惹出事来！"吴用派这个被雷横和众土兵认识的刘唐来，委实冒险，委实蹊跷。刘唐道："感承大恩，不惧一死，特地来酬谢。"宋江道："晁保正弟兄们，近日如何？兄弟，谁教你来？"刘唐道："晁头领哥哥，再三拜上大恩人。得蒙救了性命，见今做了梁山泊主都头领。吴学究做了军师，公孙胜同掌兵权。林冲一力维持，火并了王伦。山寨里原有杜迁、宋万、朱贵，和俺弟兄七个，共是十一个头领。见今山寨里聚集得七八百人，粮食不计其数。一番叙述，有人心动。只想兄长大恩，无可报答，特使刘唐赍一封书，并黄金一百两，相谢押司，再去谢那朱都头。"不讳朱仝，一并交代了。刘唐便打开包裹，取出书来，递与宋江。

宋江看罢，便拽起褶子前襟，摸出招文袋。打开包儿时，刘唐取出金子，放在桌上。宋江把那封书——就取了一条金子受一而退九。〇全受，是贪；全不受，是拒绝。宋江周全。和这书包了——插在招文袋内，放下衣襟。便道："贤弟，将此金子依旧包了。"随即便唤量酒的打酒来，叫大块切一盘肉来，铺下些菜蔬果子之类，叫量酒人筛酒与刘唐吃。看看天色晚了，刘唐吃了酒，量酒人自下去。刘唐把桌上金子包打开，要取出来，宋江慌忙拦住道："贤弟，你听我说：你们七个弟兄初到山寨，正要金银使用。宋江家中颇有些过活，且放在你山寨里，等宋江缺少盘缠时，却来取。今日非是宋江见外，于内已受了一条。朱仝那人，也有些家私，不用送去，我自与他说知人情便了。不讳朱仝，一并代表了。贤弟，我不敢留你去家中住，倘或有人认得时，不是要处。今夜月色必然明朗，你便可回山寨去，莫在此停阁。宋江再三申意众头领，不能前来庆贺，切乞恕罪。”声声贤弟，语语亲切。番番叮嘱，语语中肯。〇好宋江。刘唐道：“哥哥大恩，无可报答，特令小弟送些人情来与押司，微表孝顺之心。保正哥哥今做头领，学究军师号令非比旧日，小弟怎敢将回去？到山寨中必然受责。”说的也是。宋江道：“既是号令严明，我便写一封回书，与你将去便了。”

刘唐苦苦相央宋江收受，宋江那里肯接，随即取一幅纸来，借酒家笔砚，备细写了一封回书，与刘唐收在包内。刘唐是个直性的人，见宋江如此推却，想是不肯受了，便将金子依前包了。看看天色夜来，刘唐道：“既然兄长有了回书，小弟连夜便去。”宋江道：“贤弟，不及相留，以心相照。”刘唐又下了四拜。宋江教量酒人来道：“有此位官人留下白银一两在此，我明日却自来算。”细。紧张之中，不忘此不可少之细节。刘唐背上包裹，拿了朴刀，跟着宋江下楼来。离了酒楼，出到巷口，天色昏黄，是八月半天气，月轮上来。宋江携住刘唐的手，亲热。分付道：“贤弟保重，再不可来。此间做公的多，不是要处。我更不远送，只此相别。”

刘唐见月色明朗，拽开脚步，望西路便走，连夜回梁山泊来。却说宋江与刘唐别了，自慢慢走回下处来。一头走，一面肚里寻思道：“早是没做公的看见，争些惹出一场大事来！”后怕。一头想：“那晁盖倒去落了草，直如此大弄。”多少羡慕。多少心动。转不过两个湾，只听得背后有人叫一声：“押司，那里去来？好两日不见面。”

宋江回头看时，倒吃一恼。不因这番，有分教：宋江小胆翻为大胆，善心变做恶心。毕竟叫宋江的却是何人，且听下回分解。

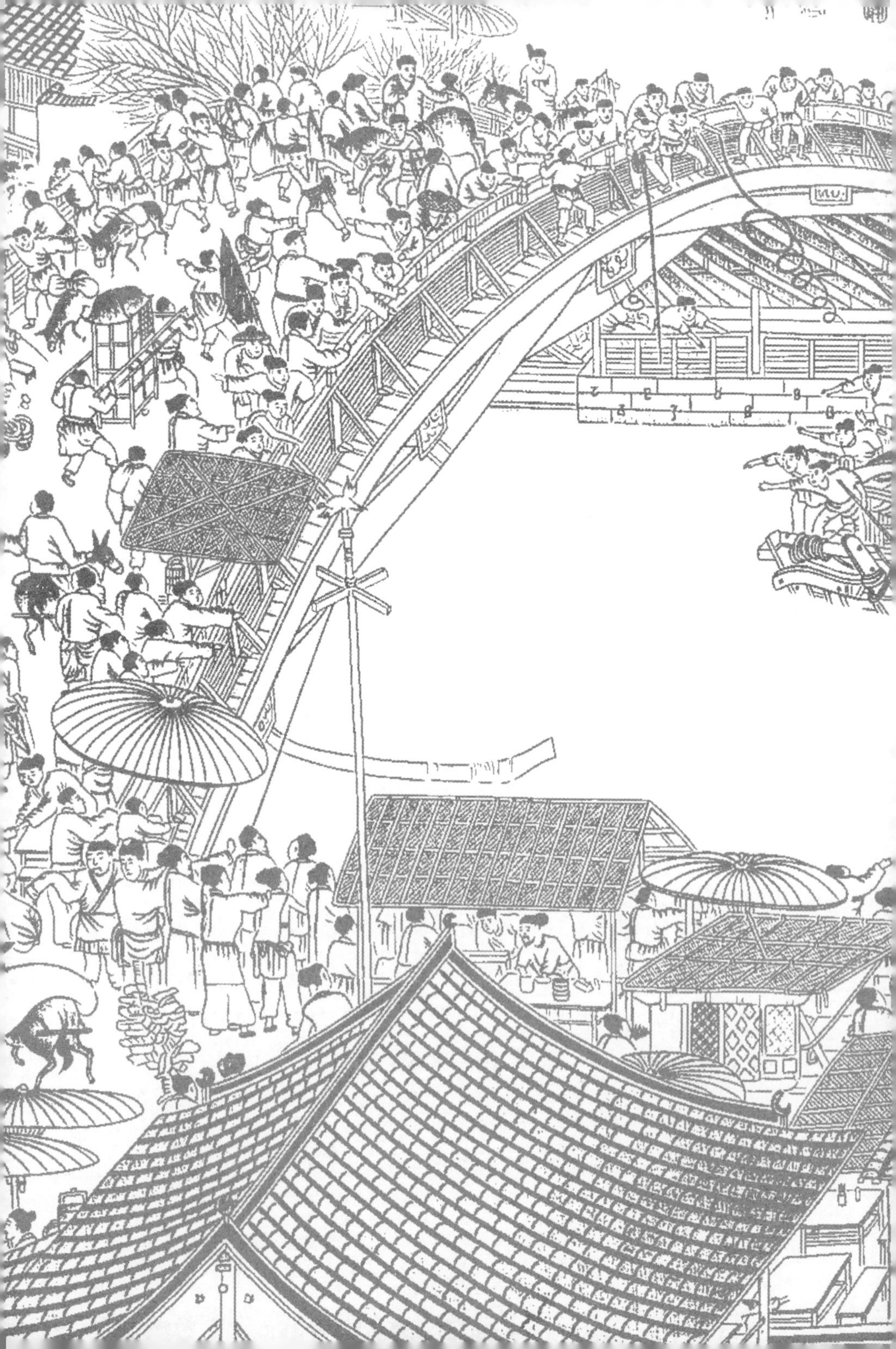

第二十回

虔婆醉打唐牛儿　宋江怒杀阎婆惜

回前总评

宋江不去阎婆惜那里，阎婆惜不在乎，但是阎婆在乎。

婆惜爱色，她要张文远小白脸小张三；阎婆爱财，她明白不能离了黑宋三。这一对母女，一个要爱情，一个要钱包。一个浪漫，一个实在。

张文远可以哄得婆惜火一般的热，却不能给她们钱包；宋江能给她们钱包，却不能给婆惜激情。所以，女儿和张三如胶似漆，妈妈却忧心忡忡，亲自出面修补婆惜和宋江的关系。她知道小白脸靠不住。

生姜是老的辣，眼光也是老的辣。

阎婆惜不是宋江的正室妻子，不过是个外室。她原以卖唱为生，年方十八岁，颇有几分姿色。让阎婆惜给宋江做外室，是阎婆惜母亲阎婆的主意。因为宋江出手阔绰，资助她们母女，让她父亲得以安葬，还送给她们十两银子做日常花销。宋江性格确实有仁厚的一面，习惯于济人贫苦，扶人之困。他对阎婆惜绝非蓄意占有。而阎婆这样做，是为了给女儿，也是给自己找一个依靠，她一家三口流落郓城，丈夫死了，女儿毫不关心生活的艰辛。她以为帮女儿找到宋江，就是给她带来安宁幸福的生活。

宋江又黑又矮，貌不如人，只喜欢练习枪棒，结交好汉，对阎婆惜非常冷漠。虽然宋江对阎婆惜有恩，但有恩并不意味着阎婆惜就必须爱宋江。男女之爱是一种发自内心的感情，其间还包含着性的吸引而不是一种物质利益交换。阎婆惜喜欢张文远，也可以理解。张文远眉清目秀，唇红齿白，还是风月老手，品竹调丝，无有不会。阎婆惜自小在勾栏中长大，“会唱曲儿”，又“懂得诸般耍笑”，也是风月理论家。阎婆惜和张文远的生活情趣更加接近。两人打得火热，自在情理之中。

宋江和阎婆惜，本来应该好合好散。

但是阎婆不允许。跟宋江分了，就失去了经济的依靠。阎婆惜对宋江没有一点情分，但是她也离不开宋江，她不愿回到贫困无依的生活中。张文远那个小男人，绝对不会为阎婆惜的生活负责。所以，阎婆惜就是这样一个女子：她要和张文远睡觉，却又要宋江掏饭票，还是长期饭票。这怎么可能呢？

钱的最好的用处，就在于叫人欢喜。

什么叫“用处”？就是所用之处。钱只有去了所用之处，才有用处。懂得用钱来叫人欢喜了，就懂得用钱了；善于用钱来让人欢喜的，就善于用钱了。常常拿钱来让人欢喜，就到了用钱的最高境界了。

宋江准备把晁盖送他的那条金子，送给王公做棺材钱，就是要“让他欢喜”。这个卖二陈汤的王公，不是什么英雄好汉，没有什么利用价值，宋江仍然要“教他欢喜”，便是用钱用到了最高境界。

能否挣钱，显示的是能力；会否花钱，体现的是境界；善使银子，必能使人。

宋江对银子的态度：第一，不贪。梁山送来一百两金子，他受一而退九。第二，不吝。在王公处，他把这一条金子也送出去了。

送得出银子，方做得出大事。生活中，多少人在蝇头小利上用心思，一分一毫，务求为我所有。为此一分一毫，输掉一生一世。

这个世界上，很多人，总是在钱上叫人不欢喜。

阎婆、阎婆惜爱钱，没错，要过好日子，没错。但阎婆惜恩将仇报，全不念及宋江对她以及她家人的好，要拿梁山密信讹诈宋江就叫人不欢喜了。如果说，她要挟宋江的前两个条件：人身问题——给一纸休书，任从改嫁，给她自由；财产问题——身上穿的，家里使的，也委一纸文书，全归阎婆惜所有，还算合理；那么，第三个条件，就是她不该要的了，而且她还使用了不应该的方式来要。

这第三个条件：一百两金子，就是不折不扣的讹诈了。何况宋江根本就没收那一百两金子。

宋江没收那一百两金子，我们相信，但是阎婆惜不相信。我们相信宋江，是因为我们知道事情真相。婆惜不相信，是因为她知道官场真相。

宋江被委屈了。但是，宋江冤，也不冤。因为，宋江身处的官场，确实如同婆惜所说，没有什么干净的公人。宋江平时是否也贪滥？这是个说不清的问题。有人就说宋江一定贪滥，不然，凭着他那一点做押司的收入，他家中几块薄田，哪有那么多的银子去挥霍江湖，笼络市井各色人等？即使宋江不主动索贿，但是，官场潜规则、各色惯例，也会给他带来滚滚财源。

但是，也正是这些，在给官场公人带来滚滚财源的同时，也带来了负面的社会形象和社会评价。所以，我们说，阎婆惜这样挤兑宋江，宋江冤，也不冤。谁让你持身不谨，混迹于肮脏官场呢？

宋江说三日后变卖家私给她一百两金子。阎婆惜也不信。阎婆惜威胁宋江，逼迫宋江此刻就付给她。宋江无法做到。何况威胁给人带来双重的伤害和侮辱：它胁迫人就范，违背了人的意志；它还严重伤害了人的自尊心，给人深深的耻辱感屈辱感。威胁别人，是下流人使用的下流手段。

宋江是响当当的英雄汉，他无法忍受威胁。阎婆惜自以为胁迫宋江一定能得到她想要的一切。但是她错了。

知道自己要什么，是聪明；知道自己什么不该要，才是智慧。知道自己怎么要，是聪明；知道自己不该怎么要，才是智慧。智慧与聪明的最大区别在于：智慧是一种境界，包含着德性。

阎婆惜足够聪明，却没有智慧，因为她欠缺德性。

梁山密信，对宋江来说很危险，对阎婆惜来说同样很危险。阎婆惜要马上拿到钱才给宋江信，宋江要马上拿回这封书信却马上拿不出这一笔钱。这是致命的时间差。不是要了宋江的命，就是要了阎婆惜的命。一个是，一封信关系一家老小的性命；一个是，看一百两金子比性命还重。两人对招文袋的抢夺最终变成了两人的搏命。

一声“黑三郎杀人也”，阎婆惜死了，宋江的江湖时代开始了，不，江湖的宋江时代开始了。宋江由体制入江湖，由朝廷入水浒，一部大书，写过了鲁达传，林冲传，杨志传，终于正式开始水浒传。

因为，其他人，都只是江湖的一部分，而宋江，才是江湖本身。他，建立了一个独立于朝廷的江湖，与朝廷，分庭抗礼。

话说宋江别了刘唐，乘着月色满街，信步自回下处来。却好的遇着不是遇上，是找来。阎婆，赶上前来叫道："押司，多日使人相请，好贵人，难见面！便是小贱人有些言语高低，伤触了押司，也看得老身薄面，老身薄面。托大。○多少人觉得自己老就有面子。足够老，就足够有面子。还觉得人家必须给他面子。自教训他与押司陪话。今晚老身有缘，得见押司，同走一遭去。"宋江道："我今日县里事务忙，摆拨不开，改日却来。"第一次拒绝。阎婆道："这个使不得。我女儿在家里专望女儿专望。做小。押司，胡乱温顾他便了。直恁地下得！"宋江道："端的忙些个，明日准来。"第二次拒绝。阎婆道："我今晚要和你去。"今日要去。撒娇。便把宋江衣袖扯住了，扯住衣服。耍赖。发话道："是谁挑拨你？我娘儿两个下半世过活，都靠着押司。真心话。外人说的闲是闲非，都不要听他，押司自做个主张。我女儿但有差错，都在老身身上。你以为你是谁？押司胡乱去走一遭。"宋江道："你不要缠，我的事务分拨不开在这里。"第三次拒绝。阎婆道："押司便误了些公事，知县相公不到得便责罚你。世故。这回错过，后次难逢。押司只得和老身去走一遭，到家里自有告诉。"

宋江是个快性的人，吃那婆子缠不过，便道："你放了手，我去便了。"纠缠不休，只好去了。阎婆道："押司不要跑了去，老人家赶不上。"精细。宋江道："直恁地这等！"两个厮跟着来到门前。宋江立住了脚，阎婆把手一拦，说道："押司来到这里，终不成不入去了！"威逼。○不入，二字妙。宋江进到里面凳子上坐了。

那婆子是乖的，生怕宋江走去，便帮在身边坐了，乖觉。叫道："我儿，你心爱的三郎在这里。"喊婆惜，却是让宋江听。那阎婆惜倒在床上，对着盏孤灯，正在没可寻思处，只等这小张三来，听得娘叫道"你心爱的三郎在这里"，那婆娘只道是张三郎，慌忙起来，把手掠一掠云髻，口里喃喃的骂道："这短命，等得我苦也！老娘先打两个耳刮子着！”娇泼。○是个娼妓口吻。飞也似跑下楼来，就槅子眼里张时，堂前琉璃灯却明亮，照见是宋江，宋江可笑。那婆娘复翻身转又上楼去，依前倒在床上。

阎婆听得女儿脚步下楼来，又听得再上楼去了，宋江也听到了。婆子又叫道：“我儿，你的三郎在这里，怎地倒走了去？”你的三郎。嘴对着婆惜，声对着宋江。那婆惜在床上应道：“这屋里多远，他不曾来！他又不瞎，如何自不上来，直等我来迎接他。没了当絮絮聒聒地！”阎婆道：“这贱人真个望不见押司来，气苦了。好转圜。阎婆堪做大宋金牌调解。恁地说也好，教押司受他两句儿。”婆子笑道：“押司，我同你上楼去。”宋江听了那婆娘说这几句，心里自有五分不自在。为这婆子来扯，扯。○汉子就怕婆子扯。勉强只得上楼去。本是一间六椽楼屋，前半间安一副春台、凳子，后半间铺着卧房。贴里安一张三面棱花的床，两边都是栏干，上挂着一顶红罗幔帐，侧首放个衣架，搭着手巾。这边放着个洗手盆，一个刷子。一张金漆桌子上，放一个锡灯台。边厢两个杌子。正面壁上挂一幅仕女。对床排着四把一字交椅。宋江来到楼上，阎婆便拖入房里去，拖。○汉子更怕婆子拖。宋江便向杌子上朝着床边坐了。

阎婆就床上拖起女儿来，又拖。说道：“押司在这里。我儿，你只是性气不好，把言语来伤触他，恼得押司不上门，闲时却在家里思量。妙。我如今不容易请得他来，你却不起来陪句话儿，颠倒使性！”婆惜把手拓开，说那婆子：“你做甚么这般鸟乱！是个任性泼妇口吻。我又不曾做了歹事！不打自招。他自不上门，教我怎地陪话！”宋江听了，也不做声。不做声一。婆子便掇过一把交椅在宋江肩下，便推他女儿过来，推。说道：“你且和三郎坐一坐。不陪话便罢，不要焦躁。”那婆娘那里肯过来，便去宋江对面坐了。

宋江低了头不做声，不做声二。婆子看女儿时，也别转了脸。阎婆道："'没酒没浆，做甚么道场。'老身有一瓶儿好酒在这里，买些果品来与押司陪话。我儿，你相陪押司坐地，不要怕羞，我便来也。"阎婆绝好演员，宋江不做声，婆惜没好声，一个不捧场，一个专拆台，她只是独角戏，一人一台戏，却如此游刃有余，转圜自如。宋江自寻思道："我吃这婆子钉住了，脱身不得。等他下楼去，我随后也走了。"那婆子瞧见宋江要走的意思，眼刁。有想法。出得房门去，门上却有屈戌，便把房门拽上，将屈戌搭了。有办法。宋江暗忖道："那虔婆倒先算了我。"一生算计别人，此刻被婆子算计了。

且说阎婆下楼来，先去灶前点起个灯，灶里见成烧着一锅脚汤，再凑上些柴头。细。拿了些碎银子，出巷口去买得些时新果品、鲜鱼、嫩鸡、肥鲊之类，归到家中，都把盘子盛了。取酒倾在盆里，舀半旋子，在锅里烫热了，倾在酒壶里。收拾了数盆菜蔬，三只酒盏，三双箸，一桶盘托上楼来，放在春台上。开了房门，搬将入来，摆满金漆桌子。阎婆一直不停做。看宋江时，只低着头。看女儿时，也朝着别处。宋江婆惜一直不做。阎婆道："我儿，起来把盏酒。"婆惜道："你们自吃，我不耐烦！"同是淫妇，阎婆惜只配给潘金莲倒洗脚水。○金莲遇如意郎，可为贤内助。婆惜嫁任何人，都是刁泼妇。婆子道："我儿，爷娘手里从小儿惯了你性儿，别人面上须使不得。"婆惜没长大。婆惜道："不把盏便怎地？终不成飞剑来取了我头！"婆子句句转圜，婆惜句句别扭。那婆子倒笑起来，不得不笑。不笑便转不过来了。说道："又是我的不是了。自笑一句。押司是个风流人物，不和你一般见识。这边安抚一句。你不把酒便罢，且回过脸来吃盏酒儿。"婆惜只不回过头来。

那婆子自把酒来劝宋江。宋江勉意吃了一盏。婆子笑道："押司莫要见责。闲话都打叠起，明日慢慢告诉。外人见押司在这里，多少干热的不怯气，胡言乱语，放屁辣臊，押司都不要听，心中有鬼。

且只顾吃酒。”筛了三盏在桌子上，说道：“我儿，不要使小孩儿的性，胡乱吃一盏酒。”婆惜不是没长大，是长坏了。婆惜道：“没得只顾缠我！我饱了，吃不得。”有此女儿，阎婆也是苦命妈。阎婆道：“我儿，你也陪侍你的三郎吃盏使得。”读者细心着：几次提“你的三郎”了？婆惜一头听了，一面肚里寻思：“我只心在张三身上，兀谁耐烦相伴这厮！不耐烦相伴这厮，却耐烦消费这厮。若不把他灌得醉了，他必来缠我！”婆惜只得勉意拿起酒来，吃了半盏。婆子笑道：一直都是强笑，只此乃是真笑。“我儿只是焦躁，且开怀吃两盏儿睡。睡一字妙。押司也满饮几杯。”

宋江被他劝不过，连饮了三五杯。宋江只是无奈。婆子也连连吃了几杯，再下楼去烫酒。那婆子见女儿不吃酒，心中不悦，才见女儿回心吃酒，欢喜道：“若是今夜兜得他住，那人恼恨都忘了！且又和他缠几时，却再商量。”婆子苦心可谅。婆子一头寻思，一面自在灶前吃了三大钟酒，觉道有些痒麻上来，却又筛了一碗吃。镟了大半旋，倾在注子里，爬上楼来。见那宋江低着头不做声，女儿也别转着脸弄裙子。又是婆子一直做，二人一直不做，这婆子哈哈地笑道：又是笑。累死婆子。“你两个又不是泥塑的，做甚么都不做声？押司，你不合是个男子汉，只得装些温柔，说些风话儿耍。”

宋江正没做道理处，口里只不做声，肚里好生进退不得。阎婆惜自想道：“你不来睬我，指望老娘一似闲常时来陪你话，相伴你耍笑，我如今却不耍！”一个累死。一个闷死。一个烦死。

那婆子吃了许多酒，口里只管夹七带八嘈，正在那里张家长，李家短，说白道绿。却有郓城县一个卖糟腌的唐二哥，叫做“唐牛儿”，好名字。如常在街上只是帮闲，常常得宋江赍助他。但有些公事去告宋江，也落得几贯钱使。宋江要用他时，死命向前。这一日晚，正赌钱输了，没做道理处，却去县前寻宋江。奔到下处寻不见。街坊都道："唐二哥，你寻谁，这般忙？"唐牛儿道："我喉急了，要寻孤老，商贩称主顾曰孤老。一地里不见他。"众人道："你的孤老是谁？"唐牛儿道："便是县里宋押司。"众人道："我方才见他和阎婆两个过去，一路走着。"唐牛儿道："是了。这阎婆惜贼贱虫，他自和张三两个打得火块也似热，只瞒着宋押司一个，他敢也知些风声，好几时不去了。今晚必然吃那老咬虫假意儿缠了去。市井儿有市井儿的眼力。我正没钱使，喉急了，胡乱去那里寻几贯钱使，就帮两碗酒吃。"一径奔到阎婆门前，见里面灯明，门却不关。入到胡梯边，听得阎婆在楼上哈哈地笑。唐牛儿捏脚捏手上到楼上，板壁缝里张时，见宋江和婆惜两个都低着头，那婆子坐在横头桌子边，口里七十三、八十四只顾嘈。外人看来，情景如画。

唐牛儿闪将入来，看着阎婆和宋江、婆惜唱了三个喏，立在边头。宋江寻思道："这厮来得最好。"把嘴望下一努。唐牛儿是个乖的人，便瞧科，看着宋江便说道："小人何处不寻过，原来却在这里吃酒耍。好吃得安稳！"安稳两字，妙。唐牛儿有才。宋江道："莫不是县里有甚么要紧事？"看了半天阎婆独角戏，此刻才看到双簧戏。唐牛儿道："押司，你怎地忘了？便是早间那件公事。知县相公在厅上发作，着四五替公人来下处寻押司，一地里又没寻处。相公焦躁做一片。押司便可动身。"宋江道："恁地要紧，只得去。"端的演得好。〇独角戏有独角戏之妙，双簧戏有双簧戏之好。总之是施耐庵施大爷好。便起身要下楼，吃那婆子拦住道："押司，不要使这科分！这唐牛儿捻泛谓耍花样过来，你这精贼也瞒老娘！正是'鲁般手里调大斧'！这早晚知县自回衙去，和夫人吃酒取乐，忙中尚能偷闲，一箭双雕，一击两中。〇阎婆乃江湖高手。有甚么事务得发作？你这般道儿，只好瞒魍魉，老娘手里说不过去！"

唐牛儿便道："真个是知县相公紧等的勾当，我却不会说谎。"阎婆道："放你娘狗屁！老娘一双眼，却是琉璃葫芦儿一般！老娘一双眼，一张嘴，打遍江湖无敌手。却才见押司努嘴过来，叫你发科，你倒不撺掇押司来我屋里，颠倒打抹他去！常言道：'杀人可恕，情理难容。'"这婆子跳起身来，便把那唐牛儿劈脖子只一叉，踉踉跄跄，直从房里叉下楼来。

唐牛儿道："你做甚么便叉我？"婆子喝道："你不晓得破人买卖衣饭，什么女儿心爱三郎，不过买卖衣饭。老娘直率。如杀父母妻子，买卖衣饭。○说尽人间婚恋。○张爱玲说婚姻乃长期饭票，大宋阎婆智识不输民国张爱玲。你高做声，便打你这贼乞丐！"唐牛儿钻将过来道："你打！"这婆子乘着酒兴，叉开五指去那唐牛儿脸上只一掌，直攧出帘子外去。一双眼，一张嘴，原来还有一双手。婆子便扯帘子，撇放门背后，却把两扇门关上，拿栓拴了，口里只顾骂。那唐牛儿吃了这一掌，立在门前大叫道："贼老咬虫，不要慌！我不看宋押司面皮，教你这屋里粉碎！教你'双日不着单日着'！是市井泼皮口吻。我不结果了你，不姓唐！"拍着胸，大骂了去。

婆子再到楼上，看着宋江道："押司没事睬那乞丐做甚么？那厮一地里去搪酒吃，只是搬是搬非。这等倒街卧巷的横死贼，也来上门上户欺负人！"是市井泼妇口吻。宋江是个真实的人，吃这婆子一篇道着了真病，倒抽身不得。婆子道："押司不要心里见责，老身只恁地知重得了。我儿，和押司只吃这杯。我猜着你两口多时不见，一定要早睡，多时不见，一定要睡。且要早睡。收拾了罢休。"婆子丑。

婆子又劝宋江吃两杯，收拾杯盘下楼来，自去灶下去。宋江在楼上，自肚里寻思说："这婆子女儿和张三两个有事，我心里半信不信，眼里不曾见真实，况且夜深了，我只得权睡一睡，且看这婆娘怎地，今夜与我情分如何。”宋江丑。〇婆惜如此不耐烦，宋江尚指望今夜情分，丑。〇从街头被扯拖而来，至此不得脱身，一者婆子善纠缠，二者宋江无决断。只见那婆子又上楼来说道：“夜深了，我叫押司两口儿早睡。”两口儿。那婆娘应道：“不干你事，你自去睡。”这小女子待母如待奴，斥母如斥仆。婆子笑下楼来，口里道：“押司安置。今夜多欢，明日慢慢地起。”丑。

婆子下楼来，收拾了灶上，洗了脚手。吹灭灯，自去睡了。宋江坐在杌子上，睃那婆娘时，复地叹口气。约莫已是二更天气，那婆娘不脱衣裳，便上床去，自倚了绣枕，扭过身，朝里壁自睡了。宋江看了，寻思道：“可奈这贱人全不睬我些个，他自睡了！我今日吃这婆子言来语去，央了几杯酒，打熬不得夜深，只得睡了罢。”把头上巾帻除下，放在桌子上，脱下上盖衣裳，搭在衣架上。腰里解下鸾带，上有一把解衣刀和招文袋，却挂在床边栏干子上。伏笔。脱去了丝鞋净袜，便上床去那婆娘脚后睡了。岂独可怜，亦复可耻。半个更次，听得婆惜在脚后冷笑。笑得有理，宋江确实可笑。宋江心里气闷，如何睡得着？

自古道：“欢娱嫌夜短，寂寞恨更长。”看看三更交四更，酒却醒了。捱到五更，宋江起来，面盆里冷水洗了脸，便穿了上盖衣裳，带了巾帻，我恨不得在旁，手指提醒：鸾带！口里骂道：“你这贼贱人，好生无礼！”无周公之礼耶？婆惜也不曾睡着，听得宋江骂时，扭过身回道：“你不羞这脸！”骂得有理。宋江忿那口气，便下楼来。阎婆听得脚步响，便在床上说道：“押司且睡歇，等天明去。没来由起五更做甚么？”宋江也不应，只顾来开门。婆子又道：“押司出去时，与我拽上门。”细。须有这一句，才是真情景。宋江出得门来，就拽上了。忿那口气没出处，一直要奔回下处来。

却从县前过，见一碗灯明，看时，却是卖汤药的王公来到县前赶早市。那老儿见是宋江来，慌忙道："押司，如何今日出来得早？"宋江道："便是夜来酒醉，错听更鼓。"王公道："押司必然伤酒，且请一盏醒酒二陈汤。"宋江道："最好。"就凳上坐了。那老子浓浓的奉一盏二陈汤，递与宋江吃。浓浓二字，已伏下文棺材。宋江吃了，蓦然想起道："时常吃他的汤药，不曾要我还钱。我旧时曾许他一具棺材，第二副棺材。必有第三副。○宋江这类人，来得世上，就是要送他人棺材。不曾与得他。想起昨日有那晁盖送来的金子，受了他一条，在招文袋里，何不就与那老儿做棺材钱，教他欢喜？"钱的用处，就在于叫人欢喜。○由棺材启事，到死人结束，妙。其间有命数在。○施大爷神手。宋江便道："王公，我日前曾许你一具棺木钱，一向不曾把得与你。今日我有些金子在这里，把与你，你便可将去陈三郎家买了一具棺材，放在家里。你百年归寿时，我却再与你些送终之资。"王公道："恩主时常觑老汉，又蒙与终身寿具，老子今世不能报答，后世做驴做马，报答押司！"暗示阎婆当初。宋江道："休如此说。"便揭起背子前襟，去取那招文袋时，吃了一惊我急切多时了。道："苦也！昨夜正忘在那贱人的床头栏干子上。我一时气起来，只顾走了，不曾系得在腰里。这几两金子直得甚么，须有晁盖寄来的那一封书，包着这金。我本欲在酒楼上刘唐前烧毁了，他回去说时，只道我不把他来为念。正要将到下处来烧，却被这阎婆缠将我去。昨晚要就灯下烧时，恐怕露在贱人眼里，因此不曾烧得。合情合理。今早走得慌，不期忘了。我常时见这婆娘看些曲本，颇识几字，若是被他拿了，倒是利害！"便起身道："阿公休怪。不是我说谎，只道金子在招文袋里，不想出来得忙，忘了在家。我去取来与你。"王公道："休要去取，明日慢慢的与老汉不迟。"却是慢不得。○老汉不迟，宋江迟了。○老汉不急用棺材，有急用棺材人。宋江道："阿公，你不知道，我还有一件物事做一处放着，以此要去取。"

老实。口不择言。宋江慌慌急急，奔回阎婆家里来。

且说这婆惜听得宋江出门去了，爬将起来，口里自言自语道："那厮搅了老娘一夜睡不着！那厮含脸，只指望老娘陪气下情。我不信你，老娘自和张三过得好，谁耐烦睬你！你不上门来倒好！"口里说着，一头铺被，脱下上截袄儿，解了下面裙子，袒开胸前，脱下截衬衣。床面前灯却明亮，照见床头栏干子上拖下条紫罗鸾带。合情合理。婆惜见了，笑道："黑三那厮吃嚯不尽，我也怪那厮一个押司小吏，为何吃喝不尽。忘了鸾带在这里。老娘且捉了，把来与张三系。"张三岂能系宋江鸾带见人。〇这女子缺心眼。便用手去一提，提起招文袋和刀子来，只觉袋里有些重，便把手抽开，望桌子上只一抖，正抖出那包金子和书来。这婆娘拿起来看时，灯下照见是黄黄的一条金子。婆惜笑道："天教我和张三买物事吃！却是吃不得。这几日我见张三瘦了，我也正要买些东西和他将息。"无心肝女偏如此多情。男女之情常有出乎常理者。歌德言：通向女人心灵的通道是阴道。将金子放下，却把那纸书展开来灯下看时，上面写着晁盖并许多事务。婆惜道："好呀！我只道'吊桶落在井里'，原来也有'井落在吊桶里'！好语言。我正要和张三两个做夫妻，单单只多你这厮，潘金莲要与西门庆做夫妻，也只多了武大那厮。今日也撞在我手里！原来你和梁山泊强贼通同往来，送一百两金子与你！且不要慌，老娘慢慢地消遣你！"恶。〇不待慢慢，只待寒光一闪。〇可以不思将情报，但不能思将仇报。就把这封书依原包了金子，还插在招文袋里，"不怕你教五圣来摄了去"！

正在楼上自言自语，只听得楼下呀地门响。床上问道："是谁？"门前道："是我。"床上道："我说早哩，押司却不信，要去，原来早了又回来。且再和姐姐睡一睡，到天明去。"睡一睡，是何言语。〇婆子也是淫婆子。这边也不回话，一径已上楼来。急。那婆娘听得是宋江了，慌忙把鸾带、刀子、招文袋一发卷做一块，藏在被里，扭过身，靠了床里壁，只做齁齁假睡着。宋江撞到房里，径去床头栏干上取时，却不见了。宋江心内自慌，只得忍了昨夜的气，把手去摇那妇人道："你看我日前的面，自觉是个恩人，不想世上偏多恩将仇报之人。还我招文袋。"那婆惜假睡着，只不应。宋江又摇道："你不要急躁，我自明日与你陪话。"此话已是陪话。婆惜道："老娘正睡哩，是谁搅我！"宋江道："你情知是我，假做甚么？"就是知道你知道我假，我才装假。婆惜扭过身，道："黑三，你说甚么？"迅疾。怕人。○什么恩人，不过是黑三。宋江道："你还了我招文袋。"婆惜道："你在那里交付与我手里，却来问我讨？"最恨此等市井言语。宋江道："忘了在你脚后小栏干上。这里又没人来，只是你收得。"婆惜道："呸！你不见鬼来！"宋江道："夜来是我不是了，明日与你陪话。你只还了我罢，休要作耍。"可怜。情知不是作耍，深盼只是作耍。情知事态严重，故意说得轻松。情知对方终是鬼，深盼对方做回人。婆惜道："谁和你作耍？不是耍的。我不曾收得。"宋江道："你先时不曾脱衣裳睡，如今盖着被子睡，一定是起来铺被时拿了。"低声下气。只见那婆惜柳眉踢竖，星眼圆睁，说道："老娘拿是拿了，只是不还你！你使官府的人便拿我去做贼断！"迅疾。骇人。宋江道："我须不曾冤你做贼。"婆惜道："可知老娘不是贼哩！"谁是贼？○婆惜这类女子，平时粗蠢无比，只在撒泼时肾上腺急升，智商极高，言语极锋锐。

宋江见这话，心里越慌，便说道："我须不曾歹看承你娘儿两个，还了我罢！我要去干事。"须知婆惜不是知恩图报之人。婆惜道："闲常也只嗔老娘和张三有事，他有些不如你处，也不该一刀的罪犯。不强似你和打劫贼通同！"不打自招。○不打而自招者，自以为稳操胜算也。宋江道："好姐姐，不要叫！邻舍听得，不是耍处！"宋江已顾不得张三，只担心晁盖。婆惜道："你怕外人听得，你莫做不得！这封书，老娘牢牢地收着！若要饶你时，只依我三件事便罢！"有得理不饶人者，有得势不饶人者，有得把柄不饶人者。世上此三不饶最恶。宋江道："休说三件事，便是三十件事也依你！”婆惜道：“只怕依不得。”（情知依不得，偏你要依得。〇取死之道也。）宋江道：“当行即行。敢问那三件事？”阎婆惜道：“第一件，你可从今日便将原典我的文书来还我，再写一纸任从我改嫁张三，并不敢再来争执的文书。”（人身问题。）宋江道：“这个依得。”（早该如此。）婆惜道：“第二件，我头上带的，我身上穿的，家里使用的，虽都是你办的，也委一纸文书，不许你日后来讨。”（财产问题。）宋江道：“这个也依得。”（也该如此。）阎婆惜又道：“只怕你第三件依不得。”宋江道：“我已两件都依你，缘何这件依不得？”婆惜道：“有那梁山泊晁盖送与你的一百两金子，快把来与我，我便饶你这一场天字第一号官司，还你这招文袋里的款状。”（敲诈。〇若宋江有此百金，定当依得。但宋江依得，天理却依不得。故天意昭昭，使宋江无此百金依不得而杀婆惜。杀婆惜者，婆惜也。杀婆惜者，天理也。）宋江道：“那两件倒都依得。这一百两金子果然送来与我，我不肯受他的，依前教他把了回去。若端的有时，双手便送与你。”婆惜道：“可知哩！常言道：‘公人见钱，如蝇子见血。’（却是骂得好。）他使人送金子与你，你岂有推了转去的，（以自家心肠断他人心胸。）这话却似放屁！（断得果。断得果，叫果断。刻薄刚愎曰果。）做公人的‘那个猫儿不吃腥’，（却是骂得好。）阎罗王面前须没放回的鬼！你待瞒谁！便把这一百两金子与我，直得甚么！你怕是贼赃时，快熔过了与我。”（却是为对方想的周到。）宋江道：“你也须知我是老实的人，不会说谎。你若不信，限我三日，我将家私变卖一百两金子与你。你还了我招文袋！”（这我倒信。）婆惜冷笑道：“你这黑三倒乖，（声声黑三，想想绝倒。）把我一似小孩儿般捉弄。我便先还了你招文袋这封书，歇三日却问你讨金子，正是‘棺材出了讨挽歌郎钱’！我这里一手交钱，一手交货。你快把来两相交割！”

宋江道：“果然不曾有这金子。”婆惜道：“明朝到公厅上，你也说不曾有这金子？”（婆惜取财无道，取死有道。）宋江听了“公厅”两字，怒气直起，我听此两字，也怒气直起。那里按捺得住，睁着眼道："你还也不还？"那妇人道："你恁地狠，我便还你不迭！"还自以为稳操胜券。宋江道："你真个不还？"婆惜道："不还！再饶你一百个不还！若要还时，在郓城县还你！"缺心眼之人偏偏伶牙俐齿。〇婆惜取死之道，不特因为缺德，更是缺心眼。〇逼对方入死路，岂有不逼对方杀自己以求生路的。宋江便来扯那婆惜盖的被。妇人身边却有这件物，倒不顾被，两手只紧紧地抱住胸前。宋江扯开被来，却见这鸾带头正在那妇人胸前拖下来。宋江道："原来却在这里！"一不做，二不休，两手便来夺。那婆娘那里肯放。宋江在床边舍命的夺。不夺即要舍命，岂能不舍命来夺。婆惜死也不放。不放便死，放便不死，却死也不放。〇人间多有不放而致死者。宋江恨命只一拽，倒拽出那把压衣刀子在席上，宋江便抢在手里。那婆娘见宋江抢刀在手，叫："黑三郎杀人也！"只这一声，提起宋江这个念头来。那一肚皮气正没出处。婆惜却叫第二声时，宋江左手早按住那婆娘，右手却早刀落，去那婆惜颡子上只一勒，鲜血飞出。那妇人兀自吼哩，宋江怕他不死，再复一刀，那颗头伶伶仃仃落在枕头上。激情杀人。〇宋江本无杀人念头，乃是婆惜提起这个念头。婆惜更无让宋江杀己念头，却不知为何叫出杀人一声。此一声，不是婆惜声，乃是冥冥之中那神秘之声，借婆惜嗓子喊将出来也。连忙取过招文袋，抽出那封书来，便就残灯下烧了。走下楼来。

那婆子在下面睡，听他两口儿论口，倒也不着在意里。只听得女儿叫一声"黑三郎杀人也"，正不知怎地，慌忙跳起来，穿了衣裳，无此一句，则时间不对。无此一句，也情理不对。奔上楼来，却好和宋江打个胸厮撞。阎婆问道："你两口儿做甚么闹？"宋江道："你女儿忒无礼，被我杀了！"激情尚在。婆子笑道："却是甚话！便是押司生的眼凶，又酒性不好，专要杀人？押司休取笑老身。"宋江道："你不信时，去房里看，我真个杀了！"婆子道："我不信。"推开房门看时，只见血泊里挺着尸首。婆子道："苦也！却是怎地好！"宋江道："我是烈汉，一世也不走，随你要怎地。”呵呵。却是马上就走。婆子道：“这贱人果是不好，押司不错杀了，只是老身无人养赡！”这婆子应激反应，随机应变信如神。宋江道：“这个不妨。既是你如此说时，你却不用忧心。我颇有家计，只教你丰衣足食便了，快活过半世。”阎婆道：“恁地时却是好也！深谢押司！我女儿死在床上，怎地断送？”忽然惋惜宋江何不带此婆子上梁山，老谋深算胸有成竹急智应急绝不亚于吴用也！宋江道：“这个容易。我去陈三郎家买一具棺材与你。仵作行人入殓时，我自分付他来。我再取十两银子与你结果。”婆子谢道：“押司，只好趁天未明时讨具棺材盛了，邻舍街坊都不要见影。”说得是。宋江道：“也好。你取纸笔来，我写个票子与你去取。”阎婆道：“票子也不济事，须是押司自去取，便肯早早发来。”说得是。不待宋江说，我自觉得婆子说得是。宋江道：“也说得是。”

两个下楼来，婆子去房里拿了锁钥，出到门前，把门锁了，带了钥匙。天衣无缝。宋江与阎婆两个投县前来。此时天色尚早，未明，县门却才开。那婆子约莫到县前左侧，把宋江一把结住，发喊叫道：“有杀人贼在这里！”不待宋江吓煞，我已先吓煞。吓得宋江慌做一团，连忙掩住口道：“不要叫！”应急比婆子差了多少街区。那里掩得住。县前有几个做公的走将拢来看时，认得是宋江，便劝道：“婆子闭嘴！押司不是这般的人，有事只消得好说。”合情合理。须得这样一缓，方可等唐牛儿出场。阎婆道：“他正是凶首，与我捉住，同到县里。”原来宋江为人最好，上下爱敬，满县人没一个不让他，因此做公的都不肯下手拿他，又不信这婆子说。正在那里没个解救，恰好唐牛儿托一盘子洗净的糟姜来县前赶趁，正见这婆子结扭住宋江在那里叫冤屈。唐牛儿见是阎婆一把扭结住宋江，想起昨夜的一肚子鸟气来，便把盘子放在卖药的老王凳子上，钻将过来，喝道：“老贼虫，你做甚么结扭住押司？”婆子道：

“唐二！你不要来打夺人去，要你偿命也！”唐牛儿大怒，那里听他说？把婆子手一拆，拆开了，不问事由，叉开五指，去阎婆脸上只一掌，打个满天星。正还昨晚那一掌。那婆子昏撒了，只得放手。宋江得脱，往闹里一直走了。却道一世也不走。婆子便一把却结扭住唐牛儿，叫道：“宋押司杀了我的女儿，你却打夺去了！”又一个应急反应。唐牛儿慌道：“我那里得知！”阎婆叫道：“上下，替我捉一捉杀人贼则个！不时，须要带累你们！”绑架众做公的，高。众做公的只碍宋江面皮，不肯动手。拿唐牛儿时，须不担阁。众人向前，一个带住婆子，三四个拿住唐牛儿，把他横拖倒拽，直推进郓城县里来。做公的总是如此。正是：祸福无门，惟人自召；披麻救火，惹焰烧身。毕竟唐牛儿被阎婆结住，怎地脱身，且听下回分解。

第二十一回

阎婆大闹郓城县 朱仝义释宋公明

朱仝義釋宋公明

回前总评

宋江杀了阎婆惜，被阎婆揪住不放。唐牛儿帮助宋江脱身，又被阎婆抓到县衙。

宋江为何要杀阎婆惜？古代的批评家对此感到疑惑。有人说他“愚甚”，“把身家利害都不顾”（见王望如回末总评）。但他为什么要杀呢？其实很简单：往理智里说，阎婆惜掌握了他通同梁山的证据；往情感里说，他是被逼被戏弄被伤害后激情杀人！很多时候，一个行为不需要太多分析，只要把自己代入情景：你在那种情景下，是否会这样做。阎婆惜之死，与宋江无关，此女子碰到正常人，都会被杀死。

宋江一生杀了无数人，大多是罪过，但杀婆惜，是宋江一生杀人无算中唯一可以获得谅解的。《水浒传》诸多淫妇中，如潘金莲，如潘巧云，都有可爱妩媚的一面，令人同情的一面，而独此婆惜，真正愚蠢而无教养，毫不让人怜惜。所以，真正的问题其实不是宋江为何要杀阎婆惜，而是他杀人之后为何不是逃走，而是被阎婆哄骗至县衙。这问题的答案是：宋江没把杀人之罪放在心上，在本回中，搜查宋家的都头雷横也说，“宋押司他犯罪过……也未便该死罪”。即使杀人之事被呈送公堂，宋江也自信有办法可以解决。

他没把杀人看成真正的威胁。阎婆问宋江，女儿死在床上“怎地断送”，宋江答道：“这个容易。我去陈三郎家买一具棺材与你……再取十两银子与你结果。”总之，在宋江看来，凭借他的财力和权力，把一个杀人案处理干净，是件颇为“容易”的事。李卓吾在评语中问道，“(宋江)何不早走？”不早走，是因为不怕。但可惜，宋江对自己的力量自信过度了，反而被阎婆抓到县前，差点脱身不得。

不出宋江所料。阎婆把宋江杀人的事告上县衙，知县极力开脱宋江，奉命勾追宋江父亲宋太公并兄弟宋清的公人极力开脱宋江，奉命到宋家的朱仝找到宋江之后竟然劝宋江赶紧逃跑——他也极力开脱宋江。总之，郓城县上下，人人都知道宋江是杀人犯，但人人都开脱杀人犯。如果不是张文远让阎婆不断告状，宋江早就高枕无忧，逍遥法外了。

这回的回目很有意思，“阎婆大闹郓城县，朱仝义释宋公明”。阎婆惜被杀，阎婆作为受害者直系亲属，到郓城县告状，这本是受法律保护的基本权利，也是人间的基本公道。案件事实清楚，责任明确，郓城县理应恪尽职守，为受害者主持公道，将宋江绳之以法。但很奇怪，阎婆的正当要求竟然被描述成蛮横放肆的“大闹”，似乎只有接受凶手的收买、让受害者冤沉大海，才合情合理似的。朱仝，本县都头，四个月前放了晁盖，四个月后，又放了宋江。一件命案，身负缉捕凶手之责的警察，竟然放走凶手，还被称为“义释”。受害者被描述成面目狰狞的恶人，只因她要求惩办凶手；玩忽职守的警察被描述成“义重如山”(袁无涯本回末总评)的好汉，只因他放走凶手。

郓城县连续出了晁盖和宋江这两场大案。可是真正的罪犯，一个也没有得到法律的惩罚。他们全部逃脱了。这充分说明，法律是可以逃避的，就看你是否付得起各类成本。比如用来打点和行贿的钱财、人脉人情关系等等。晁盖付得起，他逃脱了；宋江付得起，他也逃脱了。

只有唐牛儿付不起，他既无现时的银子，又无过去积累的人脉，于是他成了替罪羊，几乎是代替宋江受到了法律的惩罚。于是：

一、你付得起这个代价，你就无须在乎法律。这就是为什么总有人无法无天，因为他们有权有势有钱有关系。

二、法律成为相关人员敛财的方便法门。既有人拿钱买法，就有人收钱卖法。这就是为什么，总有人以权谋私，权力寻租。

结果是，一件案子，涉及的三方：受害者，加害者，执法者，变成了这样的三方：受害者，付钱者，收钱者。受害者，冤沉大海；加害者，付了钱逍遥法外；执法者，收了钱中饱私囊。

法律呢？法律没了。所以，没有王法，是王时代的基本特征。

话说当时众做公的，拿住唐牛儿解进县里来。知县听得有杀人的事，慌忙出来升厅。众做公的把这唐牛儿簇拥在厅前，知县看时，只见一个婆子跪在左边，一个猴子跪在右边。绝倒。知县问道：“甚么杀人公事？”婆子告道：“老身姓阎，有个女儿唤做婆惜，典与宋押司做外宅。昨夜晚间，我女儿和宋江一处吃酒，这个唐牛儿，一径来寻闹，叫骂出门，邻里尽知。今早宋江出去走了一遭回来，把我女儿杀了。老身结扭到县前，这唐二又把宋江打夺了去，告相公做主！”知县道：“你这厮怎敢打夺了凶身？”却不问凶身何处，妙。唐牛儿告道：“小人不知前后因依。只因昨夜去寻宋江搪碗酒吃，被这阎婆叉小人出来，今早小人自出来卖糟姜，遇见阎婆结扭宋押司在县前，小人见了不合去劝他，劝。牛儿不笨。他便走了。却不知他杀死他女儿的缘由。”实话。知县喝道：“胡说！宋江是个君子诚实的人，如何肯造次杀人？是。本该是。这人命之事，必然在你身上！胡说。左右在那里？”便唤当厅公吏。当下转上押司张文远来，见说阎婆告宋江杀了他女儿，正是他的表子，随即取了各人口词，就替阎婆写了状子，叠了一宗案，便唤当地方仵作行人并坊厢里正邻佑一干人等，来到阎婆家，开了门，取尸首登场检验了。身边放着行凶刀子一把。当日再三看验得系是生前项上被刀勒死。众人登场了当。尸首把棺木盛了，寄放寺院里，将一干人带到县里。

知县却和宋江最好，有心要出脱他，只把唐牛儿来再三推问。故意耽搁。亏得宋江是一世也不走的主，若是鲁达、晁盖，却早一道烟走了。唐牛儿供道：“小人并不知前后。”知县道：“你这厮如何隔夜去他家寻闹？一定你有干涉！”唐牛儿告道：“小人一时撞去搪碗酒吃。”知县道：“胡说！打这厮！”故意打断。左右两边狼虎一般公人把这唐牛儿一索捆翻了，打到三五十，前后语言一般。牛儿，牛！〇定是有股子牛倔，才被人称作牛儿。知县明知他不知情，一心要救宋江，只把他来勘问。恶。且叫取一面枷来钉了，禁在牢里。恶。

那张文远上厅来禀道：“虽然如此，见有刀子是宋江的压衣刀，必须去拿宋江来对问，便有下落。”虽说是私情，说的却在理。知县吃他三回五次来禀，遮掩不住，只得差人去宋江下处捉拿。只得。宋江已自在逃去了。自在，妙词。〇没有县令拖延，何得宋江自在。只拿得几家邻人来回话：“凶身宋江在逃，不知去向。”又一个只得。张文远又禀道：“犯人宋江逃去，他父亲宋太公并兄弟宋清见在宋家村居住，可以勾追到官，责限比捕，跟寻宋江到官理问。”知县本不肯行移，只要朦胧做在唐牛儿身上，恶。日后自慢慢地出他。怎当这张文远立主文案，唆使阎婆上厅，只管来告。

知县情知阻当不住，只得押纸公文，差三两个做公的去宋家庄勾追宋太公并兄弟宋清。公人领了公文，来到宋家村宋太公庄上。太公出来迎接，至草厅上坐定。公人将出文书，递与太公看了。看前不诧异，看后不慌张，明显宋江在家。宋太公道："上下请坐，容老汉告禀。态度从容。老汉祖代务农，守此田园过活。不孝之子宋江，自小忤逆，不肯本分生理，要去做吏，做吏即是不本分，骂人不小。〇公人自当忸怩。百般说他不从。因此老汉数年前，本县官长处告了他忤逆，出了他籍，不在老汉户内人数。他自在县里住居，老汉自和孩儿宋清，在此荒村守些田亩过活。他与老汉水米无交，并无干涉。老汉也怕他做出事来，连累不便，因此在前官手里，告了执凭文帖在此存照。老汉取来，教上下看。"众公人都是和宋江好的，明知道这个是预先开的门路，苦死不肯做冤家。众人回说道："太公既有执凭，把将来我们看，抄去县里回话。"太公随即宰杀些鸡鹅，置酒管待了众人，赍发了十数两银子，取出执凭公文，教他众人抄了。众公人相辞了宋太公，自回县去回知县的话，说道："宋太公三年前出了宋江的籍，告了执凭文帖，见有抄白在此，难以勾捉。"知县又是要出脱宋江的，便道："既有执凭公文，他又别无亲族，只可出一千贯赏钱，行移诸处，海捕捉拿便了。"便了。

那张三又挑唆阎婆，去厅上披头散发来告道：披头散发，也是教的。"宋江实是宋清隐藏在家，不令出官。相公如何不与老身做主，去拿宋江？"知县喝道："他父亲已自三年前告了他忤逆在官，出了他籍，见有执凭公文存照，如何拿得他父亲兄弟来比捕？"阎婆告道："相公，谁不知道他叫做孝义黑三郎，这执凭是个假的。只是相公做主则个！”知县道：“胡说！前官手里押的印信公文，如何是假的？”阎婆在厅下叫屈叫苦，哽哽咽咽地价哭，告道：“相公，人命大如天，若不肯与老身做主时，只得去州里告状。只是我女儿死得甚苦！”那张三又上厅来替他禀道：“相公不与他行移拿人时，这阎婆上司去告状，倒是利害。原来大宋还是可以越级告的。倘或来提问时，小吏难去回话。”知县情知有理，只得押了一纸公文，便差朱仝、雷横二都头当厅发落：“你等可带多人，去宋家村宋大户庄上，搜捉犯人宋江来。”朱、雷二都头领了公文，便来点起土兵四十余人，径奔宋家庄上来。

宋太公得知，慌忙出来迎接。公人来，太公不慌，原来一切都在掌握之中。土兵来，太公慌忙起来，知道要真抓人了。朱仝、雷横二人说道：“太公，休怪我们。上司差遣，盖不由己。你的儿子押司见在何处？”宋太公道：“两位都头在上：我这逆子宋江，言语之间，还是父子。他和老汉并无干涉，前官手里已告开了他，见告的执凭在此。已与宋江三年多各户另籍，不同老汉一家过活，亦不曾回庄上来。”朱仝道：“然虽如此，我们凭书请客，奉帖勾人，公人言语。官话堂皇。难凭你说不在庄上。你等我们搜一搜看，好去回话。”——便叫土兵三四十人围了庄院，做得像。○都做在雷横前头。——“我自把定前门，雷都头，你先入去搜”。天衣无缝。○你先入者，必有我后入也。既分先后，必有鬼也。

雷横便入进里面，庄前庄后搜了一遍，出来对朱仝说道：“端的不在庄里。”朱仝道：“我只是放心不下，雷都头，你和众弟兄把了门，我亲自细细地搜一遍。”鬼来了。宋太公道：“老汉是识法度的人，可发一笑。如何敢藏在庄里？”朱仝道：“这个是人命的公事，你却嗔怪我们不得。”太公道：“都头尊便，自细细地去搜。”朱仝道：“雷都头，你监着太公在这里，休教他走动。”岂是雷横监太公，乃是太公拴雷横也。朱仝自进庄里，把朴刀倚在壁边，把门来拴了，鬼。走入佛堂内去，把供床拖在一边，揭起那片地板来。板底下有条索头，将索子头只一拽，铜铃一声响，却是怪哉。宋江从地窨子里钻将出来，见了朱仝，吃那一惊。却不知宋江出来时，读者已自大惊。朱仝道：只有朱仝不惊。○朱大哥，你吓着读者，吓着宋江了。“公明哥哥，休怪小弟捉你。只为你闲常和我最好，有的事都不相瞒。一日酒中，兄长曾说道：‘我家佛堂底下有个地窨子，上面供的三世佛，佛座下有片地板盖着，上便压着供床。你有些紧急之事，可来这里躲避。’小弟那时听说，记在心里。世上最有用者，有心之人。世上最可怕者，也是有心之人。今日本县知县差我和雷横两个来时，没奈何，要瞒生人眼目。相公也有觑兄长之心，只是被张三和这婆子在厅上发言发语，道本县不做主时，定要在州里告状，因此上又差我两个来搜你庄上。我只怕雷横执着，不会周全人，倘或见了兄长，没个做圆活处，因此小弟赚他在庄前，一径自来和兄长说话。此地虽好，也不是安身之处，倘或有人知得，来这里搜着，如之奈何？”

宋江道：“我也自这般寻思。若不是贤兄如此周全，宋江定遭缧绁之厄。”朱仝道：“休如此说。兄长却投何处去好？”却不提梁山泊。晁盖宋江不同之故也。宋江道：“小可寻思，有三个安身之处。一是沧州横海郡小旋风柴进庄上；二乃是青州清风寨小李广花荣处；三者是白虎山孔太公庄上，他有两个孩儿，长男叫做‘毛头星’孔明，次子叫做‘独火星’孔亮，多曾来县里相会。那三处在这里踌躇未定，不知投何处去好。”不是宋江要告知朱仝这三处，乃是为下文伏笔。朱仝道：“兄长可以作急寻思，当行即行。今晚便可动身，切勿迟延自误。”宋江道：“上下官司之事，全望兄长维持，金帛使用，只顾来取。”朱仝道：“这事放心，都在我身上，兄长只顾安排去路。”宋江谢了朱仝，再入地窨子去。

朱仝依旧把地板盖上，还将供床压了，开门，拿朴刀，出来说道："真个没在庄里。"叫道："雷都头，我们只拿了宋太公去，如何？"玩人。不是把人当傻子，是为自己洗干净。○朱仝不如此，作者何以写雷横心思？○留戏份给雷横演。雷横见说要拿宋太公去，寻思："朱仝那人和宋江最好，他怎地颠倒要拿宋太公？这话一定是反说，他若再提起，我落得做人情！"朱仝、雷横叫拢土兵，都入草堂上来。宋太公慌忙置酒管待众人。朱仝道："休要安排酒食，且请太公和四郎同到本县里走一遭。"雷横道："四郎如何不见？"宋太公道："老汉使他去近村打些农器，不在庄里。宋江那厮，言语之间，不是父子。自三年已前把这逆子告出了户，见有一纸执凭公文在此存照。"朱仝道："如何说得过！我两个奉着知县台旨，叫拿你父子二人，自去县里回话！"已有人情在宋江处，此处不妨让一份人情与雷横。一者测知雷横心思，二者洗清自己干系。雷横道："朱都头，你听我说：宋押司他犯罪过，其中必有缘故，也未便该死罪。既然太公已有执凭公文，系是印信官文书，又不是假的，我们须看押司日前交往之面，权且担负他些个，只抄了执凭去回话便了。"朱仝寻思道："我自反说，要他不疑。"朱仝道："既然兄弟这般说了，我没来由做甚么恶人！"宋太公谢了道："深感二位都头相觑。"随即排下酒食犒赏众人，将出二十两银子送与两位都头。朱仝、雷横坚执不受，把来散与众人——四十个土兵——分了。抄了一张执凭公文，相别了宋太公，离了宋家村，朱、雷二位都头自引了一行人回县去了。

县里知县正值升厅，见朱仝、雷横回来了，便问缘由。两个禀道："庄前庄后，四围村坊，搜遍了二次，其实没这个人。宋太公卧病在床，不能动止，早晚临危。又添油加醋。宋清已自前月出外未回。择清宋清。因此只把执凭抄白在此。"知县道："既然如此……"一面申呈本府，一面动了一纸海捕文书，不在话下。县里有那一等和宋江好的相交之人，都替宋江去张三处说开。那张三也耐不过众人面皮，况且婆娘已死了，张三又平常亦受宋江好处，因此也只得罢了。一条人命，罢了。朱仝自凑些钱物把与阎婆，教不要去州里告状。这婆子也得了些钱物，没奈何，只得依允了。大宋亦如此维稳。○谁能有奈何。又能奈谁何。○你没有办法，他有法办你。朱仝又将若干银两教人上州里去使用，文书不要驳将下来。又得知县一力主张，出一千贯赏钱，行移开了一个海捕文书，只把唐牛儿问做成个“故纵凶身在逃”，脊杖二十，刺配五百里外；和谁说理去。干连的人尽数保放宁家。

且说宋江他是个庄农之家，如何有这地窨子？原来故宋时，为官容易，做吏最难。为甚的为官容易？皆因那时朝廷奸臣当道，谗佞专权，非亲不用，非财不取。为甚做吏最难？那时做押司的但犯罪责，轻则刺配远恶军州，重则抄扎家产，结果了残生性命。怪不得留下的都吏道纯熟。以此预先安排下这般去处躲身。宋江周到老练。又恐连累父母，教爹娘告了忤逆，出了籍册，各户另居，官给执凭公文存照，不相来往，却做家私在屋里。与当今假离婚有得一比。宋时多有这般算的。今时多有这般算的。

且说宋江从地窨子出来，和父亲、兄弟商议：“今番不是朱仝相觑，须吃官司，此恩不可忘报。如今我和兄弟两个，且去逃难。天可怜见，若遇宽恩大赦，出路在朝廷大赦，不在江湖大弄。后来先江湖大弄，再朝廷招安。那时回来，父子相见。父亲可使人暗暗地送些金银去与朱仝，央他上下使用，及资助阎婆些少，免得他上司去告扰。”太公道：“这事不用你忧心。你自和兄弟宋清，在路小心。若到了彼处，那里使个得托的人，寄封信来。”须有此语。当晚弟兄两个，拴束包裹。到四更时分起来，洗漱罢，吃了早饭，两个打扮动身。

宋江戴着白范阳毡笠儿，上穿白缎子衫，系一条梅红纵线绦，下面缠脚绑衬着多耳麻鞋。宋清做伴当打扮，背了包裹，都出草厅前，拜辞了父亲。只见宋太公洒泪不住，又分付道："你两个前程万里，休得烦恼。"是人间父子相别的情景，太公洒泪，我亦洒泪。宋江、宋清却分付大小庄客，早晚殷勤伏侍太公，休教饮食有缺。弟兄两个，各跨了一口腰刀，都拿了一条朴刀，径出离了宋家村。

两个取路登程，正遇着秋末冬初。弟兄两个行了数程，在路上思量道："我们却投奔兀谁的是？"宋清答道："我只闻江湖上人传说沧州横海郡柴大官人名字，说他是大周皇帝嫡派子孙，只不曾拜识。何不只去投奔他？人都说他仗义疏财，专一结识天下好汉，救助遭配的人，是个见世的孟尝君。我两个只投奔他去。"宋江道："我也心里是这般思想。他虽和我常常书信来往，无缘分上，不曾得会。"两个商量了，径望沧州路上来。途中免不得登山涉水，过府冲州。但凡客商在路，早晚安歇，有两件事不好：吃癞碗，睡死人床。闲话。且把闲话提过，只说正话。

宋江弟兄两个不则一日来到沧州界分。问人道："柴大官人庄在何处？"问了地名，一径投庄前来，便问庄客："柴大官人在庄上也不？"庄客答道："大官人在东庄上收租米，不在庄上。"宋江便问："此间到东庄有多少路？"庄客道："有四十余里。"宋江道："从何处落路去？"庄客道："不敢动问二位官人高姓？"宋江道："我是郓城县宋江的便是。"庄客道："莫不是及时雨宋押司么？"连庄客都知大名。〇岂是写宋江，乃是写柴进。宋江道："便是。"庄客道："大官人时常说大名，只怨怅不能相会。既是宋押司时，小人引去。"

庄客慌忙便领了宋江、宋清，径投东庄来。没三个时辰，一天十二个时辰，每个时辰两小时。○东庄够远，柴进田亩够多。早来到东庄。庄客道："二位官人，且在此亭上坐一坐，待小人去通报大官人出来相接。"宋江道："好。"自和宋清在山亭上，倚了朴刀，解下腰刀，歇了包裹，坐在亭子上。那庄客入去不多时，只见那座中间庄门大开，隆重。柴大官人引着三五个伴当，慌忙跑将出来，亲切。亭子上与宋江相见。柴大官人见了宋江，拜在地下，口称道："端的想杀柴进！天幸今日甚风吹得到此，大慰平生渴仰之念，多幸！多幸！"文绉绉的。宋江也拜在地下，两个都在地下，如画。答道："宋江疏顽小吏，今日特来相投。"开门见山。柴进扶起宋江来，口里说道："昨夜灯花，今早鹊噪，不想却是贵兄降临。"文绉绉。满脸堆下笑来。宋江见柴进接得意重，心里甚喜，便唤兄弟宋清也相见了。柴进喝叫伴当："收拾了宋押司行李，在后堂西轩下歇处。"

柴进携住宋江的手，亲热。入到里面正厅上，分宾主坐定。庄重。柴进道："不敢动问，闻知兄长在郓城县勾当，做事。如何得暇来到荒村敝处？"宋江答道："久闻大官人大名，如雷贯耳。虽然节次收得华翰，只恨贱役无闲，不能够相会。宋江今日也文绉绉起来。今日宋江不才，做出一件没出豁的事来，弟兄二人寻思，无处安身，想起大官人仗义疏财，特来投奔。"柴进听罢，笑笑。○柴进一笑，宋江定心。道："兄长放心。遮莫做下十恶大罪，既到敝庄，但不用忧心。不是柴进夸口，任他捕盗官军，不敢正眼儿觑着小庄。"宋江便把杀了阎婆惜的事，一一告诉了一遍。柴进笑再笑。原来只是这般小事。将起来，说道："兄长放心。便杀了朝廷的命官，劫了府库的财物，柴进也敢藏在庄里。"柴进亦豪杰。○宋江到此当自卑，长见识长胆量。○见识过柴进，宋江才敢在清风山大闹。说罢，便请宋江弟兄两个洗浴。随即将出两套衣服、巾帻、丝鞋、净袜，教宋江弟兄两个换了出浴的旧衣裳。两个洗了浴，都穿了新衣服，宴请奔波客之前，须有此安排。庄客自把宋江弟兄的旧衣裳送在歇宿处。细。

柴进邀宋江去后堂深处，已安排下酒食了，惬意。便请宋江正面坐地，柴进对席，宋清有宋江在上，侧首坐了。三人坐定，有十数个近上的庄客并几个主管，轮替着把盏，伏侍劝饮。欢乐。柴进再三劝宋江弟兄，宽怀饮几杯，愁怀至此始宽，胆量至此更大。宋江称谢不已。酒至半酣，三人各诉胸中朝夕相爱之念。看看天色晚了，点起灯烛。宋江辞道："酒止。"柴进那里肯放，直吃到初更左侧。宋江起身去净手，柴进唤一个庄客提碗灯笼，引领宋江东廊尽头处去净手。便道："我且躲杯酒。"大宽转穿出前面廊下来，俄延走着，却转到东廊前面。宋江已有八分酒，脚步趄了，只顾踏去。

那廊下有一个大汉，因害疟疾，当不住那寒冷，把一锨火在那里向。宋江仰着脸，只顾踏将去，正跐在火锨柄上，把那火锨里炭火都掀在那汉脸上。那汉吃了一惊，惊出一身汗来。那汉气将起来，把宋江劈胸揪住，大喝道："你是甚么鸟人？敢来消遣我！"我却怪你是什么鸟人。宋江也吃一惊，正分说不得，那个提灯笼的庄客慌忙叫道："不得无礼！这位是大官人最相待的客官。"丑。那汉道："'客官'，'客官'，我初来时也是'客官'，也曾'最相待'过，如今却听庄客搬口，便疏慢了我，正是'人无千日好'！"要人千日好，要花百日红，那是你自己的错。却待要打宋江，那庄客撇了灯笼，便向前来劝。

正劝不开，只见两三碗灯笼飞也似来，柴大官人亲赶到，说："我接不着押司，如何却在这里闹？"那庄客便把跐了火锨的事说一遍，柴进笑道："大汉，称武松为大汉，乃见出柴进一直不识武松也。你不认得这位奢遮意为：了不起；出色。的押司？"那汉道："奢遮杀，问他敢比得我郓城宋押司？他可能？""我"字亲切。突然说出宋押司，颇无道理，却甚有道理：盖武松欲以宋江嘲柴进也。柴进大笑道："大汉，你认得宋押司不？”那汉道：“我虽不曾认得，江湖上久闻他是个及时雨宋公明，是个天下闻名的好汉。”柴进问道：“如何见得他是天下闻名的好汉？”若无此一句，更好。○我若是金圣叹，当删此一句去，直接“他便是真大丈夫”。那汉道：“却才说不了，他便是真大丈夫，有头有尾，有始有终，不是赞宋江，而是骂柴进。我如今只等病好时，便去投奔他。”岂是真去投奔宋江，不过以此寒碜柴进。柴进道：“你要见他么？”那汉道：“不要见他说甚的！”柴进道：“大汉，远便十万八千里，近便只在面前。”柴进指着宋江，便道：“此位便是及时雨宋公明。”那汉道：“真个也不是？”宋江见柴进，大笑。大汉见宋江，泪奔。宋江道：“小可便是宋江。”那汉定睛看了看，犹疑是梦中。纳头便拜，说道：“我不信今日早与兄长相见！”柴进见宋江，相见恨晚。大汉见宋江，犹疑何早！宋江道：“何故如此错爱？”那汉道：“却才甚是无礼，万望恕罪。有眼不识泰山！”跪在地下，那里肯起来？宋江慌忙扶住道：“足下高姓大名？”

柴进指着那汉，说出他姓名，何处人氏。武松出场。有分教：山中猛虎，见时魄散魂离；林下强人，撞着心惊胆裂。正是：说开星月无光彩，道破江山水倒流。毕竟柴大官人说出那汉还是何人，且听下回分解。

第二十二回

横海郡柴进留宾　景阳冈武松打虎

橫海郡柴進留賓

回前总评

武松出场时，正躲在柴进庄上。秋末冬初，身患疟疾，躲在廊下烤火。这时的武松，穷愁落魄，受人白眼，毫无英雄气概。柴进一向仗义疏财，专一结识天下英雄好汉，但他并没有识鉴英雄的慧眼。在柴进眼中，武松也许只是一个江湖上杀人亡命的无名之辈。

宋江的过人之处，首先就在于他善于知人，一眼就能把一个大英雄从芸芸众生中鉴别出来，发现他们的真面目和隐藏在憔悴颓唐外表下的非凡潜质。对江湖英雄，宋江有一种天然的笼络欲望。这是做领袖人物最重要的素质。

宋江以客居身份做主人的事，出钱帮武松做衣服，显然会让柴进心中不快。尤其是武松还曾指桑骂槐，借宋江讥讽过柴进。宋江本是个谨慎小心、礼数周到的人，他不可能不知道这样做会挤兑柴进，但他仍然做了。他这样做是因为，在他看来笼络武松比避免让柴进不快更重要，甚至可以理解为在宋江心目中，武松比柴进更值得在意和用心笼络。结果柴进赶紧取出一箱缎匹绸绢，教做三人的称体衣裳。宋江用柴进的钱，买了武松的心。

宋江对人，一个最大优点，就是用心。你说他工于心计也好，你说他有心机有城府也好，事实上他确实是用心了。有了这个心，他才能买到武松的心。

武松出身清河县的小市民。从小父母双亡，由矮小、懦弱的哥哥武大郎抚养长大，因此，武松从小就必须自己保护自己的生活，保护自己的尊严。独特的成长经历造成了武松性格的一些特点：心思细密、冷眼向人，对恩情和仇恨都特别敏感，异常自信而不信任他人，甚至有些傲慢和唯我独尊。这实际上都出于强烈的防范和自我保护心态。武松的傲慢自负，和缜密细致的背后，都有一种自卑心理在。

柴进接济武松一年，换来的却是武松一腔怨气，抱怨“人无千日好，花无百日红”。但这并非出于武松性格的暴躁——武松其实是一个待人接物非常缜密妥帖的人。他如此讥讽柴进，是为了表达被忽视和疏远的不满，或者说，是在呼唤更多的温情和庇护。所以，一旦受到宋江的笼络和礼遇，他先前的坏毛病都消失了。他又获得了父兄般的关爱，获得了亲情和归属感，这大大平衡了他敏感而失衡的心灵。

在《水浒传》中，武松的故事和其他好汉有一点不同，就是心理剖析的意味非常浓重。武松出场后的第一幕精彩，就是景阳冈打虎。

鲁智深一出场，是打，打的是人，恶霸镇关西；林冲一出场，是不打，不打的也是人，色狼高衙内。打有打的道理，鲁智深这样个性的人，碰到镇关西这样的市井恶霸，怎能不打；不打有不打的原因，林冲这样性格的人，碰到顶头上司高太尉的养子，只能忍气吞声。

武松一出场，也是打，不过不是打人，而是打虎。

面对人，鲁达选择打。林冲选择不打。

面对老虎，武松是选择打，还是不打？我说：是打，也是不打。

武松是特别爱炫耀、好逞能的人，打死一只老虎，可以让他炫耀一辈子。他后来就是时时拿自己的打虎经历炫耀于人。所以他想打。

为什么又说他不想打呢？是他怕。在武松打虎之前，作者连写三次武松说“不怕”，实际上就是要写出他的“怕”。

第一次，酒家告诉他虎情，他说：“你休说这般鸟话来吓我！便有大虫，我也不怕！”第二次，酒家要他进屋看官司榜文，他拒绝：“你鸟做声！便真个有虎，老爷也不怕！”第三次，来到冈下，见大树白皮上的警告，他笑：“这是酒家诡诈，惊吓那等客人，便去那厮家里宿歇。我却怕甚么鸟！”你看，一连三次，都说不怕！但是——第一次，是他根本不相信有虎；第二次，他不愿在人前露怯，既然当自己是英雄，那老爷我就不能像普通人那样怕；第三次，半信半疑，自言自语，是自己给自己打气。

当他走上景阳冈，见到山神庙门上印信榜文，知道真的有虎时，他是怎么反应的呢？第一反应是：“欲待转身再回酒店”；第二反应是：怕人耻笑不是好汉，难以转去；第三反应是：存想了一回，想回去，碍于面子不能回，只好硬着头皮往前走，一步步上那冈子来，这“一步步”，是艰难的，是滞重的，他自言自语给自己壮胆：“哪得甚么大虫！人自怕了，不敢上山。”又是自我安慰，又是自我欺骗。犹如走夜路的人吹口哨，不是不怕，恰恰是因为怕。武松不想打虎，武松不敢打虎，但武松不得不打虎——此时，狂风起处，虎来了，他已没有退路了。

武松太要面子了。一个自信和骄傲的人，往往也是最要面子的人。武松为什么难以转去？因为怕别人耻笑。被别人耻笑，比老虎还可怕。套用孔子一句话“苛政猛于虎”，在武松看来，是“耻笑猛于虎”。好汉是不能被人耻笑的；被人耻笑了，就做不得好汉了。所以对好汉来说，面子比性命重要。

西方中世纪的贵族、圆桌骑士，也是把名誉看得高过生命。看来，无论是西方中世纪骑士，还是中国中世纪好汉，都有一种品性——好面子。如果说今天是不要脸的时代；那么，中世纪就是要面子的世纪。谁说好面子就是虚荣呢？好面子是可爱的，好面子是可贵的。好面子源于一种骄傲的个性。骄傲的个性，相比卑贱的个性，是高贵的、可贵的、珍贵的。至少，好面子的人，不会太下流。

好面子，就是有耻。而有耻，是中国传统文化对人的基本要求。孔子讲，一个得到很好治理的国家，一个有着精神文明的国家，其人民一定是“有耻且格”——有羞耻心且行为举止体面。而一个有着自我品格的人，也要“行己有耻”——自己的品行和行为，都要有羞耻心。孟子更把“羞耻心”作为人的四大基本良心之一。一旦失去羞耻心，就叫“无耻”。

好面子，就是要脸。要脸好不好，我们可以反过来看：不要脸好不好？不要脸不好，所以，要脸好。要脸为什么好，我们来看武松：武松对虎，不想打，不敢打，也不会打。只因为他要脸，好面子，好自负，好逞能，逼得自己没了退路，只好打了。打了，也就真的打死了。逞英雄，他也就真的成了英雄。

很多大事，都是自己逼着自己勉为其难一步一步做出来的。人，有时要逼自己，逼出自己的潜能，逼出自己的神勇。不逼，你哪里知道你能做多大的事呢？哪里能成就一世英名呢？

话说宋江因躲一杯酒，去净手了，转出廊下来，跐了火锨柄，引得那汉焦躁，跳将起来，就欲要打宋江。柴进赶将出来，偶叫起宋押司，因此露出姓名来。那大汉听得是宋江，跪在地下，那里肯起，说道："小人'有眼不识泰山'！一时冒渎兄长，望乞恕罪！"宋江扶起那汉，问道："足下是谁？高姓大名？"柴进指着道："这人是清河县人氏，姓武名松，排行第二，已在此间一年了。"柴进不看重武松。宋江道："江湖上多闻说武二郎名字，不期今日却在这里相会。多幸，多幸！"柴进道："偶然豪杰相聚，实是难得，就请同做一席说话。"刚才为何不聚豪杰，此前为何不做一席。〇柴进不识武松，也不知宋江也。宋江大喜，携住武松的手，宋江专爱携手。一同到后堂席上，便唤宋清与武松相见。小心结纳。柴进便邀武松坐地，宋江连忙让他一同在上面坐。不是让出上面，而是一同坐，宋江有身份。武松那里肯坐。谦了半晌，武松坐了第三位。

柴进教再整杯盘，来劝三人痛饮。宋江在灯下看了武松这表人物，知人之贵。心中欢喜，写出宋江胸怀。便问武松道："二郎因何在此？"武松答道："小弟在清河县，因酒后醉了，与本处机密管理县衙机密房的人。相争，一时间怒起，只一拳，打得那厮昏沉。小弟只道他死了，因此一径地逃来，投奔大官人处来躲灾避难，今已一年有余。后来打听得那厮却不曾死，救得活了，今欲正要回乡去寻哥哥，不想染患疟疾，不能够动身回去。却才正发寒冷，在那廊下向火，被兄长跐了锨柄，吃了那一惊，惊出一身冷汗，敢怕病倒好了。"病不好，如何展开下文。

宋江听了大喜。当夜饮至三更。酒罢，宋江就留武松在西轩下做一处安歇。恨不得睡一张床。次日起来，柴进安排席面，杀羊宰猪，管待宋江，不在话下。过了数日，宋江将出些银两来与武松做衣裳，恨不得穿一条裤子。〇不怕柴进难看。柴进知道，那里肯要他坏钱？自取出一箱段匹绸绢。门下自有针工，便教做三人的称体衣裳。用柴进的钱，买武松的心。

说话的，柴进因何不喜武松？我正等你交代。原来武松初来投奔柴进时，也一般接纳管待。次后在庄上，但吃醉了酒，性气刚，庄客有些管顾不到处，他便要下拳打他们，因此满庄里庄客没一个道他好。众人只是嫌他，都去柴进面前告诉他许多不是处。柴进虽然不赶他，只是相待得他慢了。

却得宋江每日带挈他一处饮酒相陪，武松的前病都不发了。原是心病。世人诸般病都是心病。〇世上诸般事都是心事。世上诸般情都是心情。世上诸般境都是心境。世上诸般理都是心理。相伴宋江住了十数日，武松思乡，要回清河县看望哥哥。柴进、宋江两个都留他再住几时，武松道："小弟因哥哥多时不通信息，只得要去望他。"这世界仅此一个亲人。〇看伏笔在此。宋江道："实是二郎要去，不敢苦留。如若得闲时，再来相会几时。"武松相谢了宋江。柴进取出些金银送与武松，武松谢道："实是多多相扰了大官人！"疾病痊愈、心灵平衡之后，武松恢复了本色，告别时这一句，非常得体。武松缚了包裹，拴了哨棒，要行。柴进又治酒食送路。武松穿了一领新纳红绸袄，戴着个白范阳毡笠儿，背上包裹，提了杆棒，有大用。相辞了便行。宋江道："贤弟少等一等。"回到自己房内，取了些银两，爱财之人，常常卖人以求财；爱人之人，常常散财以笼人。〇财散人聚，财聚人散。赶出到庄门前来，说道："我送兄弟一程。"

宋江和兄弟宋清两个等武松辞了柴大官人，宋江也道："大官人，暂别了便来。"三个离了柴进东庄，行了五七里路，武松作别道："尊兄，远了，请回。柴大官人必然专望。"以客送客，视主人如何？〇已然架空柴进。宋江道："何妨再送几步。"路上说些闲话，不觉又过了三二里。武松挽住宋江手道："尊兄不必远送。常言道：'送君千里，终须一别。'"宋江指着道："容我再行几步。兀那官道上有个小酒店，我们吃三钟了作别。”三个来到酒店里，宋江上首坐了，武松倚了哨棒，下席坐了，宋清横头坐定。便叫酒保打酒来，且买些盘馔、果品、菜蔬之类，都搬来摆在桌子上。三人饮了几杯，看看红日半西，武松便道：“天色将晚。哥哥不弃武二时，就此受武二四拜，拜为义兄。”看别人结拜，是喜；看武松拜兄，却是悲。盖人生寂寥，一人伶仃；江湖沧凉，孤子寒冷。宋江大喜。武松纳头拜了四拜，宋江叫宋清身边取出一锭十两银子，送与武松。武松那里肯受？说道：“哥哥客中自用盘费。”宋江道：“贤弟，不必多虑。你若推却，我便不认你做兄弟。”话语主导权。武松只得拜受了，收放缠袋里。宋江取些碎银子，还了酒钱。武松拿了哨棒，三个出酒店前来作别。武松堕泪，拜辞了自去。武松自小失怙，倍觉人生寒凉。○突然体会得武松心情，我亦感伤。

宋江和宋清立在酒店门前，望武松不见了，方才转身回来。行不到五里路头，只见柴大官人骑着马，背后牵着两匹空马来接。柴进周到。宋江望见了大喜，一同上马回庄上来。下了马，请入后堂饮酒。宋江弟兄两个，自此只在柴大官人庄上。放下话头，腾出手来写武松。

话分两头。只说武松自与宋江分别之后，武十回开始。当晚投客店歇了。次日早起来，打火吃了饭，还了房钱，拴束包裹，提了哨棒，不忘哨棒。便走上路。寻思道：“江湖上只闻说及时雨宋公明，果然不虚。结识得这般弟兄，也不枉了！”犹在回味中。武松在路上行了几日，来到阳谷县地面。此去离县治还远。当日晌午时分，走得肚中饥渴，望见前面有一个酒店，挑着一面招旗在门前，上头写着五个字道：“三碗不过冈。”却是怪名字。武松入到里面坐下，把哨棒还是哨棒。倚了，叫道：“主人家，快把酒来吃。”如闻其声。只见店主人把三只碗，一双箸，一碟熟菜，放在武松面前，满满筛一碗酒来。武松拿起碗一饮而尽，叫道：“这酒好生有气力！打虎正须气力。○尊嫂一见二哥，也心中暗想必然好气力。○两处气力，却都暗伏在此处。主人家，有饱肚的买些吃酒。”酒家道：“只有熟牛肉。”武松道：“好的切二三斤来吃酒。”店家去里面切出二斤熟牛肉，做一大盘子，将来放在武松面前，随即再筛一碗酒。武松吃了道：“好酒！”又筛下一碗。恰好吃了三碗酒，再也不来筛。

武松敲着桌子叫道：“主人家，怎的不来筛酒？”酒家道：“客官，要肉便添来。”武松道：“我也要酒，也再切些肉来。”酒家道：“肉便切来添与客官吃，酒却不添了。”武松道：“却又作怪！”我也怪。便问主人家道：“你如何不肯卖酒与我吃？”酒家道：“客官，你须见我门前招旗，上面明明写道：‘三碗不过冈。’”武松道：“怎地唤做三碗不过冈？”酒家道：“俺家的酒虽是村酒，却比老酒的滋味。但凡客人来我店中，吃了三碗的便醉了，过不得前面的山冈去。因此唤做‘三碗不过冈’。若是过往客人到此，只吃三碗，更不再问。”武松笑道：“原来恁地。我却吃了三碗，如何不醉？”酒家道：“我这酒叫做‘透瓶香’，又唤做‘出门倒’。好名字。令我想起“闷倒驴”来。初入口时，醇酞好吃，少刻时便倒。”武松道：“休要胡说！没地不还你钱，再筛三碗来我吃！”酒家见武松全然不动，又筛三碗。读者精细着：六碗了。

武松吃道：“端的好酒！主人家，我吃一碗，还你一碗钱，只顾筛来！”豪气冲天。酒家道：“客官，休只管要饮，这酒端的要醉倒人，没药医。”武松道：“休得胡鸟说！本相渐渐露出。便是你使蒙汗药在里面，我也有鼻子。”伏孙二娘。店家被他发话不过，一连又筛了三碗。九碗。武松道：“肉便再把二斤来吃。”酒家又切了二斤熟牛肉，再筛了三碗酒。十二碗。○酒家死心眼，每次添酒，都是三碗。武松吃得口滑，只顾要吃，去身边取出些碎银子，叫道：“主人家，你且来看我银子，还你酒肉钱够么？”如闻其声。酒家看了道：“有余，还有些贴钱与你。”武松道：“不要你贴钱，只将酒来筛。”酒家道：“客官，你要吃酒时，还有五六碗酒哩！只怕你吃不得了。”武松道：“就有五六碗多时，你尽数筛将来。”吃尽你。酒家道：“你这条长汉，倘或醉倒了时，怎扶得你住？”忽然借酒家口写出武松气象。武松答道：“要你扶的不算好汉！”酒家那里肯将酒来筛？武松焦躁道：“我又不白吃你的！休要引老爹性发，通教你屋里粉碎，把你这鸟店子倒翻转来！”毛病要犯了。酒家道：“这厮醉了，休惹他。”再筛了六碗酒与武松吃了。前后共吃了十八碗。绰了哨棒，立起身来。道：“我却又不曾醉！”武松总是不肯认输。走出门前来笑道：“却不说‘三碗不过冈’！”轩昂之气。手提哨棒便走。酒家赶出来叫道：“客官，那里去？”实在。

武松立住了，问道：“叫我做甚么？我又不少你酒钱，唤我怎地？”酒家叫道：“我是好意。你且回来我家，看抄白官司榜文。”实在。武松道：“甚么榜文？”酒家道：“如今前面景阳冈上，有只吊睛白额大虫，晚了出来伤人，坏了三二十条大汉性命。官司如今杖限猎户擒捉发落，冈子路口都有榜文。可教往来客人，结伙成队，于巳、午、未三个时辰过冈，其余寅、卯、申、酉、戌、亥六个时辰，不许过冈。更兼单身客人，务要等伴结伙而过。这早晚正是未末申初时分，我见你走都不问人，枉送了自家性命。不如就我此间歇了，等明日慢慢凑得三二十人，一齐好过冈子。”实在。武松听了，第一次听说虎情。笑道：“我是清河县人氏，这条景阳冈上少也走过了一二十遭，几时见说有大虫，不信。你休说这般鸟话来吓我！话是鸟话。便有大虫，我也不怕！”自负。酒家道：“我是好意救你，你不信时，进来看官司榜文。”实在。武松道：“你鸟做声！说是鸟做声。便真个有虎，老爷也不怕！十八碗下肚成老爷了。醉了，二哥。你留我在家里歇，莫不半夜三更，要谋我财，害我性命，不是写武松小人之心，盖不如此说，酒家不放弃。却把鸟大虫唬吓我？”虎是鸟大虫。酒家道：“你看么，我是一片好心，反做恶意，倒落得你恁地！你不信我时，请尊便自行！”一面说，一面摇着头，自进店里去了。如画。

这武松提了哨棒，大着步，是个英雄的走法。自过景阳冈来。约行了四五里路，来到冈子下，见一大树，刮去了皮，一片白，上写两行字。武松也颇识几字，抬头看时，上面写道：“近因景阳冈大虫伤人，但有过往客商，可于巳、午、未三个时辰，结伙成队过冈，请勿自误。”第二次听说虎情。武松看了，笑道：自信。〇自信者，不信他也。“这是酒家诡诈，惊吓那等客人，那等客人，不屑一顾。便去那厮家里宿歇。我却怕甚么鸟！”“我”字自负。〇彼是那等，我是这等。横拖着哨棒，几次哨棒了？便上冈子来。那时已有申牌时分，这轮红日，厌厌地相傍下山。荒山日落，恐怖之景。下笔简洁老练。〇我怕。

武松乘着酒兴，只管走上冈子来。他却不怕。走不到半里多路，见一个败落的山神庙。我怕。〇记住此刻夕阳西下。〇想起林冲的山神庙。行到庙前，见这庙门上贴着一张印信榜文。武松住了脚读时，上面写道：

阳谷县示：为景阳冈上新有一只大虫，伤害人命，见今杖限各乡里正并猎户人等行捕，未获。如有过往客商人等，可于巳、午、未三个时辰，结伴过冈；其余时分，及单身客人，不许过冈，恐被伤害性命。各宜知悉。政和年月日。第三次听说虎情。

武松读了印信榜文，方知端的有虎，欲待转身再回酒店里来，第一反应。可见也怕。寻思第二反应。道：“我回去时，须吃他耻笑，不是好汉，难以转去。”存想了一回，第三反应。说自言自语。道：“怕甚么鸟！且只顾上去看怎地！”硬起头皮。有去。无回。○连写他不怕，是为写他怕。

武松正走，看看酒涌上来，酒伏在肚中，虎伏在林中。便把毡笠儿掀在脊梁上，将哨棒绾在肋下，一步步上那冈子来。那冈子，看着就怕。回头看这日色时，渐渐地坠下去了。怕人。此时正是十月间天气，日短夜长，容易得晚。武松自言自说道："那得甚么大虫？人自怕了，不敢上山。"自慰，自欺，自壮。武松走了一直，酒力发作，焦热起来。一只手提着哨棒，一只手把胸膛前袒开，踉踉跄跄，直奔过乱树林来。醉中已然不怕。见一块光挞挞大青石，把那哨棒倚在一边，放翻身体，却待要睡，却是睡不得也，哥哥。只见发起一阵狂风。那一阵风过了，只听得乱树背后扑地一声响，跳出一只吊睛白额大虫来。云从龙，风从虎。

武松见了，叫声："阿呀！"我已先叫一声阿呀。从青石上翻将下来，便拿那条哨棒在手里，该派用场了。闪在青石边。那大虫又饥又渴，那武松又醉又热。把两只爪在地下略按一按，和身望上一扑，一扑。从半空里撺将下来。武松被那一惊，酒都做冷汗出了。奇文。○见宋江，病从汗出；见大虫，酒从汗出。说时迟，那时快，武松见大虫扑来，只一闪，闪在大虫背后。一闪。那大虫背后看人最难，便把前爪搭在地下，把腰胯一掀，掀将起来。一掀。武松只一闪，闪在一边。再闪。大虫见掀他不着，吼一声，却似半天里起个霹雳，振得那山冈也动，把这铁棒也似虎尾，倒竖起来只一剪，一剪。武松却又闪在一边，三闪。原来那大虫拿人只是一扑、一掀、一剪，老虎有一扑，一掀，一剪，武松只用一招：闪人。○退避三舍，颇合礼仪。三般提不着时，气性先自没了一半。则武松看似没出手，却是已出手。那大虫又剪不着，再吼了一声，一兜兜将回来。武松见那大虫复翻身回来，双手轮起哨棒，尽平生气力，只一棒，从半空劈将下来。我正要大声喝彩。只听得一声响，簌簌地将那树连枝带叶劈脸打将下来。定睛看时，一棒劈不着大虫。原来打急了，正打在枯树上，把那条哨棒折做两截，演砸了，我喝倒彩。〇武松从柴进庄上出来，这根哨棒就一直带在身边，作者时时提它，我以为必以它打虎，没想到却是如此结局，令人目瞪口呆。〇一个意外，平添波澜。小说家常常拿出如此家数，故意惊吓读者。〇可见武松直到现在，还是十分紧张，动作凶猛，却也僵硬。只拿得一半在手里。虎气性没了一半，武松哨棒没了一半，堪堪打个平手。那大虫咆哮，性发起来，翻身又只一扑，扑将来。重整旗鼓。武松又只一跳，却退了十步远。那大虫恰好把两只前爪搭在武松面前。武松将半截棒丢在一边，却原来用不着。〇人生在世，常以为将来必用得着某人某物，时时殷勤，刻刻拂拭，最后却用他不着，还得靠自家拳脚。两只手就势把大虫顶花皮胳膝地揪住，一按按将下来。第一次亲密接触。那只大虫急要挣扎，被武松尽气力捺定，那里肯放半点儿松宽。哪里敢。武松把只脚望大虫面门上、眼睛里，只顾乱踢。看得见武松手脚，听得见武松心跳。那大虫咆哮起来，把身底下爬起两堆黄泥，做了一个土坑。武松把那大虫嘴直按下黄泥坑里去，施大爷在旁观耶？若不然，如何能想象出来？那大虫吃武松奈何得没了些气力。武松把左手紧紧地揪住顶花皮，偷出右手来，偷字妙绝。提起铁锤般大小拳头，尽平生之力，只顾打。打到五七十拳，那大虫眼里、口里、鼻子里、耳朵里，都迸出鲜血来，更动掸不得，只剩口里兀自气喘。武松放了手，来松树边寻那打折的哨棒拿在手里。只怕大虫不死，把棒橛又打了一回。原来还是用得着。〇世间人事，往往雪中送炭用不着，锦上添花用得着。眼见气都没了，方才丢了棒。逞英雄者，成英雄也。寻思道："我就地拖得这死大虫下冈子去。"就血泊里双手来提时，那里提得动？原来使尽了气力，手脚都苏软了。

武松再来青石上坐了半歇，寻思道："天色看看黑了，倘或又跳出一只大虫来时，却怎地斗得他过？且挣扎下冈子去，明早却来理会。"就石头边寻了毡笠儿，转过乱树林边，一步步捱下冈子来。先前一步步上冈，此刻一步步下冈。上冈迟缓者，怕也；下冈迟缓者，软也。走不到半里多路，只见枯草中又钻出两只大虫来。吓唬武松，还是吓唬读者？武松道："阿呀！我今番罢了！"只见那两只大虫在黑影里直立起来，越加怕人。武松定睛看时，却是两个人，把虎皮缝做衣裳，紧紧绷在身上。手里各拿着一条五股叉，见了武松吃一惊道："你……你……你吃了㺀狸心、豹子肝、狮子腿，胆倒包着身躯，如何敢独自一个，昏黑将夜，又没器械，走过冈子来！你……你……你是人是鬼？"是人不该有此胆。武松道："你两个是甚么人？"那个人道："我们是本处猎户。"武松道："你们上岭来做甚么？"两个猎户失惊道："你兀自不知哩！如今景阳冈上，有一只极大的大虫，夜夜出来伤人。只我们猎户，也折了七八个，过往客人，不记其数，都被这畜生吃了。本县知县着落当乡里正和我们猎户人等捕捉，那业畜势大难近，谁敢向前！我们为他，正不知吃了多少限棒，只捉他不得！今夜又该我们两个捕猎，和十数个乡夫在此，上上下下放了窝弓药箭等他。这么多人，这么多手段。正在这里埋伏，却见你大剌剌地从冈子上走将下来，大剌剌，妙笔写出武松气象。我两个吃了一惊。你却正是甚人？曾见大虫么？"武松道："我是清河县人氏，姓武，排行第二。却才冈子上乱树林边，正撞见那大虫，被我一顿拳脚打死了。"说得轻巧。

两个猎户听得痴呆了，说道："怕没这话！"怕没这事。武松道："你不信时，只看我身上兀自有血迹。"两个道："怎地打来？"武松把那打大虫的本事，再说了一遍。从此以后，说了无数遍。两个猎户听了，又喜又惊，叫拢那十个乡夫来。只见这十个乡夫，都拿着钢叉、踏弩、刀枪，随即拢来。武松问道："他们众人，如何不随你两个上山？"猎户道："便是那畜生利害，他们如何敢上来？"怕。一伙十数个人，都在面前。两个猎户叫武松把打大虫的事说向众人，第二次。众人都不肯信。武松道："你众人不信时，我和你去看便了。"众人身边都有火刀、火石，随即发出火来，点起五七个火把。众人都跟着武松，一同再上冈子来，看见那大虫做一堆儿死在那里。做一堆儿，妙。想人间无数大虫，最后都做了一堆儿。众人见了大喜，先叫一个去报知本县里正并该管上户，这里五七个乡夫，自把大虫缚了，抬下冈子来。兴高采烈。

到得岭下，早有七八十人都哄将来。情理如此。先把死大虫抬在前面，将一乘兜轿抬了武松，我问二哥：平生第一次坐轿呗？投本处一个上户家来。那上户里正，都在庄前迎接，我问二哥：平生第一次如此受人抬举呗？把这大虫扛到草厅上。却有本乡上户、本乡猎户三二十人，都来相探武松。众人问道："壮士高姓大名？贵乡何处？"武松道："小人是此间邻郡清河县人氏，姓武名松，排行第二。因从沧州回乡来，昨晚在冈子那边酒店吃得大醉了，上冈子来，正撞见这畜生。"把那打虎的身分、拳脚，细说了一遍。第三遍。众上户道："真乃英雄好汉！"众猎户先把野味将来，与武松把杯。武松因打大虫困乏了，要睡。二哥有点装。○要什么都行，何论要睡。大户便叫庄客打并客房，且教武松歇息。

到天明，上户先使人去县里报知，一面合具虎床，安排端正，迎送县里去。天明，武松起来洗漱罢，众多上户牵一腔羊，挑一担酒，都在厅前伺候。武松穿了衣裳，整顿巾帻，出到前面与众人相见。我问二哥：平生第一次如此有派头呗？众上户把盏，说道："被这个畜生正不知害了多少人性命，连累猎户吃了几顿限棒。今日幸得壮士来到，除了这个大害。第一乡中人民有福，第二客侣通行，实出壮士之赐。"武松谢道："非小子之能，托赖众长上福荫。"二哥特会说场面上的话。二哥电视受访，说话必受小粉红追捧。众人都来作贺，吃了一早晨酒食，抬出大虫，放在虎床上。傲骄。众乡村上户，都把缎匹花红来挂与武松。武松有些行李包裹，寄在庄上，一齐都出庄门前来。早有阳谷县知县相公，使人来接武松。我问二哥：平生第一次这么有面子呗？都相见了，叫四个庄客，将乘凉轿来抬了武松。

把那大虫扛在前面，也挂着花红缎匹，迎到阳谷县里来。那阳谷县人民，听得说一个壮士打死了景阳冈上大虫，迎喝了来，尽皆出来看，哄动了那个县治。武松在轿上看时，只见亚肩叠背，闹闹嚷嚷，屯街塞巷，都来看迎大虫。我问二哥：平生第一次这么光彩呗？

到县前衙门口，知县已在厅上专等。武松下了轿，扛着大虫，都到厅前，放在甬道上。知县看了武松这般模样，又见了这个老大锦毛大虫，心中自忖道："不是这个汉，怎地打得这个虎！"这个汉。这个虎。便唤武松上厅来。武松去厅前声了喏，知县问道："你那打虎的壮士，你却说怎生打了这个大虫？"武松就厅前，将打虎的本事说了一遍，第四遍。厅上厅下众多人等都惊得呆了。故事精彩。故事讲得精彩。故事越讲越精彩。○二哥可作英模事迹报告会。知县就厅上赐了几杯酒，将出上户凑的赏赐钱一千贯，给与武松。武松禀道："小人托赖相公的福荫，偶然侥幸，打死了这个大虫，非小人之能，如何敢受赏赐。小人闻知这众猎户，因这个大虫受了相公责罚，何不就把这一千贯给散与众人去用？"不仅会说话，还会做事。○人情练达。○苦逼孩子：越打压越顽劣，越表扬越上进。知县道："既是如此，任从壮士。"武松就把这赏钱，在厅上散与众人猎户。

知县见他忠厚仁德，有心要抬举他，便道："虽你原是清河县人氏，与我这阳谷县只在咫尺。我今日就参你在本县做个都头，如何？"武松跪谢道："若蒙恩相抬举，小人终身受赐。"懂事。得体。乖巧。○第一次招安原来在这里。知县随即唤押司立了文案，当日便参武松做了步兵都头。手续忒简单。用人机制特灵活。众上户都来与武松作贺庆喜，连连吃了三五日酒。武松自心中想道："我本要回清河县去看望哥哥，谁想倒来做了阳谷县都头。"不是武二念武大，是施大爷提醒读者想着武大。自此上官见爱，乡里闻名。

又过了三二日。那一日，武松走出县前来闲玩，刑警大队长闲而玩，可见民风治安。只听得背后一个人叫声："武都头，你今日发迹了，如何不看觑我则个？"我也正要问：武都头，你今日发迹了，如何不回清河县看哥哥？武松回过头来看了，叫声："阿呀！你如何却在这里？"

不是武松见了这个人，有分教：阳谷县中，尸横血染。直教：钢刀响处人头滚，宝剑挥时热血流。毕竟叫唤武都头的正是甚人，且听下回分解。